物华图书奖一等奖
宝供物流奖二等奖
中国物流与采购联合会科学技术奖三等奖

日本供应链发展研究

THE RESEARCH ON SUPPLY
CHAIN DEVELOPMENT IN JAPAN

姜旭 ◎ 著

首都经济贸易大学出版社
Capital University of Economics and Business Press
·北京·

图书在版编目（CIP）数据

日本供应链发展研究/姜旭著. --北京：首都经济贸易大学出版社，2020.3
　ISBN 978-7-5638-3049-7

　Ⅰ.①日…　Ⅱ.①姜…　Ⅲ.供应链管理—研究—日本　Ⅳ.①F259.313.2

中国版本图书馆 CIP 数据核字（2019）第 289083 号

日本供应链发展研究
姜　旭　著
Riben Gongyinglian Fazhan Yanjiu

责任编辑	田　　地
封面设计	砚祥志远·激光照排　TEL:010-65976003
出版发行	首都经济贸易大学出版社
地　　址	北京市朝阳区红庙（邮编 100026）
电　　话	（010）65976483　65065761　65071505（传真）
网　　址	http://www.sjmcb.com
E-mail	publish@cueb.edu.cn
经　　销	全国新华书店
照　　排	北京砚祥志远激光照排技术有限公司
印　　刷	北京九州迅驰传媒文化有限公司
成品尺寸	170 毫米×240 毫米　1/16
字　　数	431 千字
印　　张	24.5
版　　次	2020 年 3 月第 1 版　2023 年 11 月第 2 次印刷
书　　号	ISBN 978-7-5638-3049-7
定　　价	75.00 元

图书印装若有质量问题，本社负责调换
版权所有　侵权必究

序

习近平总书记在党的十九大报告中首次提出现代供应链的概念，供应链作为深化供给侧结构性改革、发展现代化经济体系的重要方向，越来越受到各级政府、各类企业和理论界的高度重视。可以说，在我国现阶段结构性、体制性、周期性问题相互交织，外部环境的不确定性不稳定性更加突出的重要发展阶段，供应链不仅是转变发展方式、优化经济结构、转换增长动力的有力抓手，更是国家经济安全的稳定器。

供应链由最初的管理理念发展成为商业实践，跨国公司成为有力的推手。20世纪90年代以来，跨国公司运用供应链理念，跨越边境在全球范围内配置资源，推动了经济全球化发展和世界投资和贸易的繁荣。据统计，当前全球最大的250家跨国公司的出口额占全球生产总值的1/3，控制着全球70%的对外直接投资、80%的世界金融资本、2/3左右的贸易额和80%的技术专利。我国供应链发展刚刚起步，系统深入地研究发达国家供应链发展历程和跨国公司供应链最佳实践，对于促进中国供应链创新发展具有重要意义。

北京物资学院物流学院院长姜旭教授所著的《日本供应链发展研究》，作为一本全面系统研究日本供应链的专著，结合了当今社会上有关日本供应链的热点，具有极强的针对性，对我国现代物流和供应链的研究和发展有很好的启示意义。

在经济全球化的今天，许多国家以全球地域为空间布局，打造优势产业的"微笑曲线"，建立从战略资源、金融资本，到制造生产再到销售与服务市场的全产业链与价值链。从19世纪初的英国开始，先后有美国、日本、德国成为全球制造业中心。日本是研究供应链的标杆国家之一，精益生产、JIT、长期关系等丰富和发展了供应链的内涵；丰田、7-11、宅急便等结合企业自身的特点，提高了企业供应链的竞争力。

20世纪末，在经济全球化的背景下，在改革开放的推动下，中国形成了新的制造业优势，成为新的全球制造业中心。在产业分工不断深化、资源要素全球配置的背景下，供应链已经成为我国连接供给侧和需求侧的关键纽带，供应链创新发展也成为推动国民经济提质增效的重要推手。我国政府、行业和相关企业可以在新一轮全球经济发展的大潮中，观察和借鉴其他国家和地区的供应链经验，推动我国供应链的创新和应用，培育供应链成为供给侧结构性改革的重要抓手，成为"一带一路"建设和形成全面开放新格局的重要载体。为此，国务院办公厅专门于2017年10月发布《关于积极推进供应链创新与应用的指导意见》（国办发〔2017〕84号），从供应链的角度促进企业内部流程的协同整合与降本增效，提高企业竞争力，培育经济新动能。

在这样的大背景下，姜旭教授于2018年出版《日本物流》之后推出的又一力作——《日本供应链发展研究》，可以说恰逢其时。《日本供应链发展研究》从国家宏观、产业中观到企业微观三个层面，在涉及供应链系统的各个环节，深入探讨日本供应链在国民经济、产业、企业中的理论与实践，针对当地供应链实践中的一些热点与难点问题、解决问题的现实对策都做了重点论述，是国内第一部汇集2018年最新数据、最新案例的日本供应链研究专著。

我相信，读者能够从这本书中收获新的思路和启发。日本供应链体系在业内是一个经典话题，姜旭教授结合最新的实践案例，从一个中国供应链研究者的视角出发，在熟悉的领域为我们呈现出许多新观点、新见解。中国供应链行业要找到属于自己的道路，非常需要这种本土化的解读。我期待越来越多的中国供应链人，可以将经典理论与中国供应链实践相结合，形成具有中国特色的供应链体系，为中国供应链事业发展做出积极贡献。

中国物流与采购联合会会长
中国物流学会会长

2019年10月1日

前　言

当今的世界，进入一个你中有我、我中有你的经济全球化时代，只有秉持开放合作、命运与共的理念，才能顺应历史潮流。开放，成就中国的今天；开放，还将创造中国的明天。

中国开放的大门始终向世界敞开，这不仅彰显着中国的自信心，更蕴藏着华夏文明绵延几千年依然辉煌向上的进取心。这份自信与进取，来自中华儿女始终勇于并善于积极向人类文明的先进成果学习取经，为我所用。孔子曰：三人行，必有我师焉；择其善者而从之，其不善者而改之（《论语·述而》）。《诗经·小雅·鹤鸣》曰：他山之石，可以攻玉。魏源提出"师夷长技以制夷"。历代大贤的智慧经典，无不启迪着今天的我们"学习、学习、再学习"。

作为"供应链管理的标杆国家之一的日本"，就是我们可以"学习"、可以"攻玉"的"他山之石"。在中国——这个世界第二大经济体——向着"两个一百年"奋斗目标昂首迈进的征程中，无数的"他山之石"会铺就我们大踏步向前的坚实大道。如果说我于2018年推出的《日本物流》，填补了国内关于论述"日本物流"专著的空白，而这本《日本供应链发展研究》，则弥补了国内关于论述"日本供应链"专著的空白，是国内第一部结合2018年日本最新数据、案例，全方位分析日本供应链管理的运作模式、成本与KPI指标管理模式的专著，对我国供应链的发展与研究具有针对性的指导意义。

英国经济学家开思·奥立夫（Keith R. Oliver）和麦考尔·威波尔（Michael D. Webber），于1982年在《观察》杂志上发表的《供应链管理：物流的更新战略》论文指出，供应链管理是物流的更新战略。从那时首次提出"供应链管理"一词到如今，供应链在全球发展方兴未艾。从20世纪80年代开始，随着信息网络技术的发展与经济全球化的推进，供应链理论研究不断深入并得到广泛认可。英国供应链管理专家马丁·克里斯托弗（Martin Christopher）教授认为，市场上只有供应链而没有企业，21世纪的竞争，不是企业之间的竞争，而是供应链之间的竞争。美国通用电气前董事长杰克·韦尔奇（Jack Welch）提出，如果在供应链运作上不具备竞争优势，就干脆不要竞争。美国经济学家托马斯·弗里德曼（Thomas L. Friedman）在《世界是平的》一书中，把全球供应链列为可以把世界夷为平地的十大力量之一。全球供应链使生产模式、流通模式及消费模式都发生巨大变化。美国麻省理工学院尤西·谢菲（Yossi Sheffi）教授在《物流集群》中指出，通过物流相关活动在空间上的要素集中，物流集群可以带动其他产业并达到增值效应，进而推进产业供应链与城市供应链发展。美国经济学家帕拉格·康纳（Parag Khanna）在《超级版图》中指出，全球供应链的发展正在"抹掉国界"，大规模的基础设施建设将世界交织为一体。未来40年，全球基础设施建设总和，将超过前4 000年建设的总和，所有国家将成为全球供应链的一部分……供应链管理，从未像今天这样，成为越来越受到关注的重要研究领域。世界权威的《财富》杂志，还将供应链管理能力列为企业重要的战略竞争资源。由此可以看到，在经济全球化的今天，从供应链管理的角度来考虑企业的整个生产经营活动，形成核心能力，对企业提高竞争力有着多么重要的作用。已经全面融入世界经济发展大潮的中国，同样始终关注着供应链管理发展的方向，2017年10月，国务院办公厅发布《关于积极推进供应链创新与应用的指导意见》（国办发〔2017〕84号），明确提出，将"构建适合我国国情的供应链发展新技术和新模式，形成覆盖我国重点产业的智慧供应链体系，打造中国成为全球供应链创新与应用的重要中心"作为重要的发展目标。

在对供应链的研究与实践中，一直走在物流领域前列的日本，无疑成为供应链管理的标杆国家之一。我在日本留学时，研究目光不断地触及着日本供应链的点滴进步，并为此着迷。留学归来走上教师岗位十余年间，我依然不坠初心，研读大量文献，参考世界行业内有关日本供应链的各种书籍资料，结合业内前辈们对于供应链相关内容的解读，终于在中华人民共和国成立70周年之际，完成了《日本供应链发展研究》的撰写。

《日本供应链发展研究》共分8章，从日本供应链的国家宏观、产业中观到企业微观，涉及了日本供应链系统的各个领域，概括了企业供应链、城市供应链、绿色供应链、应急供应链的特点，深入探讨了日本供应链与国民经济、产业、企业的理论与实践，对日本供应链管理实践中的热点、难点问题做了深入剖析，对解决问题的现实对策进行了详细论述。

细细分析《日本供应链发展研究》，不难看到，日本物流学者的深入思考与研究，给世界的物流快速发展，做出了巨大贡献。"物流"一词从美国引入日本后，日汉字中就将"物流"译写成了"物的流通"。日本认识到只有兼顾生产效率与流通效率，才能确保国民经济的顺畅运行和快速发展。为此，日本逐渐加强了对供应链管理的投入，其间兴起了丰田、7-11便利店、大和宅急便、JR货运等优秀供应链标杆企业，进一步奠定了日本在供应链管理研究领域的领先地位。日本东京大学林周二教授在《流通革命》一书中，最早提出"流通革命"的概念。被誉为日本"物流之父"的平原直先生，提出并建议用"物流"替代"物的流通"，还经常引用孙中山先生"人尽其才、地尽其利、物尽其用、货畅其流"等实现"国强民富"的四大纲要，来阐明物流的作用和意义。日本早稻田大学西泽修教授还提出"物流冰山学说理论"。日通综合研究所汤浅和夫所长指出，共同配送是配送合理化最先进的方式之一，通过集中配送量，提高配送车辆的利用率，实质是提高物流效率、获取规模经济的一种有效配送模式。日本京都大学谷口荣一教授指出，利用共同配送体系和城市共同配送中心对货源进行整合、对物流活动进行优化，尤其在拥堵区域可以发挥极大优势，达到可持续发展的城市物流体系。日本东京大学今村奈良臣教授，还首次提出了农业的"六次产业化"概念。

　　品思日本学者的观点，如身处百花园中，各种花香与芬芳，给了我研究日本供应链管理模式诸多启发与思考。诚然，物流是国民经济发展的派生需求，通过供应链管理的方法和手段，可以形成完整的产品流通体系，以保障产品、企业和消费者整体利益，确保物流服务质量和安全管理。因此，基于我国国情，加快现代物流的发展，加强供应链管理，将成为提高我国经济发展质量、转变产业结构、提升人民生活幸福指数的关键因素之一。

　　落笔之日，无限感怀。我的研学，我的情怀，皆倾注于此书。我期待，《日本供应链发展研究》与先期出版的《日本物流》一道，能开启国内各高校物流发展新领域，成为物流研究人员的有益参考。

　　《日本供应链发展研究》能如期与读者见面，离不开物流界各位同仁的鼎力支持，离不开我的研究生们的倾力付出，谨在此一并致谢。同时，也感谢北京物资学院党委书记王文举教授对本书的倾情指导。在此，我对多年培养我的恩师、帮助我的领导、关心我的同事、支持我的朋友、协助我的学生，一并表示最诚挚的谢意！

　　由于水平有限，本书中一定存在不成熟的观点，诚请读者批评指正！

目　录

第一章　日本供应链管理背景和意义 ……………………………………… 1
　　第一节　日本供应链管理发展基础 ………………………………………… 1
　　第二节　日本供应链管理外部环境变化 …………………………………… 9
　　第三节　日本供应链管理存在的问题 ……………………………………… 14
　　第四节　日本六次《综合物流施策大纲》 ………………………………… 20

第二章　日本综合商社与供应链管理研究 …………………………………… 41
　　第一节　日本综合商社起源与发展 ………………………………………… 41
　　第二节　日本综合商社特征与功能 ………………………………………… 44
　　第三节　综合商社对日本经济的作用 ……………………………………… 60
　　第四节　综合商社对日本企业的作用 ……………………………………… 61
　　第五节　日本综合商社与供应链管理 ……………………………………… 64

第三章　日本供应链成本管理与 KPI 管理分析 ……………………………… 70
　　第一节　日本供应链微观成本统计分析 …………………………………… 71
　　第二节　日本供应链宏观成本统计分析 …………………………………… 76
　　第三节　日本企业供应链成本核算与启示 ………………………………… 78
　　第四节　日本供应链 KPI 管理 ……………………………………………… 87

第四章　日本城市供应链管理研究 …………………………………………… 102
　　第一节　日本共同配送起源及发展 ………………………………………… 102
　　第二节　日本物流共同化发展 ……………………………………………… 112
　　第三节　日本城市供应链管理效率 ………………………………………… 124
　　第四节　日本老龄化社会城市供应链管理 ………………………………… 141

第五章　日本行业供应链管理研究 …………………………………………… 148

第一节　日本制造业供应链管理 …………………………… 148
　　第二节　日本零售业供应链管理 …………………………… 156
　　第三节　日本快递业供应链管理 …………………………… 166
　　第四节　日本电商业供应链管理 …………………………… 172
　　第五节　日本农产品食品供应链管理 ……………………… 179
　　第六节　日本第六产业与供应链管理 ……………………… 194

第六章　日本供应链管理技术分析 ………………………………… 201
　　第一节　日本物流装备发展与变化 ………………………… 201
　　第二节　日本物流技术发展与变化 ………………………… 208
　　第三节　2030 年日本供应链管理技术变革 ………………… 214

第七章　日本应急供应链管理研究 ………………………………… 226
　　第一节　日本应急物流及供应链问题 ……………………… 226
　　第二节　日本救灾应急供应链管理体系构建 ……………… 238
　　第三节　日本救灾应急供应链管理发展方向 ……………… 246

第八章　日本绿色供应链管理研究 ………………………………… 254
　　第一节　日本绿色供应链管理发展背景 …………………… 254
　　第二节　日本绿色供应链四方联动体系 …………………… 257
　　第三节　日本绿色供应链实施案例 ………………………… 269

参考文献 ………………………………………………………………… 275

附件 1　第一次《综合物流施策大纲》（1997—2001 年）………… 281

附件 2　第二次《综合物流施策大纲》（2001—2005 年）………… 295

附件 3　第三次《综合物流施策大纲》（2005—2009 年）………… 311

附件 4　第四次《综合物流施策大纲》（2009—2013 年）………… 322

附件 5　第五次《综合物流施策大纲》（2013—2017 年）………… 335

附件 6　第六次《综合物流施策大纲》（2017—2020 年）………… 350

第一章　日本供应链管理背景和意义

第一节　日本供应链管理发展基础

一、日本现代物流的发展

物流的概念，是20世纪50年代从美国传入日本的。1956年，日本生产本部组派了首批"物流专业考察团"到美国各地考察。在考察报告中首次引用了"PD"（physical distribution）这一科学概念，后译为"物的流通"，被日本产业界普遍采用。

第二次世界大战后，日本经历了一个由"重生产轻流通"到"重物流、发展物流"的转变过程。20世纪60年代，是日本的经济高速发展时期，此时物流的发展主要是运输业的发展。之后，日本经济逐渐发展至成熟期，日本进入了多频度、小批量、多批次的货物流通的需求阶段。在这一情况下，实现更加高效、战略化的货物流动是非常有必要的，这是日本面临的重要课题。物流的合理化和效率化，对日本企业的经营也产生了很大的影响。

20世纪60年代到70年代前期，是日本经济高速发展同时也是物流业飞速发展的时期，商品流通量大大增加。从这一时期开始，日本在全国范围内开展高速公路网、港口设施流通聚集地等各种基础设施建设。与此同时，各企业也开始高度重视物流的重要性，积极投资物流体系的建设，并且建立了相应的专业部门来配合这一计划的执行。而且为了解决仓库不足、出入库时间长、运输货车欠缺、大量生产的产品无法顺利流向市场等问题，开始广泛使用叉车等机械化装卸设备和自动化仓库，灵活运用托盘和集装箱，实现货物单元成组装卸。同时，建立物流中心，积极推行物流联网系统，开发物流软件。

1964年，日本通产省为了降低产业总体成本，开始推动除生产、销售成本之外的第三种成本，即搬运、保管、包装等物流成本的削减，并设立了专业的流通委员会进行统一管理。日本还把"物的流通"视为一种具有运输、配送、装卸、仓储、包装、流通加工和信息传递等多种功能的综合行为。1970年，日本同时成立了日本物流管理协会和流通协会，开展日本全国和国际性的物流学术活动。

大和运输公司开始了宅急便的业务以后，对"物的流通"的概念进行了压缩，界定了"物流"这一新的概念。在日本经济高速增长期，实现了连接大量生产和大量消费的大量流通的高效化。同时，企业为了扩大利润，必须依靠以下三个利润源泉：第一要提高销售额；第二要降低生产制造成本；第三要降低物流成本。

20世纪70年代后期到80年代前期，由于出现了石油危机，日本开始采取各种措施节约能源和资源。同时，为了与工业标准化相适应，日本还建立了物流标准化体系，成立了配送中心，实现了仓储自动化。把物流作为战略性经营管理之一的"现代物流"的概念开始使用，是在20世纪80年代。现代物流是基于激烈的市场竞争背景下，为了满足客户各种需求，而进行企业的市场经营战略，从市场战略的角度对企业进行经营管理并推动第三方物流（3PL）发展。

20世纪80年代以来，日本的生产经营发生了重大变革，消费需求差异化更加明显，日本经济进入了以消费为主导的时代。虽然物流量大大增加，但由于成本的增加使企业利润并未达到期望的增加值。因此，如何降低经营成本成为经营战略的重要课题，降低物流的成本更成为其重要内容，物流合理化与最优化是这一阶段的主要特点。在销售竞争不断加剧的情况下，物流服务作为竞争的重要手段在日本得到了高度重视，这表现在20世纪80年代后期日本积极倡导高附加值物流。但是，随着物流服务竞争多样化，高昂的物流成本已成为这一时期的特征。

20世纪80年代后期，在物流管理政策上，日本政府开始公布《物流成本计算统一标准》等政策，对于推进企业物流管理有着深远的影响。由于企业和政府的共同努力，使物流管理得到了飞跃的发展，也使日本迅速成为物流管理的先进国家。

进入20世纪90年代后，日本的物流业进入国际化时代，建立了物流信息网络，加强了物流的全面质量管理，实现了物流的高效率化。日本物流产业在经过了运输、物流、现代物流的发展战略时期后，进入到供应链管理（SCM）的时期。供应链管理发展较快，大型的综合商社都具有物流配送功能，卡车运输业主也属于大型运输公司。日本的供应链管理观念虽然引入较晚，但发展迅速，并形成了自身独特的管理经验和方法。

近年,日本物流仍在飞速发展,根据世界银行每隔两年发布的全球物流绩效指数(LPI,logistics performance index,这也是首个评价国家层面物流发展水平的综合评价指标体系),2018年日本整体物流水平排名第五位,处于世界领先水平(如表1-1所示)。

表1-1 2018年度全球物流绩效指数(LPI)

国家	LPI 排名	LPI 得分	海关	基础设施	国际货运	物流能力	跟踪和追踪	及时性
德国	1	4.2	4.09	4.37	3.8	4.31	4.24	4.39
瑞典	2	4.05	4.05	4.24	3.92	3.98	3.8	4.28
比利时	3	4.04	3.66	3.98	3.99	4.13	4.05	4.41
奥地利	4	4.03	3.71	4.18	3.88	4.08	4.09	4.25
日本	5	4.03	3.99	4.25	3.59	4	4.05	4.25

数据来源:从2007年开始,世界银行每隔两年发布的全球物流绩效指数。

二、日本供应链管理与第三方物流的发展

20世纪90年代,随着信息化和经济全球化的发展,日本对制造业的供应链管理、放宽进入物流市场的管制以及以业务外包为背景的第三方物流等内容的关注普遍提高。

在日本,供应链管理就是从原材料的采购到最终末端客户的配送等一系列货物位置移动的过程中,在生产制造者和物流企业之间所建立的一个网络系统。供应链把生产制造者和物流企业之间的物流、信息流、资金流、商流有机地连接了起来。可见,供应链管理要比现代物流更为广泛。两者区别主要体现在,现代物流仅仅是企业内部的优化,在多变的市场环境中,还有很多不足之处,而供应链管理是基于各企业之间,即使零售业出现小的需求变动,也会把大量信息传递给制造业、批发业。这一现象,被称为"冲压效果"(bull whip effect)。物流是针对运输、仓储等单个独立的物流活动进行部分优化。现代物流是从企业原材料的采购到商品的销售整个生产经营过程中,对企业的各个物流环节和功能,以整体优化为目标进行管理。随着信息化的推进和发展,以生产制造企业为中心,形成了供应链管理。供应链管理主要是在商品的整个流动过程中,对各个相关企业以实施一体化为目标,进行整合。可见,物流是实现各项功能的优化,现代物流是实现企业整体物流的优化,而供应链管理是实现很多企业现代物流的优化,这是三者的区别之处。

1990年日本引入供应链管理之后,几乎是在同一时间,对第三方物流也

开始关注起来。日本工业规格（JIS）对第三方物流的定义为：既不属于货主企业、也不属于物流企业的第三方企业，为货主提供现代物流的代理服务。一些第三方物流公司即使没有仓库、运输车辆等基础设施，但是只要拥有使企业经营可以运营的技术，就能够以信息系统和业务改革为中心，制定中长期管理目标及改革方案，以实现改善利益分配的目标，对货主企业提供一体化的外包服务。

从20世纪90年代开始，随着美国首次出现了第三方物流，这一新的物流服务模式也进入到日本的物流市场中，并被称之为成长最快的运营模式。这主要基于以下两个背景：一是日本政府放宽了进入运输市场的条件，使得物流企业之间的竞争进一步激化；二是货主企业为了回归核心业务，必须把物流进行外包，物流外包的需求量越来越大。

实际上，在1990年以后，日本一方面从卡车运输业开始，在运输行业放宽了进入市场的条件，很多新加入的企业不断进入物流市场中，使得竞争越来越激烈，运输企业开始设定弹性运费。另一方面，作为货主企业，为了提高企业的竞争力，要把各种经营资源、管理资源都放到核心的、有潜力的业务中，此时出现的"选择和集中"的企业经营战略，使货主企业把业务回归到核心业务中的趋势逐渐加强，对于其他业务采取了外包的模式，包括物流业在内的外包模式得到了普遍推广。

从某种程度上讲，库存量决定了企业的存亡发展。日本企业对库存问题都有一个深入的认识，认为今后企业的发展方向就是要解决库存问题，并把追求零库存作为企业物流管理的最高境界。日本丰田公司从20世纪60年代开始追求零库存，零库存也是丰田汽车发展成为世界一流企业的原因之一。丰田公司的经营者认识到零库存的优势，坚决不要库存，同时认为零库存可以帮助企业及时发现经营中存在的问题和市场需求的变化。

另外，1973年第一次石油危机后，零售企业为及早发现适销商品和滞销商品，极力减少库存，推行无库存经营。为避免商品过时，在经营上致力于向生产厂家采取小批量、多批次的订货方式，大力压缩了库存，创造了新的市场，促进了销售物流的发展。此外，物流信息系统的发展对零库存产生了很大的影响，这也是形成多品种、小批量物流的原因之一。

近年，在日本的物流领域里，宅急便的服务范围逐步扩大，服务内容也日趋多样化。从小包裹的运送到搬家服务，甚至处理家庭废旧物品，都是宅急便的服务内容。

目前，日本货运总量一直在减少，宅急便的业务量却在不断地增加。随着全方位的第三方物流的发展，日本宅急便将进入新的竞争时期，特别是三大宅急便企业——大和、佐川、改制为民营的邮政公司——相互之间的竞争将会更加激烈。

在日本，第三方物流有两个特征：一是向货主提出物流计划方案；二是统一接受物流业务委托的企业形态。第三方物流可实现物流集约化，物流集约化将有益于降低物流成本与提高物流服务质量，因此，选择第三方物流是制造业发展的内在要求与必然结果。目前，日本企业物流成本还有下降空间。另外，日本还以法律手段督促制造业与物流企业节能，这将有助于加快发展第三方物流。

日本供应链管理成为商品开发和需求创造的管理模式，是企业经营战略高级手段。其最大特征就是采购、生产、销售三位一体信息共享，准时化，无库存，即丰田公司的"看板生产"。要构筑供应链管理体系，信息共享是前提条件，包括市场销售的价格、产品的成本等，这些在单个企业中都可能是商业秘密，而在供应链联盟企业中，都要进行电子数据交换，因而就不是秘密。

三、日本商流效应的问题

在现代物流的活动中，首先要考虑的一个重要内容，就是商流。商流，是经济活动中的一个重要环节。

以前，日本普遍认为，物流就是货物从生产到消费的整个流通过程以及在该过程中进行的包装、装卸、搬运、运输、仓库保管、流通加工、信息处理等一系列活动的整合。但是最近几年，不仅仅由于信息化、经济全球化的发展，而且由于运输方式的发展改变并解决了很多物流问题，现在日本的物流活动，在某种意义上说，存在一个战略性的经营管理的含义，即现代物流。

对现代物流的研究以商流（marketing）为出发点，就称之为"商流—现代物流"。但是，对于商流和现代物流，不应该仅仅分析其功能的不同。21世纪之后，学界和实务界普遍认为要通过供应链管理等市场机制，对商流和现代物流进行合并和统一。并且，这一观点已经变成主流。

最近，关于传统商流效应的问题在日本引起了关注。为了提高企业的竞争优势，要通过建立国际品牌、树立企业形象、依靠广告策划和价格竞争等传统的方法，但是，这些都属于传统的商流战略。今天，在变化多端的市场中，要创造出有魅力的商品，仅仅依靠价格竞争、广告策划等是远远不够的，应根据顾客的需求，提供高水平的服务，特别是形成宅急便等快递服务的新服务发展模式。

其结果，为顾客提供服务的很多产业都成为竞争的主要领域。不仅仅在服务敏感的消费市场，在工业市场也出现激烈的竞争。特别是"时间"已经成为竞争过程中极为重要的因素，市场对于短时间、快速反应的要求越来越高。在市场竞争中，"时间就是金钱"。

总之，在20世纪60年代初期商流的影响力不断下降以后，包括日本在内的世界市场环境发生了很大的变化。其主要原因，包括以下内容：

第一，出现了挑剔性消费的顾客。

第二，由于产品差异的不断扩大，增加了物流技术难度。

第三，由卖方市场向买方市场转移。

第四，伴随着供给过剩，价格竞争进一步激化。

四、日本重视现代物流业的发展

在日本，与商流的影响力及效应不断下降形成鲜明对比的是，现代物流在满足顾客的需求和降低成本等方面都产生了较大影响，这就促使日本企业开始重视现代物流业的发展。现代物流业受到企业重视的主要原因包括五个方面。

第一，现代物流可以为顾客提供低价格高质量的服务，还可以提高企业的竞争优势。

第二，现代物流可以削减企业的库存量、缩短作业时间，以降低企业的经营成本。

第三，由于产品的多样化，通过现代物流的优化，可以扩大物流的需求。

第四，信息技术（IT）推进了物流的合理化和效率化。

第五，基于地球环境可持续发展，特别是随着现代物流领域二氧化碳排放量的增大，现代物流可以改善地球变暖等环境问题。

也就是说，现代物流的目标，是以最小的成本提供最好的顾客服务。实际上，同时实现"提供最好的顾客服务"与"使用最少的物流成本"的目标是很困难的。其原因，主要是优质的客户服务、快速的配送、大量的库存、柔性的备货、退货自由等服务，都是造成物流成本上升的主要原因。与此相反，如果用最小的物流成本，会出现配送的延误、出货单多但库存少等问题，结果引起顾客服务水平的下降。

因此，现代物流的目标，应该是以最小的成本提供相应水平的顾客服务。在各自的市场范围内，必须要设定各自服务水平的目标。企业的最终目标是，不仅要追求营业额的增加，同时还要确保利润的实现。这样的运作目标被设定后，企业为了达成目标，必须构筑合理的现代物流系统，以实现成本的最小化。

进入 21 世纪以后，经济全球化得到进一步的发展。大型的具有国际集成特征的综合物流服务企业得到了迅速发展。但是，在不断变化的国际市场中，通过企业的合并和兼并（M&A）、企业间的协作等方式，形成了国际综合经营模式。根据这一经营模式，在国际经营方面建立战略合作伙伴关系是否有效，还需要在今后发展的过程中进一步考证。

日本在物流领域中实施企业整合、战略联盟的速度在加快。但是，在国际综合竞争方面，日本的国际综合竞争力的发展仍略晚于欧洲。另外，亚洲的日本、韩国、中国在物流领域中的合作、协作、竞争的关系也是非常重要的。

五、日本"商流—现代物流"的发展

日本于 1970 年开始使用"商流—现代物流"的概念。虽然该概念被界定为商流的范畴，但实际上商流和现代物流的含义非常接近。从词语构成来看，前面是商流，后面是物流，侧重点应该强调后者，因此把"商流—现代物流"归属于现代物流的范畴。

另外，考虑到商流和现代物流二者的功能，首先商流的活动是进行商品的交易、商品的买卖，为了最终把商品送到客户的手中，通过商品的交易和买卖等商流活动而发生的现代物流活动。因此，商流与现代物流相比，商流是先行的，即首先进行商流活动，然后再进行现代物流的活动。

20 世纪末，日本市场需求大于供给，呈现需求方的市场，后来供给大于需求成为普遍的状态。到了 21 世纪，世界市场进入了供给过剩时期。因此，与销售商品的商流活动相比，配送货物的物流活动更加复杂、难度更大。从商流到现代物流时代的转变，可以作为 21 世纪的范式转移（paradigm shift）。

当前，消费者通过因特网、电视等媒介进行购物的现象越来越多。由于电器产品和家具等大型商品在被消费者选购后，不便于携带，为方便客户、提高顾客满意度，商家需将大型商品配送至顾客需求地，这些都需要通过现代物流来实现。所以，通过现代物流，推动了商流的发展。

此外，同顾客对商品的质量、价格和售后服务的要求一样，顾客对货物配送的服务也有要求。按照客户规定的时间、地点，提供及时、合理的货物配送服务，已经成为现代物流必须考虑的一个问题。

过去，日本从不同的领域分别界定商流和现代物流的概念，这两个概念是不一样的。但是，随着商流和现代物流的统一，对"商流—现代物流"的概念有了不同的认识。也就是说，"商流—现代物流"概念的顺序发生了变化，出现了"现代物流—商流"这一新的概念。

在传统的综合商流中，提出了"4P"的观点，即 product（产品）、price（价格）、place（地点）、promotion（广告），这是商流中市场营销与市场战略概念的核心。但是在现代物流中，关于地点（place）的意义发生了改变，因此要结合综合商流进行综合分析。

20 世纪是以生产制造业为中心的经济发展模式，到了 21 世纪向以消费为中心的经济发展模式转变。因此，为了更好地发展经济，必须从以生产者为中心向以物流为中心的思想转变。

以前的"4P"是从生产制造者或销售者的角度出发，以产品导向为基础而建立的。但是，随着对消费者重视程度的加强，商流的核心逐渐向市场导向进行转变。从买方的角度出发，在综合商流中，出现了"4C"的概念，包括 customer solution（解决消费者的问题）、cost（消费者的成本）、convenience（消费者的便利性）、communication（双向的交流与沟通）。"4P"以传统的"商流部分"为基础，属于商流范畴；与此相对照，"4C"以"个性化的商流"为基础，更加强调服务、经营的差别化、个性化。

总之，"现代物流—商流"的核心内容是在市场战略的基础上，形成综合商流的"4C"并包含现代物流的内容。但是，"4C"也包括了"4P"的基本要素，在此基础上，如何解决买方便利性问题，如何通过现代物流准确、快速、敏捷地把货物送到客户手中，最终高效解决物流"最后一公里"问题，是日本现代物流发展的一个重要课题。

六、日本"现代物流—商流"的发展

随着经济全球化和供应链管理的发展，高度信息化、解决物流实际问题的商务需求不断增加。在现代物流业，全世界商务机会将不断增多。目前，随着日本国内市场的成熟和人口的减少，日本已经不能期望其国内需求的增长，因此要扩大以互联网和电视作为媒介的邮购业，推进物流市场的发展。

21 世纪的今天，世界经济和市场发生了巨大变化。与过去相比，日本企业对商流的认识也发生了很大的变化，只依靠市场战略进行商流活动，已经不适应现代社会的发展。在这一背景下，日本企业通过现代物流、商流的统一,在重视现代物流的基础上,推进"现代物流—商流"的发展,具有非常重要的意义。

在世界市场发生巨大变化的背景下,现代物流已经成为提高企业竞争力的主要原动力。在日本,随着供应链管理系统的不断建立,物流市场需求将进一步扩大。

第二节 日本供应链管理外部环境变化

一、日本物流业市场的规模

经过20世纪70年代、80年代的调整,日本的物流设施、物流园地、港口码头、货运站、铁路已基本建设完成,基本能够满足使用。近年,日本物流进入精细化管理和运作的实施阶段。

在日本,由卡车货物运输业、JR铁路货物运输业、内航货物运输业、外航货物运输业、港口运输业、航空货运代理业、铁路货运代理业、外航货运代理业、航空货物运输业、仓储业和卡车运输集散中心业等11个行业组成了一个庞大的立体物流网络。伴随着日本经济的不断发展,社会经济结构走入成熟期,各产业也进入了高度化发展的阶段。社会、市场及消费者对于物流的需求结构也发生了很大变化,对高附加值产品的需求增加。日本物流业的服务模式也由原来的重、厚、长、大、少批次、大批量、低频度,向轻、薄、短、小、多批次、小批量、高频度转变。

2016年,日本物流业的市场规模为26.6万亿日元,与2004年的22.3万亿日元相比,上升了19%。其中,卡车货物运输业占59.7%、JR铁路货物运输业占0.4%、内航货物运输业占3.4%、外航货物运输占18%、港口运输业占6.4%、航空货运代理业占1.1%、铁路货运代理业占1.1%、外航货运代理业占1.5%、航空货物运输业占1.9%、仓储业占6.4%、卡车运输集散中心业占0.1%。物流企业数量为7.5万家,比2004年增加了1 000多家,其中大部分是中小企业。物流业从业人员数量为215.7万人,与2004年的138.4万人相比,上升了55.9%。可以看出,日本的物流市场50%以上为卡车货物运输,另外的三分之一分别为水路运输业、仓储业(如表1-2所示)。

表 1-2　2004 年/2016 年日本物流业市场规模的变化

项目	营业收入（万亿日元）及占比		企业数量（家）及占比		从业人员（万人）及占比		中小企业比率	
年份	2004 年	2016 年	2004 年	2016 年	2004 年	2016 年	2004 年	2016 年
卡车货物运输业	12.2（54.7%）	15.9（59.7%）	61 040（82.5%）	62 276（82.9%）	113（81.7%）	187（86.7%）	99.9%	99.9%
JR 铁路货物运输业	0.2（0.7%）	0.1（0.4%）	1（0%）	1（0%）	0.8（0.6%）	0.6（0.3%）	0%	0%
内航货物运输业	1.8（8.1%）	0.9（3.4%）	4 906（6.6%）	3 466（4.6%）	1.8（1.3%）	6.6（3.1%）	99.5%	99.6%
外航货物运输业	3.6（16.2%）	4.8（18%）	265（0.4%）	194（0.3%）	0.5（0.4%）	0.7（0.3%）	51%	53.3%
港口运输业	1.1（5%）	1.7（6.4%）	956（1.3%）	865（1.2%）	5.2（3.8%）	5.1（2.4%）	92.4%	88.4%
航空货运代理业	0.4（1.6%）	0.3（1.1%）	16（0%）	22（0%）	3.5（2.5%）	3.8（1.8%）	37.5%	22.7%
铁路货运代理业	0.3（1.3%）	0.3（1.1%）	930（1.3%）	1 095（1.5%）	0.7（0.5%）	0.7（0.3%）	87.9%	88.7%
外航货运代理业	0.3（1.3%）	0.4（1.5%）	495（0.7%）	989（1.3%）	0.4（0.3%）	0.5（0.2%）	69.1%	80.1%
航空货物运输业	0.8（3.6%）	0.5（1.9%）	148（0.2%）	195（0.3%）	1.4（1%）	1.2（0.6%）	55%	68.2%
仓储业	1.6（7.3%）	1.7（6.4%）	5 224（7.1%）	6 036（8%）	11（8%）	9.4（4.4%）	91.1%	91.8%
卡车运输集散中心业	0.03（0.1%）	0.03（0.1%）	18（0%）	16（0%）	0.06（0%）	0.06（0%）	94.4%	93.8%
合计	22.3（100%）	26.63（100%）	73 999（100%）	75 155（100%）	138.36（100%）	215.66（100%）	（平均70.7%）	（平均71.5%）

数据来源：《数字看物流（2018 年）》。

2016 年，日本仓储业营业收入为 1.7 万亿日元，企业数量为 6 036 家，从业人员 9.4 万人，中小企业比例为 91.8%；仓储业固定比率为 188.1[①]，而

[①]　仓储业固定比率=固定资产/自由资本×100。

整个物流业的这个比率为 155.6；仓储业平均利润率为营业收入的 0.5%，而整个物流产业的比例为 4.6%。目前，日本仓储业存在投资额大、收益率低、税负较重的问题。

卡车运输集散中心是为解决公路交通拥堵、交通事故增加等问题而设立的，一般设立在城市外围和交通便利的地方，主要功能是将大型卡车上的货物转装到小型集货的配送卡车上，以及将小型集货配送卡车收集的货物转装到大型卡车上。1965 年，由日本政府、东京都及民间共同出资在东京南部、西北部、北部、东部四处建立卡车运输集散中心。1985 年，这些集散中心实施民营化，日本政府出资部分于 2000 年全部归还。目前在日本，这种集散中心在全国有 23 个，分属于 17 家公司。当前这些集散中心仍在运营之中，但存在车位需求减少、设施老化等问题。

在对货物进行运输时，存在自营运输和专业运输两种方式。2014 年，运用平均运输距离（公里/吨）这一指标，日本专业运输的比率是自营运输比率的 2.8 倍。从运输量（吨/天/辆）来看，专业运输企业是自营运输的 9.5 倍。可以看出，专业运输企业的效率远远高出自营运输企业的效率。同样，对自营运输和专业运输总量（吨数）进行比较，在 2000 年，两者的运输量几乎相同，之后专业运输量超过了自营运输量。到 2014 年，专业运输量为 100 时，自营运输量只有 45，自营运输的比率大幅降低。到 2017 年，专业运输量为 100 时，自营运输量只有 44.5。同时，在周转量（吨·千米）方面，专业运输量为 100 时，自营运输量只有 15.3。

目前，日本企业运输单件货物的重量在不断降低。日本每 5 年对各行业的货物运输情况进行货物纯流动调查，调查结果显示，每运输一件工业产品的重量由 1990 年的 2.43 吨下降为 2005 年的 1.27 吨，下降了 50%，至 2015 年，下降为 0.98 吨。由此可以看出，日本的货物配送模式以多频度为主，物流效率在不断提高。

同时，日本的企业界也开始重新审视自己的经营理念。在信息化社会的新时代，日本企业在整个生产过程中，要充分利用第三方物流，实现供应链物流管理和整合。目前的日本物流产业，受到了电子商务、计算机信息网络、电子标签、电子数据交换（EDI）、全球卫星定位（GPS）等高新技术的重大影响，使其在经济全球化、环境和资源再生利用问题上，发挥了积极的作用。

二、各时期日本经济与物流需求的变化

以 1964 年东京奥运会为契机，日本经济出现高速增长。1973 年第一次世

界石油危机以后，日本的 GDP 不断增长，可是其国内货物运输量的增长趋势却相对停滞下来。这是由于第一产业与第二产业的就业人口不断减少，而第三产业的就业人口相对有所提高造成的。正是这种产业结构的改变，使得制造业的比重出现了下降，而信息产业及服务业得到了发展的机遇与空间。另外，日本企业不断进入海外市场，也推进了这一转换的发展。

20 世纪 80 年代末，日本的经济发展速度呈现下降趋势，到 1991 年泡沫经济破裂后，GDP 出现了负的增长率。从 20 世纪 90 年代初到现在，经济增长率基本维持在 2% 左右。出现这一现象主要有以下几点原因：

第一，日本国内的需求不断下降，个人消费处于停滞状态。

第二，由于日本国内市场的需求不足，企业在国内的投资积极性不高，造成了到价格相对低的海外进行投资的现象。

第三，在经济高速发展时期，日本政府对公共设施进行了大量投资，使得后来需要投资的空间越来越小。

第四，日本政府不断减少公共设施建设上的投资，造成整体经济基本处于停滞状态。

第五，随着人口老龄化的到来，日本社会人口数量开始下降，消费空间进一步缩小。

第六，当一国经济已进入成熟发展期，出现这种情况是经济发展的必然规律。

总体来看，日本经济还是靠国内需求来拉动的。从经济贡献度来看，民间需求在很大程度上决定了 GDP 的增长，当日本的国内需求增长在 2% 以上时，经济出现正增长的情况较多。

物流需求是伴随生产、消费、投资等一系列经济活动而产生的一种派生需求。因此，日本国内的货物运输量与经济发展应该是按一定比例同步进行的。1973 年之前的日本经济高速发展时期，物流增长与经济增长保持同步；1973 年后，日本经济进入稳定增长时期，产业结构由"重厚长大"变为"轻薄短小"，这使物流量增速变缓。至 80 年代，日本经济结构变为内需主导型，其国内生产及消费量增加，同时，消费者对产品的需求结构发生变化，进而形成一种新的物流需求，这都带动了日本社会物流量的增加。到 1991 年，受泡沫经济影响，多批次、小批量和 JIT 等物流服务需求增多，日本物流业为满足此需求，提高了运输费用。另外，由于商品的品种增多及生命周期缩短等原因，使企业仓储成本上升，加之地价上升造成的物流中心的投资费用增多，最终造成物流成本上升，使物流企业的经营出现了重大问题。

随着产业结构的调整，货物附加价值不断增大，高科技产业、现代化制造业、服务业也得到了发展，而原材料加工等初级产业的比重不断下降，使得日本近年货物运输量的增长率比 GDP 增长率低了 2.5 个百分点。

当经济处于高速发展期（1956—1973 年），日本市场对产品的需求远远大于供给，企业的销售额直线上升，形成了卖方市场，物价不断上升，进入通货膨胀阶段。之后，日本市场需求下降，买方与卖方进入对峙阶段，日本进入泡沫经济时期。由于房地产价格的异常升高，使得价格达到市场的最高承受值，最终导致泡沫经济破裂。此后，各生产制造企业加快了产品的开发，供给量上升，引发物价下跌，销售额下降，进入了卖方主导的经济稳定增长时期。2007 年以后，除了一部分商品以外，大量商品的需求量均处于急速下降阶段。2008 年，由于雷曼兄弟等公司破产引发的全世界金融危机，生产制造企业的销售额大幅下降，破产企业数量不断增加，导致日本 GDP 总量减少。

当经济高速发展时期（1956—1973 年），企业的物流成本只占销售额很少一部分，物流模式主要以少品种、多批量为主，即使销售额不变，企业的利润也在不断增加，因此，当时的企业并未意识到现代物流的重要性。进入经济稳定增长期（1974—1990 年）后，消费者的价值观发生变化，出现了多样化、复杂化消费模式，造成物流成本上升，为应对新的消费模式，各企业对物流成本及物流管理的关注度开始不断上升。日本社会对有形产品及无形的物流服务，从数量上的要求向质量上的要求转变。1991 年，日本经济进入新型调整时期（1991 年至今），GDP 增长率下降，日本更加关注物流效率的提升与能源环境的改善，因此，物流服务模式随消费模式的转变而做出了改变，即转向多品种、少量化的物流服务模式，托盘和周转箱所配送的货物品种也在不断增加。

总之，物流需求与日本经济紧密相关。近年，为降低生产成本，扩大利润空间，多数企业开始发展现代物流，尤其是生产制造业认识到了物流的重要性，非常重视企业自身的物流发展。

三、日本现代物流及供应链管理的环境变化

近年，日本经济正在以东亚为中心向全球化方向发展，企业采购、生产制造、销售活动正在向日本国土以外扩展。日本已经深刻认识到，以中国为中心的亚洲区域，作为世界生产的节点，作为巨大的消费市场，正在急速成长。日本与这些区域的相互依存关系正在不断加深。

由于日本国内经济的低迷，日本的企业身处严峻的环境之中，在努力削

减成本的同时，还要尽力满足消费者的低价格要求。随着企业改革的推进，经营资源向企业核心部分集中的同时，通过外围业务的外包以及供应链的整合，企业的经营效率得到显著提高。

随着消费者需求的多样化以及互联网的普及，消费者的生活方式发生了很大的变化。与此相适应，日本的物流系统也正在发生巨大变化。从生产、流通、消费等各个方面对库存管理提出了更高的要求。同时，在公路交通方面，通过普及公路交通信息系统，交通阻塞得到缓和，信息技术正在得到有效应用。

2005 年，《京都议定书》正式生效，使控制有害气体的排放成为当务之急。同时，城市中卡车等运输工具排放的有害气体对大气的污染正在加剧。2016 年 11 月，国际社会签订《巴黎协议》，明确了 2030 年比 2013 年二氧化碳减排 26% 的目标。在日本，制定什么样的政策使得企业更积极地进行改善也成为首要课题。此外，如何有效利用有限的能源、实现循环型社会也成为不可忽略的课题。

随着国际形势的变化，以防止恐怖活动为中心的安全强化变得更加重要。与此同时，因为安全强化手续的严格，货物的发货时间以及成本相应增加，对物流的效率产生影响。此外，食品的安全问题也成为课题。

另外，日本社会少子化和高龄化等现象的出现，使社会环境发生了很大的变化。物流系统也正在向机械化、自动化、信息化等节约型方向发展。同时，随着东亚经济圈的发展以及信息技术的进步，物流无论在质的方面、量的方面以及途径方面都将发生很大的变化。随着日本国内人口的减少，投资力和经济力都会随之下降，因此，提高社会效率成为日本的重要课题之一。

日本经过战后的 70 多年，经济发展经历了高速发展期、低速发展期等不同阶段，与此相对应，日本的物流产业也相应地发生了变化。日本经济的变化是直接导致物流产业及交通运输构造变化的主要原因，产业结构的变化也决定了货物的构成、运输方式的占比率、物流需求、向社会提供的产品品种数量，因而在不同经济发展阶段，商品流通中所形成的物流系统也有很大的差异。

第三节　日本供应链管理存在的问题

一、日本现代物流及供应链管理发展的必要性

随着第二次世界大战后日本经济的复兴，20 世纪 60 年代到 70 年代，日

本经济进入了高速持续发展的阶段，引入"现代物流"概念后，这一概念得到了社会各界的认可，政府、产业界、企业界都开始致力于现代物流的发展。

构成物流活动的各项功能包括运输、装卸、搬运、包装、仓储管理等。当然，这些经济社会活动很久之前就存在了，随着时代的进步、科学技术水平不断提高，进一步推动了物流业的发展。此外，日本政府投入了大量资金积极推进物流业的基础设施——公路、港口、铁路的建设。

但是，这些物流活动以及各地区的物流节点都是独立存在并单独进行的，而货物的空间移动应该在各独立系统的基础上进行整合，并把各地区的节点相互连接起来，追求物流网络的连接性，促使物流系统发挥整体功能，进而提高其经济性。对于"现代物流"这一概念，以前的日本是不存在的。同样，美国作为运输业比较先进的国家，1960年之前也不存在现代物流的概念。也就是说，随着经济发展水平的不断提高，物流的概念也发生了变化。如果没有一定的经济需求，"现代物流"的概念也就不会存在。

随着经济的发展，日本国内货物及商品流通量不断增加。为了应对急剧增长的货物流量，运输、仓储管理等独立的物流活动以及各地区单独的物流节点已经不能满足物流市场的需求，因此，在社会、产业和企业对物流产生了大量需求的情况下，新的物流系统及物流网络相应产生，从而形成了"现代物流"这一新的概念。

就这样，自1970年开始，日本物流在经济、管理等重要领域得以发展，尽管当时还只是从系统、网络的角度对物流的认知。在各独立物流活动的基础上，物流业活动范围及活动能力不断扩大。另外，现代物流技术的不断引入以及各地区基础设施建设的不断发展，也推动了现代物流的发展。

从1980年开始，随着物流业的进一步发展，在日本，"现代物流"概念不断得到调整。推动"现代物流"形成的最大原动力就是信息化的引入。随着计算机技术的进步和通信技术的发展，各个独立的物流系统以及各地区的物流网络被有机联系起来，现代物流业得到了飞速发展。

1990年，美国产生了"现代物流"的理念，成功引入了"现代物流"的理论和方法，"合理化、高效率化、低成本化""机械化、省力化、功能扩大化"等战略思想不断被引入到"现代物流"中，开始重视"国家、企业层面新的战略"以及"市场需求的适用性"等内容，并进行了相应的转变。以这些内容作为"现代物流"的目标和准则，不断进行管理战略调整和市场开发。通过这些长远目标的制定，提高各独立物流系统及各地区物流发展的水平。

这一时期，日本经济也发生了巨大的变化，国民生活逐渐稳定，国民经济发展走向成熟，经济增长速度出现了下降的趋势，日本经济开始进入稳定增长的时期。由于日本所依存的中国及亚洲其他国家经济的不断发展，以及日本企业不断削减人员等企业战略的引入等原因，使得2010年的日本经济表面上看有所好转，但实际上，日本国内需求仍然处于低迷状态，失业率也没有得到改善。

即使这样，日本社会经济结构已经发展得比较成熟了，各产业都进入了高度化发展的阶段。伴随着日本经济的不断发展，社会、市场及国民对现代物流的需求也发生了很大的变化，这些都是经济社会发展的必然结果。也就是说，物流活动不能仅仅追求经济利益的最大化，也要考虑社会效益。

二、日本物流及供应链管理发展的六个适用性

目前，日本物流及供应链管理主要存在以下六个方面的问题：一是地区适用性，二是环境适用性，三是国际适用性，四是战略适用性，五是管理适用性，六是理论适用性。这六个方面的问题，即日本现代物流及供应链管理所要探求的六个适用性。

这些适用性可分为与国家层面紧密联系的社会经济问题，以及与企业层面密切相关的管理问题，而且两者之间存在相互联系或相互对立的关系，以一种交错复杂的形态存在。其中，第六个适用性，即理论适用性，无论对政府还是企业来讲都可以作为基本的理念，而且这些理念必须要明确。目前，日本物流有时会因环境的变化或需求的不同而做出相应的改变，导致物流的功能与存在形式非常分散，难以统一。这些均导致物流功能重复累积，而且无法进行整合，出现了各种各样的矛盾。为了解决这一系列的问题，需要通过以下内容进行整合。

（一）地区适用性

目前，日本各地区之间的差异不断扩大。产生这一状况的最主要的原因是，以前各地区作为日本的各个生产基地而存在，但随着各企业不断进入海外，使得这一生产模式消失，并出现了产业空洞化的状况。同时，城市化率的不断提高以及服务业的不断发展，推进了城市型产业的形成。

随着各地区产业振兴政策的实施成为主要课题，物流发挥了很大的作用。到目前为止，各地区的物流业从生产地向消费地、工业城市、港口城市进行货物流动的情况较多，这些地区的基础设施建设水平得以提高，也形成了各地区新的物流业体制。但同时，随着旧体制的破裂，也出现了一系列的问题。

到目前为止，各地区仅仅凭借物流基础设施建设与物流机构经营战略调整，并没有达到振兴地方经济的目的。

尽管生产制造基地的功能在不断下降，但物流网络却得到了发展，这使电子商务有了更大的拓展空间。很多邮购销售商与物流基地、物流园区在各地区相互联系的倾向不断加强，再加之大城市消费者偏好的高度化，生产地直接销售运输的物流模式不断增加，这些新型的物流服务模式与地区及城市紧密相连，并且，这些物流活动都是以多批次、小批量、高频度的小宗混载货物运输为主。另外，与大城市相连接的地方主要港口也在不断加强建设其内陆货运站，这些设置在内地的集装箱货运站将主要处理小宗混载货物的运输。面对这一变化，日本各地的物流园区也在进一步加强建设。为适应连接新的地区及城市货物流动的新型物流服务模式，必须对原有模式进行改革，这与物流国际化存在很大的关联性。

（二）环境适用性

为了应对全球变暖的趋势，日本政府把如何大量减少二氧化碳排放作为国家层面的重要课题。为减少二氧化碳排放以促进环境改善，所有产业都制订了不同的行动计划。绿色物流、合作伙伴政策、运输模式转换等适应环境的物流服务模式得到了发展。

但是，对各个物流企业来讲，在推进一系列绿色物流政策的同时，也增加了它们的负担。绿色物流目标的实现，仅仅依靠各物流企业自身的努力是无法完成的。因此，为达到环境的要求，日本政府建立了新的绿色物流体系。同时，日本政府还对物流系统及物流企业提供各种援助，特别在运输部门、装卸搬运机械、运输燃料、物流基础设施等方面，通过普及低公害车等，达到节约能源、降低排放的目标。为推进这一目标的实现，日本政府及各产业组织进行了不断的协调。考虑到日本的特殊性质，政策目标被明确制定出来之后，为了目标的实现，政府及民间企业通过共同合作，制定具体的政策方案并推进实施。在这一问题上，日本政府的作用是非常大的。到目前为止，日本政府集中力量为改善环境提出了各种政策，并得到了日本国民的理解。

（三）国际适用性

对日本物流及供应链管理的国际适用性，可以从两个方面考虑。

1. 因国际竞争加剧而致使日本物流出现的问题

目前，日本周边的集装箱中枢港口，主要有中国的上海、香港、高雄、韩国的釜山，以及东南亚的新加坡，日本港口与这些港口的差距越来越大。推动发展综合中枢港口的战略——港湾政策，成为日本政府层面的策略。把日本轻工业品、加工食品的生产向亚洲各国转移，促使日本国内形成巨大的市场需求，而这需要港口货物处理能力及综合港口转运能力的提高，但目前日本国内港口的容量无法满足这一需求，因此日本的港口及机场作为新的物流节点正在不断扩大并集中自己的功能，并努力解决这一问题。另外，虽然日本港口及机场等基础设施建设不断加强，但其功能及设施的分布仍然比较分散，因此，日本港口功能的集中是一个非常重要的问题。

2. 国际物流战略方面的问题

在国际物流方面，许多国家的物流业发展与日本物流企业存在竞争关系。此外，多数日本企业不但分布在亚洲各国，还存在于世界各个发展中国家，对于这些日本的跨国企业，不仅要解决其生产销售问题，对于其物流活动也在制定相应的新的国际战略以适应这一发展趋势。

日本拥有高速铁路货物专列的建造技术、环保技术，可以为发展中国家基础设施建设提供技术援助。同样，日本的物流企业如何在这些发展中国家扩大其国内物流市场、进行经营活动等问题也都非常重要。工业、批发零售业进入其他国家市场时，首先要通过自己的力量进行供应链管理。日本物流企业在今后的活动中，在争取扩大国外物流市场的基础上开发日本本国的物流市场也非常重要。

（四）战略适用性

现代物流的根本目标就是实现物流活动的高度化。在此基础上，必须为物流业制定战略目标。这个问题，不论对政府还是企业都非常重要。

日本政府分别于 1997 年、2001 年、2005 年、2009 年、2013 年、2017 年制定的六次《物流综合施策大纲》，均针对日本物流发展提出了战略目标及基本实施措施。这六次《综合物流施策大纲》作为日本政府的物流政策，为物流企业进行物流活动提供了依据。另外，在六次《综合物流施策大纲》中，各种措施及其目标值也被提了出来，但作为战略目标的理念却没有被明确。各种措施内容较多，过于分散，存在重复，缠绕交错，不仅缺乏明确的统一战略理念，而且导致实施各种措施的优先顺序不明确。由于这些措施的实施战略各不相同，缺乏优先顺序，所以整个措施实施起来不够顺畅。另外，这些物流措施的实施建立在各省、厅、地方自治体的基础之上，还需要与日本各执政党的战略相互配合。

企业物流战略实施到现在已经取得了一定成效。1990—2000 年，日本企业在不同程度上对物流发展战略的重要性有了一定的认识，并制定了相应的发展策略。但 2000 年以后，随着日本经济和企业经营环境的变化，物流战略受政府与企业重视的程度有所下降。由于目前日本企业出现了经营困难的状况，物流的合理化、低成本再次引起了日本企业的重视。到目前为止，引领日本物流业发展的大型制造企业的最高物流责任者（CLO）大多数都是技术出身，在大型企业物流系统高度化实施的过程中，由于技术的复杂性，物流系统高度化在企业战略中所处的位置没有被明确定位。

近年来无论是生产制造业、批发业、零售业，还是物流业都采取了股份制，甚至有的企业还采取了并购（M&A）的模式，即引入国外企业的资金来发展企业。伴随着这些经济管理环境的新变化，日本的产业结构也发生了变化。特别是在子公司物流管理系统合并的过程中，由于不同企业的物流系统存在差异，物流系统整合成为主要问题。为此，要求物流系统的变革应该具有一定的战略性。另外，并购的目标之一就是要通过供应链管理构筑企业新的管理模式。对此，物流企业首先需要进行纵向结构的改革，并在此基础之上提出战略性的改革方案。所谓战略性，就是基于物流企业当前发展模式提出的今后的发展方向和目标。

特别是，目前形成的生产制造在亚洲各国、市场在日本的物流业，应通过亚洲其他各国与日本紧密连接进行供应链管理，并对各国物流节点进行合理配置与功能设置。日本与亚洲其他各国生产节点的功能应相互匹配，在世界各国的市场中推进现代物流网络的发展。同时，在基于各国具体情况考虑战略目标时，要确定该目标在国际营销中所处的位置，这就是战略目标的重要性。

（五）管理适用性

其实，从概念上看，物流最初把物流技术、物流活动作为主要内容，现在则主要考虑具体物流活动、设施、机械的引入及推进水平。对于目前的物流企业，由于构筑合理的物流系统需要同时符合各种环境条件的要求，物流活动、物流技术的一体化发展还处于混乱状态。有关港口及物流中心基础设施建设、运输等的各种相关法律，与日本政府的《综合物流施策大纲》存在相互解释的问题。特别是，日本自身使用的各种物流标准大部分都成为国际标准，在此基础上，新的物流技术的开发仍然重要。物流活动是以物流为中心的，日本应意识到自己作为引领世界物流技术发展的先进国家，还要不断开发新的物流技术。此外，各种物流技术与物流效率的相互匹配也是物流企业管理适用性的主要内容，当然也不能过多考虑社会环境条件所造成的影响。

（六）理论适用性

近 50 年来，日本物流研究得以快速发展，研究机构数量不断增加，物流协会活动也非常频繁。另外，很多大学都开设了现代物流、供应链管理、物流学方面的课程，研究生也在此基础上进一步加深学习，培养了很多物流研究者，研究成果不断涌现。这些研究成果与政府战略及物流企业管理存在多少联系还有待探讨，但需要注意的是，不应把研究仅仅局限于研究，把实践仅仅局限于实践，不要把二者区分开来。

物流及供应链管理理论与物流实践必须相互结合，这是研究物流的学者的重要责任。以物流理论研究为基础，专门进行物流实践的开发则是物流管理者的责任。物流及供应链管理理论与实践相互结合是非常重要的。实际上，日本的初中、高中、大学在物流方面的教育还相对比较薄弱，特别是大学物流教育力量相对不足，物流研究者就业机会较少。今后，随着日本人口的不断减少以及劳动力的严重不足，物流业必须考虑如何确保物流劳动力这一严峻问题，物流研究者也必须重新认识这个问题，建立产、学、研一体化的新型物流研究体制迫在眉睫。

以上就是日本物流及供应链管理发展的六个方面的适用性。实现这六个方面适用性的平衡，可以全面提高日本物流水平，也可以实现日本物流业的全面发展。

第四节　日本六次《综合物流施策大纲》

一、《综合物流施策大纲》制定背景

从 20 世纪 60 年代开始，日本政府相继出台了各项物流政策。在日本政府出台的各项政策中，商流与物流混在一起，而且，由于制定政策的部门不同，出台的物流政策在内容上也各不相同。当时，日本负责物流产业宏观管理的政府部门主要包括国土交通省、经济产业省、内阁府、公正交易委员会、警察厅、总务省、外务省、财务省、厚生劳动省、农林水产省、环境省等多个部门，且未设立专门的机构对物流业进行统一管理，这种状态一直持续到了 20 世纪 90 年代。随后，为了改变制定物流政策各部门各自为

政的局面，加快培育和提升日本物流业国际竞争力，通过政府统一管理，应对国际竞争，日本政府于1997年4月，第一次制定了《综合物流施策大纲》（即《1997年大纲》），当时日本政府的14个部门参与了1997年大纲的制定与实施，这也是日本政府制定的第一部《综合物流施策大纲》。同时，2001年1月，日本政府实施了"省厅整合"，把原来的1府22省厅整合为1府12省厅，并以此为契机，各省厅之间在物流政策制定与实施的合作方面，变得更加紧密。

目前，日本政府根据现代物流特点，以国土交通省和经济产业省的行政部门为核心，形成了协调一致的物流行政体制，制定了综合、一体化的物流政策，实现了各项管理工作以及各个环节的有机结合与有效衔接。其中，国土交通省主要负责运输方式政策设计及计划制定，区域运输、城市配送规划与协调，仓储市场准入及物流基础设施等方面的管理工作；经济产业省主要负责物流产业政策、标准、结构、布局和发展战略等的制定。

自1997年日本第一次制定《综合物流施策大纲》开始，在此基础上，之后每四年，日本政府都制定一次《综合物流施策大纲》。至2017年，这部综合物流施策大纲已经进行了六次修订。在经济全球化发展的大环境中，日本政府通过制定六次《综合物流施策大纲》，一方面指导日本如何提高区域竞争力、降低流通成本、完善流通体系等问题。另一方面，指导日本如何应对物流需求的升级、国民需求多样化发展，以及环境变化等问题。

二、四年一次《综合物流施策大纲》制定意义

日本政府针对其物流发展的不同阶段，自1997年开始，每四年制定一次《综合物流施策大纲》，并由日本内阁会议通过并颁布。日本政府分别于1997年、2001年、2005年、2009年、2013年、2017年制定了六次《综合物流施策大纲》。

六次《综合物流施策大纲》实施的具体时间分别是：第一次《综合物流施策大纲》（以下简称《1997年大纲》），1997—2001年；第二次《综合物流施策大纲》（以下简称《2001年大纲》），2001—2005年；第三次《综合物流施策大纲》（以下简称《2005年大纲》），2005—2009年；第四次《综合物流施策大纲》（以下简称《2009年大纲》），2009—2013年；第五次《综合物流施策大纲》（以下简称《2013年大纲》），2013—2017年；第六次《综合物流施策大纲》（以下简称《2017年大纲》），2017—2020年（如表1-3所示）。

表1-3 日本六次《综合物流施策大纲》比较

物流大纲名称	审议通过时间	实现目标时间	具体实施目标
第一次《综合物流施策大纲》	1997年4月4日	1997—2001年	1. 提供亚洲太平洋地区最为便利和最具竞争力的物流服务 2. 以不影响产业竞争力的物流成本为前提，提供优质的物流服务 3. 建立能够应对能源问题、环境问题、交通安全问题的物流系统
第二次《综合物流施策大纲》	2001年7月6日	2001—2005年	1. 建立高水平、整体性、高效率的物流系统，提高日本国际竞争力 2. 建立符合社会效益的物流系统 3. 构筑有利于国民生活的物流体系
第三次《综合物流施策大纲》	2005年11月15日	2005—2009年	1. 建立高速无缝且低成本的国际国内一体化物流体系 2. 建立绿色物流等高效率环保型物流体系 3. 建立重视需求方的高效率物流体系 4. 建立可保障国民生活安全和使民安心的物流体系
第四次《综合物流施策大纲》	2009年7月14日	2009—2013年	1. 建立支撑全球供应链的高效物流系统 2. 构建环境负荷小的绿色物流系统 3. 构筑安全可靠的物流系统
第五次《综合物流施策大纲》	2013年6月25日	2013—2017年	1. 构建支撑产业活动与国民生活的高效物流体系 2. 进一步减轻环境负担 3. 建立安全、安心的物流系统
第六次《综合物流施策大纲》	2017年7月28日	2017—2020年	1. 推进供应链整体高效化及价值创造、物流高附加值服务，实现从竞争到共创 2. 物流的透明化、高效化，实现物流工作方式的改革 3. 强化基础设施功能，实现物流高效化，增强物流软硬件一体化的功能 4. 构建可以应对自然灾害、地球环境变化等问题的可持续发展的物流系统 5. 利用IoT、BD、AI等新技术，推进"物流革命" 6. 培养高端物流人才，开展消费者启蒙活动，强化消费者对物流理解

资料来源：《日本国土交通省报道发表资料》。

《综合物流施策大纲》作为日本物流业的纲领性政策文件，同时也成为引导日本物流业发展的指导性文件。日本《综合物流施策大纲》每次实施的时间为四年，不仅制定了日本物流业之后四年的发展规划及目标，而且还对上一次《综合物流施策大纲》中所确定的目标进行了全面评价，并检验其实施四年之后的效果。随着日本四年一次《综合物流施策大纲》的制定和实施，物流活动变得更加顺畅、有序，效率不断提高。同时，在推进《综合物流施策大纲》实施的进程中，日本政府部门主动与行业协会及企业进行协调、沟通、合作等，对政策推动起到了非常重要的作用。

三、六次《综合物流施策大纲》的内容

（一）1997年《综合物流施策大纲》

1997年4月4日，经日本内阁会议通过，日本政府首次制定了一个具有重要影响力的《综合物流施策大纲》。《1997年大纲》根据1996年12月17日日本政府通过的《经济构造的变革和创造规划》中有关"物流改革在经济构造中是最为重要的课题之一，到2001年既要达到物流成本的效率化，又要实现不亚于国际水准的物流服务，为此各相关机关要联合起来共同推进物流政策和措施的制定"等内容而制定。《1997年大纲》以"降低物流成本、提高物流服务水平"为宗旨，确定了日本物流业发展的目标，并从放宽规制、完善基础设施、升级物流系统、政府协调机制以及政府援助等角度出发，制定了相应的政策。《1997年大纲》特别提出各机构、各部门的合作机制，推进各政府部门、地方团体、物流企业与货主企业的联合，采取现代物流管理等措施，共同构建综合交通系统，形成物流整体效应，并通过竞争促进物流市场活性化。

《1997年大纲》是日本第一部系统的物流政策，是日本物流业发展的转折点，是国际化、信息化对物流业发展要求的必然反映，是日本物流现代化、纵深化发展的指南，对于日本物流业发展具有非常重要的历史意义。

1.《1997年大纲》的背景

随着经济全球化推进，各国企业可以在不同国家布局，世界经济进入了全球采购、全球生产、全球消费的自由竞争时代。经济环境以生产者为中心向以消费者为中心转换，同时，由于信息技术以及国际专业化分工的发展，社会各界对物流成本和物流系统的意识不断提高。此外，由于互联网发展，通过网购可以及时满足消费者的个性化需求。为此，提供快速、多样、准确

的物流服务非常重要，物流需求呈现出高度化、多样化的发展趋势。

一方面，日本为了应对经济变化和技术创新，对进出口贸易、生产制造、仓储管理、销售经营、购买消费、废弃物处理等经济活动，需要提供各种物流服务；另一方面，日本物流还要应对能源环境、交通拥堵等问题。

因此，为了降低日本企业经营成本、提高日本产业综合实力，现代物流作为日本国家、城市以及产业竞争力的重要因素之一，日本物流业开始进入转型期。为此，日本政府各个部门通过联合协作，解决日本经济发展中的"瓶颈"问题、解决日本国际港口在亚洲地区影响力下降问题，以及日本货物运输中能源使用效率低等问题。为了应对物流业发展的各种需求，解决与物流业相关的一系列综合性问题，日本政府制定了《1997年大纲》，相关部门以该大纲为核心，统一策划实施物流政策。

2. 《1997年大纲》的具体目标

第一，提供亚洲太平洋地区最为便利和最具竞争力的物流服务。

第二，以不影响产业竞争力的物流成本为前提，提供优质的物流服务。

第三，建立能够应对能源问题、环境问题、交通安全问题的物流系统。

3. 《1997年大纲》的主要内容

大纲倡议，为完成以上三大目标，日本政府应采取各相关部门协作、共同努力的措施，从"各机构或组织相互协作""增加选择方案以满足多样需求""通过竞争激发市场活力"等视角，针对物流自身的问题，在倡导降低物流领域门槛的同时，提出社会资源的整合及物流系统高度化的对策：

第一，要求日本政府及地方公共团体在工程计划、设施运营、利用维护等方面，以受益人承担相关成本为基本原则，通过整合社会资源及民间资源，建设物流节点，推进社会资源高效、有重点地运用。

第二，在保障安全的前提下，通过降低物流领域门槛、物流成本，增加物流的商业机会并促进经营者之间的竞争，实现物流服务内容的多样化、高度化。

第三，通过推进物流信息化、标准化，开发利用新技术，改善商业惯例，提高整个物流系统效率。

针对不同领域的物流问题，要从不同运输方式及"城市物流""区域物流""国际物流"的角度分析问题。

一是通过城市物流节点的建设、社会公共设施的建设，以及每个地区的自主开发，以提高物流服务质量，提升货物在城市内运输的效率，解决城市交通拥堵、改善卡车运输准时性差及速度慢等问题。

二是对于"区域物流",为了提升各种运输方式自身效率,降低成本,可有效利用内航海运及铁路运输,促进最优运输模式的产生,在服务方面实现"门到门"的多式联运模式,在环境方面控制能源消费量的增加,同时削减环境的负荷。

三是对于"国际物流",通过手续的简单化、信息化、物流领域门槛的降低及社会资源整合,形成可应对近几年进口货物不断增加的国际物流压力,从而降低国际物流的成本。

(二) 2001 年《综合物流施策大纲》

《1997 年大纲》制定实施之后,各项政策措施逐步得到落实。但随着经济全球化与信息化的不断发展,日本要创造一个在国际上具有吸引力的生产与生活环境,同时增强产业竞争力,一方面要加强高效的物流基础设施建设,另一方面要解决环境问题并构筑循环型社会。2001 年 7 月 6 日,即《1997 年大纲》实施四年之后,在检验《1997 年大纲》实施效果的基础上,经日本内阁会议决定,日本政府出台了一部新的《综合物流施策大纲》。

1.《2001 年大纲》的背景

自《1997 年大纲》制定之后,经济全球化和信息化趋势愈发明显。是否具有一个国际竞争力的经济主体和维护这个主体的经济社会系统,是决定一个国家在国际经济社会中地位的重要依据(包括物流领域在内),必须进一步使日本的经济社会体系适应经济全球化,进而加强日本的国际竞争力。

在物流基础设施建设方面,尽管日本相应地加强了主要国际港口和大城市经济圈的物流基地和机场的建设,但与相邻国家先进的国际港口物流设施和不断大幅增长的货物吞吐量相比,都迫使日本进一步改善和提高国际港口的硬件和软件功能。此外,随着外资企业不断进入日本国内市场,日本的流通结构也要适应欧美新型商务模式带来的影响,日本国内的物流也需重视全球化的发展。

在环保问题方面,包括物流在内的日本运输部门的二氧化碳排放量呈现增加趋势,为达成 1997 年 12 月通过的《京都议定书》中"将大气中的温室气体含量稳定在一个适当的水平,进而防止剧烈的气候改变对人类造成伤害"的目标,日本有必要减少每年的二氧化碳排放量。同时,如何降低大型卡车事故发生率也是一项十分重要的课题。

在物流信息领域,尽管日本已开始灵活运用信息通信技术,但从整体物流合理化的观点来看,由于部分企业引进信息通信技术滞后,企业间或运输工具间的信息共享、网络开放化没有明显进展，信息通信技术的效果没能充分显现，因此，应积极研究开发新一代信息通信技术，加速物流领域的信息化。

此外，由于日本人口老龄化和低龄化，作为主要面向消费者的物流，将加快向高频度、少量化方向发展，为适应此变化，日本物流必须在提高物流活动效率的同时，从保障国民日常生活的观念出发，确保稳定而安全的物流服务。

因此，为解决当时显著存在的新问题，有必要建立与 21 世纪日本经济社会相符的新型物流系统，经日本内阁会议决定，日本政府出台了一部新的《综合物流施策大纲》。

2. 《2001 年大纲》对《1997 年大纲》的评价

第一，在提供亚太地区最具便利性和竞争力的物流服务方面，成效并不显著。这表现为主要国际港口的集装箱吞吐量仍在低位徘徊，尚未实现信息化、一站式的便捷、高效通关。并且在公路、港口、机场等物流基础设施之间的无缝连接，城市内交通的顺畅，物流体系的标准化、信息化，无效率商业惯例的改善等方面还存在很多问题。

第二，在降低物流成本方面，尽管物流成本有所下降，但与亚洲地区的先进港口相比，港口使用费用仍然偏高。

第三，在构建能源、环境、交通安全友好型物流系统方面，在完善货物运输的硬件和软件设施、促进自营卡车用途转换及防止交通事故等方面取得了相当大的成效，但同时又要面对削减大气污染物排放、保护地球环境、构建循环型社会等新的课题。

3. 《2001 年大纲》的具体目标

第一，建立高水平、整体性、高效率的物流系统，提高日本国际竞争力。

第二，建立符合社会效益的物流系统。

第三，构筑有利于国民生活的物流体系。

4. 《2001 年大纲》的主要内容

《2001 年大纲》从"提供不亚于国际水平的物流服务"的目标出发，进一步确定，以"加强政府与民间企业的分工合作""加强国家与地方公共团体的分工合作""创建公平竞争的物流服务市场""重点而有效地利用与物流相关的社会资源"为出发点，构筑具有国际竞争力的、与当时社会问题相匹配的、能够极大保障国民生活的社会化高效物流体系，并且提出了一系列具体实施措施。

(1) 构筑整体高效运行并具有国际竞争力的物流体系

从硬件和软件两个方面同时入手，创建良好的物流环境，以便更好地调动民间企业的积极性。硬件方面，采取促进标准托盘的使用和普及托盘联营系统、充实物流节点和促进干线共同运输、建设环线公路以扩大交通容量等措施；软件方面，采取由政府改革规制、简化行政手续、改进商业惯例、开发和利用新技术、充实物流社会资本等措施，实现港口24小时开放、申办手续电子化和一站式服务化，构筑高效运行且具有国际竞争力的物流体系。

(2) 建立与社会课题相匹配的物流系统

通过降低运输工具单位耗能、充实社会资本、推进各种运输方式的转换、促使民间企业自觉地注重环保等措施解决地球变暖问题；通过提高卡车运输效率、降低卡车废气排放量、保障城市交通畅通、调整物流基地、有效利用船舶和铁路，以解决大气污染等环保问题；另外，通过构筑逆向物流系统，实现循环型社会；同时，要加强对运输企业的运营管理，通过控制大型卡车行驶速度等措施避免事故的发生与扩大，未来，要根据技术水平的提高程度，适时修订安全运输标准。

(3) 构筑支撑国民生活的物流体系

采取把物流通畅化纳入城市建设规划，确保远洋运输货船通行安全对策，将仓库业由准入许可制转为登记制，废除仓库收费事前申请等措施，构筑能够满足国民需求的物流体系。

(三) 2005年《综合物流施策大纲》

2005年11月15日，即《2001年大纲》实施四年之后，2005年修订物流政策在内阁会议上被再次提出并通过。《2005年大纲》不仅制定了日本物流业之后四年的发展规划，而且提出要加快绿色物流的发展。《2005年大纲》针对日趋严重的地球温室效应等环境问题，从两个方面制定了物流业发展的环境政策。一方面提出要解决全球变暖及大气污染问题，具体措施包括：加强尾气排放管制措施；开发和普及低公害车的使用；加强环状公路建设；推动环状公路周边物流节点的设置；推进运输方式转换的对策；推动共同运输。另一方面提出要构建循环型社会的逆向物流系统，具体措施包括：加强废弃物再生处理设施的建设；成立绿色物流专业委员会，制定二氧化碳排放量计算标准；降低运输工具单位耗能；设立绿色环保税制度，推广低耗油车辆的使用；推动车辆大型化和拖车化的运输方式，降低大型卡车燃油费；提高公路质量，加大桥梁承重；加强国际海运集装箱货物转运站与多功能国际货中转站建设，缩短进出口货物运输距离。

《2005年大纲》在继续强调实现高效率、低成本的国内外物流一体化基础上，着重提出了进一步建设使国民生活安全与安定、环保节能的绿色物流的重大目标，同时指出要督促企业选择合理化的运输方式，以减轻环境负荷。《2005年大纲》明确了物流业发展的基本方向，即适应经济与社会全面发展的需要，推动物流与其他产业和消费市场共同发展，同时还提出要缩短物流对生产、流通和消费造成的距离。《2005年大纲》的立足点包括：按照《京都议定书》，制定和实施更为有效的环境保护政策，大幅度削减二氧化碳排放量，促使物流企业真正履行社会责任。另外，为提高日本物流业国际竞争力，要不断降低物流成本，促进国际物流与国内物流的一体化。同时，还要采取更加严格的措施，保障物流安全，防止恐怖事件对物流业的影响。

1. 《2005年大纲》的背景

2001年7月，日本政府制定了《综合物流施策大纲》，各项政策的效果已经逐步显现，但仍存在许多亟待解决的课题：一方面，日本物流总成本在日本国内生产总值中所占的比重呈现逐渐下降的趋势，略低于美国水平，但是从增强日本产业的国际竞争力、提高产业集群的竞争力和吸引力的角度看，仍需继续改善和努力；另一方面，《2001年大纲》制定以后，日本经济形势发生了很大变化，包括经济体制结构的改革不断推进、与亚洲国家间的经济交流不断深化、IT技术的迅速普及、因美国发生恐怖事件而引发的民众对安全保卫的需求增强、《京都议定书》的生效要求进一步加强环境政策施行等，这些变化所衍生的新课题要求日本必须迅速、正确地制定实施对策。而且，随着结构改革的不断深入，要求进一步深化相关部门之间的合作，以采取适当对策。

因此，为了顺应经济社会的变化，明确物流应有的存在方式和意义，促进有关政府部门间的合作，简单明了、系统地说明中长期的物流政策和物流行政管理的方针，日本政府制定了新的综合物流施策大纲，确立了今后的物流政策、物流行政管理方针以及相关机构之间合作的基本框架。

2. 《2005年大纲》对《2001年大纲》的评价

第一，企业在克服削减成本压力的同时，对核心业务发展动向的专注，即企业在主要的、能产生高效益并取得主要竞争力的业务上还存在问题。

第二，在新型服务模式不断发展的背景下，物流企业所提供的服务需要进一步完善。

第三，随着经济发展与市场需求之间矛盾出现，对于环境保护、公路运输安全、食品安全以及物流企业劳动力不足等方面问题，日本政府需进一步解决。另外，企业对社会责任的重视还不够。

3. 《2005年大纲》的具体目标

第一，建立高速无缝且低成本的国际国内一体化物流体系。

第二，建立绿色物流等高效率环保型物流体系。

第三，建立重视需求方的高效率物流体系。

第四，建立可保障国民生活安全和使国民安心的物流体系。

4. 《2005年大纲》的主要内容

（1）建立高速无缝且低成本的国际国内一体化物流体系

第一，将船舶的航期表从以日为单位调整为以小时为单位，确保准时开船。

第二，实现门对门无须倒装的直航运输。

第三，提供及时的、多频率的小批量运输。

第四，由于在总的物流成本和物流周期中日本国内区间所占的比重较高，因此，必须消减国内的物流成本、缩短物流周期。

（2）建立绿色物流等高效率环保型物流体系

第一，物流业相关从业者加强合作，寻求切实解决这些问题的有效办法。

第二，通过表彰那些为改善环境做出贡献的企业、为消费者提供更多的与环保相关的措施信息、推广社会责任投资（SRI）等，加速推动企业从事环保型经营，促进企业开展减轻环境负担的物流活动。

第三，充分利用2005年4月开始运作的"绿色物流伙伴关系会议"这一平台，通过从业者之间的合作，对先进的做法提供支持，制定二氧化碳排放量的标准计算方法。通过这些活动，力争获得更多企业及消费者的理解和支持，将环保型物流发展为广泛的国民运动。

第四，依靠ITS技术及时提供公路交通信息，制定多样的、有弹性的收费政策，引导货运车辆在特定路段和时间段经营，实行软硬件一体化的货运交通管理政策。

第五，根据《关于促进流通业务综合化和高效化的法律》，推动港口、高速公路等交通基础设施周边具有高水平管理能力的物流设施建设。

（3）建立重视需求方的高效率物流体系

第一，要求物流体系提供及时的物流管理和运输、配送，并能够提供少量多批次的配送服务。

第二，及早应对"少子高龄化"现象，引进更为省力的、高效的物流体系，实现物流体系的机械化、自动化和信息化。

第三，在消费品流通领域，推动流通体系的标准化。

（4）建立可保障国民生活安全和使国民安心的物流体系

第一，研究建立进口货物的事前信息搜集体制，制定相关从业者的安全措施指南，并将其具体化。在加强同各国及国际组织协调的同时，实施有效的安全对策。

第二，为满足及时送货等不断提高的物流需求，必须严格遵守时间。

第三，完善灾后及灾害发生时的应急物流体系。

第四，运用电子标签技术向消费者提供食品生产和流通信息，实现流通中的全程温度控制管理，保障食品安全。

第五，物流对信息技术的依赖程度不断增强，未来要求加强信息安全。

（四）2009年《综合物流施策大纲》

随着世界经济全球化与信息化趋势的日益明显，为进一步实现物流的高效化，2009年7月14日，日本政府对《综合物流施策大纲》进行了第四次修订。《2009年大纲》以《2005年大纲》提出的"开展国内国际一体化物流，实现高效、环境负荷小的绿色物流，推进国民生活安全、安心的物流体系建设"为基础，把国际物流竞争力合作伙伴会议及亚洲门户战略会议上通过的新近策划，及其制定的国际物流、贸易手续相关措施也纳入《2009年大纲》。《2009年大纲》提出，要构筑具有国际竞争力的物流市场，创建一个能够减轻环境负荷的物流体系和循环型社会。

《2009年大纲》指出，随着企业供应链的全球化，必须降低以亚洲为中心的分散型企业网点间的运输成本，企业在维持较高安全水平的同时如何实现物流的高效化也成为重点课题。随着应对全球气候变暖政策的不断推进，应结合《京都议定书》及《后京都议定书》的要求采取必要的环境对策。随着日本社会对安全物流需求的不断增加，还要进一步防止卡车运输重大事故的发生，确保海上运输通道的安全性，建设地震救灾的应急物流网络，完善灾害发生后的快速恢复机制。《2009年大纲》综合性地提出了推进日本与亚洲各国物流合作项目，以及对日本报关制度进行持续性评价的措施。同时，决定将一直由政府相关部门负责人实施的跟踪体制改为由产业界代表参加的官民合作体制。另外，《2009年大纲》特别决定，每年都根据需要，对依据大纲制定的综合物流措施推进计划进行修订，以此强化措施的实施体制。此外，《2009年大纲》还进一步强调了PDCA（Plan—Do—

Check—Act) 体制。

1.《2009年大纲》的背景

制定《2005年大纲》以后,一方面,其措施在不断发挥作用,但仍留有很多课题有待进一步解决,包括需要进一步加强支撑产业竞争力的港口等社会基础设施的建设,加强成田机场及羽田机场国际物流节点的物流功能,进一步建设有助于发展区域经济的公路运输网络,有必要进一步推进构建高效逆向物流系统的工作等。另一方面,围绕物流的环境发生了各种变化,包括经济构造进一步全球化;以《京都议定书》第一约束期的开始为契机,需要进一步加强应对全球变暖问题的行动力度;社会各方面对确保货物安全的要求更加强烈。这些变化要求日本政府在正确掌握2008年发生的全球金融危机所带来影响的同时,对以上课题做出迅速且正确的应对。

长期以来,日本制定综合物流施策大纲的目的在于明确各阶段经济社会发生变化的情况下物流业的存在意义,协调政府各部门之间的合作,提出中长期物流业的发展政策及物流业行政管理的方向。大纲作为推进各方合作的基础,以及向国民说明的手段,所肩负的责任越来越大。《2005年大纲》的目标年是2009年,根据该大纲期间发生的经济形势的变化及问题,有必要制定新的综合物流施策大纲,以明确今后的物流政策及宏观管理方向,制定各相关方进行合作的框架。

2.《2009年大纲》对《2005年大纲》的评价

第一,在"建立低成本、快捷、无缝连接国内国际一体化物流系统"方面,日本企业在经济不断走向全球化的大环境下,在最适宜的地区开展生产和销售,减少了不必要的库存。在全球范围内进行供应链管理,实现了高速、无缝连接且低成本的物流服务,推动了各项措施的实施。

第二,在"建立环保型绿色物流系统"方面,今后还要从供应链整体出发减少环境负荷。

第三,在"建设重视需求方的高效物流体系"方面,日本企业在满足消费者多样化需求的同时,有效避免了交通拥堵及环境问题等的发生,并推进了各项措施的实施。

第四,在"建设国民生活安全和安心的物流体系"方面,能在大规模灾害发生时,确保安全运输的应急物流,但在强化信息安全等方面的问题还有待解决。

3.《2009年大纲》的具体目标

第一,建立支撑全球供应链的高效物流系统。

第二，构建环境负荷小的绿色物流系统。

第三，构筑安全可靠的物流系统。

4. 《2009 年大纲》的主要内容

（1）建立支撑全球供应链的高效物流系统

第一，改善亚洲广泛区域的物流环境。在连接亚洲主要城市和产业聚集地的国际物流通道方面，按照"东亚产业大动脉构想"，通过与区域内的各国政府进行合作，全面进行社会基础设施的建设和各个产业的开发。

第二，构建高效无缝的物流网络。根据《有关促进流通业务综合化和效率化的法律》，不断提高各种物流基础设施的建设及其利用率；根据《有关物流业务市街地建设的法律》，合理利用物流园区和土地的规划配置，以提供各种物流服务的基础设施。

第三，促进贸易手续和物流管理的信息化，构建国际信息合作平台。日本物流体系要加强与国际物流体系的合作，以推进各部门可共享并合理利用相关信息的范围，应明确国家发展的方向目标和优先顺序，连接 NACCS 系统（日本自动化货物和港口综合系统）与企业物流系统，建立国际"核心中枢系统"。此外，为实现国际物流信息管理的可视化，推进物流管理条码的国际化标准，探讨构建各企业信息交流合作的平台。

第四，兼顾安全保障及提高物流效率。日本为了在确保货物安全的同时促进物流的高效化，对具有货物安全管理体系和遵守法律条款的企业，实行可快速办理且简化的货物通关手续的 AEO（经认证的经营者）制度，并将该制度的适用对象依次扩展到进出口企业、仓库企业、通关企业、运输企业及生产制造企业。此外，为了与主要贸易国实现 AEO 制度的相互认可，要进一步推进政府之间的合作。

（2）构建环境负荷小的绿色物流系统

第一，实现低碳型物流。针对海陆空的每一种运输方式采取综合性措施，推进运输设备的低碳化、信息化和标准化，实现多式联运等高效的运输模式，构建环境负荷小的港口运输物流系统。另外，针对不同货主，通过合理设计路线，进行共同配送，提高运输效率。

第二，构建高效率的逆向物流。通过在沿海地区等合适区域，集中布局循环再利用的设施和最终处理场，以实现减轻物流对环境产生的负荷的目标。

（3）构筑安全可靠的物流系统

通过加强运输作业者之间的协调，获得货主的认可，进而对优秀物流企业进行监督认定。在卡车运输的安全方面，今后应进一步推广使用 ASV 技术

（超级视图技术），推动大型卡车安全运输的措施，完善监督机制，促进运输的安全管理，实现安全安心的公路交通环境。在海洋运输的安全方面，今后应继续和沿岸各国开展合作，防御海盗，维护航行安全。构建冷链物流系统，提高从产地到消费地的系统性品质安全和卫生管理水平，完善高品质流通的食品物流系统。为预防大规模地震等频繁发生的自然灾害造成物流安全无法保障，实施综合性防灾减灾措施，加强交通运输网络的抗灾能力，完善灾后快速恢复公路、铁路和港口等主要交通运输的体制。

（五）2013 年《综合物流施策大纲》

前四次制定的《综合物流施策大纲》，内容上仅仅是政策的罗列，存在政策实施时优先顺序不明确的问题。而且，一些政策未能在计划期间达到预期效果。基于以上原因，2013 年 6 月，经日本内阁会议审议通过，开始制定第五次《综合物流施策大纲》。

另外，2011 年 3 月 11 日，东日本发生大地震，物流在灾后物资运送以及灾区重建过程中发挥了重要作用。由此，物流的功能、重要性再次得到社会整体认可，社会各界对物流的关注度、期待度也随之增加。

《2013 年大纲》总结了日本物流环境现状，对今后日本物流政策的发展方向进行了展望，提出"将物流作为经济重建与成长的支撑，构建完善的物流体系"等内容，推进日本国内外物流消除"浪费、低效率、发展不平衡"等问题，以建立最优化物流体系作为发展目标，通过提高政策的综合性、一体化程度，提高物流效率，强化货主企业、物流企业以及相关企业之间的相互合作关系。

1. 《2013 年大纲》的背景

2013 年的亚洲，国际分工进一步明确，企业不再受到国界的制约，可在合适的地区进行采购、生产、销售，可超越国家和地区的限制选择生产基地。在这样的背景下，为防止日本国内发生产业空洞化，维持并增进日本国内各地区的产业活力，迫切地需要加强产业竞争力。

物流领域也面临着许多问题，例如，供应链如何进一步实现国际化、如何解决地球环境问题、如何保障安全安心等。为了应对这些问题，政府和民间同心协力来支持提升日本产业竞争力是必不可少的。

更为重要的是，在东日本大地震中，日本开启了通往受灾地区的主要物流网（发生大规模灾害后，为尽早重建和实施救援而开拓路径），为运输救援物资开展了一系列物流活动，以此为契机，支撑日本经济社会的物流及其参与者成为社会关注的焦点。

基于上述背景，需要通过制定新的大纲，来明确今后物流政策的方针，并通过和相关政府部门的协作来综合地、全面地推进政策的实施。此外，在加深各个阶层国民对物流的认识、寻求对物流政策的理解和合作方面，新大纲的制定也有着极为重要的意义。

2. 《2013 年大纲》对前四次《综合物流施策大纲》的评价

前四次《综合物流施策大纲》的实施，在提高物流效率方面取得了一定的成效，但在实施过程中也出现了以下问题：

第一，在强化物流服务国际化竞争力方面存在着不足。

第二，前四次大纲中需重点解决的问题不明确。

第三，缺乏推进政策快速实施的力度。

3. 《2013 年大纲》的具体目标

2013 年大纲的目标为"构建支撑经济强有力复苏和发展的物流系统——在日本国内外实现无不合理、无浪费、无不均匀的整体最优的物流"，具体内容包括以下三个方面：

第一，构建能够支撑产业活动与国民生活的高效物流体系。

第二，进一步降低环境压力。

第三，建立安全、安心的物流体系。

4. 《2013 年大纲》的主要内容

（1）构建支撑产业活动与国民生活的高效物流体系

第一，促进日本物流体系向国际化方向发展。随着日本在亚洲推进高效物流体系，通过支持、强化对外投资活动，提高日本各产业的国际竞争力，进而提高亚洲物流业整体质量，为亚洲经济增长做出贡献。

第二，完善并有效利用物流基础设施，提升日本区域竞争力。为了强化日本在全球供应链中承担的重要作用，并提高日本物流网络的国际竞争力，需要完善并有效利用物流基础设施。为此，要致力于日本国际物流基础设施的建设、进一步完善日本物流体系。

第三，加强货主企业与物流企业之间的相互配合，调整日本物流产业结构，实现物流的效率化。通过加强货主企业之间、货主企业与物流企业之间的合作，调整日本商业活动中一些通用做法，提高物流系统整体运营效率。同时，修订相应的政策法规，优化日本物流产业的整体结构。

第四，通过物流业的发展，提高日本国民生活质量。针对多样化的市场需求，一方面要继续提高物流效率，另一方面需要减少各个环节低效率的部分。同时,要进一步面对由于人口减少、社会少子化、老龄化等问题,以及随着日本各地区经济结构变化而带来的与日本国民生活相关联的各种物流问题。

第五,培养并确保各类物流人才。在确保能够应对物流多样化发展的同时,要培养能够支撑日本物流业进一步发展的高端物流人才,以此强化日本物流业的核心竞争力。

(2) 进一步降低环境压力

从减少物流活动所引发的环境负荷着手,推动日本高效物流发展。同时,采取积极措施推进低公害车辆的使用。

(3) 建立安全、安心的物流体系

第一,进一步推进物流领域的灾害防治措施。完善应急物流体系,在灾害发生时,能够保障救灾物资可以快速到达灾民手中。通过完善应急物流体系,确保灾害发生后,推进基础设施的灾后快速重建以及救灾方案及时制定实施。同时,尽量减少灾害对灾区以外其他地区的影响程度。

第二,通过合理的物流管理体系,有效利用社会资本。为保障社会资本安全、安心使用,在措施上要注意对社会资源及资本进行高效的运营管理以及合理的利用。

第三,兼顾安全保障与物流的效率化。随着国际物流对反恐的要求不断提高,在确保物流效率的同时,要实施提高其安全性的相关措施。

第四,运输安全的保障。努力实现输送安全,构筑安全、安心,可靠性高的物流系统。

《2013年大纲》的制定,主要考虑到日本物流的国际化发展以及物流在应对灾害、安全等问题的新作用,同时也要考虑解决公路、桥梁等物流基础设施老化问题的对策,及今后日本物流的发展在政策层面的应对问题。总之,物流的"效率化"要从狭义向广义拓展,需要再次明确其市场定位。

(六) 2017年《综合物流施策大纲》

前五次制定的《综合物流施策大纲》,虽然取得了一定的成果。但日本人口老龄化及育龄人口减少带来的社会结构变化以及消费者生活方式的改变造成对物流需求的激增,另外,相关人员互相合作的程度对于大纲的有效实施越来越重要。基于以上原因,2017年7月,经日本内阁会议审议通过,开始制定第六次《综合物流施策大纲》。

《2017年大纲》总结了日本物流环境现状,对今后日本物流政策的发展方向进行了展望，同时提出"深化与东盟成员国等亚洲各国关系""改革商业习惯""硬件基础设施建设与提供设施效果最大化""应对地震等自然灾害""应对安全问题""应对地球环境问题""运用 IOT、BD、AI 等新技术""培养物流人才""提高物流作用认知度"等内容，缓解日本社会结构、生活方式、需求等变化对日本国内外物流带来的问题，以"实现'强大的物流'"作为发展目标，并以 PDCA 的方式管理项目进度的同时，通过检验政策的实施情况做出必要的修改，以实现预定的效果。

1. 《2017 年大纲》的背景

自 2011 年以来，日本人口开始减少，老龄化进一步加剧，育龄人口也将进一步减少，双职工家庭和单亲家庭增加。卡车司机老龄化和劳动力不足的情况日益严重，特别是还需要应对 2020 年东京奥运会、残奥会等活动的举办带来的与以往不同的需求。另外，人口稀疏等需求较少的地区，因为货量的减少，可能会给当地或该地区的配送带来不利影响。

消费者的生活方式也已发生了巨大的变化。例如，邮购普遍化、快递量剧增等，对物流的需求也日益增大。今后，这一趋势会更加明显。同时，运输的小宗化、高频化可能会带来运输效率低下的问题。

再者，如何迅速应对南海海槽地震、首都直下型地震等大规模自然灾害带来的高风险，如何应对今后加速老化的硬件基础设施，已成为必须解决的问题。

另一方面，日本在为亚洲各国的生产活动以及物流做贡献的同时，东盟成员国等亚洲各国持续高速的经济发展，将各国发展带到日本也非常重要。

为了加强日本竞争力、实现持续性的发展，要求作为支撑日本生产活动与消费者生活重要社会基础设施的物流充分发挥其功能，特别是提高物流生产率。物流方面，在准确应对变化、满足需求的同时，通过零浪费地利用人才、设备等资源实现高效化，通过创造价值实现高附加值化；为了无中断地发挥物流的功能，建设可以持续、稳定地提供服务的环境；为了确保货物能够顺畅地流动，输送到日本全国各地，需增强硬件基础设施和软件基础设施（运输功能等）的社会基础设施功能；确保具备能够应对各种风险的韧性和环境方面的可持续性非常重要。此外，要实现上述事项，新技术的利用和人才培养是关键。因此，日本需要制定新大纲，从中长期的视角出发，明确物流问题的方向性，借此实现官民合作，共同构建支撑未来日本发展和消费者生活的物流。同时，相关政府机构应进行合作，一体化综合推进政策的实施。新大纲的制定，对全体相关人员就物流相关课题达成共识、提高交流密度、互相合作解决问题等有着非常重要的作用。

2.《2017 年大纲》对前五次《综合物流施策大纲》的评价

日本政府已经五次制定《综合物流施策大纲》，并不断推进各种政策的制定与实施。通过现行大纲，日本为"实现国内外无蛮干、无浪费、无不均的物流整体优化"，以应对全球供应链的深化，基于《有关促进硬件基础设施的建设及利用、流通业务综合化及高效化以将日本物流系统扩展到亚洲、加强交通竞争力的法律》（以下简称《物流综合高效化法》）的修订，通过货主、物流企业等主体的合作，不断推动物流高效化，并取得了一定的成果。

3.《2017 年大纲》的具体目标

第一，变革物流以协助供应链实现整体的高效化及价值创造，同时使物流本身也可以创造出高附加值。

第二，实现物流的可视化。

第三，增强物流作为软硬件一体化社会基础设施的功能。

第四，构建能应对灾害风险、地球环境问题的可持续发展的物流。

第五，利用新技术（IoT，BD，AI），引发"革命性变化"。

第六，开展消费者启蒙活动以确保人才到位，培养物流人才，加深消费者对物流的理解。

4.《2017 年大纲》的主要内容

（1）变革物流

第一，合作与协作带来物流的高效化。通过货主与物流企业之间的合作，分析物流量变化的原因及缓和其变化的有效手法、通过消除物流浪费现象等，为推进物流业发展创造环境。

第二，为合作与协作的便利化创造环境。通过实施数据及系统规格的标准化、实现装卸高效化、提高卡车运转率、通过标准统一的方法构筑一个有关射频识别技术信息及其读取的共同平台，创造有利于构建智慧供应链的环境。

第三，以亚洲为中心的供应链无缝化、高附加值化。构筑日本产业的高效供应链需要无缝化的物流，要求其能够支撑位于亚洲各国的日本产业生产基地及物流业事业活动顺利进行。通过放宽外资限制、利用官民基金等，支持日本优质物流系统的软件和硬件海外拓展。通过农林渔产品及食品的物流高效化促进日本出口物流。

（2）实现物流的可视化

第一，明确服务与对价的关系。提供服务时，努力推进必要的成本"可视化",收费时区分运输相应的对价(运费)和运输以外的部分(等货、装货及卸货、附带业务等)相应的对价(费用)。

第二,提高透明度创造环境。在创造有利于"明确服务与对价关系"的环境的同时,致力于提供方便所有物流从业者工作的环境。

第三,向高附加值物流业务集中。提高能产生附加价值的业务的比重,提高人才保留率,创造能让各种人才大展身手的环境。

(3) 增强物流作为软硬件一体化社会基础设施的功能

第一,通过加强运输方式衔接提高运输效率。强化各种运输方式之间的合作即"运输方式衔接",使硬件基础设施与软件基础设施融为一体,共同发挥其功能,顺畅地移动货物。

第二,强化陆运、海运、空运、铁运的功能。为了实现国内外的无缝化运输、增强日本物流网的国际竞争力,应使硬件基础设施与软件基础设施融为一体,强化物流作为社会基础设施的功能。

第三,强化物流设施的功能。仓库等物流设施主要是由民间经营者建立,需采取行动促进库内作业的省力化、提高库内作业生产率。利用《物流综合效率化法》框架,借助高速公路出入口周围等物流节点的优良选址条件吸引物流设施在该地建设。

第四,城市建设过程中考虑物流的发展。物流是支撑城市功能和地区生活必不可缺的,为了兼顾居民便利性、公路交通的安全性、景观等与物流的高效性,从有效利用既有设施的角度,也需要推进将物流考虑在内的地区建设。另外,针对地区人口减少、老龄化,在促进包括客货混装在内的共同配送的同时,以公路上的车站等小基地为核心构筑新的运输系统,包括提供自动驾驶服务等,以持续地提供物流服务。

(4) 构建能应对灾害风险、地球环境问题的可持续发展的物流

第一,防范灾害风险。事先在有关人员之间为实现运输的顺畅化做体制上的调整,制订业务持续性计划(BCP)等,做好事前准备的同时,强化基础设施的功能,保证即使受灾也可以尽早修复。

第二,防范地球环境问题。从减轻物流领域供应链整体环境负担的观点出发,减少二次配送等低效的部分,推进物流的高效化及运输方式转化,促进机动车单体对策的实施及铁路、船舶、航空、物流设施的低碳化。

(5) 利用新技术(IoT,BD,AI),引发"革命性变化"

第一,利用 IoT,BD,AI 实现供应链整体优化。通过跨领域使用 IoT,BD,AI 等新技术,收集并解析物流领域的大量数据,实现效率的飞跃性提升

和供应链的整体优化。

第二，通过结队行驶及自动驾驶实现运输的高效化。对于有望解决司机短缺问题的后续车辆无人结队行驶技术，要以其商业化为目标，在高速公路上实现后续车辆的无人结队行驶。

第三，通过无人机实现物流业的空中产业革命。通过使用无人机，推进物流的高效化和省人化。

第四，提高物流设施生产率的创新并实现省力化。通过引进自动搬运机器人、拣货机器人等机器促进流通加工、产品检查等库内作业的省人化。

第五，船舶 IoT 化、自动航行船。利用物联网技术及大数据，从陆地实时监视船舶，以便发生故障时迅速提供支持。通过研发、制定标准及规则等推动海上交通发展。

（6）开展消费者启蒙活动以确保人才到位，培养物流人才，加深消费者对物流的理解

第一，培养高度化物流系统管理人才。通过开展工作方式改革，确保国内物流现场的各种人才到位，改善就业环境。

第二，开展消费者启蒙活动，加深消费者对物流的理解。以"加强理解""加深认识""创造环境"为目标开展启蒙活动，让消费者对物流抱有亲近感，扩大物流人才的来源。

四、日本《综合物流施策大纲》的启示

日本物流围绕现代制造业、批发零售业、现代流通业以及城市运行管理的发展而发展，从国际海运到家庭配送，渗透到社会经济各个角落，存在于国民生活的各个环节。在日本物流业发展过程中，除企业自身对物流管理及技术不断地进行深入挖掘外，日本政府还根据本国及世界经济发展趋势和要求，对物流业进行合理地宏观管理，日本物流政策随着社会环境、经济环境的变化进行及时调整。

之前，实现物流效率化是日本物流业发展的主要课题之一。近年来，为应对经济全球化发展的需要，构建安全、安心的物流体系受到了日本各界的普遍重视，日本社会各界对物流业发展的期待也越来越高。今后，日本综合物流施策大纲在物流业发展中发挥的作用会不断加强，其社会关注程度也将越来越高。随着日本四年一次的《综合物流施策大纲》的制定和实施，物流活动变得更加顺畅、有序，效率得到提高。日本物流满足了安全、快速、便利、绿色的服务标准，成为日本经济社会正常运行最基本的保障条件之一。

日本政府在推动综合物流发展的政策实施方面，有很多措施值得借鉴。其中，日本政府主动与行业协会及企业进行合作的模式，在日本综合物流发展的进程中就起到了重要作用。

（一）建立一体化物流体制

第一，《综合物流施策大纲》由政府会议决定通过，其内容由政府整体推进。

第二，为了在相关部门密切合作的基础上，根据《综合物流施策大纲》整体推进物流业发展，日本政府设置了"综合物流施策推进会议"，对措施实施情况等进行跟踪。

第三，《综合物流施策大纲》的制定和实施，以经济产业省与国土交通省为核心，由内阁府、公正交易委员会、警察厅、总务省、外务省、财务省、厚生劳动省、农林水产省、环境省等相关部门配合实施，以此促进一体化物流体系构建。

（二）构建统一物流管理模式

第一，之前，管理物流企业、完善基础设施、办理贸易手续等涉及多个部门，《综合物流施策大纲》制定后，由专门机构进行统一管理。

第二，通过制定《综合物流施策大纲》，在相关部门密切合作下，集中、有效、及时地推进各项物流政策的实施，实现对物流业的统一管理。

（三）物流业实施 PDCA 管理

为有效实施物流政策，日本政府成立了由国土交通省和经济产业省等相关部门组成的"综合物流施策推进会议"，确立了由货主企业、物流企业代表与相关政府部门构成的"官民协议体"，并明确了责任部门及措施实施时间。在此基础上，通过实施 PDCA 管理，全面推进物流业的发展。

第一，计划（Plan）。由"综合物流施策推进会议"制定具体措施。

第二，实施（Do）。推动物流企业之间、各地区之间、不同运输方式之间、各国之间的联系与合作。

第三，评价（Check）。提出建立综合物流发展评定指标体系的要求，并以此体系为依据，对实施过程进行评价。

第四，改善（Action）。在实施过程中进行定期评价并不断完善充实。

第二章　日本综合商社与供应链管理研究

第一节　日本综合商社起源与发展

日本传统综合商社，作为一个代销商，自己承担风险，向客户收取服务费，单独负责把客户的产品以某一个价位买下来，然后以自己为主体进行销售，为客户提供进出口代办业务，即从事买断及卖断的业务。日本新型综合商社不仅包括销售业务，而且还可以提供其他业务，是一个以贸易为主体，多种经营并存，集贸易、金融、信息、仓储、运输、组织，以及协调等综合功能于一体的跨国产业集团。目前，日本新型综合商社主要包括：三菱商事、伊藤忠商事、丸红商事、三井物产、住友商事、双日商事、丰田通商等七家。

第二次世界大战之后，综合商社为落实日本"贸易立国"政策，在全球构建销售网络。随着家电、汽车等制造企业的快速发展，所需原材料绝大部分来自国外，日本综合商社既发挥海外原材料开发和供应的功能，同时承担着把日本企业生产制造的产品推销到海外市场的任务，在原材料采购以及产品销售环节都构建起了独立网络体系。当日本经济进入低速增长期，日本制造企业进一步减少中间环节，压缩经营成本，采取直接贸易和投资方式，摆脱商社，自营进出口业务的企业开始增加，日本综合商社从以往的业务中被排挤出去。为此，日本综合商社通过解决各类问题，经营战略由扩大规模向提高分解和抗御风险能力转变。同时，日本综合商社无论是在贸易、并购项目，还是在国际大型工程项目中，依靠其全球网络体系，在一些新兴国家的经济发展过程中获取良好商机。

日本综合商社，作为一种具有独特功能的贸易组织，在战后日本高速增长时期，发挥其综合经营功能，推进了日本"贸易立国"国策实施，实现了流通效率化，促进了日本经济贸易的发展。随着日本经济环境以及贸易结构变化，日本综合商社及时调整经营战略，快速适应了经营环境的变化。

目前，日本综合商社成为在全世界范围内开展各种业务的全球化企业。

这种经营形态自创设 100 多年以来，一直以日本的大型企业为主要客户，以服务大型日本企业为目标，以商品交易中介为主要业务，近年，逐渐向以事业投资为核心的经营模式进行转变。因此，将"综合商社"翻译成英文时，并不是意味着简单的贸易、物流企业，不能翻译成"general trading company"，而应当翻译成"Sogo Shosha"。现在三菱商事、三井物产、伊藤忠商事、丸红商事、住友商事成为日本综合商社的前五名，再加上丰田通商、双日商事两家商社，共七家商社被认为是目前最大的日本综合商社（如图 2-1 所示）。

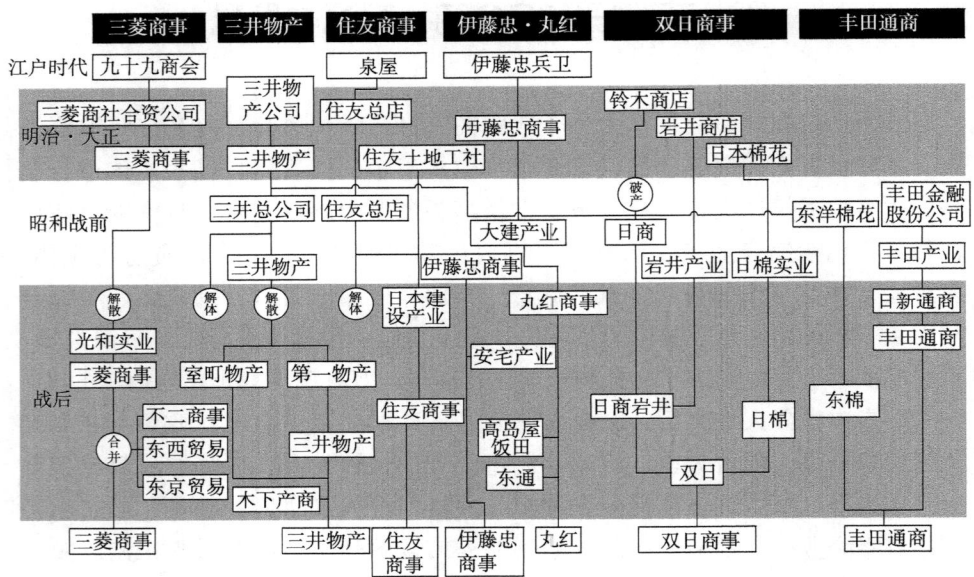

图 2-1 日本综合商社的演变与相互关系

2003 年之前，日本综合商社的联合总销售额一直呈现减少态势。2006 年年末，开始回升，占到日本第三产业全体年销售额 10% 的规模。与其他国内企业相比，全日本销售额前 20 家公司中，综合商社就占到 7 家，综合商社的规模优势非常明显。近年，日本综合商社行业发展呈现良好态势，但是，综合商社的联合当期净利润中，与资源相关的领域占比超过 50%，并且居高不下。可以看出，日本综合商社业绩急速回升的背后，有着资源及能源等特定领域业绩提升的支持。

对于日本综合商社来说，为了今后继续提高生产率以实现持续增长，在注意维持财务健全、有效扩大投资、增加高收益领域持续投资的同时，应该加大在此前投入力度较低的服务产业等非资源领域开展新业务，以实现"收益来源的多样化"以及"收益的安定化"，这也成为日本综合商社今后发展的课题。

组建综合商社绝不是靠简单的合并几家企业，宣告成立商社，就能够真正成为商社了，综合商社具有其特殊含义。经过100多年不断重组调整和发展起来的综合商社，不仅有以上的诸多经济因素作用，另外还有很多日本特殊的政治、社会、文化因素作用。日本六大财团在日本经济中的地位，决定了其拥有的综合商社在日本流通中的地位。作为日本财团的核心组织，日本综合商社近年来顺应全球化发展及日本经济结构改革的需要，重点拓展新商业领域、强化资本运作和经营风险管理，推动商品和服务贸易，提升信息的高附加值化和速度化，完成了经营战略的又一次转型（如表2-1、表2-2、图2-2所示）。

表2-1　日本六大财团的概况

组织财团		三菱财务	三和财团	富士财团	第一劝银	三井财团	住友财团
综合商社		三菱商事	双日商事	丸红商事	伊藤忠商事	三井物产	住友商事
经理会		金耀会	三水会	芙蓉会	三金会	二木会	白水会
金融集团		三菱日联金融集团（MUFG）		瑞穗金融集团（MFG）		三井住友金融集团（SMFG）	
主办银行	合并前	东京三菱银行	日联银行	富士银行	第一劝业银行	樱花银行	住友银行
	合并后	三菱东京日联银行		瑞穗银行		三井住友银行	
代表企业		三菱电机	NTT	日产汽车	富士通	东芝	NEC
		三菱汽车	神户制钢	日立	五十铃	丰田	马自达
		三菱重工	帝人公司	佳能	JFE钢铁	王子造纸	三洋
		麒麟啤酒		日本精工	吉河电气	三越	朝日啤酒
行业领域		汽车、重型机械、成套设备、石油、化工制品等	钢铁、纺织纤维、石油橡胶、通信业、液化气、陶瓷等	金融业、住宅、海洋开发、石油开发、地热利用、煤炭等	化工纤维、金融、光通信、计算机等	化工、机械设备、综合电机汽车、制造、钢铁等	石油化工、钢铁、有色金属、化工、海洋开发等

表2-2　日本六大财团的特点与影响

特点	影响
公司规模巨大、经营范围广泛，国内外分支机构众多	综合商社实际上是国内厂家的代理商，对外搞进出口业务，对内搞批发，从中谋取手续费，综合商社几乎控制了大部分流通渠道（在日本国内流通领域中，综合商社控制了日本国内批发额20%）

续表

特点	影响
拥有雄厚的财力	①日本银行通过这些商社向工业部门提供贷款，发挥出口工业优势并向海外投资 ②商社作为银行机构的补充，从金融方面对有关企业进行支持和帮助。综合商社对大规模的出口项目，提供长期、延期付款，掌握贴现及其他信用贷款 ③三菱商事有三菱银行、东京银行和第一劝业银行；三井物产有三井银行、富士银行和东京银行
拥有全球性的现代化的信息系统	综合商社运用这些信息有效地组织日本各企业的供、产、销、运，确保利益，回避风险，促进流通，稳定交易，对日本经济的不断发展起了巨大的推动作用。综合商社充当了日本进出口贸易的尖兵
综合商社有雄厚的专业技术力量	综合商社不但拥有一批具有丰富的国际贸易知识和较高水平的业务人员，而且还有相当数量的国际贸易专家、国际金融专家和法律专家，特别是三井物产，形成了"人才之三井"

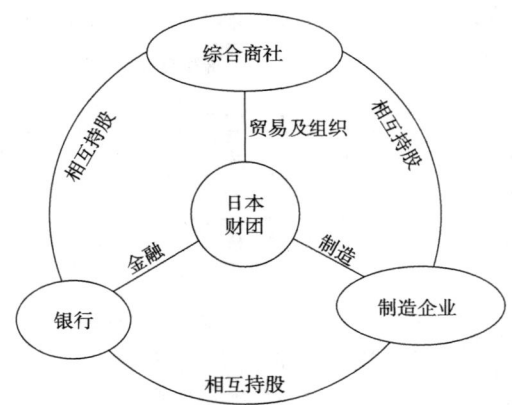

图 2-2　日本综合商社与银行、制造企业的关系

第二节　日本综合商社特征与功能

一、综合商社特征

日本综合商社包括以下九个特征。

第一，经营商品的综合性。
第二，经营地区的综合性。
第三，交易方式的综合性①。
第四，功能的综合性。
第五，交易规模巨大。
第六，在国内外拥有众多子公司、关联方企业。
第七，以交易中介业务为中心业务。
第八，大部分业务都来自日本。
第九，在企业集团中作为核心商社为企业内的交易提供中介服务②。

目前，日本综合商社仍然具备这些特征。但是，考虑到近年商社商业模式的改变，有必要进行体系化的重新定义，今天的"21世纪日本综合商社"有以下的特征。

（一）经营商品多样性

日本综合商社产品的经营范围，以前是"从拉面到导弹"，最近几年是"从矿泉水到人造卫星"。综合商社在商品的多样性方面，和经营单一商品的"专门商社"不同。大多数的商社都有能源、金属、化学品、机械、生活产业等事业部门，加上之前"中介交易"的附属业务，包括信息、金融、保险等业务进行改组，作为独立事业部存在的情况也有。

（二）经营地区综合性

综合商社在日本是全球化进行得最为彻底的企业群组。其中，三菱商事在90个国家拥有超过200处以上的节点③。2012年，住友商事基础收入的地区构成中④，日本国内占40%、发达国家占25%（欧洲7%、大洋洲1%、北美17%）、发展中国家占35%（中南美10%、亚洲16%、中国1%、其他

---

① 交易形式：有国内交易、进口交易、出口交易、海外交易（日本和外国之间的交易以及两个其他国家间的交易）等4种类型。将进货和销售一起考虑，在国内/国外进货、国内/国外销售之间组合来进行区分。

② 企业集团：数量庞大的企业以银行、商社、重化学工业制造企业为中心，通过资本关系和交易关系而形成的产业横断型的集团。最著名的有三菱系、住友系、芙蓉系、三和系、第一劝银系6大企业集团。和母子公司关系的企业集团不同，这里说的企业集团有不存在特定的母公司的特征。

③ 三菱商事、会社介绍宣传手册《综合商社的下一站》（2015年3月）。

④ 基础收入=［销售总利润+销售以及一般管理费（坏账准备金除外）+利息收支+股利收入］×（1-税率）+持分法规定的投资收益。该指标作为衡量综合商社主营业务盈利能力的指标受到重视，是商社业界内独特的经营指标。

8%），其收入分散在全球各地①。以日本为起点和终点的业务（国内交易、进口交易、出口交易）曾经是综合商社的中心业务，近年，其在世界各地展开多种多样的业务，海外交易（当地交易以及第三方交易）业务的比重有所增长。

（三）功能的综合性

随着时代变化，综合商社的功能也变得更加多样化。其中，日本贸易会列举了商业交易功能、信息功能、市场开发功能、事业开发/经营功能、风险管理功能、物流功能、金融功能、组织管理大型项目功能共8种功能。这些功能当中，其他功能都是伴随着核心的商业交易功能产生（并且起着补充和强化的作用），不断地扩大外延发展到今天而形成的。最初商业交易时，从收取交易中介手续费中回收费用，从可能发展出来的功能开始，不断事业部化，变成独立直接向顾客收取报酬的事业部。

（四）企业集团的大型化

战前，日本综合商社拥有包括制造业、服务业等多产业的多个子公司或者关联方公司，即有"物产商事"的特点。这些子公司，原本都承担着和母公司之间"中介交易"业务的支援和辅助作用。目前，日本综合商社的国内外子公司和关联公司都作为关联方子公司或者合资公司，直接对联合业绩做出贡献。对于在各个地区、国家成立，作为母公司分身的管辖机构，都称作"现地法人"与"事业会社"。目前，三菱商事的关联公司超过600家，和母公司仅有的6 000人相比，关联公司的职工人数超过了7万人。

（五）事业投资和贸易相互依存

近年，日本综合商社商业模式发展的核心在于事业投资和贸易相互依存，将收入（合并财务报表的净利润）作为重要业绩评价指标（KPI），而不看销售额。因此，作为实现这一目标的手段之一，综合商社开始在国内外展开有一定风险的事业投资。事业投资一般采取子公司或合资公司的形式，由此，综合商社本身也具有巨大的企业集团的持股公司的性质。

从这个角度看，综合商社的商业模式和投资银行风险资本类似的投资公

---

① 住友商事、面向个人投资家会社说明会资料（2014年3月）。尽管如此，国内事业的收入达到40%，也值得一提。

司较为接近。但是，二者的根本不同之处在于，综合商社不仅自主参与投资企业的经营管理，并且还与其开展商业贸易。也就是说，通过交易行为，选择已知的、熟悉的事业来进行投资，或者说通过维持贸易关系把握投资公司的事业内容。

事业投资和贸易这一组合，本身是经济高速增长期开始的一个现象。曾经期望从交易行为中获取收益，到现在已经变成了通过投资事业来获取收入，而且现在的收入规模是以前不可比及的。同时，也意味着现在综合商社要承担和经济高速增长期相比更大的风险。因此，各家综合商社从事风险管理的机构也变得更加完善发达。

21世纪日本综合商社的特征，包括以下内容：

第一，交易形态的前提是有交易中介业务，由于现在的交易形态多样化，综合商社的特征也发生了变化。

第二，交易规模（销售额）的数字十分巨大，但是综合商社规模的巨大并不完全体现在销售额上，应该从组织结构、利润等多方面进行综合理解。

第三，近年在日本综合商社中出现了与日本企业无关的业务快速增长的情况，但是，还没有到日本企业与外国企业作为交易商无法区别的程度。

第四，在经济高速增长期，通过与企业集团结盟，对日本综合商社扩大经营商品数量、大幅提高销售额起到了很大作用。但进入21世纪后，这一重要性减少了很多。

21世纪以来，日本综合商社在经营战略方面做出重大调整。综合商社的重点发展方向由贸易与物流转变为"事业投资"，即对能源、矿产、基础设施和部分制造业的股权投资。综合商社尤其看重能源、初级产品等不可再生资源，从长期来看这些资源具有巨大的升值空间。目前，日本综合商社70%的收益均来自事业投资，而传统的中间商业务只占收益的30%，这说明综合商社已经成功转型。例如，日本几乎每家加油站背后都有商社的影子，商社对石油行业的渗透已经从上游到终端全程介入。

二、综合商社功能变迁

（一）战后至20世纪80年代前的功能变迁

第二次世界大战之前，日本综合商社的主要工作是完成政府制定的任务。

综合商社最初的商业交易功能，在第二次世界大战结束后才正式得到发挥[①]（如表2-3所示）。

表2-3 日本综合商社主要功能变化

时代	历史变迁	综合商社功能	综合商社对日本经济影响
20世纪50年代	日本战败第三年起，民间贸易在一定的限制范围内开始兴起	①物流功能 ②商业交易功能	通过强化综合商社体制，推进日本工业产品出口，使得促进经济发展必要技术、获得外国资源等目标成为可能，为日本经济复苏提供保障
20世纪60年代	日本经济调整发展时期，以每年平均10%的高速度持续增长。"综合商社的存在"遭质疑，实际上，为应对当时日本经济调整发展，综合商社使自身功能不断多样化，增强了综合实力，综合商社业务范围不断扩大	增加功能： ③市场开发功能 ④信息功能	①为日本经济海外扩张充当了组织者角色 ②提高了日本生产企业（卖方）与大量中小企业（买方）之间的交易效率
20世纪70年代	布雷顿森林体系走向崩溃，浮动汇率制开始建立，第一次石油危机（1973年），第二次石油危机（1978年）	增加功能： ⑤风险管理功能 ⑥海外投资功能 ⑦组织协调功能	综合商社已拥有影响日本经济的能力，同时，开始反省在企业行动中反应不迅速、社会对商社理解不足等问题
20世纪80年代	两次石油危机后，欧美国家经济进入低速增长期，日本经济采取节能、节约资源等变革应对，伴随日本经济低迷，商社迎来了"寒冬时代"。为应对"广场协议"导致的日元升值、原油价格下降，以及日本国内经济不景气等危机，综合商社推行经营改革	增加功能： ⑧金融功能 ⑨业务开发功能	

---

① 本文对第二次世界大战之后至今的日本综合商社功能变化进行总结。对2000年以后综合商社功能的变化，只重点关注综合商社功能以及名称来源变化。

续表

时代	历史变迁	综合商社功能	综合商社对日本经济影响
20世纪90年代	冷战结束,多国开始推行市场经济,以亚洲为中心的发展中国家经济快速增长,进入了全球化、信息化、无国界的大竞争时代。在20世纪80年代后期,日本经济繁荣被称为泡沫经济,出于对通货膨胀的担心,1989年5月起逐步提高法定利率,进入金融紧缩阶段,日本国内经济景气度和股价、地价都大幅下降	强调: ①海外投资功能 ②组织协调功能	
21世纪		评估: ①基础功能(商贸交易功能、物流功能归成一个功能) ②金融功能 ③重点功能(统一了市场开发功能、业务开发功能、风险管理功能、信息功能、组织协调功能)	商社基本功能是贸易功能,这对日本经济高速发展有重要意义。在此基础上,应日本政府请求,综合商社需要进一步发挥政策性作用

战后至20世纪80年代前,综合商社有以下的功能。

1. 战后早期综合商社的功能

1948年,日本民间贸易开始在一定的范围内兴起。日本经济的复苏以纤维纺织、钢铁(石炭)等产业为中心逐步推进,"综合商社"对于日本振兴出口贸易的意义受到广泛关注。1952年,日本政府推出包括取消商社的出口合同准备金制度、海外分店资产特别补充制度等扶持商社的优惠政策措施,这些政策的推出,促进了日本企业海外市场的扩张。

这一时期,商社为了加强企业基础,开始实行商品的多样化经营。从商社功能来看,商社通过强化综合商社的体制,使得在日本生产的工业产品得以输往海外。因此，引进促进经济发展的必要技术、获得外国资源等目标成为可能，这成为日本经济复苏和发展的一个契机。战前的日本商社就已有物流和商业交易的功能，战后的商社以此为基础发展，生成新的功能，也为战后日本商社的成长奠定了基础。

2. 20 世纪 70 年代前综合商社的功能

从 20 世纪 60 年代到 70 年代，日本经济以每年平均 10% 的高速度持续增长，也正是在这一时期，综合商社功能发生了变化。

第一，在经济快速发展的过程中，产业资本迅速膨胀，生产企业加强了流通能力，批发企业被逐渐排挤出市场，充当代销商的综合商社逐步走向衰落。

第二，生产企业开始独立拥有海外销售网络及售后服务网络，这使得综合商社的利用价值降低。

第三，重要工业产品的经营需要持久稳定的销售网络、售后服务网络，以及高度专业的专业知识，而综合商社已经无法胜任这些工作。

第四，商社的综合化引发了销售体制的复杂化、增加了人力支出及利息，带来了经营管理上的困难，最终造成收益率的低下和商社经营的矛盾。

第五，随着新的消费品行业发展，商社已经失去了以往的流通支配能力，成为代销商。

但实际上，为了应对这一时期日本经济的高速发展，综合商社功能不断多样化，增强其自身的综合实力。因此，其业务范围得以扩大，其中，改进措施包括以下三个方面。

第一，取得了国外知名生产企业对日本销售的总代理权，并积极满足国外知名生产企业的需求。这一时期，日本制造业对设备的投资欲强，对引进最新的机械和技术方法感兴趣。此阶段，综合商社的海外信息收集能力变得极重要。基于此，综合商社积极推进海外分店的建立和完善，通过大力培养专门技术人员、努力改善服务功能等方式，商社的业务范围得到了扩展，包括从进口业务到资金引进对接、技术输入谈判、合同汇总等多种业务。

第二，与生产企业的合作得以实现，提升了半成品的出口量。作为新商品对策之一，拥有技术能力和生产能力的日本制造业开拓海外市场的必要性不断展现。出口日本产品的生产企业，最初是通过低成本的策略获得国际竞争力的，而综合商社拥有遍布海外的强有力的销售网络，当与综合商社合作时，这些生产企业也能发挥规模效益并减少成本支出，特别是对于钢铁、化学品、纤维原料等半成品制造业，商社具有获取国际信息的能力以及销售能力，可以促进其出口业务。

第三，以汽车为代表的机械机器出口，综合商社和制造企业相互合作设立当地的销售公司，开展细致的市场营销以及售后服务。在逐渐失去国际竞争力的纤维、杂货等轻工业，综合商社提出了在劳动力成本低廉的东南亚地区建立海外生产节点，实行包括综合商社、日本制造企业、当地资本在内的"三人四足型"海外投资模式，综合商社为纤维纺织行业的海外技术转移开辟了通道。在日本国内，针对原子能开发、城市地区建设、海洋开发等大型项目，综合商社提出了调动组织多家不同行业、企业的合作方案。

通过采取以上三个措施，日本综合商社不仅充当了零售商的角色，也增添了许多新的功能，加之产业界扩张的背景，这一时期的日本综合商社取得了快速发展。此外，经济高速发展时期的日本制造企业缺乏资本积累，大多通过银行贷款获得增添设备所需资金，因此，没有充足的资金用于流通领域。大型原材料制造企业的销售对象是中小企业，销售对象范围过于庞大，如果不通过综合商社而直接交易，将极大地降低效率[①]。

这一时期的日本综合商社，在原有商业交易功能基础上，增加了市场开发功能和信息功能，进而提升了自身的竞争力。同时，这一时期的综合商社也开始尝试进口业务、资金引进对接、技术引入谈判、合同汇总等多种业务，为当今综合商社的组织协调功能奠定了基础。

（二）20世纪80年代至今的功能变迁

20世纪80年代后，综合商社逐渐形成了以下几大功能。

1. 商业交易功能

此功能为日本综合商社的核心功能，即利用供需以及信息的不对称，在全球范围内开展"商品""服务"的交易。近年，随着电子商务市场等新动向的出现，综合商社开始了从事全球范围的最优化采购及销售工作。

2. 物流功能

日本改变了过去的竞争态势，正在以一种新型竞争态势推进信息技术发展，并且确立了从"科技立国"向"知识产权立国"的战略转变。同时，日本进行着新的经济制度调整，主要表现在各财团主办银行间的合并和综合商社的转型，不断强化对全球资源和物流的控制。利用IT技术构建高效的物流信息系统，参与仓库、物流中心等物流设施的经营，建立起包括搬运、进货、

[①] 在御园生教授提出"商社夕阳论"中，综合商社的功能被认为是割裂的，单纯地分为流通、销售、售后服务等内容，而且综合商社处于与制造企业相对立的位置。但实际上，综合商社的所有功能相互交织，并与制造企业处于共生互利的状态。

配送、流通加工等整体功能最优化的物流系统。

（1）综合商社与海运行业

日本综合商社和海运行业以及造船业有着密切的关联。在造船业领域，以船主的装载货物保险为基础的船舶、钢铁、成套设备成为商社出口的三大支柱。同时，在海运行业，作为"应对原材料、燃料进口的不定期定价浮动，以及产品出口的定期船运费同盟"的对策，在商社业务中占有重要的地位。其中，前者应用了兼用船①的三角配船等独特方案，后者致力于国际综合连续性运输。

（2）钢铁物流中的综合商社

日本综合商社主要依靠附加条件使交易核心的钢铁部门发展起来。从20世纪60年代中期开始，由于市场需求扩张，为保证供应，设立了日本全国性大规模钢材流通加工中心，这些流通加工中心也推进了钢铁物流的发展。

（3）流通革命与综合商社

进入20世纪60年代之后，日本开始出现流通革命论。许多综合商社采用超市直接经营模式，但很多以失败告终。之后，与大型超市合作成为主流，建设配送中心、冷链设备出租等方面的支持也变得非常重要。在这种物流整体结构重组过程中，综合商社特有的配送中心以及遍布全日本的食品联合工厂建设受到了关注。

（4）物流部门的机构改革

在商社最困难时期的末期（1985年前后），日本开始关注商社的物流功能，许多商社开始设立物流开发或者物流策划等新部门，这标志着日本企业物流部门开始从消耗中心向盈利中心的转变。同时，引发了日本社会对于物流部门的纵向、横向以及公司内部佣金问题的再讨论。

（5）物流相关新兴产业的发展

在物流部门结构改革的同时，包括邮购、物流管理咨询服务（物流系统开发，包装）、物流VAN（食品、纤维、化学品、汽车、农药等）、国际物流（小额航空货物、国际综合连续运输）等商社新兴产业也开始得到发展。

（6）日本综合商社的运输功能

日本综合商社在减少客户运输成本方面得到最佳运用。由于商社经营的商品种类繁多，涉及的地区复杂，它们可以租赁卡车、货船、飞机、火车、

---

① 兼用船，指既可以装载原油，也可以装载散货或矿砂的两用船或三用船，如铁矿石、原油的两用船。

驳船和其他交通工具运输货物。同时，通过信息网络，实现货物的按时装卸。即使综合商社不租赁全套交通工具或使用别的运输方式，也可为大批量运输减少运输成本。由于能保证车辆运输，利用"求车求货"系统，综合商社还可以得到那些急于填补运载舱位的运输公司给予的运费优惠待遇。

3. 市场开发功能

为了实现全球性的商业交易以及买卖成交，准确地把握市场需求和供给状况非常重要。因此，综合商社通过网络对整个世界市场信息进行收集分析，对照供需关系，推进开拓全球市场。挖掘新市场、介绍新技术、发掘承接企业、对交易客户开发的新产品提供销售支持等多种类型的业务均属于市场开发功能。

4. 金融功能

第二次世界大战之后，日本提出了以银行为中心的经济复苏政策。在对银行的扶持和改善经营方面，开始出现通过商社对高风险贷款人进行间接性的金融支持。商社金融活动包括：提供企业信贷、投资和贷款担保、外汇交易、项目融资等内容。其中，企业信贷有：伴随着交易产生的信贷偿还、预付金、库存金融等。这一时期，商社承担银行中介的角色。对于商社，承担风险为确保交易以及参与今后商圈发展提供了机会。关于投资和贷款担保，不仅可以补充和扩大交易，也可推进日本国内交易体系以确保国外生产基地的发展。在外汇交易方面，包括生产企业的外汇中介在内，只要是用外汇进行结算的交易范围，商社都无法避免外汇风险。因此，商社要解决如何对这些风险进行管控，如何利用外汇市场的浮动满足以赚取差价为投资目的的期货交易需求。从这些目的出发，外汇交易成为非常重要的业务。同时，商社通过项目融资，参与发展中国家能源、通信、运输等基础设施建设。

5. 业务开发经营功能

该功能用于支持综合商社的其他功能，为新商品新服务开发及规模化提供支持、帮助的作用。通过利用各个领域积累的业务经验，重新构建上游到下游的产业链，为产业结构变革提供支持。

6. 风险管控功能

日本综合商社力求将商业上的各种风险最小化，特别是针对发展中国家大型产业及新兴增长领域的风险投资业务，或是要求高度化的风险管理业务。综合商社主要采取寻找合适的商业伙伴、合理化责任分担、确保担保、善用各种保险制度等手段。

7. 信息功能

信息功能也是推进全球化经营不可获缺的一个功能。为了销售各类商品，需要与各国开展商业贸易，综合商社对世界各地的政治经济信息、产业企业信息、高端技术信息、市场信息、地区信息、法律税务信息等多领域的信息进行收集分析，并将其应用于经营战略和业务计划的制定当中。在当今时代，即使最先获取到信息也不一定占据优势。信息的真正价值，在于对其进行综合的调研、分析、加工以及整理，这也正体现了商社信息功能的强大之处。1971 年，三井物产组建自己的环球通信系统，在东京、纽约、伦敦、悉尼和巴黎设立 5 个电脑控制中心，并使其连接驻海外的事务所。1991 年，信息调研部独立，升级为贸易经济研究所。另外，三井物产通过三井财团内各个企业间互相持股的关系，得以在三井财团企业间实现信息交换。

8. 组织协调功能

在推进大型项目时，商社所拥有的各种功能会得到整合。整体调动包括信息收集、企划制定方案、选择合作伙伴、组建国际财团、资金筹措、原料设备采购、建设受托、开拓产品销售市场等多种功能，引导整个项目的推进。

日本综合商社拥有众多功能，涉及多个领域，这也是商社最大特征。为使处于行业上游的资源和行业下游的消费者以及位于中游的产业产生交易关系，通过金融、业务范围等使之相互连通，构建一整套商业体系，综合商社得到不断发展。

综上所述，以上的功能可以主要汇总成三项功能。

第一，商贸交易功能和物流功能归纳成一个功能，该功能以前就是商社的基础功能。虽然该功能的比重在逐渐降低，但在和国外交易时，还是不可或缺的。

第二，金融功能。和公司自身业务无关，通过理财来确保收益，使公司经营的基础安定。

第三，将市场开发功能、业务开发功能、风险管理功能、信息功能、组织协调功能组合起来。通过信息功能和市场开发功能收集全世界市场需求，通过业务开发经营功能和组织协调功能，着力于行业投资，再通过风险管理功能回避风险，使得大型项目可以成功进行。

目前的综合商社中，最重视第三项功能。从各综合商社的基本方针来看，首先是伊藤忠商事，2014 年，伊藤忠商事基本方针是"从完成的大宗投资中受益，提高现有业务利润，积极开发新优质业务"。同时，三菱商事作为 2020 年公司形象规划，提倡"向更优秀行业前进，向越来越强业务集中，培育优势业务群"。2014 年，三井物产在发布的中长期规划中，"以金属领域和能源领域为首，为将来的增长继续投资融资"作为重点实施策略之一。2015 年，丸红强化海外事业,"在有望实现中长期的经济高度增长的地区扩大本公司的影响力,加强并扩大海外事业"。住友商事在 2013 年到 2014 年的中期经营计划中,揭示经营基础要支撑盈利能力,就要强化"事业投资能力以及管理能力"和"海外地域组织的基础"两点内容。作为强化盈利能力的手段,大型综合商社和各公司十分重视对行业进行投资融资,并且逐渐成为企业经营的中心。

(三) 功能总结

目前,日本综合商社可以表示为"综合事业运营、事业投资公司",这意味着通过连接子公司,进入各制造业和服务业,并且行业投资公司化。和单纯投资公司不同,进行自主经营,兼具产业培育的功能,初期不考虑变卖,以继续经营事业为前提,并不只以分配收入和销售利润为重点,留意该产业和本公司其他产业的关联。同时,食品加工、服装、汽车零件、化学用品、石油精炼、通信信息等多种行业的财务和服务等生产活动,由综合商社自身或者是旗下子公司来承担,灵活利用现有的事业领域上的商权,通过该领域产业链的上游直到下游的各环节来增加实现各种盈利模式的机会,该战略被称为"价值链战略",也是供应链战略。供应链从资金、原材料的筹备到销售的全部环节的工作人员、部门互相配合,是所有流程高效化的经营手段。并且,共享订单信息、生产量、库存量等有关信息,通过压缩库存量以及缩短交货时间,及时供应产品,最终实现顾客的利益最大化。通过综合商社的交易功能,连接各个领域的价值链。为此,综合商社继续保持传统的交易功能。

20 世纪 50 年代,在日本政府振兴出口、强化商社政策的背景下,综合商社认识到战后的经济复兴这一课题,因此,出于引入生产技术获得海外资源的必要性,综合商社发挥贸易的功能,通过经营产品的多样化来强化企业的基础。20 世纪 60 年代,日本制造企业快速发展,并开始构建独立的销售网,不再需要商社,该时期出现"商社夕阳论"。应对该课题,日本商社不仅承担批发企业的功能,还附加构建更快速的物流网等其他功能,开拓海外市场,提供有价值的信息。当时,日本制造企业自身资本不足,无法从组织、人力等方面来很好地应对,商社从制造企业的现状找到商机,开展业务。20 世纪 70 年代,进入日本经济的高速增长期。该时期,最优先考虑的是如何应对国内能源需求。综合商社参与矿物资源的收购、进口和资源开发事业等活动,通过积极投资海外资源、开发相关行业来提高营业额。20 世纪 80 年代,面临两次石油危机、贸易摩擦和日本国内经济不景气等问题,为改善日本和美国的关系,日本政府要求推进产品进口,综合商社采取了扩大进口产品品类的方式。同时,为解决这些课题,综合商社将新产业的先进技术产业纳入业务内容,通过金融功能进行理财,确保盈利,克服了困难。20世纪90年代,日本泡沫经济破灭,不良资财的清偿成为很大的经营难题。该时期,综合商社通过选择取舍,将业务集中在个别行业领域。为应对全球化,日本在海外开始全球性业务的同时,特别在东欧各国以及东南亚等国,完善基础设施,帮助发展中国家进行行业投资。

日本综合商社在各个不同时代都面临各种难题,克服了这些难题才有今天的发展。而且,克服难题的手段有一个共通点,即开展潜在的和国家利益紧密相关的业务。实际上,从战后日本经济复兴开始,综合商社协助制造企业进行海外销售,在不同时代支撑着资源贫乏的日本能源需求,在日美发生贸易摩擦的时期,综合商社扩大从美国进口的商品品类,致力于将美国产品出口到第三国,改善和美国的关系。而且,作为对日本国内流通行业的支援,综合商社还出资重建大型超市,承担了充实国内事业的作用。

2019年,美国《福布斯》杂志发布了2019年"全球上市公司2000强"排行榜,日本以223家上榜,位列第三。日本6大财团的综合商社均榜上有名,三菱商事、伊藤忠商事、三井物产位于前200名(如表2-4所示)。和外国综合商社相比,日本综合商社具有以下特征:一是商社的基本功能是出口,这对日本经济的发展有重要意义。应日本政府的请求,综合商社发挥政策性的作用。二是与财团、企业集团的关系密切,在日本国内也有基础(商权)。

表2-4 2019年度全球上市公司2000强中日本综合商社排名

序号	排名	公司	所属财团	公司英文	国家/地区	销售额(亿美元)	利润(亿美元)	资产(亿美元)	市值(亿美元)
1	108	三菱商事	三菱财团	Mitsubishi	Japan	$127.4 B	$5.3 B	$153.2 B	$42.5 B
2	182	伊藤忠商事	第一劝银	Itochu	Japan	$91.6 B	$4 B	$98.7 B	$27.5 B
3	196	三井物产	三井财团	Mitsui	Japan	$56.6 B	$3.5 B	$107.8 B	$27.7 B
4	291	住友商事	住友财团	Sumitomo	Japan	$46.9 B	$2.7 B	$72.7 B	$17.9 B
5	350	丸红商事	富士财团	Marubeni	Japan	$67.8 B	$2.4 B	$63.8 B	$12.3 B
6	1066	双日商事	三和财团	Sojitz	Japan	$17 B	$596 M	$21.2 B	$4.3 B

第一个特征,是通过和美国的对比得出的。在美国,出口对经济增长

没有重要意义。因此，美国不但没有综合商社，连商社活动也比较少。即使在德国和英国，也没有类似日本的情况。在明治维新时期、二战后，日本都需要强力的通商承担者，日本政府从国家层面发出了请求。第二个特征，和英国的跨国商社不同。英国的跨国商社，国际贸易的比率高，不以和本国企业的交易为基础来发展，另外，英国的跨国商社在战后衰退。日本的综合商社在二战前和财团、二战后和六大企业集团保持密切关系，与"开展潜在的和国家利益紧密相关的业务"的两个特征相同[1]，因此，在和国家的经济增长战略有关的国策上发挥作用，有必要保持国内产业密切结合的功能。

开创并发展日本综合商社上述功能，面临以下三个难题。

第一，维持传统的交易功能。目前，日本综合商社逐步转向"行业投资型公司"，获益模式从交易转向行业投资（主要表现在资源、能源领域）。通过交易功能，连接各领域的价值链，不仅可以抓住其中商机，还可以和买方、卖方等交易伙伴直接接触进行经营活动，作为形成人脉、培养人才的载体，传统的交易功能具有极高的重要性。如何维持该交易的功能，今后如何确保收益机会和优秀人才是一个难题。

第二，开展经营活动，牵引日本经济增长。现在以及将来，很可能不会再出现综合商社直接承担政府的方针等情况，但今后，日本政府发展日本经济，必定要描绘经济增长战略来把握亚洲新兴国家经济成长的机会，因此，综合商社有必要自己努力创造局面来承担该经济增长战略的一部分。此外，资源和能源的安定供给自不必说，粮食的安全保障、环境保护等方面，也需要商社为保护日本国的利益做出贡献。

第三，能否维持和国内产业的关系。商社业界为应对新兴国家的需要，当地化的趋势正在加强，但和欧美各国相比，日本的商社业界中当地化的程度还有待加强。在日本国内，还有意维持企业间以往的交易习惯。属于相同集团的企业之间，除了交易还开展各种盈利模式，而英国的跨国商社和国内产业几乎没有关联，从其战后衰退这一事实可以得知，维持和国内产业关联对综合商社的未来开展非常重要。

现在综合商社需要克服以上三个难题。如能克服这些难题、确立新功能，综合商社在未来能继续发展为优良的综合商社。

---

[1] "开展潜在的和国家利益紧密相关的业务"，是不断挖掘潜需求的同时，展开和国家利益紧密结合的事业。

三、日本综合商社与相关行业发展方向

(一) 从产业价值链整体发展综合商社

日本综合商社需要综合性地参与服务产业的价值链整体，最大程度地发挥基于多方面事业经验的综合能力，从而确立事业模式。

综合商社在从前的物流中介业务的基础上，开始参与从原材料采购（上游产业）到零售流通再到服务业（下游产业）的全过程。由此，原材料采购中的规模经济优势和物流系统共享使得成本降低成为可能，更能精确得到零售和服务顾客的反馈，从而可以灵活调整价格、生产量以及库存，以实现经营方式从"局部最优"到"全局最优"的转变（如图2-3所示）。

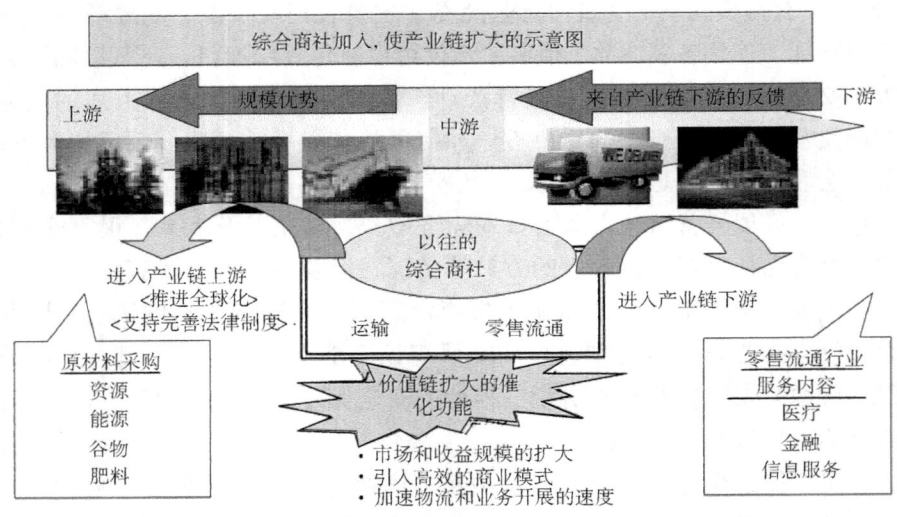

图 2-3　综合商社的加入使得价值链扩大

日本综合商社可以发挥既存的产业界所缺少的优势，包括物流、信息收集、咨询知识、事业经营人才派遣和介绍商业伙伴，以及事业投融资等金融服务。通过充分发挥这样的优势，实现对象业界价值链的创造、变革、提高效率，扩大市场。通过合理的事业运营和成本管理，实现在服务产业收益的安定化。另外，通过引进充分发挥综合商社优势的新业务模式、扩大市场和收益规模、提高物流效率、提升业务速度，也会在用户所属的对象行业引发竞争，从而使得产业的业务效率有所提高。

（二）推进业务的选择和集中

日本综合商社针对关联事业公司，存在业务重复的现状，为此，需要进行积极调整和统合。但是，目前关联对象子公司超过 4 000 家。特别是，对于关联对象企业的子公司等处于多重组织构造下层的小规模公司，难以推进企业统一管理。此外，还有撤离亏损业务，进行业务的统合、废除、合并等，更多提升企业的效率。对此，日本综合商社需要再次贯彻事业管理体制，推进组织最优化。

今后，日本综合商社需要从"整体最优"的观点出发，在重新评价事业收益情况的基础上，推进集团内关联企业整合。同时，推进包含其他行业和组织外企业重复业务的统合、废除和合并，从而进一步提高事业效率和强化竞争力（如图 2-4 所示）。

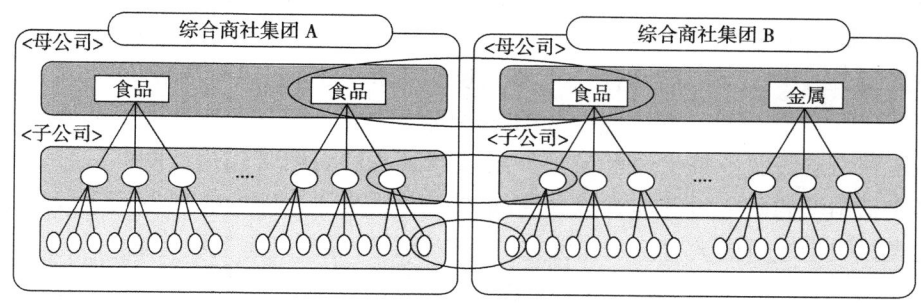

图 2-4　推进业务的选择和集中

（三）在国内服务领域开拓新事业

为了保持持续增长，综合商社的发展不应该只倾向于资源能源等特定的高收益领域，而应该充分发挥有限的经营资源，探讨加入和开拓之前事业发展较为薄弱的新领域。

特别是在综合商社事业发展相对滞后的金融、环境等服务产业，更有望规划新的事业。通过综合商社所拥有的较高的物流能力、信息通信技术，在物流系统高速化的基础上，通过服务品质、电商交易、电子标签的配置提升事业效率。综合商社具有和产业领域整体相关联，拥有全球化的事业网络，能够统筹管理商业经营策划、提案、服务等优势，通过充分发挥这些优势，构建和引进新的商业模式，以实现收益来源的多样化及生产率的提高。

(四) 在新领域开展海外事业

海外商机不止局限于资源领域，在零售、医疗等非资源领域也有很大前景。特别是在海外进行原材料采购等方面，可以发挥综合商社的优势，充分展现出利用现存物流网络以降低费用、发挥配置规模优势的效果。

第三节　综合商社对日本经济的作用

综合商社具有在日本海外获取资源、进行战略性布局的作用。贸易是综合商社的核心业务，因此与海外各地供应商的关系很密切，对供应商的经营状况、矿产品位等信息掌握全面。综合商社投资供应商，不仅可以增值，而且可以与供应商建立战略合作伙伴关系。股权关系的建立，使综合商社与供应商的关系紧密，而不是简单的博弈关系。同时，海外矿产企业可以借综合商社的入股，不受制于三井物产等综合商社在日本市场的垄断，进而进入日本市场。

19世纪，在日本处于向近代国家转变的阶段，综合商社发挥了从欧美发达国家引进资源、技术以及向国外出口产品的桥梁纽带作用。同时，日本资本主义制度的确立为日本式综合商社的产生创造了良好的外部发展环境，加之当时明治政府的大力扶植和保护，使综合商社得以迅速发展起来。

20世纪50年代中期开始，钢铁、汽车、石油化工以及合成纤维等重化学工业成为日本高速增长的主导产业，综合商社通过参与技术引进、从海外进口原材料和拓展海外市场，促进了日本主力产业的发展。

进入21世纪，日本经济获得了全面复苏，这得益于综合商社在所谓"失去的十年"中做的精心准备。在财团体制的支撑下，很多日本大型制造业企业在过去数年日本国内经济低迷阶段（GDP增长率较低），实现了在全球范围内的大肆扩张（GNP增长率高）。特别是在2000年以后，日本企业逐渐消化了IT技术和数字技术，应用于其具备优势的制造业，为这些企业创造了巨额利润，同时也刺激了日本制造业设备的升级换代，进一步确立了它们在全球的竞争优势。

第二次世界大战后，日本经济快速增长，集体主义观念成就了日本独有的以综合商社为核心的财团体制，而财团体制也成为日本贸易和产业立国国策的物质基础。当时日本既没有资金也没有资源，必须靠出口才能发展经济，制造出的产品必须靠商业才能实现价值和财富的积累，这就是日本综合商社得以建立和不断发展的根本动力。通过不断占领市场，推销商品，财富得以累计，累计的财富再次投入到制造业，推动制造业从低技术到高技术、从粗糙到精密。事实上，日本制造业能够不断持续发展应归功于以综合商社为核心的财团体制。

在深化全球市场的开发方面，日本各大综合商社制定了战略发展方向，即投资于国内外具有发展潜力的产业、在全球市场收集信息、采购原材料、销售成品、安排物流运输、培养综合型人才、提高经营业绩、强化集团经营。各大商社明显加强开拓新市场、介绍新技术、发掘新客商、开发新商品及其销售渠道的力度，并着手构筑高效物流信息系统，参与仓库、流通中心等物流设施的运营。

随着经济环境的变化，综合商社推出了不同于金融机构的金融服务，包括提供垫款授信、债务保证、融资、商品资金、租赁服务等内容，通过提供风险资金、收购兼并等形式，帮助中小高科技企业发展。鉴于发展中国家经济高速增长，各大商社综合运用信息、外汇、资金、保险等功能，加强与政府、生产企业、科研机构及海外客商的合作，以 BOT（建设—经营—转让）、BOO（建设—拥有—经营）等方式在发展中国家建设大型发电厂等项目，带动大型成套设备出口。

作为日本财团的核心组织，日本综合商社近年来顺应全球化发展及日本经济结构改革的需要，重点拓展新商业领域、强化资本运作和经营风险管理，完成了经营战略的又一次转型。综合商社在强化收集及分析世界各国各地区政经信息、产业及企业信息、高科技信息、市场及营销信息、法律及税务信息的基础上，制订科学的经营战略和发展规划，推动商品和服务贸易，提升信息的高附加值化和速度化。

日本改变了过去的竞争态势，正以一种新型竞争态势追赶美国的信息技术，并且确立了从"科技立国"向"知识产权立国"的战略转变。同时，日本进行着新的经济制度调整，主要表现在各财团主办银行间的合并和综合商社的转型，不断强化对全球资源和物流的控制。

第四节　综合商社对日本企业的作用

一、对中小型企业的作用

日本中小型企业存在的意义在于：社会层面，通过吸收大量劳动力促进日本社会的稳定；中观层面，与大型企业之间相互配合，分工明确，与大型企业形成生产协作关系，为大型企业提供零部件加工等辅助工作；从消费者的角度，能够快速适应个人消费多样化的需求，以满足消费者衣、食、住等各个方面的需要。基于中小型企业存在的重要性，日本政府提出了"中小型企业发展论"，通过相关政策支持中小型企业的发展。

日本综合商社可以对中小型企业的经营产生积极的影响，主要在于综合商社能够充分发挥其金融功能和产业组织者的作用。

由于中小型企业有订单、知识产权等软资产，但没有大型设备等硬资产，银行一般不会向它们提供贷款。但作为综合商社的供应商，使得综合商社能够获得这些中小型企业的经营状况及需求，又基于供货关系产生的信用，当这些没有硬资产但生产经营能力良好的中小型企业有需求时，综合商社将对其提供贷款服务，来推进企业的经营与发展，包括为生产企业提供充足的流动资金来进行生产等。

国际行情不畅通、市场渠道不畅、开拓市场难度大是阻碍中小型企业国际化经营的主要原因，而综合商社凭借其强大的信息功能，租赁上下游企业中的闲置资源，帮助中小型企业组织生产。同时，综合商社充当中小型企业进出口的代理，帮助众多的小企业组团开拓国际市场，为中小企业的投资活动提供信息、资金的支持，承担分散风险以及销售和售后服务等活动，并从宏观上进行控制和引导。中小型企业在综合商社的支持下，降低了国际化发展的风险，缩短了成长的历程，从而使中小型企业快速发展壮大，成为日本经济发展的新生力量。

二、对一般企业的作用

客户向综合商社要求的功能主要有物流、信息收集、调配物流、商业网、经营方式以及人才供给等，特别是进军海外业务的时候，综合商社具有综合业务经营能力、业务的专业能力。

例如，在开展海外汽车零售业务时，综合商社向俄罗斯的汽车零售企业派遣了掌握俄语并且经营经验丰富的人才作为社长，由此得以发挥其经营经验和市场营销能力，可以切实抓住产业下游（消费者）的需求，并且反映到企业战略的制定中，从而使得销售汽车台数增长两倍，并成功实现了汽车品牌的塑造（如图2-5所示）。

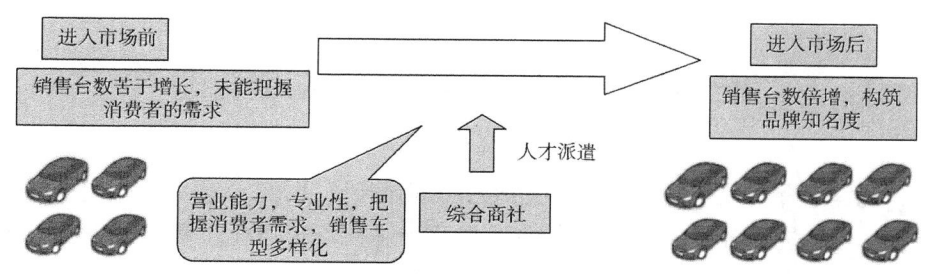

图 2-5 海外汽车零售业务

三、对服务行业的作用

在日本服务行业生产率低下、提高生产率成为首要任务时，综合商社开始进军零售、金融、信息服务、医疗护理领域。随着综合商社在各领域的不断发展，综合商社充分运用经营手法、顾客网等综合能力，充分发挥财力。从行业整体的角度来看，综合商社进军服务产业，有望使饱和的市场得到重组，进而为服务行业提高生产率做出贡献。

通过充分发挥综合商社优势的新业务形式的引进、市场及收益规模的扩大和物流业务速度的提高，也会在用户所属的对象行业引发竞争，使得事业模式不断革新，从而使产业的业务效率有所提高，形成"催化作用"，可以促进中小事业从业者适度的淘汰和向新的业务种类、业务形态转换，提高业界整体的生产率、价值链的创造性，促进效率和整体附加值的提高。

综合商社参与整个产业价值链中，以降低原材料供给和物流成本，精准收集顾客需求信息，通过这样的业务效率优势，在维持高生产率的同时也能参与规划对象行业的业务。在这种情况下，综合商社的生产率要实现持续增长，就有必要推进业务的选择、集中和面向价值链整体发展业务。

另外，在提高既存服务产业的生产率成为当务之急时，综合商社将为这一领域带来综合运用调配、物流、信息收集、顾客网络等相关知识和能力，扩大市场和收益规模，加速物流和事业发展，也对提高产业整体的效率产生影响。

从这样的背景来看，综合商社进军服务产业领域不仅能实现收益来源的多样化，从而提升综合商社自身的生产率，也同时有望促进服务产业等对象产业生产率的提高。

第五节　日本综合商社与供应链管理

　　日本综合商社作为"综合事业运营、事业投资公司",意味着通过连接子公司,可以进入各制造业和服务业,并且行业投资公司化。和单纯投资公司不同,日本综合商社可以进行自主经营,兼具产业培育的功能,在初期不考虑变卖,以继续经营事业为前提,并不只以分配收入和销售利润为重点,而留意该产业和本公司其他产业的关联。另外,进入到食品加工、服装、汽车零件、化学用品、石油精炼、通信信息等多种行业的财务和服务等生产活动,由综合商社自身或者是旗下子公司来承担。灵活利用现有的事业领域上的商权,通过该领域的产业链上游直到下游的各环节,增加各种盈利的机会,实现扩大价值链战略、延伸供应链战略。日本综合商社,通过发挥供应链从资金和原材料的筹备、到销售全部环节的工作人员和部门互相配合,使得所有流程高效运行,共享订单、生产量、库存量等相关信息,通过压缩库存量、缩短交货时间,及时供应产品,最终实现顾客利益最大化。通过综合商社的供应链管理,连接各个领域的价值链。同时,日本商社不仅承担批发企业的功能,还构建更快速的物流网络等,开拓海外市场,提供有价值的信息,增强其影响力。

　　日本综合商社通过信息贸易的静态和动态规模经济,在减少客户运输成本方面得到最佳运用。其中,通过国际化采购和销售体系的建立,以及大批量进出口业务,使综合商社具有较强的谈判能力,特别是在国际能源和资源的开发竞争中处于有利地位,从而使商社的整体竞争力得到极大提高,也因此获得了规模经济优势。

　　通过完善物流网络、提升服务集成能力,精细专业的物流服务是集团帮助合作伙伴降低成本、提高流转效率的基础。因此,近年大型综合商社都在不断地完善自身的供应链管理体系。

一、综合商社对日本国内物流的影响

　　物流服务,是综合商社进入国内流通领域的切入点,主要原因是日本流通环节具有明显的零散性特征,与其他西方国家相比,大型流通主体不是很多,从而使物流的集中投资受到了限制,导致物流业发展相对处于落后状态。综合商社经济实力雄厚,有能力兴建一些其他流通企业无力举办的物流基础

设施，从而在高起点上介入流通过程，掌握流通的主动权和主导权。首先，综合商社通过投资，在一些大城市、沿海主要港口和交通枢纽地区建立大型仓储和运输设施作为一级进口基地，根据国内外市场供求关系变化，选择合适的时机和价位，组织进口，进行储备，适时地将储备产品运送到各地市场。其次，通过与国内流通企业特别是物流企业进行协作，对现有的物流资源进行重新组合和配置，构建多层次的包括全国性、县级、市级物流体系，形成一级进口基地、二级批发网、三级批发网、零售网的商流、物流周转网络。再次，综合商社还将自己的物流体系与各批发市场进行对接，加大了物流的扩散力和辐射力。另外，日本各大综合商社都很注重信息建设，在企业内部及下属单位均设立有信息中心或信息室，信息收集、处理和传递设施也极为先进。

20世纪90年代中期以后，综合商社的经营受到国际市场影响，进入了困难时期，为了渡过难关，各大商社进行了大规模的重组。其中，重点是以资本为纽带，进行企业结构重组和业务整合。2001年10月，丸红和伊藤忠商事将各自的钢铁事业部完全合并。住友商事与三井物产在钢板加工、手机销售、煤炭、建筑材料等方面进行整合。日棉和东棉在农产品和医药品方面进行整合。这种整合的主要形式是将不同商社相关的业务部门或子公司剥离出来，组成一个新的部门或公司，以减少不同商社机构重复问题。另外，各大综合商社进行了重新的市场定位。目前，综合商社从事国内交易，一方而通过其雄厚经济实力对国内市场形成一定程度的垄断，使市场出现封闭性或相互分割的局面。另一方而又能通过其垄断力量，借助于系列化经营，控制流通渠道，保证国内市场的需要。同时，也能形成一定的市场壁垒，保护日本本国产品免受他国产品的过度冲击，发挥市场稳定器的作用。

二、综合商社对日本国际物流的影响

与国际物流相关的主体，大体上可以分为进行物流管理的货主企业，提供物流服务的船商、代运人等物流企业。对于开展全球性贸易的货主企业来说，调拨、生产、贩卖等物流综合管理是非常重要的课题，一方面，快速而廉价的国际物流服务本身就是一个非常重要的服务领域；另一方面，也发挥着为货主企业全球性商务活动提供支持的重要作用。

（一）企业活动的全球化

近年，企业活动的全球化快速发展。世界贸易额不断扩大，民间直接投资也处于上升趋势。全世界范围内，在多国拥有资产的跨国企业已达 8.2 万多家，其子公司更是多达 81 万家。受雷曼兄弟倒闭的影响，2009 年世界贸易额以及国际直接投资虽然有所下降，但从之后的情况来看，这种下滑只是暂时现象。

以日本企业为例，2017 年，跨国企业共有 4 500 家（金融、保险、不动产除外），这些企业在海外的法人数约为 1.8 万家。

日本的跨国企业主要以亚洲为活动中心。综观其海外子公司的位置分布，中国占总量的 30%，东盟四国（马来西亚、泰国、印度尼西亚、菲律宾）为 16%，新兴工业化经济体 3 个地区（新加坡、中国台湾地区、韩国）占 13%，亚洲区域比重超过半数。从海外子公司的区域销售额来看，亚洲地区所占比重最大，受到世界经济波动的影响也相对较小。

因得到世界贸易组织商品和服务贸易自由化支持，企业活动的全球化得以进一步发展。近年，WTO 多边谈判陷入停滞，但是两国之间的自由贸易协定和经济伙伴关系协定（FTA/EPA）却不断推进。预见消除关税壁垒和非关税贸易壁垒、实现直接投资自由化等举措的企业将迅速推进全球化扩张。

在东盟自贸协定（FTA）谈判中先行一步的东盟国家已经可以看到各种企业的全球化活动，日本除了与东盟各国开展两国间 FTA 谈判之外，也和整个东盟缔结了经济合作协议（AJCEP）。日本企业可以利用这些协定，根据 FTA 削减关税的条款，致力于构建东盟区域内水平分工体制。

（二）物流管理

对于全球化企业，它要和自己在全世界各地的当地法人，以及其他的企业进行原材料、零部件、半成品、产品等的交易活动，在节点筹措零部件及原材料。虽然目前呈现出在节点当地销售增强的倾向，但是跨国的货物运转及销售仍十分重要。

企业基于在全世界选取最优节点形成了这种跨国的调整、生产、销售体制。同时，在汽车、电器机械等根据工程、零件等易分工的行业，已构建完成高度发展的水平分工体系。一个可以从全世界采购符合生产标准且最廉价零件的全球性附件体系正在生成。一方面，在大规模经济发挥重要作用的生产工程领域，设立集中的生产点，另一方面，构建起适应市场需求临近消费地点的选址系统。

企业有效地利用这种全球化制度，并不局限在单纯地削减运输费用，同时还可以削减原材料、零部件、在制品、制成品等的库存量。因此，不仅运输、保管等单一活动的最优化变得重要，将采购、生产、销售等环节进行统合并实现最优化的物流管理，其重要性不言而喻。

对物流基地的集约化以及功能改造是改进物流网络工作的核心，这也是一个代表性的例子。在削减库存方面，虽然基地集约化效果显著，但将其放在国际市场上要取得这样的成效就非常困难。不过，随着近几年区域内关税壁垒的削减，新加坡、曼谷、香港、上海等地也加大了建设国际物流控制基地（IPO）及物流中心的力度。在物流基地的功能方面，为实现效率最大化，不仅实现了以 IPO 为代表的大规模物流控制功能，并且引进了流通加工、跨码头、VMI（Vendor Managed Inventory）等新的功能。

（三）集装箱港口的枢纽竞争

货主企业如何合理利用在网络中发挥联络作用的运输部门，一直是一个重要课题。原材料、农产品等散装货物以外的一般货物运输中，集装箱运输发挥了重要的作用。

随着交易量的增加，集装箱运输的需求也快速增加。2009 年，受全球经济衰退的影响，集装箱运输呈现暂时性的减少，但自 2010 年开始增加，其中，以中国为核心的亚洲地区的港口装卸量迅速增加，在集装箱数量上，上海港、新加坡港、宁波舟山港、深圳港、广州港、釜山港、香港港、青岛港、天津港等亚洲主要港口（2018 年排名靠前的港口）均位列世界前列。2018 年日本港口排名走低趋势没有改观，日本最大的港口"东京港"在集装箱数量上仅位列世界第 35 位。

一方面，因为主要国家放松管制，定期船同盟失去了市场支配能力，集装箱运输公司开始面对激烈的市场竞争。因此，世界的船舶公司已重组为少数大型运营商和全球联盟。因为成本降低，对于 1 万 TEU（20 英尺的集装箱的数量）以上的超大型船舶的投资持续增加，这么大的船只能停靠在大水深的枢纽港口，主要港口相继推进港口建设，以吸引更多的航线。

另一方面，建设相对滞后，一些主要港口在建设过程中，由于政策调整等原因，而被迫终止。为维系日本企业的全球性网络，保持日本枢纽港口的地位成为一个重要课题。

（四）航空货物运输的集成化

为减少运输过程中的货损、防止缺货造成的损失，高附加值产品经常采用航空运输的方式。此外，生鲜品、高级食品等为保证品质也会使用航空运输。在国际水平分工扩张的同时，高附加产品、零部件开始增加，航空运输在贸易额中所占的比重（航空化率）呈现出升高的趋势，在发达国家航空运输比重开始增加。

航空运输的运费高，受经济状况好坏的影响较大。在2008年雷曼公司倒闭的危机当中，高科技产业受到重创。为降低成本，该行业产品的常用运输方式由航空运输改为集装箱运输，使得2009年某些月份的日本混载航空运输量比往年同期减少了50%。

就航空货物运输的产业结构来说，日本的特征之一可以归纳为：进行营业、收集交付等业务的代运人和进行机场间运输的航空公司之间存在着分工。在欧美国家，将两者的功能统一在一起的集成方式（FedEx、UPS、DHL、TNT）在市场份额中占有压倒性优势，这种方式以小型货物运输为中心（小包装、速递）。在日本，全日空公司以冲绳枢纽为基地，在亚洲地区开拓快速送货市场。

（五）承运人的海外网络扩张

承运人，根据货主企业的要求提供多种物流服务。通过利用各种运输工具、多种交通方式并存的综合运输，以及开展报关报检、包装、装卸、储存、收集和传递、流通加工等多种附加服务，提供综合性的物流业务。特别是在国际物流方面，承运人在以报关处理为主的货物处理及文件制作等各种需要专门知识的业务方面、货主企业的国际物流管理方面都是不可或缺的存在。

同时，针对货主企业物流需求的高度化以及外包的新动向，3PL（第三方物流）服务也处于如火如荼的进展状态。跨码头运输、VMI的实际操作等大多都直接委托给代运人。

承运人配合货主企业的海外业务，从20世纪80年代后半期开始迅速向海外扩张。最近，不仅迎合顾客的需求，自身也表现出了积极扩大网络范围的动向。从地区来看，在亚洲地区的选址明显增加，在中国加入世界贸易组织之后转向设立当地法人的动向更加明显。与此同时，还致力于加强海外当地的定期卡车运输网建设、物流中心的自营化、IPO委托、运营等服务的力度。

（六）商社在国际物流中作用的展望

从商社核心功能（即贸易及商业往来）的角度来看，立足于货主的全球性后勤管理显然十分重要。商社在世界各地设立了许多当地法人及基地，同时积极致力于不同基地之间的协调、销售等后勤管理。

商社有开拓市场及开发业务、沟通不同企业的功能,从这一方面,可以预见,对扩展到世界范围多层次的供应链进行重组、管理的全球化,供应链管理能够因此得到促进。与其他主体相比,商社具有多样的功能及网络,而上述功能正是商社最让人期待的一个新亮点。

另一方面,商社通过外包运输及物流服务,更积极地参与以承运人为中心的物流产业。商社不仅具有和物流企业相同的功能,还拥有独特的贸易、信息调查、市场开发、金融等多项综合业务功能,因此消费者对于它满足货主企业除物流以外的多样性需求充满了期待。

第三章　日本供应链成本管理与 KPI 管理分析

从物流成本占 GDP 比率来看，2016 年日本物流成本占 GDP 比率为 9%，美国为 8%，全球平均为 12%。从这些数据中可以看出，日本已经有效地将物流成本控制在较小的范围内，在物流成本控制上已经获得了良好的效果。随着日本产业结构的调整及高科技电子产品的迅速发展，日本物流成本开始大幅下降，并且在高科技和高附加值产品不断涌现的同时，日本物流成本还会继续下降。日本之所以能够使其物流成本控制在较低水平，这与其有效的物流管理体制有很大的关系。

日本在大力发展物流现代化的同时，把物流成本的降低作为企业参与市场竞争、提高竞争力的重要资源。近年，日本有效地实施了物流成本监控和管理，使日本物流成本整体上呈下降的趋势。日本的运输成本在 GDP 中的比例变化不大，而管理成本占物流总成本的比例又非常低，因此，仓储成本的降低是导致日本物流总成本占 GDP 比例下降的最主要原因。

随着日本物流企业实现快速化配送，运输成本已经不是物流管理重要环节，取而代之的是仓储成本。因此，物流中心及仓储基础设施的有效利用，是日本降低物流成本的发展趋势，减少仓储成本是日本降低物流费用的主要来源。日本把发展现代物流的目标设定在加速资金周转、压缩库存、提高库存周转率等方面。

降低仓储成本是日本发展现代物流、提高物流效率和增强企业竞争力的主要趋势。另外，日本物流已向专业化方向发展，制造企业为了降低成本，加快发展第三方物流，推动了日本物流产业的发展，使得日本企业物流成本还有下降空间。此外，日本企业已从"重生产轻销售"的阶段走出，开始以综合商社代理供应商，商社还介入原材料的供应及产品的销售，降低了企业的成本。

第一节 日本供应链微观成本统计分析

一、日本各行业物流成本占销售额的比率

日本物流系统协会每年都要对日本的物流成本进行调查，通过分析确定日本物流成本管理的发展阶段及水平。2018年，日本全行业物流成本占销售额的比率为4.95%，比2001年下降0.5个百分点。其中，制造业为4.9%、非制造业为5.06%、批发业为5.55%、零售业为4.5%。从各个行业的比率看，制造业中比率最高的是出版和印刷业，为10.21%，这主要是因为这一行业属于典型的劳动密集型产业，产业集中度低、运输货物重量较大、装卸搬运费用较高，因此其物流成本较高。批发业中比率最高的是食品饮料业，为7.43%。从2001年至2018年，零售业变化程度最小，增加了0.4个百分点（如图3-1所示）。

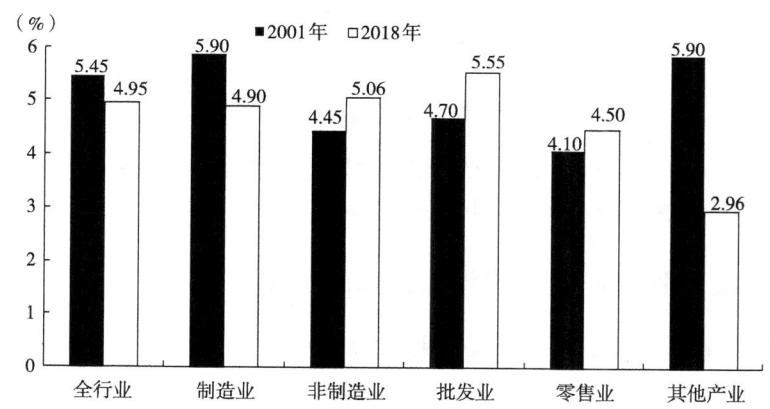

图3-1 日本各行业物流成本占销售额的比率

数据来源：《日本物流成本调查报告书（2018年）》。

另外，即使同样是食品，有些食品需要常温存放，有些食品则需要冷藏。2018年，日本冷藏冷冻食品的物流成本为6.88%，常温食品物流成本为5.89%，这主要是因为冷藏食品需要冷链物流的技术设备，因此成本较高（如图3-2所示）。

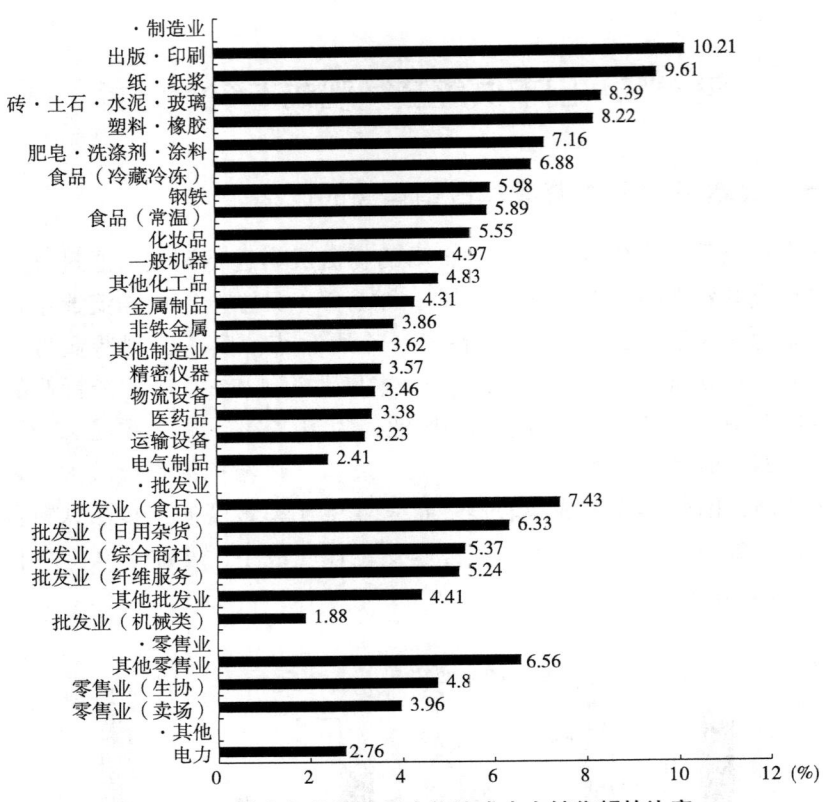

图 3-2 按小行业划分日本物流成本占销售额的比率

数据来源：《日本物流成本调查报告书（2018年）》。

二、日本物流成本占销售额比率的变化

根据《日本物流成本调查报告书（2018年）》中历年日本的全行业物流成本占销售额比率的变化情况，可以看出，1999年日本全行业物流成本占销售额的比率为6.13%，之后开始下降。近几年，日本全行业物流成本占销售额的比率，略有起伏，但整体处于下降趋势，维持在5%以下。2015年为4.63%，为历史最低值，2016年上涨到4.97%，2017年再次降至4.66%，2018年上升至4.95%（如图3-3所示）。

日本物流成本占销售额的比率下降的原因有很多，包括：由于经济不景气造成通货紧缩，使运费下降；货主企业通过共同运输及对物流节点的集成，实现物流的效率化，从而降低了物流费用等。

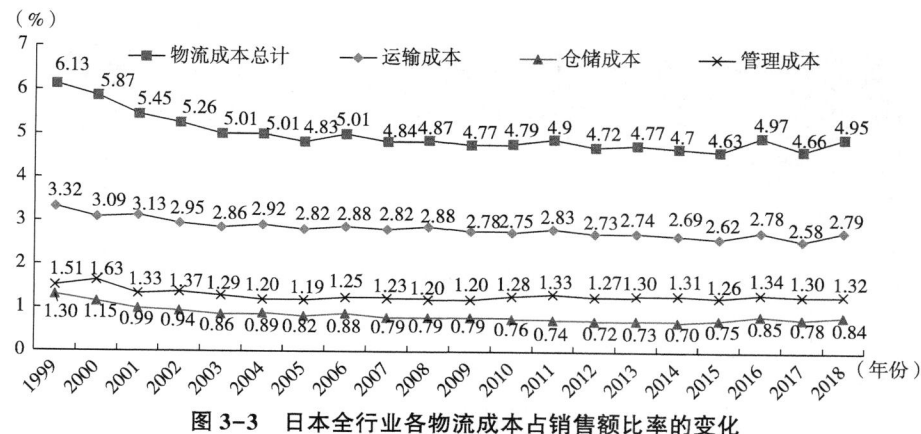

图 3-3 日本全行业各物流成本占销售额比率的变化

数据来源:《日本物流成本调查报告书(2018年)》。

三、按物流功能划分的日本物流成本构成

按物流功能划分，日本的物流成本可以分为：运输成本①、仓储成本②、管理成本③。

2018年，日本的运输成本占物流总成本的56.4%、仓储成本占物流总成本的16.9%、管理成本占物流总成本的26.7%。从2003—2018年的十多年间，日本的运输成本占物流总成本的比率基本在57%~59%的范围波动，整体平稳。仓储成本的比率呈现逐步上升趋势（如图3-4所示）。

可以看出，随着日本智能交通系统（intelligent transport systems，简称ITS）的不断完善，不但推进了日本合理化运输的实施，实现了减轻环境负荷，提高了运输便利性，而且降低了货物的运输成本。日本的运输成本在GDP中的比例变化不大，而管理成本占物流总成本的比例又非常低，因此，仓储成本的降低是导致日本物流总成本占GDP比例下降的最主要原因。运输成本已经不是日本物流成本管理的重要环节，取而代之的是仓储成本。因此，物流中心及仓储设施的有效利用，是日本降低物流成本的发展趋势，减少仓储成本成为日本降低物流费用的主要来源。日本把发展现代物流的目标设定在加速资金周转、压缩库存、提高库存周转率等方面。

---

① 运输成本：包括营业运送费和企业内部运送费。
② 仓储成本：依据《国民经济计算年报》中的国民资产、负债余额中原材料库存余额、产品库存余额及流通库存余额的合计数乘以所得的库存费用比例而得。
③ 管理成本：依据《国民经济计算年报》中的《国内各项经济活动生产要素所得分类统计》，将制造业和批发、零售业的产出总额，乘以各行业物流管理费用比例0.5%计算得出。

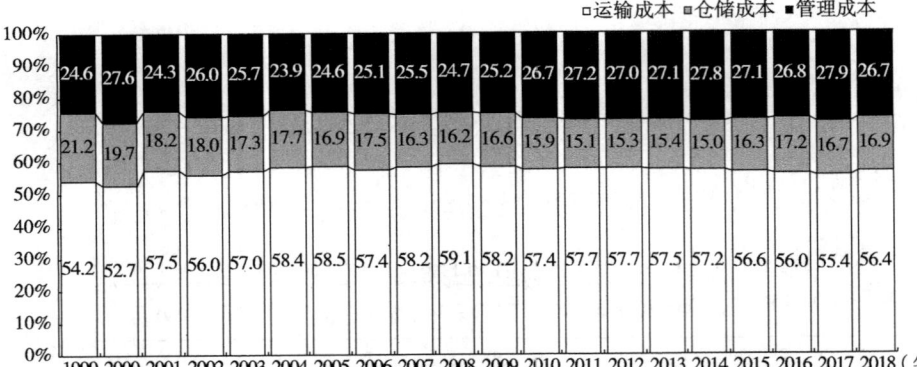

图 3-4　日本全行业按功能划分的物流成本的变化

数据来源：《日本物流成本调查报告书（2018 年）》。

四、按支付形式划分的日本物流成本构成

2018 年，第三方物流占日本物流成本比率为 73.4%、子公司物流的比率为 11.6%、自营物流的比率为 15%（如图 3-5 所示）。从以上数据可以看出，近年日本物流管理向专业化方向发展的趋势明显，第三方物流占日本物流成本比率整体呈上升的走势，同时，自营物流的比率稳定在 15% 左右。制造企业为了降低物流活动总成本，将企业的物流业务从其核心业务中剥离开来，成立专业子公司或通过第三方物流企业来提供专门的物流服务。由此一大批物流子公司和专业物流公司应运而生，也进一步推动了日本物流产业的发展。

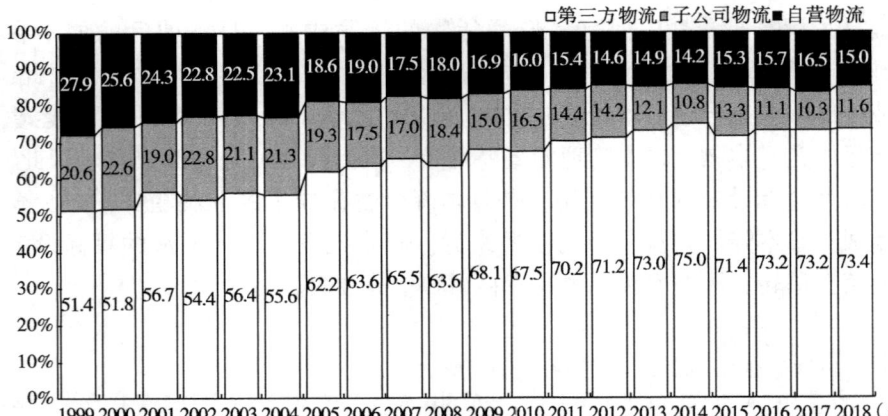

图 3-5　日本全行业按支付形式划分的物流成本的变化

数据来源：《日本物流成本调查报告书（2018 年）》。

五、按物流范围划分的日本物流成本构成

按物流范围划分，2018 年日本的销售物流占物流总成本的 77.5%、生产物流占物流总成本的 16.5%、采购物流占物流总成本的 6%。采购成本和生产成本所占的比率一直较低，销售成本所占的比率一直很高但近年略有下降，这是由于长期以来日本的生产制造业重生产轻销售，因而导致企业的物流成本偏高、利润减少（如图 3-6 所示）。目前日本的一些企业开始以综合商社代理供应商，综合商社不但进行投资，还介入原材料的供应和产品的销售，从而降低了生产制造企业的生产与物流成本，实现了共赢。

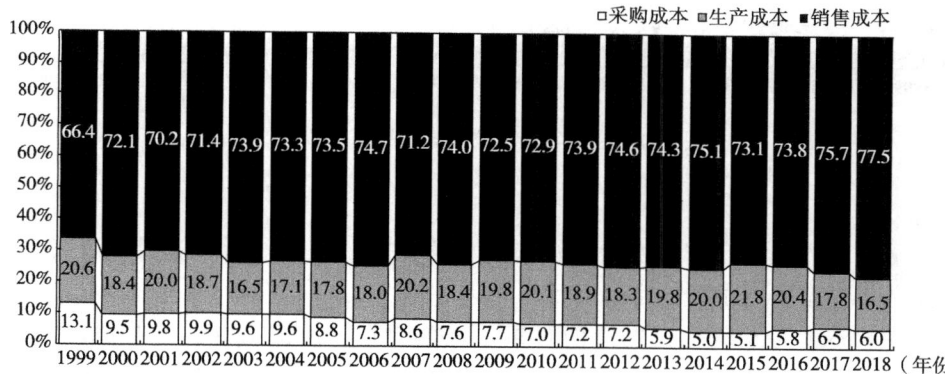

图 3-6　日本全行业按范围划分的物流成本的变化

数据来源：《日本物流成本调查报告书（2018 年）》。

六、日本逆向物流的成本变化

2018 年，日本各行业产生的各种逆向物流成本占总物流成本的比重为 2.19%，为历年来最低。从逆向物流的构成上看，退货物流成本占比为 0.78%，回收物流成本占比为 0.64%，再利用物流成本占比为 0.6%，废弃物流成本占比为 0.17%。日本逆向物流成本总体处于下降趋势，但是，从 2014 年开始日本逆向物流成本有所上升，这主要是因为退货物流成本急剧上升所导致，到 2015 年达到 4.21% 后开始下降，主要是因为退货物流成本得到了有效的控制（如图 3-7 所示）。

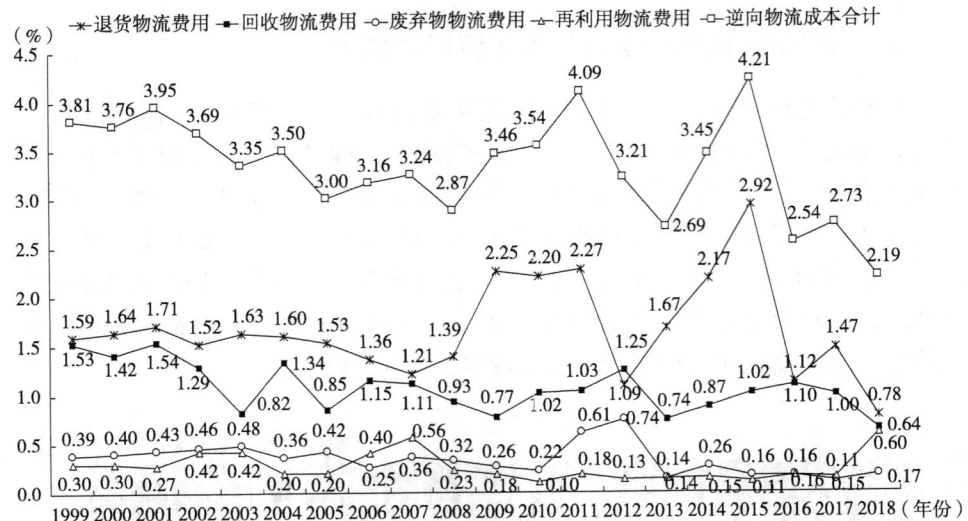

图 3-7 逆向物流占物流成本比率的变化

数据来源:《日本物流成本调查报告书（2018年）》。

随着世界经济全球化发展使得市场竞争更加激烈,降低物流成本成为日本企业提高市场竞争力的重要途径。

在日本大力发展现代物流的背景下,企业除了提供更优质的物流服务,还更加注重成本的边际效用,进而降低企业物流成本在销售额中的比率。减少仓储成本是日本降低物流成本的主要途径。减少仓储成本就是要加快资金周转、压缩库存、提高库存周转率。因此,日本把"加速资金周转、降低库存水平"作为发展现代物流的目标。另外,日本还通过法律手段促使制造业与物流企业节能,这将有助于加快发展第三方物流,并扩大日本企业物流成本下降的空间。

第二节 日本供应链宏观成本统计分析

日本从整体和系统的角度出发,合理控制物流成本。近年,日本围绕物流的品质管理,提出了 PPM（parts per million）的概念,即将物流质量问题控制在百万分之一的目标范围内。这个目标说明日本非常重视通过加强物流服务的合理有效组织,来降低物流成本。

日本物流成本占国民经济比率的变化情况,从宏观上反映了日本物流成本变化的动向。日本物流成本包括运输成本、仓储成本、加工成本、包装成本、信息处理成本等（如图3-8所示），其中，运输成本占GDP比率最大，2016年为6.28%左右，之后依次是仓储成本、管理成本[①]。

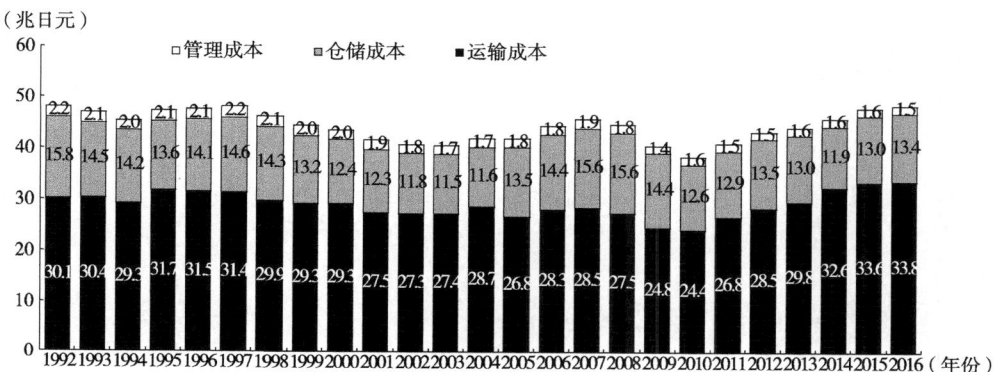

图3-8　日本物流成本总额的变化

数据来源：《日本物流成本调查报告书（2018年）》。

2010年，日本物流成本占GDP比率为8.0%，相比2009年的8.6%有较大幅度下降，这是由于改变了自营卡车运输成本的调查方法。2010—2012年，日本物流成本占GDP比率提高了1.2%，增幅较大，这主要是因为2011年"3·11大地震"后，由于生产企业的上游受灾严重，大量生产原材料需要从距离较远的区域采购，导致物流成本中的运输成本增加。

2016年日本物流成本为48.7兆日元，占GDP的比率为9.05%。其中，运输成本为33.8兆日元（占总量的6.28%）、仓储成本为13.4兆日元（占总量的2.49%）、管理成本为1.5兆日元（占总量的0.28%）。从物流成本控制的总体趋向看，2012年之后，日本的运输成本在GDP中的比例缓慢上升，而管理成本占物流总成本的比例非常低，所以仓储成本的降低是导致日本物流总成本占GDP比例下降的最主要原因。日本的仓储成本占GDP的比例已由1992年的3.27%下降到2016年的2.49%。因此，降低仓储成本、加快周转速度是日本现代物流实现良性发展的主要原因，也是提高物流效率和企业竞争力的主要原因（如图3-9所示）。

另外，从全球物流成本控制的总体趋势看，日本已有效地将物流成本控制在较小范围内。日本之所以能在物流成本控制上获得良好的绩效，不仅在

---

① 加工成本、包装成本、信息处理成本等占GDP比率极小，在此不计。

于其形成了全面的物流管理体系和运作流程，而且还在于其制度化地实施了物流成本监控和管理措施。

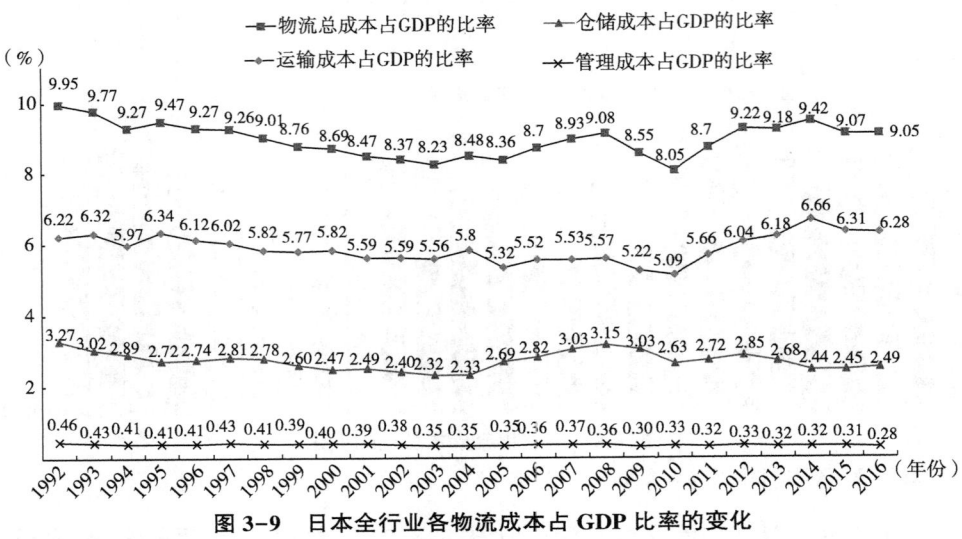

图 3-9　日本全行业各物流成本占 GDP 比率的变化

数据来源：《日本物流成本调查报告书（2018 年）》。

第三节　日本企业供应链成本核算与启示

一、日本企业供应链成本核算

在日本，从政府到学术界、企业界对物流事业都很重视。日本物流事业的发达不仅体现在专门的物流企业中，更体现在宏观管理上政府采取的一套行之有效的做法，使企业都来重视物流工作，尽力降低物流成本。1965 年，日本内阁首次把推进物流的现代化作为日本的经济政策写进了日本的经济计划。日本的著名会计学者、早稻田大学教授西泽修先生称这一年为"物流元年"。从此，日本的产、官、学三方开始携手推进物流成本的核算工作。日本政府的有关省厅在推动企业开展物流成本核算方面主要做了两件事：一是调查，二是颁布规范。

（一）定期调查、公布物流成本数据

特别值得一提的是开始较早且持续至今未间断的"各行业物流成本调

查"。该调查始于日本经济高速发展时期，统计了各年度的企业物流成本数据，且均已向社会公布。调查由日本政府的原通商产业省（现经济产业省）委托或支持行业组织"日本物流协会"承办。

(二) 颁布规范，帮助企业开展物流成本核算

日本政府的运输省1977年制订、颁布了适用于制造业的《物流成本核算统一规范》和适用于商业企业的《批发、零售业物流成本核算统一规范》。通商产业省中小企业厅1992年也制订并发表了《物流成本计算指南》，至今已多次修订。

日本物流业的发展大致分为四个阶段：1953—1963年，初始阶段；1964—1973年，流通为主的阶段；1974—1983年，消费为主的发展阶段；1984年至今，物流现代化国际化阶段。

在不断降低物流成本的过程中，日本形成了一套行之有效的成本物流管理方法，即通过成本管理物流，提高物流效益。成本核算涉及各个领域，包括供应物流、社内物流、销售物流、退货物流、废弃物流等。具体到每一个项目，日本物流界也有严格的考核办法，著名的"五大效果六要素"就是典型。

五大效果包括，服务性（service）、及时性（speed）、空间有效利用（space saving）、规模合理化（scale optimization）、库存控制（stock control）。六要素则包括，对象商品的种类、品目（products）；商品数量、大小，年度目标的业务量规模与价格（quantity）；商品的流向，即生产厂商、配送中心、运送路线及消费地等（route）；服务水平标准，即速送及商品质量保证等（service）；不同季度、月、日、时业务量的波动特点（time）；物流过程中发生的各种费用（cost）。

(三) 日本企业物流成本的核算

以上是日本从宏观上强化的物流系统和物流成本管理。在企业层面，日本的企业物流成本核算基本上是以作业成本法为基础，即借助物流费用和成本的两层分解，最终确立研究对象的成本以及相应的绩效。具体地说，第一阶段是将各种资源分解到业务流程中的活动，从而核算各活动环节所耗费的资源。第二阶段再将活动成本分摊到各产品、服务、顾客或部门，进而计算这些类别如何消费活动资源，从而能够更为全面地反映物流作业成本，并且以此为基础，优化物流活动。在这一点上，日美等国家基本一致，但是在具体的核算方法上，应该说日本的物流成本核算考虑得更为具体、细致，也更具有操作性。

(四) 日本企业物流成本的划分

物流成本可以按如下标准划分,即总物流成本、事业部别物流成本、部门别物流成本、营业网点别物流成本、交易对象别物流成本、功能别物流成本、车辆别物流成本、人员别物流成本、场所别物流成本、作业别物流成本、销售别物流成本、形态别物流成本、固定物流成本、变动物流成本等(如表3-1所示)。

表3-1 日本物流成本的划分方法

分类项目	主要含义和决策内容
总物流成本	对企业经营是否健全加以确认,决定企业的发展方向
事业部别物流成本	判断事业部是否健全,经营绩效是否良好
部门别物流成本	部门经营好坏,决策对绩效较差的部门如何改善或废止
营业网点别物流成本	营业网点经营好坏,努力扩大良好网点的效益
交易对象别物流成本	判断每个交易对象支付费用的合理性,确立改善的主要方面
功能别物流成本	分析各种物流功能的效率和资源消耗
车辆别物流成本	明确不同运输手段的绩效和费用,合理管理运输工具
人员别物流成本	确立不同人员的费用支出,合理管理人事
场所别物流成本	核算不同场所的费用,反映存在的问题
作业别物流成本	计算不同物流作业活动的成本,合理优化物流活动
销售别物流成本	计算不同销售程度的费用支出,从而改善经营活动
形态别物流成本	根据财务会计项目进行分类,判断哪个项目支出过多
固定物流成本	判断哪些成本与物流作业量无关
变动物流成本	确定哪些成本与物流作业量相关,从而确立最佳作业规模

立足于上述物流成本类别的划分,在具体的物流成本体系和框架上,日本企业认为必须从多角度、系统化出发衡量物流成本,这样不仅能够全面反映企业物流费用的真实水平,而且还能利用物流成本核算出来的数据,进行针对性的管理改进和调整,优化物流经营活动。

基于上述思想,日本在衡量物流成本的过程中,主要以"按物流范围计算的成本(简称物流范围别成本)""按支付形态计算的成本(简称支付形态别成本)""按物流活动或作业计算的成本(简称物流功能别成本)"三种成本核算体系来确立物流费用。三种划分成本类别的方法,各有所长,它们共同构成了完整的成本管理框架(如图3-10所示)。

物流成本 {
　按物流范围分：供应物流费、生产物流费、企业内部物流费、
　　　　　　　销售物流费、退货物流费、废弃物物流费
　按货币支付形态分：材料费、人工费、公益费、维护费、
　　　　　　　　　一般经费、特别经费、委托物流费等
　按物流功能分：运输费、保管费、包装费、装卸费、信息费、
　　　　　　　物流管理费
}

图 3-10　日本物流成本核算框架

第一，按物流范围计算的成本。按物流范围计算的成本是按物流特性和经营运作的范围进行分类计算的成本，例如，可以将物流费用划分为供应物流费、生产物流费、企业内部物流费、退货物流费和废弃物物流费等，也可以分为不同产品类别物流费、不同销售地域物流费、不同顾客群体物流费等。

第二，按支付形态计算的成本。按支付形态计算的成本是按财务会计中的费用分类方法计算的成本，大体可分为支付运费、仓库保管等向企业外部支付的费用和人工费，也包括材料费等企业内部物流活动的费用。

第三，按物流活动或作业计算的成本。按物流功能或作业计算的成本是按照物流运作流程的活动计算物流费用的方法，大体上它将物流作业成本分为物资流通费、信息流通费、包装费、物流管理费、配送费、装卸费等。

（五）日本企业物流成本的计算

在物流成本的基准方面，日本提出仅仅算出物流成本是不够的，还需要明确物流成本核算和管理的基准，并且以表格的形式加以考核（如表 3-2 所示），这样每日、每周、每月现场管理人员就可进行分析，并采取相应的措施，决定企业的经营发展方向。

表 3-2　物流成本分析基准

基准分类		对比分类	
每单位价格	运行 10km 的成本	销售对比	累计对比
每辆车的成本	一日的单价	前日对比	利益对比
单位时间价格	每人的成本	前月对比	经费对比
每次运行的单价	一平方米的成本	前年对比	资本对比
每人单位时间成本	一个月的价格	标准对比	销售分析对比

在物流成本的计算上，一般物流成本核算的基本原则可以按五个大项划分，即人事费、配送费、保管费、信息处理费和其他费用，这些费用可以根据实际的账务和单据计算，有些可以进行推算，原则上一个月计算一次，从而动态地把握企业物流波动情况。从具体的核算途径看，先是绘制企业的物流流程，了解企业物流运行的基本情况，然后，再按照上述项分别核算物流成本（如表3-3所示）。

表3-3　人事费、配送费、保管费、信息处理费和其他费用核算原则

费用类别	费用项目	区分	主要内容
人事费	管理者	指定	推定与物流活动相关人员的工资、福利等
	一般员工	指定	其他部门支援物流部门时，推定支援的程度：a）营业人员配送；b）员工物流作业；c）管理部门的支援等
	打工人员	实际	为打工者支付的费用
配送费	支付运费	实际	向运输业者支付的费用
	物流中心费	实际	零售端物流设施的利用费
	车辆费	推定	（1）购买车辆时，按月分配购车费用；（2）租赁车辆时，计算车辆租赁费
	车辆维持费	实际	车辆的修理、燃料、停车、高速公路费等
保管费	支付保管费	实际	对外支付的保管费
	支付作业费	实际	保管作业的费月
	包装材料费	实际	包装材料、标签、纸张等购入费用
	本企业仓库	推定	本企业设施的利用费以及邻近设施的利用费
	库内器械费	推定	货架、堆码垛机等各种设备费用
	在库利息	推定	月末结余库存或存货的月利息
信息处理费	信息设备费	推定	系统开发以及信息设备按月分摊费用
	消耗品牌	推定	单据、纸张等各种消耗品费用
	通信费	推定	电话、传真、网络费用等
其他费用	办公费用	实际	与物流作业相关的各种办公费用和管理费用

计算出上述物流成本后，就可以根据企业管理的需要进行物流绩效诊断（如表3-4所示），发现和追查产生低效率的物流作业，并采取相应的措施加以改进。

表 3-4 日本物流成本诊断清单

序号	项目	核查内容	诊断结果		
1	人事费	（1）管理者是否超过了必要的人数？	正好	较多	很多
		（2）高薪金人员是否只是承担单一物流作业？	没有	有时	常常
		（3）是否在进行业务的简洁和标准化？	进行	审议	没有
		（4）是否在灵活运用打工者？	是	有时	没有
		（5）女性难以承担的繁重物流活动是否很多？	较少	较多	多
		（6）夜间、凌晨作业是否很多？	较少	较多	多
		（7）紧急出货、作业变更是否很多？	较少	较多	多
		（8）作业是否过大，需要加班的作业是否很多？	较少	较多	多
		（9）由于入货较迟，需要人工搬运是否很多？	较少	较多	多
2	配送费	（1）运费是否定期调整？	是	有时	没有
		（2）由于出货差错造成经济配送是否很多？	无	较多	多
		（3）存在效率低下（装载率低）的情况吗？	没有	较低	低
		（4）装载时是否存在等待时间？	没有	有时	存在
		（5）配送对象是否存在等待时间？	没有	有时	存在
		（6）配送线路是否定期考核？	实施	有时	没有
3	保管费	（1）是否与相邻仓库做过比较，价格是否交涉？	是	有时	没有
		（2）与销售额相比库存量是否增加？	没有	有些	是
		（3）过剩品、滞销品是否很多？	没有	有些	是
		（4）是否实施削减过剩品和滞销品的项目？	是	有时	没有
		（5）是否灵活运用了仓库空间？	是	有时	没有
		（6）是否设定了合理的库存标准和订货批量？	是	有时	没有

日本之所以能够保持较低物流成本，这与其有效的物流管理体制有关。首先，从物流成本的类别划分看，日本强调可以按照多种标准进行划分，这样可以从不同的角度或侧面反映相应的问题和物流组织架构，通过综合成本测度来全面核算物流成本。其次，从宏观上强化物流系统和物流成本管理。日本政府不断地制定一系列具有重要影响力的政策法规，为物流产业的发展提供了保障。另外，日本的企业物流成本核算基本上是以作业成本法为基础，即借助物流费用和成本的两层分解，最终确立研究对象的成本以及相应的绩效，从而能够更为全面地反映物流作业成本，并且以此为基础，优化物流活

动。此外，日本的企业对库存问题都有深入的认识，认为今后企业的发展方向就是要解决库存问题，并把追求零库存作为企业物流管理的最高境界，零库存也是这些企业能够发展成世界一流企业的原因之一。

二、日本物流成本管理启示

（一）制定物流成本管理的标准和法律

日本政府通过颁布物流成本管理的标准和法律法规，帮助企业开展物流成本核算，降低物流成本。以前，日本各个企业都制定了自己独特的成本控制体系，因而出现了物流成本概念不一致的状况，各企业所计算出的成本缺乏对比性。

（二）以物流合理化为前提，明确会计成本核算标准和方法

一般企业物流成本的核算是以物流合理化为前提，但是由于缺乏统一明确的会计成本核算标准和整理方法，造成物流成本的计算不完全，进而影响了物流合理化的发展。正是在这一背景下，1977年，日本运输省制订并颁布了适用于制造业的《物流成本核算统一规范》和适用商业企业的《批发、零售业物流成本核算统一规范》，这些政策对于推进日本企业物流管理有着深远的影响。在日本企业和日本政府的共同努力下，日本全社会的物流管理得到了飞跃的发展，也使日本迅速成为物流管理的先进国家。

进入20世纪80年代中期，日本的物流管理和成本管理日益成熟，但是，随着高附加价值的物流服务、JIT物流服务的需求不断增加，导致物流成本有所上升，在日本有把这一时期称为"物流不景气"的说法，即由于经营战略的要求，使物流成本上升，出现赤字。因此，如何克服物流成本上升、提高物流效率是20世纪90年代日本物流面临的一个最大问题。1992年，通商产业省中小企业厅制订发表了《物流成本计算指南》。1997年4月4日，日本政府制定了一个具有重要影响力的《综合物流施策大纲》。自1997年4月开始，日本每四年制定一次《综合物流施策大纲》，并将其作为日本物流业发展的纲领性文件，这极大地促进了日本物流管理和物流成本的有效控制。

（三）制度化地实施物流成本的监控和管理

日本企业通过各种具体措施降低物流成本，在物流成本控制上已经获得

了良好的绩效，形成了全面的物流管理体系和运作流程，而且还制度化地实施了物流成本的监控和管理。减少库存、优化物流网络节点、提高装载率成为最主要的降低物流成本的方法（如图3-11所示），特别是减少仓储成本，成为日本降低物流费用的主要途径。通过减少库存仓储成本，可以加快资金周转、压缩库存、提高库存周转率。因此，日本把发展现代物流的目标设定在加速资金周转、降低库存水平方面。另外，日本还通过加快发展第三方物流，使得日本企业物流成本还有下降空间。

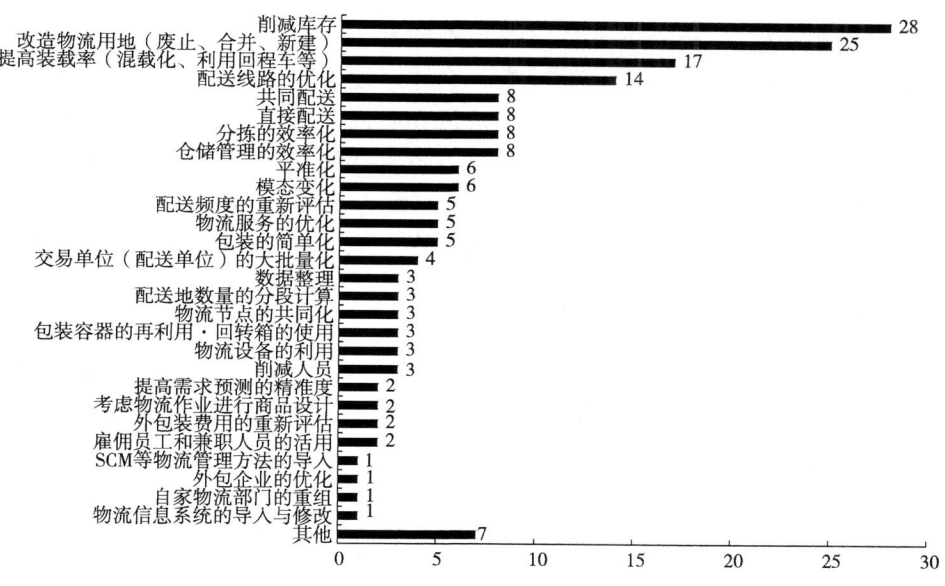

图3-11　日本各企业降低物流成本的各种措施及效果

数据来源：《日本物流成本调查报告书（2018年）》。

（四）建立有效的物流成本管理体系

日本之所以能够取得良好的管理绩效，与其有效的物流成本管理体系有关。日本企业物流成本核算是以作业成本法为基础，借助物流费用和成本的两层分解，最终确立对象的成本以及相应的绩效。日本物流成本按如下标准划分，即总物流成本、事业部别物流成本、部门别物流成本、营业网点别物流成本、交易对象别物流成本、功能别物流成本、车辆别物流成本、人员别物流成本、场所别物流成本、作业别物流成本、销售别物流成本、形态别物流成本、固定物流成本、变动物流成本等。

(五) 构建物流成本管理框架

日本企业在衡量物流成本的过程中，以按物流范围计算的成本（物流范围成本）、按支付形态计算的成本（支付形态成本）和按物流活动或作业计算的成本（物流功能成本）三种成本核算体系来确立物流费用。按物流范围计算成本的方法是以物流特性和经营运作的范围进行成本分类的方法，可以将物流费用划分为供应物流费、生产物流费、企业内部物流费、退货物流费和废弃物物流费等，也可以分为不同产品物流费、不同销售地域物流费、不同顾客群体物流费等。按支付形态计算成本的方法是按财务会计中的费用分类方法进行成本计算，可分为支付运费、仓库保管等向企业外部支付的费用和人工费，也包括材料费等企业内部物流活动费用。按物流活动或作业计算成本的方法是按照物流运作流程的活动计算物流费用的方法，它把物流作业成本分为物资流通费、信息流通费、包装费、物流管理费、配送费、装卸费等。以上几种划分成本类别的方法，共同构成了日本完整的物流成本管理的框架。

(六) 明确物流成本核算和管理的基准，并加以考核

日本企业不但提出物流成本的核算方法，还明确了物流成本核算和管理的基准，并且加以考核。这样每日、每周、每月现场管理人员就可以分析，采取相应的措施，决定企业的物流管理内容。在物流成本的计算上，物流成本核算按五个大项划分，即人事费、配送费、保管费、信息处理费和其他费用。这些费用可以根据实际的账务和单据计算，有些则可以进行推算，原则上一个月计算一次，从而动态地把握企业物流的情况。先绘制企业的物流流程，了解企业的物流运行的基本情况；再按照上述五项内容分别核算物流成本；计算出上述物流成本后，就可以根据企业管理的需要进行物流绩效诊断，发现和追查产生低效率的物流作业，并且采取相应的措施加以改进。

由于政府和企业的共同努力，形成了有效的物流成本管理体系，日本物流成本整体呈下降的趋势。首先，从宏观上强化物流系统和物流成本管理，日本政府不断地制定一系列具有重要影响力的政策法规，为物流成本管理提供了保障。其次，日本强调按照多种标准进行划分，从不同的角度或侧面反映相应的问题和物流组织架构，通过综合的成本测算，来全面核算物流成本。另外，日本的企业物流成本核算以作业成本法为基础，借助物流费用和成本的两层分解，确立成本对象以及相应的绩效，全面地反映物流作业成本，优化物流活动。日本企业把追求零库存作为企业物流管理的最高目标，通过积

极控制库存量,降低了日本的物流成本。最后,通过加快发展第三方物流,使得日本企业物流成本还有下降空间。

第四节　日本供应链 KPI 管理

一、实施物流 KPI 的必要性

(一) 物流 KPI 是企业共同的课题

KGI(关键目标指标)是一定时期内,企业需要达成的目标。KGI 决定了 CSF(关键成功因素)、KPI(关键绩效指标)以及 PI(绩效指标)。

CSF 是根据企业 KGI 制定的战略,明确实现目标需要从哪些关键因素入手。明确企业成功的关键因素后,将关键因素进一步细化为可量化的部门层面的指标即 KPI,常见的 KPI 包括降低成本、提高品质等。将部门层面的指标细化到可量化的个人层面的指标即 PI。设定 KPI 的关键包括从企业战略层面的 KGI 出发逐层展开至个人层面可量化的 PI(如图 3-12 所示)。

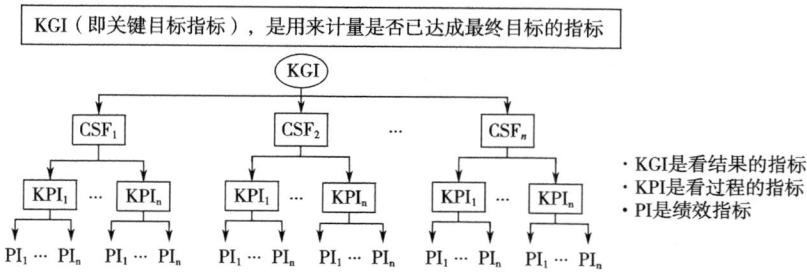

图 3-12　KGI,CSF,KPI,PI 之间的关系

运用 KPI 的优势包括商务流程的可视化、因果关系的可视化、目标的明确化等。同时,KPI 是能提供进度情况的管理工具,提供修改意见和改革契机等。

根据企业战略以及企业定位不同,主要的 KPI 也会发生变化。对于制造业、零售业而言,库存、物流成本、顾客满意度等相关服务层面的指标,是企业 KPI 考核的重要组成部分。

（二）利用物流 KPI 解决当下的社会问题

2018 年，日本从事卡车运输业务的就业人数总计约 193 万人，其中司机、操作机械的人员维持在 86 万人的水平。同时，包含卡车运输的汽车运输事业，对中老年层的男性劳动力有很强的依存性，40 岁以下的年轻就业者数量占全体的约 27%，50 岁以上约占 42%，呈现出老龄化的趋势。此外，女性的比率占就业者全体 19.7%，与以往相比有些微增长。但是，司机、机械操作员等职业中女性仍然处于 2.3% 的较低水平。

货运司机人数短缺、老龄化等现状引起的物流危机，已经成为一个社会性的问题。

在此背景下，日本政府出台了一系列同物流相关的行政措施，主要对以下内容做出了修订：为改善货运司机劳动时间等情况而制定一系列标准；将等货时间等记录行为标准化（《货物机动车运送事业输送安全规则》的部分修订）等。

同时，为应对温室气体造成的全球变暖危机，日本政府于 1992 年在纽约联合国总部签署《联合国气候变化框架公约》，该公约缔约方自 1995 年起每年召开缔约方会议以评估应对气候变化的进展。1997 年，《京都议定书》达成，将温室气体控制、节能减排视为发达国家的法律义务。2015 年 12 月联合国气候峰会通过《巴黎协定》，取代《京都议定书》，旨在通过各国的努力，共同遏阻全球变暖失控的趋势。日本政府基于 2015 年通过的全球变暖的新国际框架《巴黎协定》，汇总了新版"全球变暖对策计划"，内容包括实现在 2030 年日本国内温室气体排放量较 2013 年减少 26% 这一目标。

在运输领域，日本政府未来将会制定更加严格的政策。为了实现物流的可持续性，不仅包括物流方面，还需要通过各个部门、收货方以及物流企业之间进行合作，从根本上调整货物的生产方式、销售方式、运输方式、送货方式、下单方式、收货方式等。

（三）经营指标与物流指标的关系

随着顾客服务成本的不断提高，其对企业经营指标的影响不断加大，企业越来越关注顾客服务水平与物流成本之间的矛盾关系，对两者进行计量与管理的企业数量也逐渐增加。根据各行业企业经验可知，不论何种领域，在制定物流管理 KPI 时，需要综合考虑企业的经营指标，将物流管理 KPI 与经营指标形成相互关联的体系（如图 3-13 所示）。

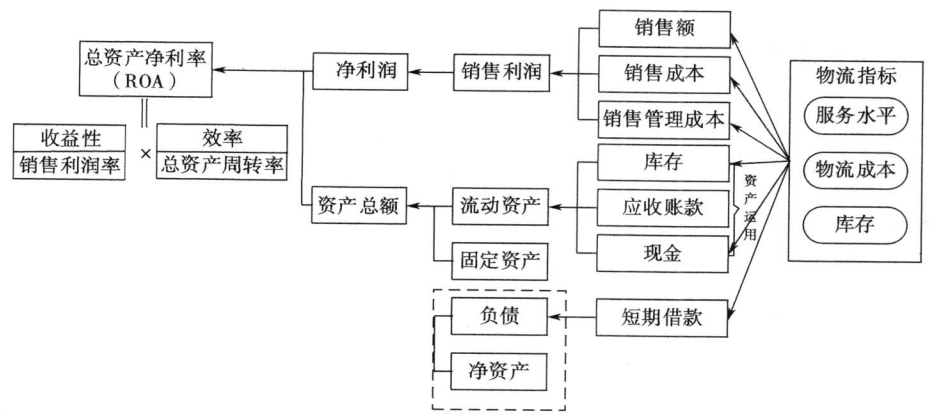

图 3-13　经营指标与物流指标的关系

其中，最基本的经营指标——总资产净利率（ROA）与物流管理 KPI 具有直接关系，在设定物流管理 KPI 时，需要综合考虑总资产周转率、销售利润率等相关因素。为了提高 ROA，需要从提高企业收益和企业效率两个方面出发。图 3-13 中：

$$ROA = \frac{净利润}{资产总额} = \frac{销售额-总费用}{资产总额}$$

$$销售利润率 = \frac{净利润}{销售额}$$

$$总资产周转率 = \frac{销售额}{资产总额}$$

（四）经营战略与物流战略

企业经营战略是企业面对激烈变化、严峻挑战的环境，为求得长期生存和不断发展而进行的总体性规划，主要从市场定位、人才、技术、财务等内部资源出发进行规划。衡量一个企业经营战略的效果，主要从企业盈利能力、企业产品在市场上的地位、市场占有率、产品的投入与产出能力以及企业人才利用状况等指标出发，将制定的战略纳入经营计划中，同营业额、利润率、ROA、ROE（净资产收益率）等财务指标数据一同展示给相关股东。

在制定物流管理战略时，需要考虑企业内部资源、市场特性、客户需求、物流管理等经营层面的定位。在关联物流管理指标和经营指标时，需要分解目标数值，特别是将提高 ROA 这一经营目标指标分解为压缩库存、改善物流成本等物流管理指标。

二、物流 KPI 的框架

(一) 物流管理是一项横跨供应链的管理功能

在企业的经营中,物流管理能够横向统合管理生产、销售、采购等活动,从而达成企业的经营目标。在此过程中,物流管理 KPI 需要和各部门 KPI 以及客户服务联合管理(如图 3-14 所示)。若物流管理 KPI 设置不合理,会导致企业内不同部门之间产生内部竞争,各部门竞争企业内部资源以获得 KPI 最大化。而一个部门 KPI 的最大化,通常会给其他部门的工作带来很多问题。

特别是,生产管理部门会根据自身的 KPI,优化生产的成本率、工厂的运转率;采购部门优先考虑降低进货单价,从而进行大批量采购、大批量订货,最终导致产生剩余库存;销售部门优先考虑销售额,为了避免因缺货而错失销售机会,选择保留更多货物和超量的库存,多余的库存最终只能进行降价销售或废弃处理;另外,来自客户方面的小批量、高频率的订单以及指定交货时间的订单,可能导致货物配送装载率低下。如此追求局部最优化,最终会导致物流成本上升。在解决跨越企业内外的物流管理问题时,必定会发生类似需要权衡的问题,所以必须明确企业整体的 KGI,避免陷入局部最优化陷阱。

而当物流部门产生问题时,比如产品交付不及时、库存过高,这些问题并不完全由物流部门的决策导致,而是多个因素的综合结果。例如,产品交付不及时可能由产品生产延时造成,也可能是某类原材料缺失导致生产推迟。库存过高可能是错误的销售预测,造成的大量库存。在分析解决企业内外的物流管理问题时,要保障 KPI 指标与各责任方相联系,这样就能通过 KPI 发现企业问题的根源,找出问题的责任方,包括部门、员工等。

1. 设定 KPI 的关键

为了完成经营目标以及业务目标,必须依靠企业的全体员工,在制定 KPI 时,需要制定合适且简明易懂的指标。此外可以预先加入持续改善机制,构建能够实现目标值与实际值之间差异定量可视化的系统,将改善过程透明化,帮助员工掌握和领会改善过程的方法与技巧。

2. 设定 KPI 时运用逻辑树法的关键

KPI 不是由上级强行确定发布的,也不是由各员工自行指定的,KPI 的制定过程由上级与员工共同参与完成,是双方所达成的一致意见的体现,是组

第三章 日本供应链成本管理与KPI管理分析

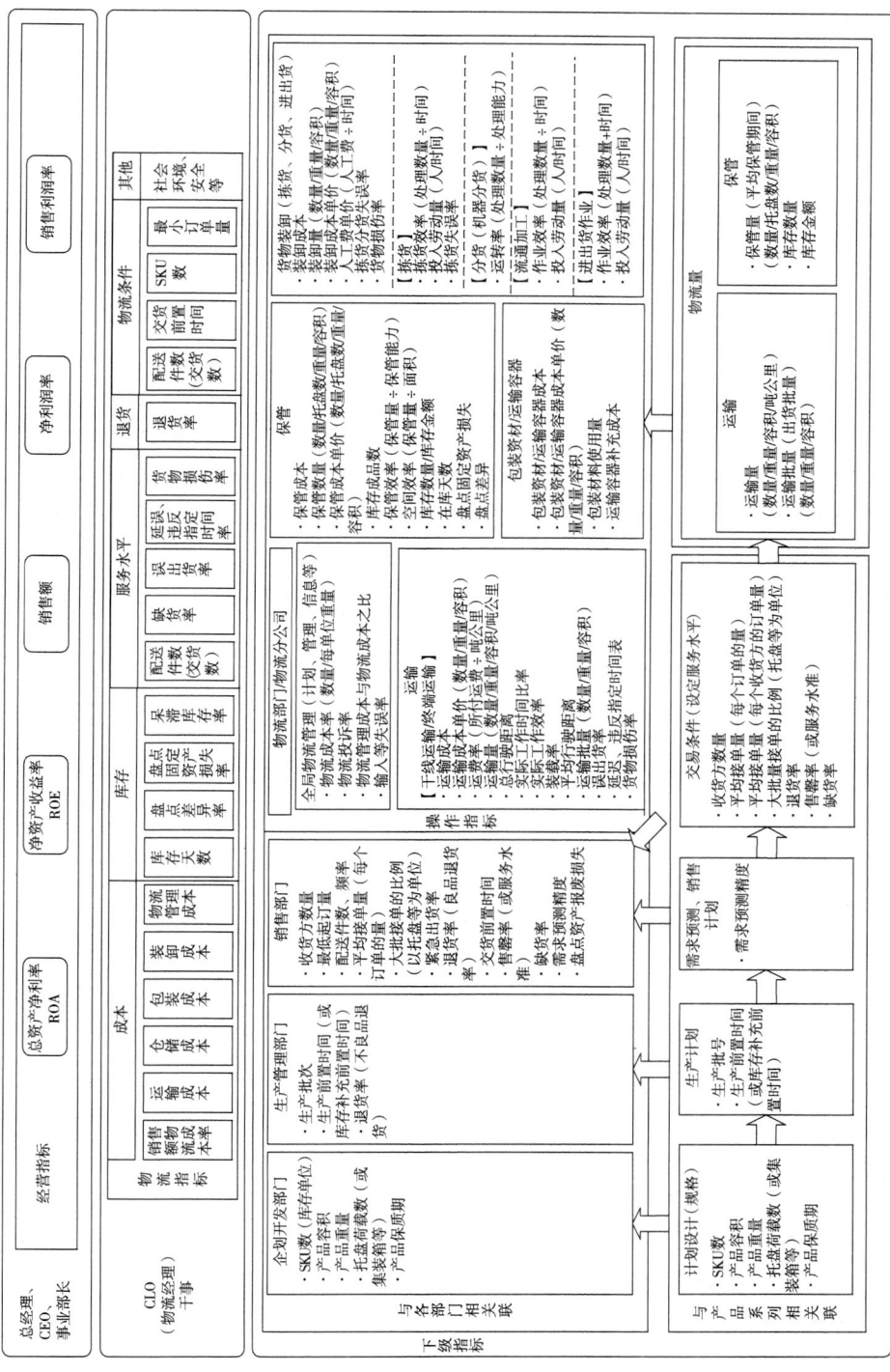

图3-14 物流管理指标KPI的框架

织中相关人员对职位工作绩效要求的共同认识。在制定 KPI 时，通常运用逻辑树法，明确各指标之间的因果关系，保持 KPI 框架的一致性和整体性。同时，由于物流管理的 KPI 需要依靠各个部门以及客户间的合作，所以需要将相关人员纳入到物流 KPI 的考核范围中。

（二）物流管理 KPI 案例分析

A 企业早年就意识到企业整体潜在的商品损耗、废弃损耗等问题。通过分析，A 企业认为过去改善业务的方法，已经不符合现状以及未来企业商业模式，于是 A 企业推行彻底的企业整体结构改革，明确了要加强企业素质的方针。

从企业的战略层面出发，企业确信"企业内部以及外部，各类商品、废弃的损耗是对客户的不负责""企业应致力于减少损耗，创造潜在利润，这样不仅能够提高企业自身的利润，还能够回报相关利益的股东（包括企业员工），重新探讨真正的客户价值"。A 企业明确了企业的价值，在于创造客户机制以及拥有提供价值的能力，而专注于库存合理化是达成目标和目的的 CSF（如图 3-15、图 3-16 所示）。

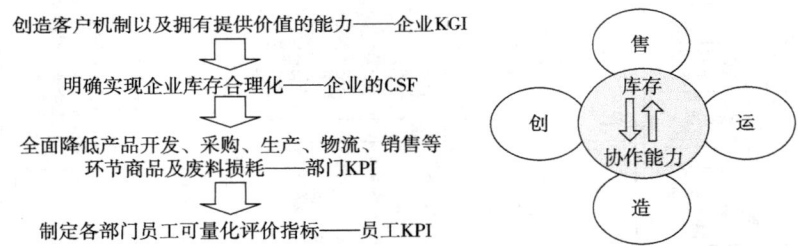

图 3-15　当重视库存时，业务流程中凸显的问题

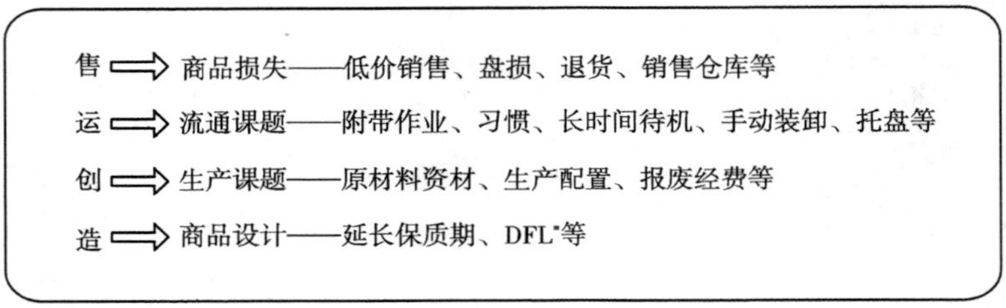

图 3-16　企业内外各种损失及其对策——创造潜在收益

* DFL：优化供应链管理、进行适合经济化包装及运输的产品设计

于是，A 企业制定了严格规范库存量的 KGI 与 KPI，致力于调整企业结构、提高企业素质。为具体实施这一方针，由生产、销售、物流管理等部门的执行委员举行经营会议，确认方针与各部门权责范围（如图 3-17 所示）。

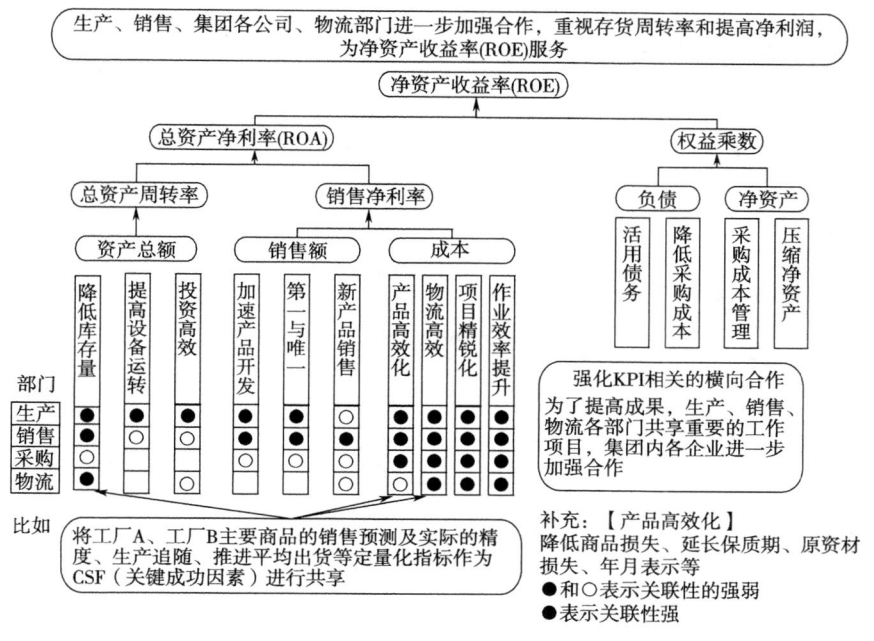

图 3-17 物理管理 KPI 整体概念

在经营会议上，各部门负责人承诺能够达成的 KGI 与定量的目标数值，经表决通过后，作为项目内容投入到实际工作中。

1. **设定 KPI 的关键**

设定 KPI 时应采用自上而下的方式，具体如下：

一是根据仿真设定企业的具体目标。包括：企业总库存资产从 2019 年期末 1 000 亿日元到 2020 年期末变为 800 亿日元；库存周转率从 5 变为 8 等。

二是为了达成 KGI，横向各部门之间与纵向各职位之间尽可能地展开合作，成立由生产、销售、物流部门的执行董事组成的项目组。

三是为了达成 KGI，设定 KPI 和 CSF，尽可能进行横向（部门之间）信息的共享，将物流 KPI 加入生产、销售部门的 KPI 中。

2. **物流 KPI 的 PDCA**

由物流部门掌握并管理所有与库存和成果相关的定量数据及定性价值，

以月为单位向相关人员出示并定期在经营会议上报告。

3. 设定物流管理 KPI 时应瞄准企业的 KGI

部门之间首次合作开展物流 KPI 工作时，建议设定全体员工容易达成共识的目标，包括降低库存金额等。

三、物流 KPI 的实施方法

本文将物流 KPI 导入的流程（如图 3-18 所示）大致分为奠定基础、制定战略并设定目标值、准备实施、运用四个阶段，每个阶段内再细分为多个详细步骤。

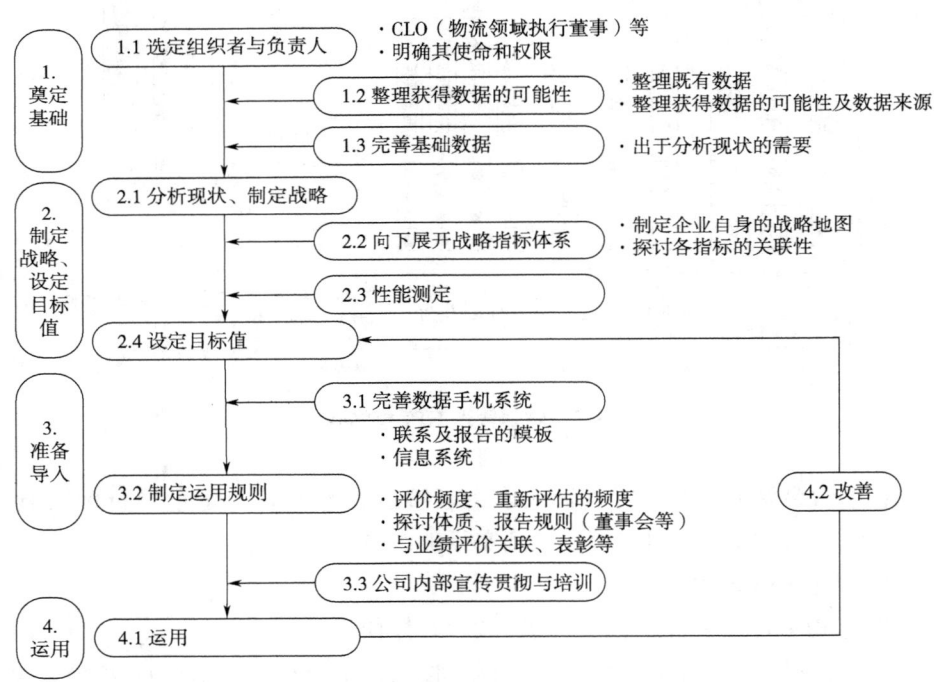

图 3-18 物流 KPI 导入流程

（一）奠定基础

1. 选定组织者与负责人

KPI 管理是实现企业改善目标的工具，而物流是一项涉及生产、销售等其他部门的活动。即便通过 KPI 管理发现了问题，如果不站在物流的角度考虑问题，还是难以解决问题，为此，需要从企业整体层面制定 KPI 的改善机制（如图 3-19 所示）。

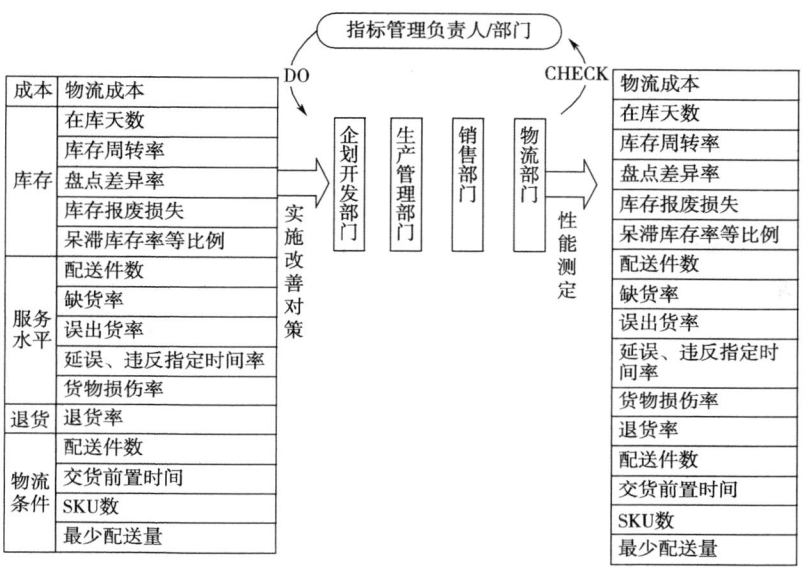

图 3-19　指标管理的跨部门操作（改善机制）

2. 分析获得数据的可能性

在针对指标框架展开讨论前，首先，就能够加以利用的指标，需要确认现有的数据是否存在，倘若存在则需要确认数据的位置；倘若不存在，需确认从哪一部门的账簿、数据库中能够获得数据。此外，在获取最新数据时，需要就获取该数据所花费的劳力、时间及成本展开讨论，根据情况可能还需要同其他 KPI 相置换。

3. 完善基础数据

制定战略前，必须把握好企业自身的现状，首先应对基础性的物流指标进行测定。

（二）制定战略、设定目标值

1. 分析现状并制定战略

根据图 3-19 中的指标，收集数据、对现状进行分析并制定物流战略，同时保证物流战略与经营战略协调统一，避免陷入局部最优（如表 3-5 所示）。

表 3-5　根据市场特性制定不同的物流战略

领域	重视点
医药品、医疗	物流的正确性（错误、失误等）
食品	鲜度、质量、温度
服装	削减库存、减少退货
运输机器	部件库存的正确性
高级品	库存的正确性

2. 向下展开到具体的战略指标体系

根据表 3-5 制定的战略，从上向下展开到具体的指标体系中，并从企业战略出发，探讨应重视哪些指标（如图 3-20、表 3-6 所示）。

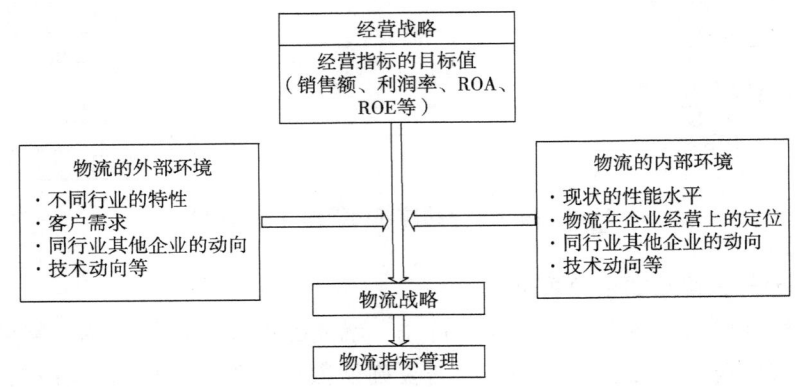

图 3-20　经营战略和物流指标管理之间的关系

表 3-6　代表性的物流战略及其重视的指标

代表性的物流战略	重视的指标
通过改善物流成本提高利润率	成本
通过削减库存，降低库存费用及库存风险	库存
提高物流服务水平（高频小宗化、缩短前置时间）	服务水平
固定费用变为可变费用（变卖固定资产、外包）	固定比例
提高鲜度、品质等附加值	服务水平
改善现金流（缩短资金周转时间）	库存、前置时间
通过提高需求预测精度减少库存和退货	库存、缺货、退货

3. 性能测定

对前面选定的指标目前（近期）的情况进行正确的测定。

4. 设定目标值

根据现状的相关数据设定目标值。目标值要以实际值为基础，参考同行业其他企业的动向以及本企业以往的改善趋势等，设定为可实现范围内的最佳目标值（如图3-21所示）。

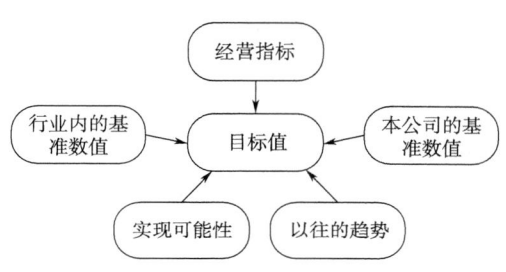

图3-21 目标设定的理念

（三）准备实施

1. 建立数据收集系统

建立收集数据、反馈数据的机制。一些指标管理先进的企业，大多建立了专用的指标管理系统；另一方面，也有很多企业利用Excel表格等软件，进行简易管理。

2. 制定运用规则

开始运用前，必须制定具体的运用规则（如图3-22所示），具体需要探讨以下事项：

（1）进行评价、重新评估的频度：设定进行评价的频度（以月、季度、年等为单位），周期性地依据企业战略重新调整KPI指标体系。

（2）探讨体制、报告规则：指定对指标的测定结果进行探讨、报告的场所（如董事会、部门相关会议等）、指定报告规则。

（3）与工作评价相关联、表彰等：为了提高工作动机，考虑将指标的改善纳入各部门的业绩评价、负责人的人事评价当中，同时设立内部表彰制度。

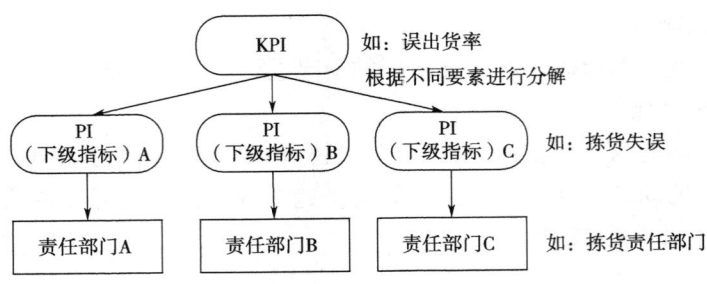

图 3-22　分配各指标的负责部门

3. 企业内部宣传与培训

为了让指标有效发挥作用，不仅是管理层人员，员工也应能动地参与到共同改善企业经营中。为此，需要在企业内部做好宣传工作，让员工理解指标管理的意义所在，从而获得员工的支持。

（四）运用

1. 运用

经过奠定基础、制定战略、设定目标值、实践等环节，营造出运用物流KPI的环境后，正式进入运用阶段。

2. PDCA 循环改善

PDCA 即计划、实施、检查、改善。

第一步：分析数据、确定问题。测量 KPI 不是为了引入 KPI，而是为了持续改善。企业需要灵活运用 KPI，促进 PDCA 循环的改善活动。改善周期的第一步是分析数据，确定企业产生问题的原因。特别是在企业生产失误率升高的情况下，需要通过分析作业流程，确定其中产生的问题、产生问题的原因，以及如何才能有效的改进。

第二步：针对问题提出解决方案。循环改善的第二步主要是针对第一步分析出的问题提出解决方案。针对企业的部分问题，通常用相应的模板方法解决，而现场负责人是对现场相关事项最熟悉的人员，因此当现场作业发生问题时，可由现场单位自行提出解决方案。大多数情况下，改善方案是由现场负责人和 KPI 负责人共同商量确定，目的是企业的最终目标不断改善。

第三步：PDCA 的加速改善。为了改善活动能持续有效地进行，需要不断加速改善周期，为此需要给予改进员工相应的奖励，将简化改善周期变成企业的日常业务。同时，需要对实施 KPI 的人事部门进行奖励，包括在年度大会上对人事部门进行表彰，目的是提高企业员工和各部门对 KPI 的重视。

同时，企业应注意到，有些问题在正式开始运用 KPI 后才会显露出来，对此必须采取灵活的改善措施。运用 PDCA 体系对各部门进行全面的监控、分析，及时发现问题和解决问题，提高运营效率，达成企业的最终目标 KGI。没必要执着于从一开始就建立一个完美的指标体系，最好在运用 KPI 的同时灵活地改善问题，从而慢慢地建设出一个良好的指标体系。

四、案例分析

B 企业的物流流程如图 3-23 所示。

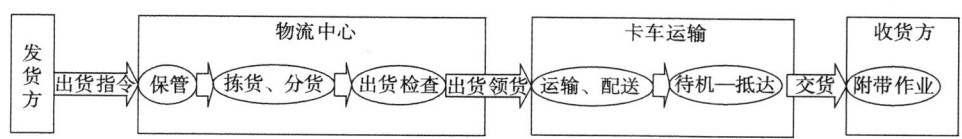

图 3-23 某企业的物流流程

在实际运用 KPI 时，由于评价对象多、KPI 的种类也不相同，B 企业从三个具有代表性的视角——成本、生产率，品质、服务水平，物流条件、配送条件对 KPI 指标进行整理（如图 3-24 所示）。

想要导入 KPI，首先需要在较小的范围内开展 KPI 的可视化工作，再阶段性地推动 KPI 的使用。利用测定出来的 KPI 形成企业内部的改善循环图，可以有效地改善自身企业的问题。最后，在改善物流问题时，物流经营者可以按照以下步骤利用 KPI 与货主开展合作，包括：在收货地待机的浪费现象、超纲的服务要求、过于细致的时间指定等会降低物流效率，要解决这些问题需要发货方采取相应的措施（如图 3-25 所示）。

虽然货主拥有改善物流条件的权限和能力，却无法掌握收货地等的物流实况。物流经营者与之相反，虽然可以掌握数据，但无法单靠一方来改善物流条件。如果二者可以利用 KPI 共同改善物流条件，将给供应链整体带来巨大的良好影响。

五、总结

根据日本物流协会的调查，截至 2016 年，69.4% 的企业已经开始使用物流 KPI，部分使用的企业为 11.8%，两者约占 81.2%。另外，计划使用的企业为 8.3%，7.1% 的企业正在研讨中。总之，在日本已经使用、今后准备使用、今后可能使用物流 KPI 的企业已经超过 96.6%。

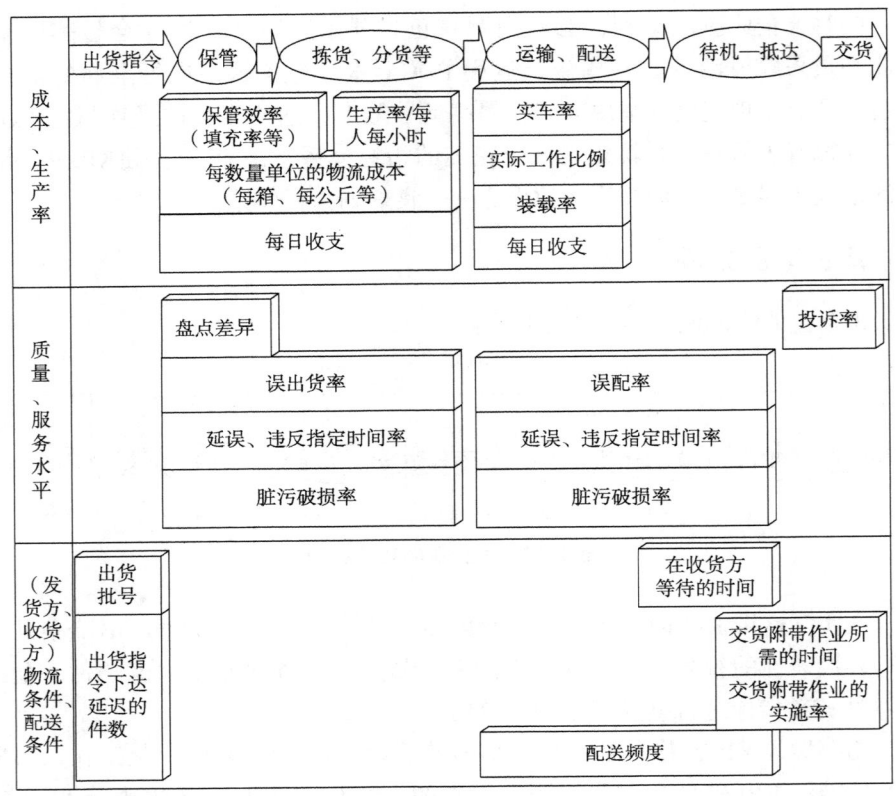

图 3-24　KPI 指标整理

引入物流 KPI 的目的主要包括以下六个方面：

第一，了解本企业的经营状况。企业多数情况下，需要通过公布反映经营状况的计量数据，各部门才能够明确业绩动向和需要改善的问题点。

第二，了解企业在行业所处的水平。将本企业的经营状况与行业的平均水平进行比较，明确自身所处的水平。

第三，对企业进行业绩评价。为了能够合理地评价物流部门的业绩，有必要计量和评价物流部门对企业经营指标的贡献程度。

第四，进行决策。为了帮助管理者进行准确的经营决策，有必要按月份或其他频次适时掌握正确的数据。

第五，分析企业的问题。物流成本等财务指标只反映经营结果，而在分析成本增加的原因和对策时，还要通过非财务指标进行分析。KPI 中不仅有财务相关的指标，而且还包括反映原因的相关指标，分析这些指标就能分析

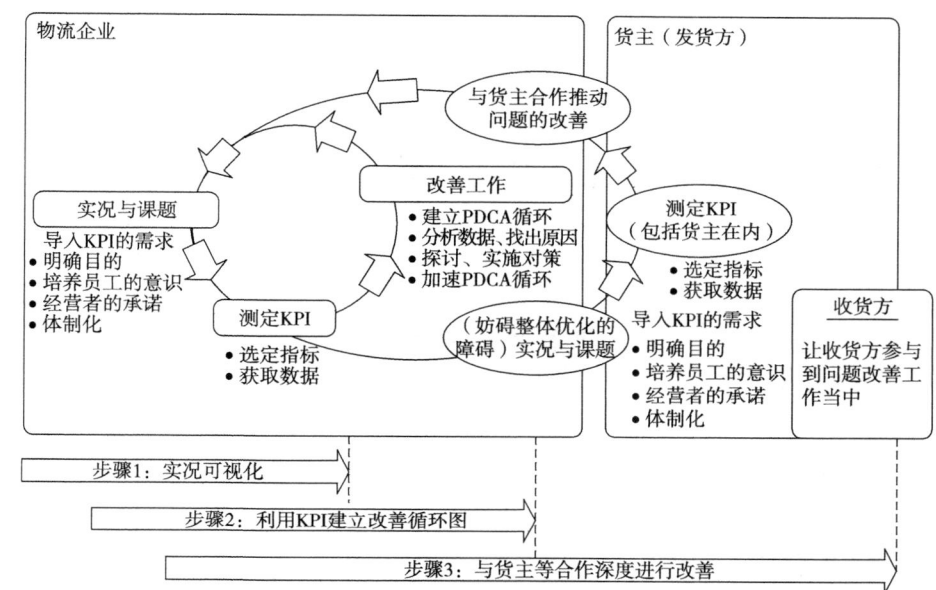

图 3-25 PDCA 循环改善图示

原因，改善经营状况。

第六，对企业进行综合管理。物流管理需要进行跨部门的管理，如果各部门各自为政，物流管理就是一句空话。在物流领域，对各部门进行综合管理时，物流 KPI 可发挥重要作用。

第四章　日本城市供应链管理研究

第一节　日本共同配送起源及发展

一、日本共同配送的概念

（一）关于"物流"

20世纪70年代，"物流"作为实物流通的简化词被日本社会普遍接受。这是因为，当时日本正处于高速经济成长期，消费者追求一种能将大量生产和大量消费结合的高效率的大量流通。这一时期的日本物流，为了追求效率而开展各种活动，更名为"共同配送"业务。

（二）"配送"和"共同"的发展

1. 关于"配送"

一方面，在日本工业规格（JIS）的物流用语中，将"配送"定义为物流功能之一的"运输"的一个环节。最初，对运输的定义是"将货物通过卡车、船舶、铁路、航空及其他的交通工具，从某一地点移动到另一地点"，配送则定义为"将货物从物流基地送往收货人处"。此外，把发挥"保管"功能的"物流中心"定义为"拥有构成物流活动等若干功能的设施，也称为流通中心。其中，专门用于配送活动的设施被称为配送中心"。即将配送中心定义为物流中心和流通中心的下级概念，是专门用于配送活动的物流设施。

另一方面，在日本现代物流系统协会（JILS）出版的《基本现代物流管理用语辞典》（2009年版）中指出："运输是物流节点之间货物的移动，而一般距离近、数量少、时间短的货物移动被称为配送。一般来说，配送是在一定范围经济圈内（区域内）反复进行。首先，日本国内运输量的80%都发生在城市内，而负责配送的交通工具几乎都是卡车（近100%）。现在许多物流问题都发生在运输途中,配送又占了绝大多数。其中的物流费用上涨、物流效率降低是配送问题中最为突出的问题。从社会层面,考虑城市交通问题与大气污染也与配送相关"。

JILS 将"配送中心"定义为"在流通中心中,比较小型的专门用于配送功能的部分,被称为配送中心"。这里并没有区分"配送中心"与"流通中心"的定义。因为,配送中心是在配送最前端的物流节点,大多设置在城市区域或城市近郊,常位于建筑物等较为集中、地价较高的地区。同时,JILS 指出:"近年,日本配送中心有几点特征。一是集约化。选址由城市内部转移向城市近郊,成为大型化、集约化、多目型的机构。二是数字化。开始运用高科技,实现数字化挑选和计算机控制。三是便利化。在原配送中心周边设置负责小范围区域配送的配送中心"。

JILS 指出:"在英语中,仓库是指储藏地、仓储地、停车场。在物流中,仓库是指小型的配送节点。虽然无法明确地将'仓库'与'配送中心'加以区分,但仓库主要是存放有限期库存品、在固定的区域内进行小额配送的基层物流中心"。这里所提到的"基层物流"基本与最后一公里物流概念相同,从中可以看出,配送业务的发展正向着多样化方向发展。最近时常在物流领域使用的"最后一公里物流",是送货上门等业务中送到最终顾客和最终使用者处的最后一公里的路线,共同配送被认为是"最后一公里物流"的集约方法之一。

2. 关于"共同"

2013 年 6 月,日本制定的 2013 年《综合物流施策大纲》中,对于"物流"有如下解释:"物流是农业、水产业等生产者、制造商、批发商、零售商、消费者、物流企业和各个负责人所共同参与的过程,对产业竞争力的强化及实现富足的国民生活起支持作用,对经济社会来说是不可或缺的构成要素"。同时指出:"物流的效率化,不仅对于直接从事物流工作的相关人士,对于企业、一般国民,甚至对于日本全体来说都是一个重要的课题"。

在此基础上,在 2013 年《综合物流施策大纲》后半段的"今后物流政策实施的方向性和任务"的部分中,有几处提出了与共同物流和物流合作等类似的说法。

第一,在"构筑能够支撑强大经济复苏与成长的物流系统"的项目中,出现了必须在货主、物流企业等相关人士合理的分工下,推进物流合作和互动的任务。

第二,在"通过货主、物流企业的合作,促进物流效率和业务的构造改善"项目中，提出了强化货主之间、货主和物流企业之间的合作；推进涵盖不同业种之间的共同运输；为了实现使用大型货船提供低价进口原材料服务，在多个货主之间、散装货之间实行共同配船；共同运输和共同配送的说法。

2014年，日本运输业开始出现让货主企业之间共享集装箱进行循环运输的服务。根据日本国内进出口企业的各自需求进行斡旋，省去了将空集装箱送回港口的时间。以往，货主企业为了在自己的物流节点和港口之间运送货物，需要考虑回程的运输。新的服务能够有效地利用空的集装箱，最大能节约20%的成本。2015年，在100家企业之间开始实施①。同年，日本邮船和商船三井等大型海运公司，集装箱船业务是占据了营业额近30%的主要业务。各公司为了改善收益都采取了一系列政策，包括使用运输效率高的大型船、多家公司共同运行、为了减少燃料费而减速航行等②。

第三，在"为了进一步减轻环境负担的任务"的项目中，要求通过货主间、物流企业间、货主和物流企业间的合作，地方自治体提供的支援等，促进输配送的共同化。此外，在货主促进节能对策、抑制少量高频的运输、促进自营转换的同时，通过进一步强化货主和物流企业之间的合作关系，希望能进一步减轻环境负担。其中，"自营转换"是以提高装载效率为主的卡车的自营转换，即集中运送多位货主的货物以提高运输效率，将原本用来搬运自家货物的私家卡车，转换为根据他人需求有偿搬送货物的营业用卡车，这不仅缓解了环境问题还降低了成本。"集中"是卡车运输时的一种混载状态，即多位货主的货物混载在同一车辆上。

第四，在"为确保安全、安心的工作"的项目中，针对物流中的灾难对策，提出为了能确保在灾难时也能顺利地为消费者提供食物，要构筑一个从业者之间的互助合作体制，以备在灾难时能迅速恢复、维持食品的物流。从长远来看，这意味着在食品或是原材料的供应链中，共同物流和共同配送将作为灾害对策发挥作用。

如上所示，共同物流和共同配送并不仅仅是以往的提高物流效率的问题，在当今21世纪，可以作为为减轻环境负担而提出的环境对策。另外，在应对地震、海啸、台风等自然灾害时也有重要意义。

3. 关于"共同配送"

关于共同配送，在日本有四个较为常见的定义。

---

① 《日本经济新闻》2014年5月22日发表的文章《空集装箱的有效利用》。
② 《日本经济新闻》2014年8月6日发表的文章《集装箱货物的货流恢复》。

(1) 日本工业规格（JIS）

日本工业规格（JIS）认为，"共同配送是为提高物流效率，对许多企业的货物一起进行配送"，这个定义较为简单，强调了共同配送的目的，但没有深入其本质。

(2) 日本现代物流系统协会（JILS）

日本现代物流系统协会（JILS）在其出版的《基本现代物流管理用语辞典》（2009年版）中指出："对分别进行配送的数家企业，通过共同化，将需配送的货物收集统一后进行配送的行为。称为共同配送"。2008—2009年，日本共同配送在实物性和理论性上正式走上轨道。

(3) 日本通运综合研究所

日本通运综合研究所所长汤浅和夫指出，共同配送是配送合理化最先进的方式之一，即打破一个公司物流合理化的局限，与其他公司联合起来，实现进一步的合理化。其目的是集中配送量，提高配送车辆的利用率。汤浅和夫引用由13家唱片公司开展共同配送的案例来说明共同配送的效果：在开展共同配送以前，各唱片公司用卡车运输的装载率不到50%，通过实施共同配送，提高了装载率，减少了近40%的车辆。

(4) 日本国土交通省

日本国土交通省认为："共同配送指在城市里，为使物流合理化，在有定期运货需求的若干个企业间，由一个卡车运输业者，使用一个运输系统进行的配送"。也就是把过去按不同货主、不同商品分别进行的配送，改为不区分货主与商品，把所有货物装入同一条线路运行的车辆上，用一台卡车为更多的顾客服务，实现货物及配送的集约化。在该定义中重点强调了卡车运输业者在共同配送中的地位。

此外，对"共同信息系统"的说明为，"并非每个企业单独构建、运营自己的信息系统。而是若干家企业共同使用一个系统。共同信息系统又分为两种类型，一种是只将企业信息系统个别的功能（例如接单发货）进行共同化；另一种是将所有功能都共同化"。随着配送业务的共同化，物流信息系统的共同化也在不断发展。

综上所述，共同配送应该是一个广义的概念，是通过铁路、公路以及空运的共同配合下完成的集约化物流集散。共同配送通过集中同行业的货物，将货物送往同一个送货地点，从而减少车辆数量、提高装载率、实现车辆大型化、降低燃料使用量、减少二氧化碳排放量。共同配送，不能只看最后一公里，而应站在行业高度看整体，从生产制造到最后送到消费者手中，是一个产业链的行为。日本的共同配送能够得以发展,集散中心的建设在其中发挥了重要作用。在共同配送问题中,日本城市配送问题被认为是重要的课题。

二、日本共同配送的发展

(一) 日本共同配送的产生

早在1950年,在东京日本桥地区,在当地警察的指导下,纤维相关的商社同行们就尝试过向地方共同送货,向近郊共同配送。日本的物流共同化诞生于1965年,这也是日本经济快速增长期。在这一时期,为了解决由于经济的快速成长而导致的城市中心地区的交通拥堵以及企业物流能力不足的问题,日本开始了以"合作处理事态"的方式进行输配送为主流的物流共同化。1972年,由东京纤维协会主导的共同配送开始,这也是日本共同配送真正意义上的实施开始。这种共同配送由10家公司共同参与,各自按照需要把货物发给远距离的货主,委托的货物集中在日本通运秋叶原分店的卡车上,然后再转移给指定路线的卡车。送往近郊的配送由南王运输收集货物,以混载的形式进行运输。这一共同配送,也是为了解决当时堀留地区拥堵的交通环境,在久松警察局的要求下开始进行。此外,在这一时期,浅草的鞋商社、大阪船场地区也开始了共同配送。可以看出,日本从1970年起就开始实施共同配送。

(二) 日本共同配送的发展阶段

1. 第一阶段:经济快速成长期

日本经济以1950年为朝鲜战争提供特需为契机,在20世纪60年代至70年代中期迎来了经济快速成长期。这一时期的流通行政主要以对中小型流通企业的保护振兴为基本。其中,1956年施行的《百货店法》就是以保护中小型零售业为目的而施行的法律。50年代超市诞生了,60年代初期批发商无用论广为流传。随着货物量的增加,中间流通的形式受到了人们的关注。到了80年代,超市引领了零售产业。也就是说,经济快速成长期在发展大量生产、大量销售的同时,还推行了中小型商业的保护政策。20世纪50年代后期到1973年第一次石油危机为止,日本物流的主要课题概括为两点——加强物流处理能力和降低物流成本。因此,有许多观点都被相继提出,包括建设自用配送中心、加强现有的配送中心、导入物流管理会计和设置物流子公司。

日本的经济高速成长,大幅地增加了物流量,在库货物数量激增和配送量增大的同时,运输车辆的大幅增加导致全国各地都发生了交通堵塞和停车难等问题。此外，大型店铺的重整旗鼓让交货条件变得复杂、商品的多样化使配送效率低下等问题的出现，要求日本必须重新改造物流系统。结果在1965年前后，运输企业不再单独工作，而是运输企业和货主（主要是批发商）之间通过合作组织进行了共同集配送、交货代行、共同送货上门、共同收货等物流共同化的举措。1977年日本运输省就已实施的共同物流进行的调查结果显示，多数运营主体为合作组合的形式，而从业务来看共同集配送最多，超过了半数。

尤其是在东京和大阪等大城市，虽然有根据商品类别聚集着批发商的批发商街道，但是，由于建成时用的都是人力货车，道路非常狭窄，无法应对集配车和收货车的增加，在引起交通堵塞和停车难的同时还导致了运输效率的明显下降和运输成本的上升。为了改善这一事态，开始探讨并实施了物流共同化。同样的现象也出现在了地方城市，在城市街道上由于汽车运输的增加导致交通瘫痪，给集配业务带来了很大困难，因此实施了集配业务的共同化。

1965年前后，日本出现了劳动力不足、人工费用高涨、道路拥堵导致配送效率低下等问题，现存送货上门的方式受到了质疑。一方面，为了解决这个问题，百货店之间、百货店和超市以及专卖店等店铺之间，开始探讨通过共同送货上门来提高配送效率。尤其是送货给位于城市中心的百货店时，因为交通堵塞等问题常需要花上大量时间。另一方面，由于交通堵塞和物价上升，中小型运输企业结成了行业工会，开始实施共同集配送等物流共同化。

总之，第一阶段的经济快速成长期的物流共同化，主要发生及开展在人口密集地区，以及容易发生交通堵塞和停车难问题的城市中心地区。

2. 第二阶段：经济稳定成长期

从1973年的第一次世界石油危机开始到1990年，日本经济进入了稳定成长的时代。其间，零售业逐渐向连锁化发展，自1973年7-11的第一家店开业以来，不仅此类业态店成长迅猛，家用杂品中心、药店、折扣店等多种新形势的业态店也都陆续出现。

尤其是1985年，因通信线路的开放产生的企业间通信的自由化，以及随着POS系统的导入而产生的信息化席卷了整个流通业界。一方面，此类信息系统化的发展为单品管理提供了可能，以此为基础，通过高频率少量配送和JIT（准时制生产方式）来缩短订货至发货时间的方式也逐渐普及。另一方面，在经济快速成长期后期出现的传统中小型零售业的减少趋势愈发明显，构造变化逐渐鲜明。

经济低迷、竞争激烈等问题让企业所处的环境日益严峻。在物流方面，消费者需要的是以高频率、小批量、JIT 为代表的物流服务。但是，单独对应多品种、少量、高频率的配送会导致运输效率下降，企业经营难免受到压迫。因此制造商之间的合作，或是以运输从业者为主导的同行几家制造商，共同进行运输的同行之间共同物流有所增加。可以说，在这一时期，日本逐渐兴起了一种想法，即"竞争仅限于商流就好，在物流中还是合作起来，可以降低成本、共享系统"。

这一时期的日本共同物流，可以分为如下四种形态：

第一种是发货方主体型的共同化，这又可以细分为三种：与不同产业大型货主的共同化、系列集团内的共同化、与相同产业其他公司的共同化。

第二种是收货方主体型的共同化。

第三种是物流企业主体型，它又可以分为共同配送和代理送货两种。

第四种是业务合作工会主体型的共同化。

另外，1970 年代日本出现了代理送货业务（又被称为共同代理送货）。这一业务主要是为百货店等店铺送货的运送从业者统一代理的服务。考虑到当时的社会背景，由于百货店的大型化，许多送货从业者需要送多种商品，导致百货店的收货处十分混乱，交通拥堵。因此，通过代理送货业务解决了这一问题。

3. 第三阶段：泡沫经济破裂后

1990 年左右泡沫经济的破裂，使日本陷入了长期的经济低迷之中，需求减少，消费下降，在设备过剩和供过于求的背景下，企业不得不面对激烈的价格竞争，被迫进行成本缩减。在流通方面，为了促进更加自由的竞争而放宽了政策，将非核心的业务进行外包，同时选择实施销售资产和削减库存。削减库存主要依靠集中物流基地的方式来进行。

大型零售商与制造商之间的制销同盟、伴随着价格破坏产生的交易条件的恶化、零售业主导的脱离批发商等问题让日本批发业进入了"严冬时代"。在受到批发业重组的冲击时，一方面，实现了一些打破业界限制的预想之外的合并。另一方面，许多当地的著名批发商和与地区紧密相连的零售业者被迫倒闭，中小商业的衰退被进一步加剧。此外，这一时期的日本中间商的人数开始减少。

另外，这一时期货主企业的供应链管理不断发展，对采购、生产、销售、物流等流程全部进行了优化配置。在实现削减库存和减少采购时间的物流合理化进程中，外包和物流共同化的发展也有所加速。为了给无法应对多品种、少量、JIT 交货等符合时代潮流的中小型批发商提供支持，1992 年施行了《中小型企业流通效率化促进法》（简称为"中小型物流法"）。日本运用行政手段，为中小型企业的不同业界的共同物流提供支持。多年来，在主要的地方城市建立了 15 座不同功能的共同物流中心。

其中一个重要的特征，即同业界共同配送的数量有压倒性的优势。

第一，在零食产业、照相机销售业、纸文具产业、化妆品制造商等同业界的货主企业间的共同配送扩展顺利。

第二，在食品生产商、便利店、超市等需要高频率配送和冷藏、低温配送等高品质物流服务的业界共同配送正在逐渐发展，尤其是在大型便利店中，日用百货和零食等常温货物也开始使用共同配送。

在物流企业所推行的共同配送中，物流企业开始自己构筑共同配送系统，主动寻求多家货主企业的加入。进入 21 世纪，面对日趋严峻的环境问题，开始制定规则，进行指导追求绿色物流。在 2005 年的"绿色物流合作关系会议"上指出，通过加深货主和物流企业之间的合作关系，来推进物流的效率化；通过提供经费援助，推进货主和物流企业双方共同进行物流共同化发展。同年，作为中小型物流法的替代出台了《物流综合效率法》（促进流通业务的综合化以及效率化的相关法律）。由于这条新法的实施，不论规模大小，独资还是合资，所有企业都能够更加自如地推行物流共同化。

三、日本共同配送的特征

共同配送具有自由竞争的市场经济、出于环境保护的考虑和共同配送方式的高效率低成本等特点，产生的原因包括：企业间的竞争导致资源无法合理分配和利用；发货频率增高导致许多社会问题；生产规模的扩大也为共同配送的产生创造了条件。

在日本，共同配送的基本原理就是，对原来分别用于储存、运输不同厂家、不同种类的商品的仓库、车辆统一进行调配，根据最大限度提高这些物流设施使用效率的要求，将不同厂家、不同种类的商品混合起来进行储存和运输。其中，将过去分别运送的面包、牛奶等商品混在一起运送，因而又称"混载"。而要实行混载，又需对原有的流通渠道进行改组、合并和集中。

日本同行业的共同配送占了绝大多数，特别是以整个行业为对象的共同配送结构引起了广泛的重视。在这些行业中，照相机销售行业、纸张文具行业、糕点小食品行业和化妆品生产行业等的共同配送正在快速顺利地扩大。除此之外，日本的一些行业协会（如日本电器控制工业会、全日本超市协会、医药化妆品便利店协会、日本加盟连锁协会等）也在积极探讨在行业中建立共同配送体系。

日本企业在物流配送实践中不断发展，探索出了不同行业不同产品的共同配送。其中，大和运输公司实施了大件家具的共同配送、菱食公司以及日本关西物流中心的电线产品共同配送、南王运送株式会社有明综合物流中心开展的百货共同配送等。但是，以上共同配送案例在运营模式上又有所不同：菱食公司的配送属于批发商为主导、厂商共同参与的共同配送；伊藤洋华堂连锁企业的配送属于零售商为主导、批发商与零售商共建配送中心的共同配送；大和运输公司的配送属于第三方物流企业为主导的共同配送等。此外，还有如多式联运、宅急便等配送方式也属于共同配送的形式。

（一）从问卷调查中得到的启示

21世纪，日本社会对共同物流和共同配送的关心程度越来越高。从2012年开始，日本现代物流系统协会（JILS）针对JILS会员进行了共同物流的实施状况问卷调查。调查的统计结果显示，回答"正在实施共同物流"的企业占52%，超过了半数，证实了共同物流确实已经深入到了业界之中。在所关心的共同物流种类的问题中，回答最多的是"仓库等物流设施的共有、共同使用"（占35%），接下来的几项分别是"卡车、船舶、集装箱等的集中利用"（占33%）、"卡车、船舶、集装箱等的反复利用"（占32%）。

日本企业正在致力于通过企业间合作、共同化来适应市场变化的趋势。当市场有缩小的趋势时，通过扩大业务规模来降低成本，在订货竞争中处于优势，这是十分常见的战略。尤其是物流受到经济规模变化的影响，当市场缩小时，规模越小的物流企业所受到的打击就越大。因此，除了与其他公司进行M&A（合并收购）之外，企业还可以进行共同化等企业间合作来寻找出路。即，当物流市场开始缩小时，尤其对于小规模物流企业是一项有效的应对策略，是通过共同物流等企业间的合作来促进其竞争战略。

为了印证共同物流的实施效果，JILS在2019年3月发行的《物流成本调查报告书（2018年）》中，分析了关于降低成本的对策效果的调查结果。调查的形式，是让调查对象从各公司实施的降低物流成本的对策中，选择一项

"效果最明显"的对策,然后按照排列顺序,列出被选次数最多的5条:第一位,"减少库存",共有28家企业选择;第二位,"改造物流用地(废止、合并、新建)",共有25家企业选择;第三位,"提高装载率(混载化、利用回程车等)",共有17家企业选择;第四位,"配送线路的优化",共有14家企业选择;第五位,"共同配送",共有8家企业选择。

其中,第三位和第五位是广义共同物流范畴内的削减对策,如果将两者的被选次数相加为25家企业,也就是成为实际上的第二位。

关于共同配送的应用案例,共列举出包括最初的同行业等共同化在内的7项案例:

第一,执行与同行业其他公司的横向联合发展的共同配送同化。

第二,推进共同配送。

第三,实施与其他公司的物流共同化。

第四,实施与其他厂商的共同配送。

第五,实施老客户配送的厂家共同配送。

第六,实施在同一行业内与其他公司的共同配送。

第七,与其他公司合作进行共同配送。

在"其他"中列举了两项案例,用以说明公司内部的共同化:

第八,与相关公司的共同运输效果明显。

第九,实施了利用集团基地的共同配送。

(二) 共同配送与产业集群

2011年日本"3·11"地震发生后,许多位于灾区的超市门店受到波及,这时许多超市企业租用了日本航空公司的飞机运送盒饭、水和牛奶等重要物资,同时通过铁路专线运送矿泉水,从北海道海运营养品等,这是另一种形式的"共同配送"。这也意味着,共同配送需要产业集群来配合完成。

(三) 从共同配送到战略性合作

目前,共同物流和共同配送的概念已被广为普及,也已深入到了实务领域。但实际上,在日本各地开始的共同配送并不顺利,没有想象中的普及。与之形成对比的是美国,美国虽不存在共同配送的概念,但因为卡车运输业的混载系统颇为常见,人们觉得企业和其他公司的货物一起搬运时只要利用各种各样的混载就可以了。因此,共同配送在英语中被认为是"统一系统"

或是"契约仓库"之类的商业模式，共同配送成为和英语中的统一（consolidation）和仓库（warehouse）息息相关的一个用语。

尤其令人深思的是，共同配送实际的形式是混载运输，但这也提出了一个问题，能否将其定位为不仅是配送的共同化，更是几家企业的战略性合作（战略性联盟）。因此，也有观点认为，共同配送不仅是单纯的提高配送效率或是降低成本的方法，而是进行更深远意义的合作、作为战略的一个要素而存在。

总之，共同配送并不仅仅是一个提高物流效率来降低成本的对策，从战略性角度而言，要从其作为东日本大地震等的灾害对策的商业继承计划（BCP），以及日益严峻的温室效应等地球环境问题对策的角度出发，必须从多方面进行分析。

第二节　日本物流共同化发展

一、日本物流共同化的产生

日本物流共同化的时代可以认为始于1965年前后。日本物流共同化，最初从解决交通问题和提高物流效率的角度来开展，之后加入了经营战略性的目标，现在环境问题也在其中占据了重要的位置。在这40多年里，虽然在全日本策划、实验、实行了无数的物流共同化，但其中真正成功、稳定下来的案例其实并不多。其原因包括，投入了长期的时间、大量的劳动力、庞大的资金，但目前依然未能确立物流共同化的普遍的方法、模式、理论。

日本物流共同化，在物流行政的执行过程中也是一个"充满魅力的主题"。因此，也进行了数次的研究，但其结果都被作为内部资料，原则上是不公开的。此外，对于企业来说，这一对策的实施多少也有一些风险，且战略性高，所以积极地公开也就成了一个忌讳的话题。在此基础上，物流中的合作、在环境问题的对策、展开高度的企业战略等层面今后将更加重要。

第一个时期，处于受到高度经济增长影响很大的1960年至1977年，这个时期在高度成长的背景下物流量大幅增加，同时库存也大幅增加。特别是物流量的增加给大城市以及地方城市带来交通混杂、停车困难、运输效率低下等问题。结果，为了解决这些问题，作为经济中枢的批发商和商场不得不推进物流共同化。具体来说，推进了以下三方面的内容。

第一，批发物流的共同配送。

第二，向商场送货和送货上门的共同化。

第三，效率低下的终端运输的共同化。

接下来的第二个时期为1977年至1998年，这个时期经历了石油危机，面对消费者需求的日趋多样化，必须进行多品种少量生产模式，物流也向多频度少量化倾斜。这种物流的多频度少量化模式导致运输效率低下，所以货主不得不削减物流成本。这样，从提高批发物流的效率向货主的物流共同化的转变开始，不仅同行业的公司开始进行合作，曾是竞争对手的公司也出现了共同化的现象。一方面，这种动向成为将物流效率化问题提高到经营级别的契机。另一方面，这个时期中，有实力的物流企业率先开始家电和电子配件的共同配送。

最后的第三个时期，是1998年以后至今的这段时期。这一时期，受到1992年地球峰会的召开和1997年京都议定书的影响，为了实现降低温室气体的目标，对包括物流在内的运输部门设置了一些限制。2005年《节能法》被修改，拥有200台以上卡车的物流企业和年运输量在3 000万吨以上的货主企业成为能源规制的对象。这样一来，不仅货主企业，物流企业也必须承担减少温室气体也就是二氧化碳排放量的责任，以追求环境友好型的绿色物流。不仅如此，持续多品种少量化，缩短产品的生活模式，全球化背景下工厂的海外转移等，使得日本企业所面临的环境进一步严峻，从经营效率化这一观点来看也不能无视物流效率化。

此外，第三个时期的特点还有，在第三个时期的前半期出现了物流企业联合，后半期出现了同业配送和往返运输，并且出现了馆内物流和地下商场共同配送、提高城市中心物流效率化等城市物流问题。加之出现了企业间的业务、资本合作，供给和物流方面的共同化案例也越来越多，这也印证了物流效率化成为企业经营的重要课题这一动向。

在这些物流共同化的新形态中，首先，以往各业者都单独推进共同物流，但是为了扩大共同化的效果，需要构筑一个网络来使物流企业联合在一起，即物流企业联合。其次，在城市内，送货卡车在道路上整理货物从而导致了交通堵塞，并且给行人造成安全隐患，整理货物空间不足的对策亟待提出，这一问题也受到了人们的关注，具体分为高层建筑的馆内物流、地区内共同运输配送、商业街的物流共同化等。然后，是竞争对手联手实现共同配送。最后是往返运输，这是多个公司为了兼顾物流效率化和减少环境负荷而共同利用卡车和集装箱的案例，近几年来逐渐增多。

二、日本物流共同化的发展动向

（一）日本物流共同化的最新观点

以 2011 年 3 月的东日本大地震为契机，在新物流系统的基础上，提出了日本物流共同化最新观点。即，如果仅仅是为了增加处理量、提高物流活动的效率，那么这种共同物流只是为了中小型企业，和大型企业无关。但是，在大型企业中，已经不再是"物流共同化"，而是进行着"关于物流的战略性合作"，是制造商之间物流统一。同时，关于进出口的海运集装箱在公路运输的共同运行，也在不断发展。把物流共同化放在一个更大的目标之内，将其与物流网的重组挂钩这种想法很新颖。

也就是说，共同物流和物流共同化已经不再仅仅以中小型企业为对象而进行，从战略性的观点出发，将其看作大企业以及包含了陆、海、空货物运输，以及物流在内的经营战略的一部分内容。

（二）日本物流共同化的关注点

第一，1976 年召开的日美两国运输部长会议（运输公开讨论小组）中，两国政府对于物流共同化的期待存在差异。也就是说，美国政府面对城市内交通堵塞的问题，曾经考虑过通过货主为中心的物流共同化来解决。但之后，因其拥有广阔的土地和富足的资金，所以选择通过建设绕城公路来缓解交通堵塞的问题，并未选择物流共同化。会议主张"考虑到日本国土狭窄，财政困难，无法采取与美国相同的解决办法，今后也必须要将物流共同化作为重要的实施对策加以探讨"。这也凸显出了日美两国地区政策差异及财政条件的差异。

第二，1985 年的电气通信法改正，为日本的物流共同化带来了巨大的转换期，之后，大型企业参与的物流共同化频频出现，其中，最早以 VAN（附加价值通信网）为前提的有制造商参与的共同物流。1989 年，有 10 家日用杂货制造商和 VAN 运行公司的 PLANET 股份公司共同出资设立的 PLANET 物流股份公司，开始提供日本化妆用品业界的共同物流。此外，大型零食制造商、大型打印机制造商、冷冻食品制造商、啤酒制造商等许多同一市场处于竞争关系的大型企业都实施了物流共同化。

第三，日本传统的物流共同化，包括三类：建立合作组织、团体、协商会等实现物流共同化；由物流企业主导的物流共同化；几家企业集中进行物流共同化。

第四，日本现代的物流共同化，包括两类：随着经营环境严峻、追求经营效率化，通过业务合作、资本合作之后进行物流共同化；随着环境问题的严峻从而提高环境意识，有个别企业和同业界或不同业界通过合作来推行共同化的倾向。

（三）日本物流共同化的外部环境

实现物流共同化，需要支持物流共同化的技术，要将信息系统的开发、配送中心内的仓储设施和分选设备的物流共同化技术作为"物流共同化的支持技术"。另外，利用混载的技术，在物流共同化中除了在个别企业使用的一般性技术之外，让参加者能通过一起工作来获取利益的技术和系统也非常重要。总之，构建一个符合相关部门需求的物流系统非常重要。

第一，将物流共同化的优势和弊端进行量化。这意味着要分别将每一位参加者的共同化参加前和参加后的优势和弊端进行量化。

第二，将物流共同化的成本进行合理分配。这需要将利用共同化的费用按照提供服务时的负担大小进行合理的区分。

第三，把握参加企业的经济效果、环境负荷减少的合理量化。这是因为物流共同化与减少车辆数目和行驶距离、节约能源、减少二氧化碳排放量等息息相关。

第四，开发能够提高运输效率的合理技术。因为在物流业务中，运输占据了很大的比重。所以，非常重视能够提供高效率高品质运输服务的相关技术开发，其中包括越库模式、牛奶取货、循环配送等模式。

第五，灵活使用及管理托盘和送货箱的技术。因为作为运输工具的托盘和送货箱虽然为提高物流效率做出了贡献，但使用后经常会因为回送、丢失、破损、修理等产生管理及成本问题。为此，可以统一托盘的规格；取回交货时使用的规格、品质相同的托盘；托盘由每家企业负责准备；在租赁托盘时，使用租赁订单来进行记账管理等。

第六，灵活使用、管理集装箱的技术。在 JR 集装箱和国际海运集装箱等双方都严格管理、追踪把握其所在位置的基础上，实现集装箱来去时都装有货物。

第七，推进 RFID 等信息技术。通过利用射频识别人和物的认证技术，提高效率。

高速经济成长期，流通、物流的发展跟不上生产体系的扩大，培育、强化占据业界90%以上的中小企业已成了当前首要任务，合作组织共同强化基础的形式得到了进展。但近年，随着国际化的深入，世界范围内的竞争与企业规模的相关性减弱，也出现了不同企业规模的公共支援。再加之对环境问题的对策，需要的不仅是企业规模更要求去掉不同业界之间的屏障进行合作和协助，从这一观点看来，公众支援的对象正在扩大。

三、日本城市物流的共同化

（一）共同物流

在日本工业规格（JIS）的物流用语（Z0111）中指出，共同物流是"多家企业出于提高物流业务的效率、提升顾客服务、缓和交通拥堵、减轻环境负荷等目的，进行物流功能的共同化"。

进入21世纪后，为了解决环境问题同时缓解大城市的交通拥堵，在日本诞生出了城市内物流这一新型物流共同化的动向，主要包括以下内容。

第一，地下食品百货店之间的共同配送。一般来说，百货商场地下的食品卖场有许多家店铺，给每家店铺单独送货需要多辆车辆，容易导致百货商店周边道路的拥堵，而通过运输企业一次性的送货就可以减少送货车辆。

第二，大型建筑内的楼内共同收送货化。通过楼内共同收送货公司统一负责楼内的收货送货，可以避免送货上门公司收货时占用楼内停车场导致拥堵的问题。

第三，商店街内的共同配送。在距商店街5分钟路程处设置了共同收货送货中心，在中心将所有货物分类后装入集装箱，通过共同配送车辆（天然气卡车）配送到环保集装站后，再通过运货车送往各家店铺进行货物收发。

总之，日本城市物流的共同化是将数家货主和运输企业的货物汇集到流通中心，通过少量的货物车进行配送，在大规模的建筑物内根据不同楼层不同店铺将货物分类后统一配送。日本城市物流的共同化又分为了以下三种类型。

第一，城市内的共同配送（将几家货主和运输企业的货物，集中在收发货基地在进行配送，包括货物集中配送以及商店街的共同配送）。

第二，建筑物内的共同配送（在建筑物内的理货设施操作区域内，将货物按照楼层和收货人进行区分，再一同送到建筑物内的收货方处，包括大型建筑内的共同收配送以及地下食品百货店之间的共同配送）。

第三，城市内和建筑物内的一次性共同配送。

此外，在物流中心等进出货操作场所的理货设施目录中，设置了"减少（削减）"的相关内容，提出了城市内和建筑内的共同配送，通过将多批货物集中进行配送、搬运，来减少运货车的数量、缩短停车时间，同时减少理货车的停车空间。

（二）日本混合装载的分析

1. **直接运输和混合装载运输**

混合装载，是最接近共同配送和共同物流的用语。一般是指使事物发挥效果，易于操作，为此进行强化或者组合，即联结、统合、合同等意思。特别是在物流领域特指将小批量货物从多个货主处进行收集成为大批量货物。

运输可以分为直接运输和混合装载运输。直接运输是指，运输人从集合货物的地点到配送地点的两个地方之间将一个货物只运送一次的运输形式。与此相对，混合装载运输是指，在地方将多个货物集中起来成为一个大货物进行混合装载，在目的地之间往返多次配送。因此，在运输途中，混合装载的货物要进行多次装卸。即，直接运输是指中途没有停车在出货地点和目的地之间以最短的距离进行运输；混合装载运输是指会在中途停车进行作业从而绕远路的情况。直接运输在一次的运输过程中会出现全部的成本，但是混合装载运输必须共有运输成本。

一般来说，货物是否满载对一辆货运车的运输成本基本没有影响。并且，运输规模越大运输成本就相应越低。因此，货主为了降低自己这部分货物的运输成本愿意选择混合装载。所以，货主如果使用满载拖车进行货物运输，货主就会和运输人订立直接运输合同。如果货主没有使用满载拖车进行货物运输，就会选择能够和其他小批量货物混合装载、使用拖车满载的混合装载方式。这类运输人包括零担运输（LTL），这种运输形态被称为"合载运输"。

将多个货主的货物集于一台卡车上进行混合装载是混合装载的一种形态。以前的《道路运输法》中，原则上不允许地区卡车进行合载运输，分载运输是专线卡车的特权，但是，在紧急情况和被委托了在专线中集中货物的情况下可以例外。其中，专线卡车能力不足的情况下，地区卡车合载也会被认可。在进行共同配送和加急邮件等情况下，也可活用这个合载许可。1989年的《货物汽车运输事业法》允许所有卡车业者从事合载运输业务。

货物运输的成本对制造业者来说十分重要，发货的频度、发货产品的类型、货物的尺寸都将对运输成本产生较大的影响。运输服务包括大宗货物的运输、UPS 和 FedEx 等不适用的多频度的运输，货物的尺寸越大（越接近满载），每单位重量的运输费用就会相应下降。为了充分利用这个十分经济的费用制度，货主应当把货物混合装载，将每天发货的模式转变为将几天的货物累积起来一起发货的模式。

2. 配送中心和混合装载仓库

为顾客进行配送有两种方法，分别是从产品基地配送和从配送中心配送。产品基地是指，能发出一件产品及和其关联的小范围的产品的工厂或仓库，适用于产品需求很强和发货数量很大的情况，如果高效地加以使用，可以形成规模经济。

相对而言，配送中心是指被托运的货物从产品基地发出后到顾客途中的中转设施，供应商在距离顾客很远的情况下，配送中心形成规模经济。配送中心在准备发货时可补充库存，主要用于越库配送。这是由沃尔玛开发的一种直接转运方法，即一台卡车的一件货物到达之后，在卸载的同时，将大货物分成小份，与其他小货物混合装载发往最终基地的体系。但是，直接转运的方法，操作起来烦琐复杂，在外部及内部发货时需进行很多调整。

由同一个供应商将不同供应商的货物运送到同一顾客的合作模式，这种情况下，通过混合装载货物这一新的解决方法，合作企业的总运输成本可以下降 25%。

"混合装载"这一概念并不是一个新的概念，企业需要一定的时间才能理解"与竞争对手结为伙伴"的合作模式。但事实证明，"与竞争对手结为伙伴"是减少为同一零售业者配送货物的车辆数、降低总运输成本的最有效方法之一。

另外，供应链的整合以合作为基础，但是整合指向产品和过程，合作则把重点放在关系上。经过多年发展，日本供应链管理主要集中在采购、销售，以及客户服务等方面。20 世纪 70 年代和 80 年代，日本零售企业开始建设配送中心，零售企业负责向各店铺配送。这里的配送中心被分为地区配送中心和全国配送中心。配送中心作为仓库的一种形态，配送中心内的大量产品被不同的供应商配送，且配送时，尽量使每台卡车能够满载。配送中心向各地的很多小型零售店铺提供服务。但是，20 世纪 90 年代混合装载中心出现，可以混合装载多个供应商的配送货物，这样满载的货物被配送向各地配送中心的情况也有很多。

此外，从各个物流基地收集的货物集中到一个大的物流基地，并送往同一个目的地时，使用特别的混合装载仓库，可以提升配送系统的整体效率。

在混合装载仓库中使用直接转运的方法，可以进行拆零、分拣作业。实际上，零售企业可以在地区配送中心中，接到多个供应商货物后，再利用计算机系统将货物直接转运到各个店铺。

其次，辐射状交通系统是将混合装载和直接转运相结合而形成的系统，以仓库为核心，形成中枢，其唯一目的在于商品的分类。入库的商品被立即分类到混合装载区域，从那里送往特定的地点。

JIS（日本工业规格）的物流用语（Z0111）中指出，直接转运是"在物流中心的收货地点，按照货物的事前发货通知辨别是保管还是发货，将货品通过物流中心的收货地点"。

（三）日本各行业物流共同化的最新效果

关于物流共同化的效果，一直以来被定义为"提高装载率减少车辆数量""减少交货数量提高接收作业的效率""减少二氧化碳排放量"等，并没有进行定量的表示。因此，为了把握定量效果，在依靠各企业合作的基础上比较了单独配送和共同配送。以1天的共同配送的实际情况为基础，计算单独配送，也就是进行采购车辆的模拟实验，比较共同配送和单独配送的情况。

1. 卡车运输

具体来说，在井坂运输、快餐食品服务、行星物流、若松包裹运输仓库等4家公司中，进行一天采购物流的卡车运输模拟试验后，依照顺序出现了以下的削减率。

第一，关于车辆数量的减少，分别为40%、25%、61%、50%。

第二，关于装载率的提高，分别为17%、8%、22%、10%。

第三，关于二氧化碳排放量的减少，分别为31%、26%、36%、61%。

虽然企业之间有些差别，但是总体上可以认为，与单独配送的情况相比，共同配送是一种效果十分显著的物流模式。

2. 化妆品

资生堂、高丝、花王等在日本东北地区和北部地区的大型化妆品公司，配送产品由配送运营公司进行汇总，然后配送至店铺。随着零售店收货业务的减少、上架业务次数减少，减轻了化妆品店铺的业务负担。同时，制造商通过配送一体化，在具体配送时，给两家以上店铺进行配送的比率达到了20%，提高了各公司对各店铺的配送效率。另外，在降低全球变暖的最大原因，即控制二氧化碳的排放量方面，北部地区实现了降低10%以上。

3. 食品

可果美、蜜柑、日清食品油等企业，把共同配送扩大到九州地区，具体运营由 Senkou 公司来担任。这一共同配送的业务扩大至九州全境，以这三家公司的常温流通产品为对象，这三家公司从客户收到订货数据后，通过 VAN 向运营公司的信息系统发送指令。在这三家公司一体化数据的支持下，运营公司更有效率地安排日程，从共同仓库出货进行共同配送。共同配送的目的在于，依靠三家公司共同的物流品质管理系统，达到减少收货误差的目的。与实行单独配送相比，二氧化量排放量降低了 25%。

4. 运输企业

以货物汽车运输业为主的富名运输（富山县）的控股方——富名控股公司，与第一货物（山形县）、久留米运输（福冈县）共同出资，三家公司联合成立一家新的物流公司。目的是在卡车运输业确保货车司机和减少空货车成为课题时，利用新的物流公司，构筑一种使三家公司的货物能更有效率地进行运输的体制。

以前是竞争对手的西浓运输（岐阜县大垣市）和福山运输（广岛县福山市），于 2013 年 7 月开始集中一样的配送地点进行统一配送。以家电和食品等大宗产品为对象，在关东、中部、关西地区实验性地展开，并逐渐扩大顾客范围。这样的共同统一配送，目的在于降低卡车的废气排放量、缓和交通堵塞。

5. 家电专卖店

大型家电专卖店的比酷电器、小岛电器，在进行资本业务合作的同时，在物流系统方面的合作也在积极推进着。为了维持两家公司店铺品牌独特性的同时实现合作效果，在物流系统方面进行合作，通过物流的共同化降低物流成本。共享两家公司物流操作优势的同时，在必要的系统方面进行合作。

6. 电器

爱普生销售和日本佳能市场营销，近年开始将两家公司在福冈地区的配送中心业务实施共同化。通过充分利用日本通运的框架，将两家公司的配送中心进行共同化，在同一场所管理两家公司的产品，使仓库内的作业共同化，减少二氧化碳排放量，提高物流业务的效率。本次配送中心的共同化，也包括对顾客进行直接交货所必要的商业机器的配送，激光打印机、复印机等使用完的硒鼓进行回收的共同化，以其他的信息及其制造商为首对各类企业进行共同化的呼吁，以此提高物流的效率。

笔记本电脑制造商富士通将本公司生产的笔记本电脑和其他家用电器（电冰箱、洗衣机、电饭煲）混合装载进行配送的案例。即，在配送家用电器的货车上，装载富士通的个人用笔记本电脑。其目的在于提高货车的装载能力，降低物流费用，检验物流品质和成本效果，扩大销售渠道，将 70% 的装载率提升至 80%。

2010 年 5 月，山田电机、东芝、三洋电机等约 20 家日本家电厂商加盟的物流研究协会宣布，相关结盟企业拟在福冈县投资建设日本国内迄今为止最大的家电物流基地。这一日本规模最大的福冈市人工岛共同物流基地在投入运营后，由于运力和效率的提升，帮助会员企业削减 38% 物流成本。在此之前，家电制造商、家电连锁零售商在该地区的物流网络均为自建，而在各大厂商采取共同配送模式后，将使单台卡车的配送效率提高 1.5 倍，并将有效削减包装材料、托盘、场内搬运费用、人工等运营成本，具有缩短交货时间、提升作业效率等资源集约效应。各个日本家电产销巨头结盟共建物流基地、打造共同物流的尝试，对于日本家电制造产业及流通市场可持续发展具有相当深远的意义。

7. 酿酒公司

宝物流系统株式会社作为宝酿酒公司的物流子公司，与大冢仓库进行业务合作后，开始了京滋地区的共同配送。业务对象包括酒类（清酒和烧酒）、清凉饮料、加工食品等，以批发商店（包括一部分零售商店）为交货地点。各制造商在大批量的情况下，从各厂商的基地以货车为单位（不同于一个货物为单位，是一种包租一台货车的运输合同）直接送往交货地点，小批量基本使用共同配送。

但是，关于共同配送存在两点问题。

第一，会发生各制造商延迟到货的情况，需要在紧凑的日程中加以调整。

第二，物流量变化大，有时需要紧急配置运送车辆。

8. 行星物流株式会社

这家公司是一家共同物流运营企业，在日本全国设立了 6 个物流中心，进行化妆用品（日用杂货）的共同保管和共同配送。该公司在进行了定量效果计算之后，得出如下结果，车辆数量减少了 61.2%、装载率提高了 22.1%、燃料使用量减少了 45.6%、二氧化碳排放量减少了 36.3%。

该公司共同物流的优点有以下几点。

第一，收支合算的基础货物由狮王提供。

第二，设定引导合理化的收费体系，创造新制造商容易加入的环境。

第三，为了获得参加制造商的信任要专注于物流品质。

第四，一方面，构筑共同物流信息体系，进行本地管理、出入库管理、库存管理、作业管理等，提高这一系列作业的效率，向参加制造商正确并且快速地提供信息。此外，在推进有优越社会性的共同物流这一目的下，提出了6个运营原则，共存共荣原则、非利己原则、公平原则、促进合理化原则、守密原则、相互利用资源原则。

9. 大冢仓库

2013年11月，大冢仓库表示开始在中部地区开始饮料和速食面的共同物流。前一年，大冢仓库与三洋食品在四国地区开始共同物流，配送卡车的装载率上升了约15%，由于实现了降低配送成本的目标，因此决定扩大至中部地区。大冢仓库调查了集团公司大冢制药和三洋食品的物流特性，将与大冢制药的饮料（繁忙期为夏季且重量大）特性相反的三洋食品的速食面（繁忙期为冬季且重量小）进行组合，完善因季节不同造成的物流量变化的风险，最大化利用限重的配送卡车。在配送时，针对批发商和零售店重复率高的地方，进行优化。共同物流对于两家公司产生了巨大的合力效果（乘数效应）。

10. 东芝和杜邦

东芝和美国化学大型公司杜邦在国内陆路运输的集装箱共同运行方面，防止往返时集装箱处于空箱状态。这样一来，东芝在往返时都能装载货物，不会造成浪费，在削减温室气体的排放量的同时，每年还可降低数百万日元的成本。

11. 其他

RojiPartners为了强化宠物食品领域的物流业务，将多个宠物食品制造商的产品送往同一个交货地点进行共同配送，今后将增加参与共同配送的企业数量。

青森县作为地方政府行政机关，在强化以农林水产业为基础的产业能力同时，促进物流基地的发展，制定"县供销（物流）战略"，构建共同物流。由于该县的农林水产业距离首都圈以及关西圈等大型消费地区较远，运输成本高，因此在该战略中依靠共同运输实现减低物流成本，保持新鲜度的高附加值物流，采取小批量混合装载的共同物流体系。

久保田公司合理使用内陆地区的集装箱站，循环利用集装箱，从而提高物流的效率，降低二氧化碳的排放量。一方面，将用于进口的空集装箱运往集装箱站的卡车，在运送完毕之后作为用于出口的集装箱进行使用。这样一来，集装箱站就不会有集装箱闲置，可以有条理地进行库存管理，减少二氧化碳的排放，减轻东京港和周边道路的交通堵塞。另一方面，在东京货物站，以 SBSrojikomu 为中心，运输公司相互合作，开始集配业务等共同化作业。其目的在于，通过运输公司合作，混合装载货物，组合使用集装箱，以应对更多的铁路货物运输需求。

大和运输、西浓运输、tonami 运输、名铁运输、中越运输、第一货物、神田集团等大型公司在内的 8 家物流公司，共同运行面向企业的干线运输卡车，在依靠长途卡车连接每个城市的干线运输中，由于在送达货物后容易出现空闲空间，因此以运输费用易变高的地方路线为对象，相互活用卡车的空闲空间和集配基地。

大和运输开展面向写字楼的馆内物流。即，该公司以写字楼为对象，收集整个写字楼需要配送的货物，进行统一配送。在网上购物越来越普及、住宅货物量增加的背景下，可以使消费者在家时同时收到多个配送公司货物，提高便利程度。

另外，这些超越企业框架通过特殊合作进行的定时配送，在维系服务品质、降低成本的背后，不能忘记由于经济状况的回暖而造成的人手不足，即不可忽视卡车驾驶员数量不足，供不应求这一情况。日本国土交通省已经于 2008 年发布了卡车司机的供给预测，如果在确保劳动力方面继续坐以待毙的话，预计到 2028 年度会造成最多 28 万人的人手不足。2014 年 3 月，国土交通省综合政策局物流政策课发布的《关于劳动力不足问题》一文显示，卡车司机的人手不足问题十分严峻。

（四）日本物流共同化成功原因的分析

通过对实施共同配送的企业进行分析，把日本物流共同化的成功，总结为以下五大要素。

第一，必须要有强烈的动机。也就是说，必须要意识到除了实现共同化以外再无其他解决方法的紧迫感。如果仅仅以降低成本为动机，会有太多的解决方法，推行物流共同化的动机就会不够强烈，这点在股份公司的组织结构中有成功的案例。因此，可以推测股份公司比合作组织效果更好。

第二，需要有一个充满挑战精神的强大领导者。团队队长除了具有实务性，经营者持久的支持和领导能力也至关重要。

第三，是否具有能最大化引出共同化效果的较高的技术能力，是成败与否的关键点。尤其是信息系统的研发能力必不可少，在支持物流共同化的技术中，必须实现 EDI 数据的标准化。其中，共同物流的业务，始于接收到众多送货指示数据。此外，用户为了确认服务已经完成，希望能得到报告数据。这些数据将一切流程都进行标准化，必须要与业界 VAN 运行公司和流通指令中心合作。可以说，与交货方系统能否顺利的对接，是共同物流业务成败的关键。

第四，最需要重视的是确保人才。这里指的确保人才，是因为物流工作是在极其复杂的环境下，要为客户提供各种物流，所以能够交给临时工以及兼职员工的工作内容非常有限。

第五，必须要锻炼与自己不同类型客户之间沟通的能力。就是要认识到，物流共同化并不是在战术层面小范围的改善问题，而是在战略层面进行全局性的经营改革。因此需要强调的是，在这样一种复杂的环境下，要想解决物流共同化这种复杂的问题，必须要在参与者和企业相互认同彼此的风土、文化和习惯的基础上进行合作和配合。

第三节　日本城市供应链管理效率

一、日本城市供应链管理效率提升的必要性

当前，由于日本汽车交通的集中、增加而引起的交通拥堵、环保负担等问题显现，再加上货主企业实行的物流成本削减对策，日本城市供应链管理效率化的推进工作变得非常重要。其主要原因包含以下四个方面：

第一，应对减轻环境负荷的要求。当前，日本以城市为中心，为了削减二氧化碳、氮氧化物及柴油微粒子的排放，有必要进行限制货车交通量的对策。

第二，解决由于交通混乱引起的外部不经济。为了解决日本交通混乱问题，有必要实行限制进城、过城车辆以及限制违章停车的对策。

第三，应对企业物流形态的变化。由于电子商务（邮购等）的显著增长，流通形态发生了较大变化，消费者对送货上门等轻小货物配送服务的依赖程度逐渐增加。

第四，改善货车司机的劳动条件。针对司机在路上随意停车等违章行为，以及长时间工作造成的疲劳驾驶等问题，有必要提出相应的对策。

基于以上内容，日本城市供应链管理效率的提升显得尤为重要。因此，相关机构提出提升日本城市供应链管理效率的措施（如表 4-1 所示）。

表 4-1　日本城市供应链管理效率提升的措施

对策的种类		短、中期的对策		长期的对策
硬件	社会基础设施的配备	关于物流节点的配备		—
		① 城市道路规划； ② 终端物流设施的配备	① 共同配送场所的建设； ② 装卸货物停车区的规划； ③ 货车专用停车计时器的使用； ④ 解除禁止停车的指令	① 地下停车场网络的建设； ② 地下物流系统的建设
	对建筑物利用与改造	在新建大厦建设及商业街的改建、新建之前要求规划人员合理规划设置物流设施，参加物流规划研讨会并制定建筑物相关的物流规划		制定运输货物停车设施义务条例
软件	物流活动的标准化、规范化	① 设立运送工作时间段； ② 使用停车计时器		① 在不违章停车的前提下构筑物流体系。 ② 与社会规则相对应的成本分摊平等化。
	货主及物流业者的自我优化	共同收发、配送系统		—
		重新考虑制定时间、配送等物流条件		将家用货车变为业务用车

二、日本城市供应链管理效率提升的基础——以东京都市圈为例

二战后，随着日本经济恢复并进入高速增长阶段，日本城市化的发展也进入快车道，日本的人口和产业都逐步向东京、大阪、名古屋移动，形成了以东京、大阪、名古屋为中心的日本三大都市圈。人口和产业的高度集中，使得这些区域成为一个个超大规模消费区，为了保障这些区域内生产生活活动的有序进行，需要一个高效的物流配送体系。日本非常重视城市圈供应链管理效率，日本都市圈交通计划协议会大约每 10 年进行一次《都市圈物流调查》（东京都、京阪神、中京），并据此制定相关政策。

鉴于日本经济进入稳定增长期后，东京都市圈的优势更加突出，大阪都

市圈和名古屋都市圈的地位则相对有所下降。因此，以下分析以东京都市圈为例。

东京即"东京23区"，位于日本关东平原，是全球五座世界级城市之一[1]，是日本政治、经济、文化的多功能中心。"东京23区"加上多摩地方、伊豆群岛、小笠原群岛等地区共同组成日本一级行政区"东京都"。东京都市圈，就是"东京都"与其他3县（埼玉县、千叶县、神奈川县、茨城县南部），以东京为中心，覆盖半径约为80公里的区域。东京都市圈土地面积仅占日本国土面积的4%，但却集中了日本29%以上的人口，实际总产值和家庭消费支出水平占日本全国的40%，物流量占日本全国的20%以上。并且集中了京滨港、成田机场、羽田机场等日本多个重要的国际物流基地，是日本物流活动最为繁忙的区域。

（一）东京都市圈规划现状

东京都市圈内生产生活活动的有序进行，需要高效的物流配送体系做支撑，提高物流配送效率的最重要的支撑之一就是物流基础设施的规划与建设。东京都市圈规划依托首都圈[2]发展规划而进行。日本首都圈的建设，经历了"东京都—东京都市圈—首都圈"的三个发展过程。日本政府至今已经制定了五次首都圈发展规划（如表4-2所示）。

当前，东京都市圈的轨道交通密度为全球之最。密集有序的轨道交通网络，将首都圈各城市融为一体，成为塑造城市圈多核心圈层结构空间布局的关键因素。

东京都市圈各城市规划的道路是形成具有不同功能、提高城市配送效率的极其重要的基础设施。当前，东京都市圈内的城市规划道路还有较大的修正空间。为保证东京都市圈能有效地、有计划地整顿城市规划道路，每10年需制定一次事业化计划，在推进城市发展的同时，适当对城市道路进行重新评估。

---

[1] 2019年11月12日，中国社会科学院财经战略研究院与联合国人类住区规划署合作的报告《全球城市竞争力报告2019-2020：跨入城市的世界300年变局》中五座全球城市依次为：纽约、伦敦、东京、北京、巴黎。

[2] 首都圈：东京都、神奈川县、千叶县、埼玉县、山梨县、茨城县、群马县、栃木县，合计一都七县。

表 4-2 日本首都圈整备计划历程

首都圈基本规划	时间	规划目的	措施	实施效果
《第一次首都圈基本计划》	1958 年	限制东京无限扩张	以 10~15km 区域为城市建成区，将外围 8~10km 的地区规划为绿化带，以限制城市扩张。绿化带外，再建新的工业城市	京东以绿带限制城市蔓延的做法并没有起到应有的作用，地价的迅速上涨使私人土地所有者不愿意放弃土地上涨带来的收益，东京建城区反而面临加速扩张的问题。1960 年建成区面积 341km²，1965 年 493km²
《第二次首都圈基本计划》	1968 年	调整绿带规划。并对首都圈的范围（一都七县）做了界定。将东京都和南三县（东京都外围的市町村、千叶县、神奈川县及埼玉县）称为东京都市圈，面积 13 370km²	不再强调以绿带限制东京城市的扩张，而是主张在近郊预留足够多的空地以备有序开发，同时在空地中保留足够多的绿地。为了疏散东京的功能，建设大量的铁路与公路以链接区域内各主要城市	东京的强大吸引力，使分散东京功能的目的并没有立即实现，大量产业与人口仍然向东京集聚，使东京都市圈日益呈现出"一极集中"的发展格局。至 1970 年东京市建城区面积已达 877km²，而且沿交通线划算的建城区使东京面临无限扩张的问题
《第三次首都圈基本计划》	1976 年	均衡发展，改变东京一极集中的局面	城市地区的道路交通设施供应要与城市的土地利用保持充分协调。此外计划还明确规定，在规划交通系统时，应首先考虑轨道交通，之后再综合布置高速道路和其他交通方式	东京都人口以及产业的过度集中现象得到了有效抑制。但，第三次产业计划对于产业的调整尚未完成，对于首都圈工业生产功能的未来发展走向、农林渔业的发展趋势、高新科技及教育发展的调整对策均未完整。此外，环境、防火等问题也亟待解决

续表

首都圈基本规划	时间	规划目的	措施	实施效果
《第四次首都圈基本计划》	1986年	建成"多圈多核型"大都市圈,进一步推进首都圈内三层次发挥各自特点,均衡发展	将都心三区建设成为国际金融与高层管理中心,其他新城分担东京的教育、政治和文化等不同功能,而且每个新城均具有相对完善的商业、工业、教育与居住功能,摆脱了单一的居住功能,城市更加独立	将东京都心的功能分散到各个核心城市,在一定程度上都解决了东京城市的人口与产业的压力
《第五次首都圈基本计划》	1999年	建立实行城市之间的功能分散与合作交流并行的"分散型网络构造"	在明确"都心区—副都心—周边新城"的多核多圈层结构的同时,也大力推动东京都市圈的空间重组,强调商务核心城市的进一步自立,并加强与北关东地区的联系与交流,推动东京都市圈更加均衡的发展	日本经济已经步入停滞状态,人口依然在向东京都市圈涌入,但是涌入速度已经放缓,都心地区空洞化问题已经开始出现

资料来源:日本国土交通省。

(二) 东京都市圈规划的基本思路

五次首都圈发展规划中,比较有影响的是第一次规划和第四次规划。其中,第四次规划指出,通过东京都市圈城市道路的重新评估及整顿,在2040年之前,完成东京都市圈城市规划道路网80%以上的建设,剩余20%的城市规划道路网,依照各城市规划法有序进行。根据东京都市圈社会经济形势,市民的需求不断变化、多样化的特征,需不断对城市规划道路进行验证,以"不断评估,持续整顿"为指导依据,对城市道路进行修整。根据第四次事业化计划,一方面东京都市圈需持续进行必要的城市规划道路的修整,另一方面,对除优先修整路线之外的未着手的城市规划道路进行验证,并制定"关于东京都市圈城市规划道路现状的基本方针"。

(三) 东京都市圈规划的具体检验项目

1. 未建成道路的扩宽检验

未完成道路的扩宽检验是指,对城市道路规划中还没有完成城市道路规划宽幅、但已满足一定宽幅的道路进行的检验。未建成道路的扩宽检验要求从城市道路规划的功能出发,基于当地行人、车辆的流量、道路规划条例、公交车运行的实际情况,对未建成道路进行评估,以考察当前宽度的未建成道路是否已可以满足实际需求。

2. 道路交叉部分的检验

(1) 立体交差部分。立体交叉,是指包括桥梁及桥梁之间的立体交叉部分。作为提高城市交通灵活性、通达性的重要基础,立体交叉部分检验需考察立体交叉部分与道路的位置关系、道路地形以及实际交通情况等,以检验是否需要建立立体交叉,减少不必要的建设成本的同时,降低驾驶员的绕行风险。

(2) 十字路口扩宽部分。十字路口扩宽部分的检验,是考虑到左(右)转弯车道的设置,以检验十字路口部分的附加车道的宽度。对交叉口的当前宽度、交通状况以及扩宽之后的安全性进行检验。

(3) 支线。支线是根据地形和公路网形状等现状,在干线街道之间设立的补充道路。关于支线的检验,一方面基于对干线之间的交通线路和周边交通现状分析,验证干线之间是否需要支线;另一方面根据支线的实际情况,进行了扩宽修正必要性的检验。

3. 道路重叠部分的检验

已决定规划的城市规划道路中,有城市规划公园、城市规划绿地、城市规划墓园等和城市道路计划重叠的地方。在重叠部分的检验中,应考虑城市规划公园、城市规划绿地、城市规划墓园和城市道路计划双方功能及其整合的可能性,检验主要包括两大部分:一是对城市规划公园等的变更可能性;二是与日本国家制定的名胜古迹等机构的协调可能性。

(四) 东京都市圈的"3环9放射"公路建设规划

发达的交通网络基础设施可以加速区域间资源的流通与整合,促进圈内人员、物资等各类要素的迅速流动和对接,并最终将东京都市圈打造成一个紧密相连的有机整体。

因此，东京都市圈提出类似眼睛的"3环9放射"公路规划布局（如图4-1所示），在满足基本交通需求基础上，迎接现状不断提出的新挑战。

该计划将于2020年完成，届时，东京的交通将被分流，达到缓解东京中心地区的交通压力，同时对东京都市圈内的土地利用和交通整合将有显著效果；区域内的汽车行驶速度将提高10%，因交通产生的氮氧化物、二氧化碳总量降低10%，能减少20万乘坐轨道交通经过中心区的通勤人口，环状城市轴上的交通量增加，东京副中心得到长足发展而东京中心的环境负荷降低，城市区的过境交通量减少20%。

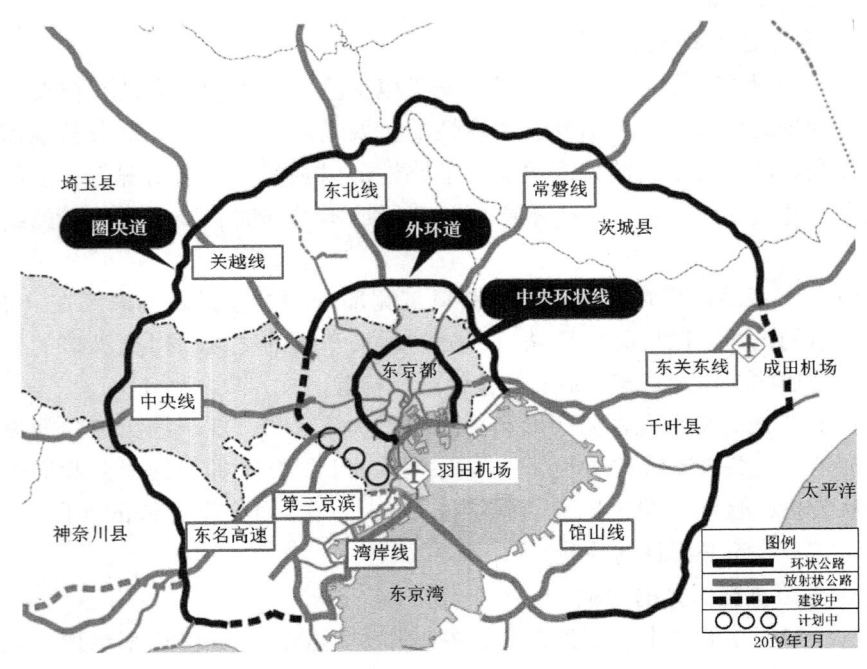

图4-1　日本东京都市圈的"3环9放射①"规划

该布局的提出主要有以下五点原因。

第一，日本人口老龄化。2019年东京都市圈人口虽有增加的趋势，但预

---

① 3环9放射："3环"指中央环状线、外环道、圈央道；"9放射"指中央线、关越线、东北线、常磐线、东关东线、馆山线、湾岸线、第三京滨、东名高速。

计在 2025 年达到 1 398 万人的峰值后会逐渐减少。日本面临严重的人口老龄化问题，到 2045 年，日本将会有超过 4 110 万的老年人，占居民人数的三分之一。

第二，企业数增长。东京作为日本首都，也是日本经济的中心，为日本的发展做出贡献。当前，东京都市圈的国内生产总值 GDP 约占日本的 20%，加上全球大量拥有高科技的中小企业不断涌入，为东京都市圈持续注入发展动力。

第三，道路规划。2019 年，东京都市圈的城市道路规划完成率为 90%，区域内各地方的拥挤时平均速率为 16.8km/h，与国内外主要城市相比，仍处于较低水平。

第四，东京都市圈旅游。截至 2018 年 2 月，访问日本的外国游客人数一直在不断上升，在最近 10 年内增加了 3.4 倍。2016 年达到了历史最高值 1 310 万人。从 2016 年访问东京的外国游客、访问地区来看，新宿、浅草、银座、涩谷、秋叶原等排在前列，这些地区作为城市中心地区，不仅承载着日本当地造成的交通压力，还承载着大量外国游客造成的交通压力。

第五，灾难安全措施。据 2018 年 3 月东京防灾部门报道，直下型地震在今后 30 年内发生的概率为 70%。东京每年都面临着台风、暴雨灾害、火山爆发等各种自然灾害的危险。

（五）东京都市圈规划的"分、减、改"

东京都市圈的道路规划是东京都市圈城市供应链管理效率提升的基础。同时，东京都市圈规划的"分、减、改"政策，也极大地促进东京都市圈城市供应链管理效率的提升。

1. **"分"——把人与物流以时间和空间分开**

（1）按空间划分，即货车专用道路、货车专用装卸场等的设置。例如，利用彩色铺装明确禁止停车地段（区域）。

（2）按时间划分，即划分使用通行时间段、允许停车时间段、停车场的使用时间等。

2. **"减"——与物流相关的配送次数、重量、时间的减少**

（1）减少配送次数，即采取共同配送、高校货车优先通行、物流基础设施与公路相连接。

（2）减少货物重量，即减少商品的过度包装等。

（3）减少库存数量，即适当调整库存数量、禁止紧急配送等。

(4) 减少时间，即工作前检查仪器设备、降低仪器待机时间等。

3. "换"——更换物流相应的路径、设施

(1) 更换路径，即设定迂回路径等。

(2) 更换设施，即直接存货、早上集中配送等。

三、日本"馆内+地面+地下"城市物流综合体系

城市配送需要通过铁路、公路以及空运的共同配合下完成集约化物流集散（如图 4-2 所示）。城市配送，不能只看最前一公里、最后一公里，需要从城市物流整体效益出发，通过构建城市"货物集散中心""共同配送中心""馆内配送中心""地下物流中心"，分析研究城市物流各个环节的合理性，打造城市"货物集散+共同配送+写字楼配送"三级城市物流综合体系，推进城市物流系统的一体化发展。

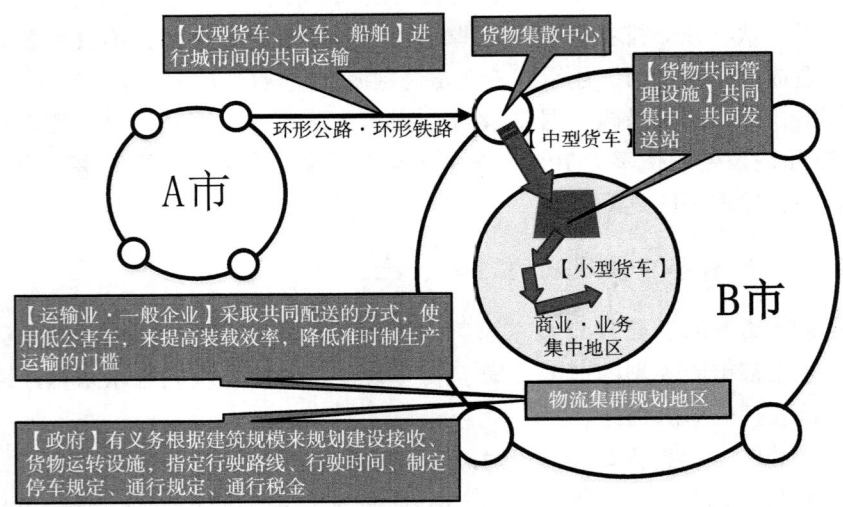

图 4-2　日本城市物流综合体系

（一）日本城市"货物集散中心"

由日本政府统筹规划进行建设的城市货物集散中心，以解决在城市物流中货物混乱、交通事故增加等问题。在城市外围和交通便利的地方设立城市货物集散中心，把大型卡车上的货物转装到小型集货的配送卡车上、将小型集货配送卡车收集的货物转装到大型卡车上。通过货物运输集散中心的有效

利用，提高城市货物配载效率（如图4-3所示）。

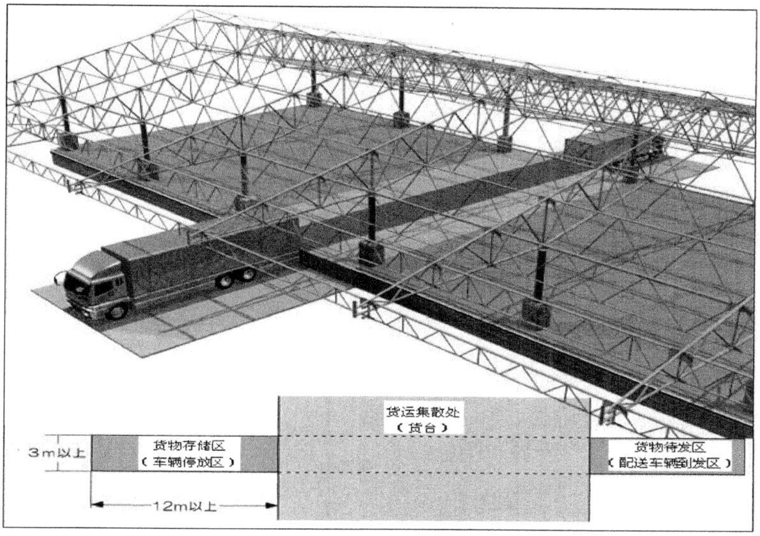

图 4-3　城市周边货物集散中心示意

城市货物集散中心改善了城市的功能，连接各个中心城市的中转基地，其利用长途运输卡车、来回双程运输、与城市内配送衔接，形成了一个综合的全国运输配送的物流网络。城市货物集散中心的运行，可以通过"限制大型卡车进入市区内"措施的落实，以缓解城市交通拥挤、改善城市的功能。在货物集散中心内，卡车通过到各收货点提货。同时，把货物送到集散中心，按去向集零为整，再由大型长途运输卡车，将同一方向的货物，送到该地区的公路货物集散点，再按照需求进行分拣，并统一用标准的城市配送微型货车配送到收货节点。城市货物集散中心还可以通过集装箱、托盘的单元化作业发挥集散功能，促进综合配送系统的发展。在城市货物集散中心，可以把物流中心以及货运中心等物流设施连接，与航空空港、高速公路、铁路货运站等交通枢纽节点和货物集散地相连接，形成城市的主要流通基地，建立区域性的物流基地，推进物流一体化服务。

（二）日本城市"共同配送中心"

在日本很多城市，为实现物流合理化，通过企业间合作以适应市场变化，由一个配送企业，使用一个系统进行配送，满足一些有定期配送需求的客户，形成城市共同配送业务（如图 4-4 所示）。对原来分别用于配送不同厂家、不同种类商品的配送中心、车辆统一进行调配，最大限度地提高这些物流设施的使用效率，将不同厂家、不同种类的商品混合起来进行储存和配送。其中，将过去分别配送的商品混在一起，对原有的城市配送渠道进行改组、合并和集中，实现共同配送。通过共同配送，可以把过去按不同货主、不同商品分别进行的配送，改为不区分货主与商品，把货物装入同一条配送线路的车辆上进行统一配送，为更多的顾客服务，实现货物及配送的集约化。

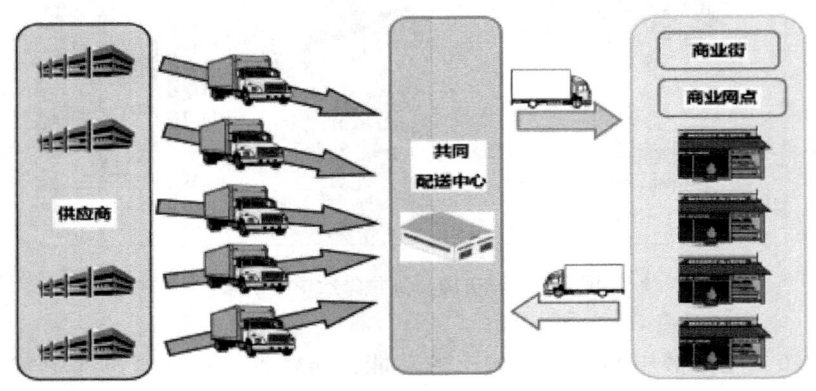

图 4-4　城市内的共同配送示意

另外，当物流受到经济规模变化的影响，市场有所缩小时，规模越小的物流企业所受到的打击就越大。因此，可以通过共同配送实现物流企业间合作，扩大配送企业规模来降低成本，使得在订货竞争中处于优势，成为城市配送企业主要战略之一。

（三）日本城市馆内物流

最初，日本的每座商场、公司、购物中心以及办公写字楼内都有自己的配送系统。负责馆内物流的主体主要由送货上门的物流企业和自营送货车辆构成。自营送货车辆包括，印刷企业和食品批发商的自家车辆、现金运送车、自动售货机的推销商等。馆内物流量中 70% 是"送货上门的物流企业"负责，其余 30% 由"自营送货车辆"负责。但是，"送货上门的物流企业"的车辆数量占 30%，"自营送货车辆"的数量占 70%。"送货上门的物流企业"的装载个数多、效率高；"其他送货车辆"车辆物量少、车辆数量多。在写字楼进货高峰时间段，极易造成进货车辆等候时间长、周边交通混乱、在电梯排长队、配送混乱的现象。

随着城市货物流通量的不断增加，每座商场、购物中心、办公写字楼内，每天进出的商品极大，相关问题更加凸显。为此，馆内物流已成为日本城市物流中必要的服务内容之一。如何控制各类配送车辆是馆内物流管理的关键，特别是如何控制"自营送货车辆"更是馆内物流成功的关键所在，建立"馆内配送中心"成为解决日本城市物流的主要方法之一。

2000年，日本开始构建写字楼馆内物流体系。2001年9月11日美国发生恐怖事件以后，日本进一步重视馆内配送的安全性。

在写字楼内，通过共同出资模式成立写字楼快递企业，建立"馆内配送中心"，在综合型高层写字楼的馆内提供物流业务（如图4-5所示）。通过采取单一窗口进行物流管理，在"馆内配送中心"统一装卸货物，把各家物流企业的货物集中统一、代为执行馆内的配送业务，进行统一管理。各家物流企业把货物交给"馆内配送中心"即可，不用亲自到馆内送货，可以整合馆内资源统一配送、实现"桌到桌"物流服务。虽然需要多支付一些馆内配送费用，但是，可以节省各家物流企业人力及时间成本。在馆内安全性方面，由于无大量不确定人员进出馆情况，提高了大楼内部环境的安全性，让住户更安心。

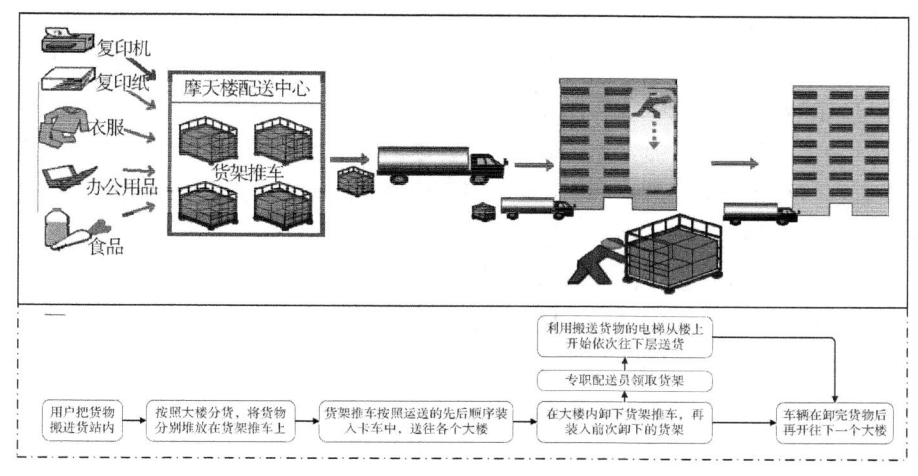

图4-5　日本城市馆内物流

另外，对于"送货上门的物流企业"的组织方面，日本物流网络协会下属的66个会员企业，共同出资成立了合作投递公司。该公司负责位于东京都千代田区的大型设施、丸之内大厦和新丸之内大厦等东京都内5个综合型高层写字楼的馆内物流业务。主要业务包括，一同接收入驻者的货物，代为执行馆内的配送业务。同时，也收集各个入驻者的货物并转交给各个运输公司。另外，该公司也在武藏野市的商业街进行共同配送。

随着写字楼馆内物流体系的建立，不仅缓解了由于城内配送车辆众多造成的交通拥堵和违法停车问题，同时还满足了交货方（批发商和物流公司）提高配送效率和集中货物的速度需求。另外，还使得日本城市内送货车辆减少，大楼内货梯的使用频度降低，有效地减轻了环境的负荷。对写字楼物业公司，馆内物流随着交通堵塞和违法停车的减少产生了许多附加价值，特别是减少了周边居民和警察的投诉与不满。

（四）日本城市地下物流中心

日本构建城市地下物流体系，主要致力于打通地下物流专用通道、完善地下配送设施、实现地下物流系统与地面物流系统无缝式连接、形成地上地下物流网络以承担城市的配送服务。

地下物流技术在人口相对集中、国土狭小的日本得到了广泛的关注。早在1915年，日本东京车站与中央邮局之间的地下邮件系统就已建成并投入使用。1994年，日本邮政在东京的地下50至70米修建一个"Tokyol-net"系统，管线内部直径3.7米，为双车道，用来连接东京中心的邮政局，并运送报纸、杂志和食品等货物。2000年，日本把地下物流列为今后10年政府重点研究开发的高新技术领域之一。通过建设货物运输专用的地下物流系统，利用两用卡车（DMT）为运载工具[①]，以电力驱动，设计载重量为2吨，通过地下自动导航系统控制运输货物。通过该地下物流系统，主要致力于东京开通物流专用隧道并实现网络化，建立集散中心形成地下物流系统（如图4-6所示）。近年，日本建设厅的公共设施研究院在对东京的地下物流系统进行交通模拟，分析经济环境因素的作用以及地下物流系统的构筑方式等诸多方面基础上，拟建系统地下通道总201km，设有106个仓储设施，通过这些设施可以将地下物流系统与地面系统连接起来，系统建成后能承担整个东京地区36%的货运、地面车辆运行速度提高30%，运输网络分析结果显示每天将会有超过2万辆车使用该系统，成本效益分析每年的总收益能达12亿元，其中包括

---

① 两用卡车（DMT），在地上道路和地下轨道上均可以行驶，避免了长距离地下隧道的开挖，既能实现城市内部与城际间的货物运输无缝衔接，同时又能够合理地控制工程建设造价。

降低车辆运行成本、减少行驶时间和事故发生率,以及减少二氧化碳和氮化物的排放量带来的综合防治效益。该系统规模大、涵盖范围广,优点在于综合运用各学科知识并与此相关地理信息系统紧密结合,可以保证地下物流系统的高效、高质量、高经济效益以及高社会效益。

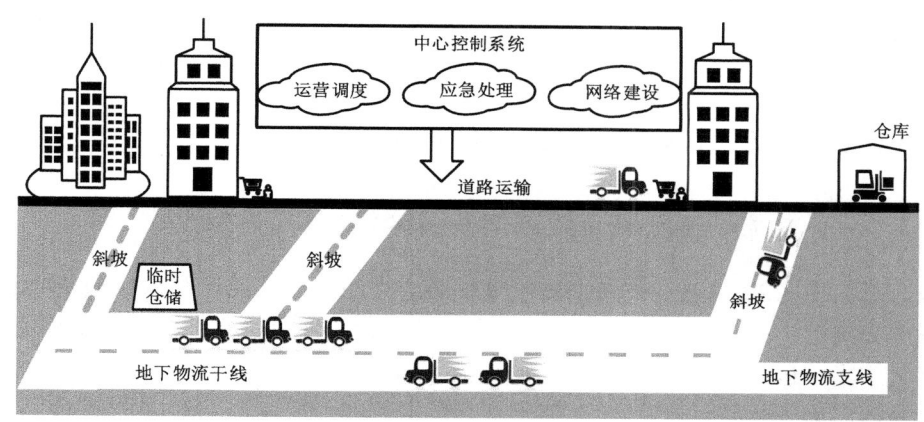

图 4-6 日本城市地下物流系统示意

近年在日本一些大城市,运输企业在地下物流系统的非高峰时段通过地下物流系统来进行运输,而且,开始使用地下物流系统来进行货运的城市不断增加。这一运输方式成为日本物流企业在城市内进行运输的主要手段之一。2010 年,札幌市的地下物流系统与大和宅急便合作,使用地下物流系统进行地下运输。

日本通过城市地下物流体系,提高了地面车辆运行速度,降低了车辆运行成本、行驶时间以及事故发生率,减少了二氧化碳和氮化物的排放量并带来了综合防治效益,这种地下物流系统拥有以下优势。

第一,运输企业可以通过从路面卡车转到地下交通,来减少地面交通的压力。当地面较为拥堵时,卡车驾驶员可以将货车开到地下物流系统旁的专门设施卸下货物。

第二,城市中心地区的商户可以通过地下物流系统运输,来解决在交通高峰时段由于货车难以通行造成的缺货问题。

第三,由于货物通过地下物流系统来进行运输,运输企业可以更容易优化行驶路径,减少货车的空载率,最终达到减少运输成本和二氧化碳排放的目的。

第四，地下物流系统的运营方可以通过这项业务提高地下物流系统的使用率和利润，形成多赢的合作模式。

此外，日本地下停车场考虑了很多如何构建地下配送中心、优化路线，从而形成地下物流系统的问题。在设计物流车辆在地下停车场里的运行路线时，考虑了通向停车场外的道路、货物的堆积点、分拣点的作业用地以及货用电梯的位置，从而设计出最具有效率的作业路线以及方便卸货和进出的卸货作业区，以提高地下物流中心的效率和安全性。

四、日本城市供应链管理的案例分析

（一）从京滨货物转运中心到世田谷地区的共同配送

京滨地区 12 家企业在城市物流效率协会组织下，共同参与从京滨货物转运中心到世田谷地区共同配送的计划中。该计划主要通过京滨货物转运中心，将货物集中运输，以减少配送车辆数量（如图 4-7 所示、如表 4-3 所示），提升共同配送效果。

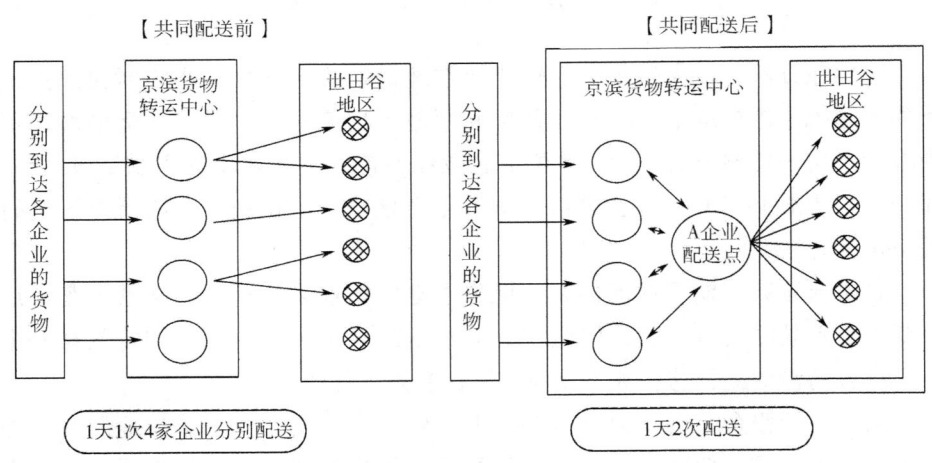

图 4-7　京滨货物转运中心到世田谷地区的共同配送前后对比

共同配送前后，从运输效率、环境保护、成本节省三大方面都有了显著的改善。同时，12 家企业采用共同配送后，几乎所有的货物都可以在上午送达，为货主配送的时间固定下来且车辆的利用效率显著的提升。从货主方来看，由于货物可以一次性送达，因此节省了大量收货的时间，降低货主方的时间成本和人工成本，缓解了顾客接待窗口车辆混乱现象，并且

由于收货频率的提高，可以使产品品种更为齐全，产品新鲜度更为提高，降低企业库存。

从参加企业效果来看，通过提高车辆装载率，降低运输成本的同时，能解决货车司机不足的问题，大大简化运送业务流程，在控制车辆和设备的投资额的基础上，还能增加向顾客配送的频度，从而提高顾客信赖，扩大销路。

从社会效果来看，共同配送不仅降低各环节物流成本，还削减卡车交通量保护环境。同时，因缓解了商店街的卡车交通混乱现象，使环境得以保护。

表4-3　京滨货物转运中心到世田谷地区的共同配送前后效果对比

类别	单位	共同配送前	共同配送后	效果
● 运输效率方面的效果				
车辆数量	辆/天	39	13.2	-66.2%
装载率	%/辆	68.1	73.8	+5.7%
运输周转率	次/天	1.1	2.0	+81.8%
总行驶距离	千米/月	64 350	39 600	-38.5%
● 环境方面的效果				
NO_x 排放量	千克	314	193	-38.5%
CO_2 排放量	千克	10 425	6 415	-38.5%
● 成本方面的效果				
总成本	万日元/月	2 417	1 207	-50%

（二）吉祥寺城市供应链效率的提升

吉祥寺是一个商店街和大规模店铺共存的极具游览性的商业地区，很多人选择在店铺开业（上午10点）之后到此游玩，而此时，由于商业街有分拣货物的卡车需要经过或者停车，因此影响了吉祥寺的"游览性"。为了实现把吉祥寺建设成为"可以安心购物的商业街""可以安全行走的快乐商业街"的目标，吉祥寺地区的店铺、物流企业、停车场管理企业、街道行政管理部门联合行动，把货物配送作为吉祥寺地区建设的重要问题，并一起商讨对策。2008年，成立了"吉祥寺物流对策委员会"，负责商讨并实施具体对策。2009年9月，开始实施"适用于特定时间段的停车费打折方案"（运送货物卡），使那些按照停车时间收费的停车场，实现按照时间段运行管理。从 2001 年 3 月开始，吉祥寺地区实施"共同配送方案"。目前，吉祥寺地区的店铺、物流企业、停车场管理企业、街道行政管理部门，都为创造充满魅力的商业街，通过共同努力不断改善，效果十分显著。

同时，以吉祥寺地区的商店街（2 000 家店铺）为服务对象，设置了武藏野市的吉祥寺共同配送中心。在共同配送中心，货物不由各运输公司分别服务，而是由 CollaboDelivery 公司统一用手推运货车运送到各店铺。通过这样的机制，可以减少路面停车以及通过商店街车辆的数量（如表 4-4 所示）。

表 4-4 吉祥寺地区商业街改善效果对比

类型		2007 年 2 月 2 日（周五）		2010 年 11 月 12 日（周五）		2013 年 10 月 4 日（周五）	
		车辆（辆）	基数	车辆（辆）	同比变化（%）	车辆（辆）	同比变化（%）
小汽车		738	100	590	-21.1	467	-20.8
白色牌照		912	100	772	-15.4	696	-9.8
绿色牌照	集中运输企业	148	100	102	-31.1	54	-47.1
	地区企业	910	100	480	-47.3	506	+5.4
合计		2 708	100	1 944	-28.2	1 723	-11.4
备注		—		（1）2009 年起实施运送货物卡方案（2）2010 年 4 月起实施运送货物改善方案（3）2010 年 10 月起全部店铺实施统一的运货规则		2011 年 3 月起实施共同收发配送方案	

今后在日本各大城市，由于车辆不断增加而引起的城市交通拥堵以及环保问题将更加明显。同时，随着电商需求不断扩大，为提升顾客的物流服务质量，城市物流问题将更加深化。因此，日本政府在考虑不损害经济活动积极性的同时，不断推进创建安全舒适的商业街道环境，形成由当地商业街、政府、物流企业共同为消费者安居乐业努力的格局（如图 4-8 所示）。

第四章 日本城市供应链管理研究

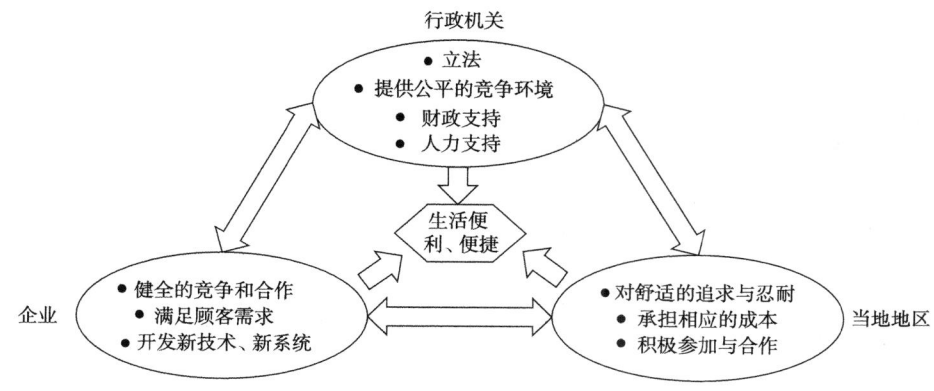

图 4-8 地区、政府、企业三方协作

第四节 日本老龄化社会城市供应链管理

一、日本老龄化社会的背景分析

（一）日本物流的新变化

在泡沫经济破裂后，日本物流行业在国内经济停滞的情况下，一方面物流总货量停滞不前；另一方面，消费者对商品及产品的需求变得高度化和多样化。与此相对应，生产企业将经营战略专注于提高和满足顾客服务上。导致货物物流的小批量、多批次、货物提前期缩短等状况的发生。同时，日本物流呈现三大突出特点：一是销售额物流成本比率基本维持不变，二是货物运输业工资水平持续较低，三是货运司机人口不足且老龄化。

1. 销售额物流成本比率分析

销售额物流成本比率是与企业销售额相关的物流成本，包括运输、保管、包装等的成本占总销售额的比率。近年，日本销售额物流成本比率处于整体减少的趋势（如图 4-9 所示），但是，自 2005 年首次下降至 5% 以下后，一直保持在 5% 上下波动。销售额物流成本比率下降的原因包括，经济不景气造成通货紧缩，使运费下降；货主企业通过共同运输以及对物流节点的集成，提高物流的效率，从而降低了物流费用。销售额物流成本比率在 5% 上下波动，表明通过对活动物流的不断改善，销售额物流成本已经趋于稳定。

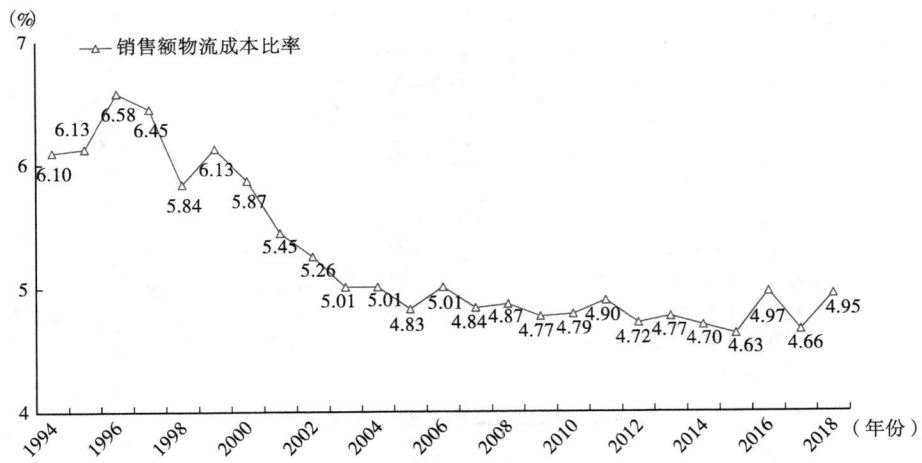

图 4-9　1994—2018 年日本全行业各物流成本占销售额比率的变化

数据来源：《2018 年日本物流成本调查报告》。

2. 物流行业工资水平分析

截至 1994 年，货物运输行业的年工资水平与总产业平均水平和制造业平均水平持平，1994 年以后，货物运输行业的年工资水平低于总产业平均水平和制造业平均水平，且与总产业平均水平和制造业平均水平的差距逐渐增大（如图 4-10 所示）。

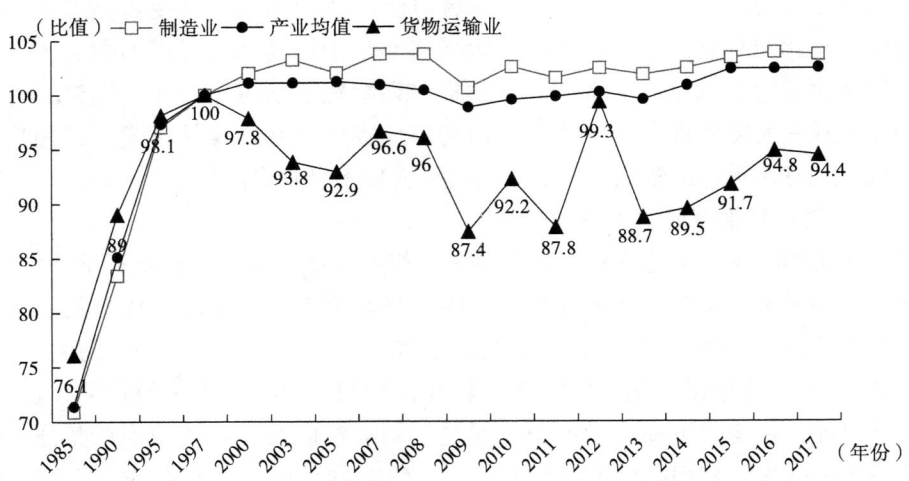

图 4-10　1985—2017 年日本物流行业工资水平变动趋势

数据来源：日本劳动组合总联合会 HP。

3. 货运司机人数分析

(1) 货运司机人数分析

2018年7月~9月与2018年10月~12月的调查数据相比①，可以看出货运司机人数不足感增加，预计2020年人数不足感会更加严重（如图4-11所示）。

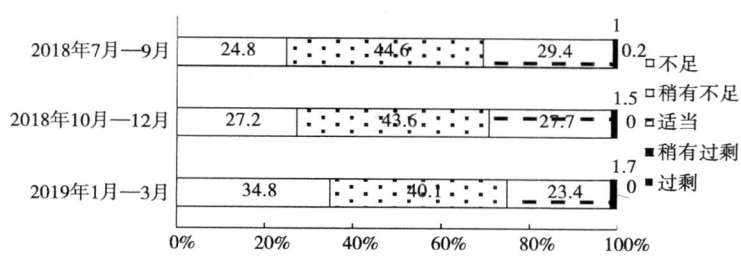

图4-11 公路货物运输业人数是否充足情况

数据来源：《卡车运输行业景况（速报）》（2019年2月12日）。

(2) 货运司机人数比例数

当前，日本少子高龄化、青少年劳动力严重不足等问题更加突出。公路货物运输业平均工资水平与各产业平均工资水平差距逐渐变大，且卡车司机工作时间长、工作强度大，都是造成货物运输业50岁及以上就业人数占比不断增加的原因（如图4-12所示）。

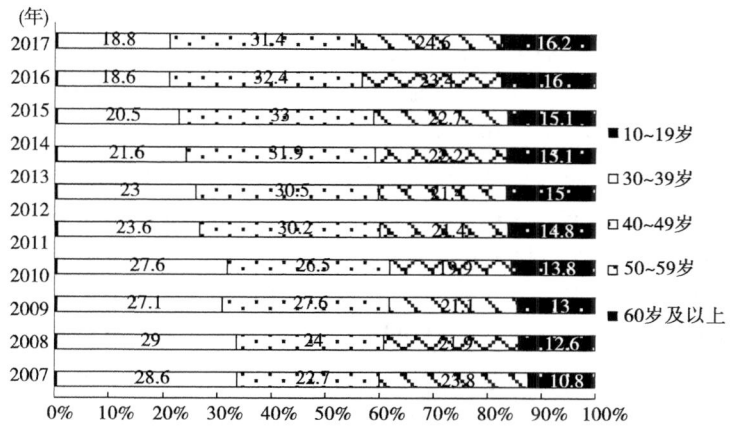

图4-12 公路货物运输业不同年龄段就业人数比例

数据来源：《2018年日本卡车运输产业现状调查》。

---

① 根据2019年2月12日《卡车运输行业景况》统计。

（二）日本老龄化的社会现象

日本的人口老龄化正以世界上任何一个国家前所未有的速度发展，老年人口比例有望超过其他所有国家。2018 年，28.1% 的日本人口超过 65 岁，14.2% 的人口超过 75 岁。当前日本生育率逐年下降、预期寿命增加、持续剧烈老龄化。日本政府担心老龄化将对经济和社会服务产生不利影响，采取恢复生育率和支持老年人社会活动的政策。虽然少子化、老龄化致使日本国内市场规模缩小，但是市场的物流量并没有减少，主要原因是在人口稀少的农村或者在人口集中的城市，"购物弱者"人数不断增加，促使了社会物流需求的不断增加。

随着社会进入少子化、老龄化的阶段，日本国内消费市场规模开始减小。随着网络销售市场比例逐渐增加，网购企业为了提高物流效率，都积极完善物流节点建设，提供降低配送费用、推出当天配送业务、扩大共同配送等各项服务功能。另外，仓储业、快递业等物流行业也开始重视网络销售，做出相应的应对措施。随着参与网络销售业务的企业数量不断增加，争夺顾客的竞争也更加激烈。能否提供当天配送、免费送货等服务项目，成为顾客选择物流企业的重要因素。

（三）日本区域生活基础设施的变化

随着日本社会向少子化、老龄化以及人口密度稀少的推进，"购物弱者"人数逐渐增加。对于老龄人，衣食住行、交通、医疗、金融等区域生活基础设施成为一大问题。而要完善区域功能，只依靠地方力量很难实现。因此，日本超市推出通过网络进行生鲜食品销售，出现了可以提供当天配送服务的网购超市，这种网购超市的规模也不断扩大。网购超市可以分为两类，一种是超市的各店铺使用超市专用车，给数公里范围内顾客提供服务的"近邻型网购超市"；还有一种是利用快递企业，向较大区域范围内顾客提供服务的"广域型网购超市"。其中，广域型网购超市的服务对象主要针对老龄消费者、双职工家庭等。从成本考虑，在这些地区开设店铺将出现不经济的结果。根据日本农林水产省的测算，如果距离经营生鲜食品的店铺超过 500 米，而且把那些没有家庭轿车的居民视为"购物弱者"即不方便购物者，则不方便购物者的人数在日本已达到 910 万人，将形成一个潜力较大的消费市场。

二、日本解决老龄化社会的措施

一般情况下，在城市规划时主要考虑两个方面：移动性和有效性。移动性是针对人的交通，即出行方便；有效性是针对物的交通，即道路通行方便。目前，日本面临着严重的老龄少子化问题，存在大量购物不方便的老年人，特别在一些小城镇，消费不断减少导致商店不断减少，购物就要到更远的地方，使老年人购物更加不方便，造成"购物弱势群体"问题。日本政府为了解决这个问题提出以下3种办法：

第一，送货到家。日本的"真心"快递服务是专门针对老年人的服务。快递员不但会定期上门确认老人是否安全，而且还会帮他们买东西、送药。在日本，患者买药必须经过药剂师，通常是患者在家里与医生进行视频诊断后，药剂师再通过快递员将药送到患者手中。

第二，开设便利店。对于人口不太密集的地区，货物的配送时间长且成本高。所以，可以规划开设便利店，以解决频繁配送与送货距离远的问题。

第三，改善物流设施。通过建设物流基础设施和改善配送方式，可以提高配送效率。其中，配送方式可以采用客货混载、购物代理等模式。

（一）解决"购物弱者"的途径

日本经济产业省为了解决"购物弱者"人数增加的社会问题，针对各个地区专门设置了"支撑区域生活基础设施流通的研究会"。此研究会公布的研究报告书表明，随着当前日本社会环境变化，中小企业、地方自治体力量变弱，福利设施、医疗、交通、商店减少等状况的出现，日常生活中不可或缺的"生活基础设施"作用下降。因此，地方自治体无法提供满足日趋多样化的消费者需求服务。在此环境下，随着日本社会向少子老龄以及人口密度减少变化，一些发挥主要作用的生活基础设施功能减弱，严重影响老年人的生活质量。而对于"购物弱者"，即由于流通功能、交通网络功能的弱化，导致出现购买食品日用品等生活用品困难的消费者，通常居住于人口密度过少地区或者在日本经济高速增长时期建造的大规模团体中生活。

目前，在日本大城市中随着大型流通企业的发展，大型网络超市已经迅速普及，与以前的店铺销售相比，可提供快速配送等高附加值的服务，得到了较高的社会评价。因此，网络超市的普及成为解决"购物弱者"问题的重要方法。

对于日本的零售市场，尤其是在日本经济不景气时，日本顾客对商品价格较为敏感。日本认为配送是辅助性服务，不需要支付额外费用。因此，由于网购超市的商品价格与实体超市的商品价格几乎相等，如果把配送费用转嫁到消费者，将会产生很多问题。例如，对于食品快速配送服务，在运营、订货处理方面存在业务成本,在快速配送时需要物流成本,实现当天配送也会产生库存成本等问题。

(二) 流通业角色的转变

在此情况下,提高区域城市供应链管理效率、促进流通业角色转变成为重要课题。当前,日本许多企业开设的网络超市服务多是亏本状态,唯有快递行业出现盈利。快递行业盈利主要包括五个原因:一是快递企业自身拥有配送能力;二是快递企业可实现物流节点之间的共同配送;三是快递企业的配送车辆可提供 15~20 分钟范围内的高密度配送服务;四是由于快递企业在城市各角落设置快递柜,避免二次配送成本;五是快递企业针对 60 岁以上老年人采用会员制服务,企业负责人可在任意时间内通过电话提供"咨询销售"服务。此项服务不仅可以确认单身老人的身体健康、安全状况,还能为老人提供多样化服务。

其服务主要包括以下五点:一是提供接受快递业务、支付公共费用等服务,代替利用移动便利店的移动售货车进行销售的服务形式;二是快递员在为某固定区域提供快递服务的时间内,可通过"咨询销售"服务,积极向老年人提供商品目录,并帮助老人利用互联网进行商品选购;三是快递企业与交通部门进行合作,快递配送车辆不仅可为老人提供顺风车服务,公交车运营企业也与网购企业进行业务合作,在公交车站提供接受订单、实施费用结算等服务;四是利用现有的报刊投递和牛奶配送业务,在区域范围内建成物流网络,帮助快递企业完成最后一公里的物流业务。

随着日本人口数量减少,少子高龄化现象出现,邮政、快递、报刊投递、配送等已经存在的单一服务难以继续维持且较易被市场淘汰。因此,日本通过加强区域之间、行业之间的合作,在解决快递企业最后一公里配送问题的前提下,通过多家物流企业的共同配送,以降低物流成本,照顾老年人生活的同时,提供新的高附加值的服务。这样,不仅创造新的服务模式,也提高物流企业的效益。

(三) 区域城市供应链新型商业模式

日本经济产业省分两次发布了《帮助"购物弱者"指南》手册。该手册中明确指出,可以从以下三个方面帮助"购物弱者":一是在靠近"购物弱者"处开设商店;二是为"购物弱者"提供送货上门服务;三是为"购物弱者"提供方便的出行服务。其中,为"购物弱者"提供送货上门服务与区域城市供应链联系较为紧密。该手册还指出，当前"购物弱者"人数逐年增加，为了能长期帮助"购物弱者"，应将送货上门服务发展成一种产业。不仅要及时了解"购物弱者"的需求变化，还需要将此产业的运作成本维持在较低水平。因此，需要各个产业之间加强合作。作为服务业，尤其应该注重消费者需求的变化：一是需制作"购物弱者"的居住分布图；二是针对不同"购物弱者"的需求特点制作不同的应对措施，同时要积极完善基础设施；三是优化企业的配送路线、提高配送效率；四是在各环节积极利用 IT 技术；五是有效利用社会闲置资源、设备和现有的公共设施；六是积极调动居民参与服务；七是加强不同产业之间的合作服务内容。今后，为提高配送效率应进一步利用 IT 技术，二者的融合是提高老龄化社会区域城市供应链的关键。

第五章 日本行业供应链管理研究

第一节 日本制造业供应链管理

一、丰田汽车概况

丰田汽车公司是世界十大汽车工业公司之一,是日本最大的汽车公司。2019年7月22日,世界品牌实验室编制的《2019世界品牌500强》揭晓,丰田排名第10位。汽车制造领域(汽车厂商和零部件制造商)共有34家企业上榜,其中的23家整车企业中,丰田为最能赚钱的汽车公司,利润达169.8亿美元,在利润上,丰田已经连续几年超过竞争对手大众汽车和通用汽车。

丰田的发展史其实就是一部自主发展史。丰田在自身弱小的时候,也曾向美国的通用和福特公司、欧洲的宝马和大众公司学习,也曾和其他汽车企业进行过合资合作,但丰田始终没有忘记自主造车的梦想。进入21世纪,其全球新车零售销量连续多年位于全球前三。2015年突破千万,达1 015.1万辆;2018年虽以1 052万辆(增幅2.2%)位居第二,但其旗下品牌在十大汽车品牌销量榜上,以绝对优势位列第一,单品销量875万辆,超过第二名品牌近200万辆。

二、丰田供应链管理

(一)丰田供应链管理的特点

丰田供应链管理的整个过程是一个PDCA循环(如图5-1所示)。

1. 丰田供应链的设计

(1) 以JIT为中心

准时生产(JIT,Just in Time),是日本丰田公司副总裁大野耐一于1953年创造的一种在多品种小批量混合生产条件下高质量、低消耗的生产方式。

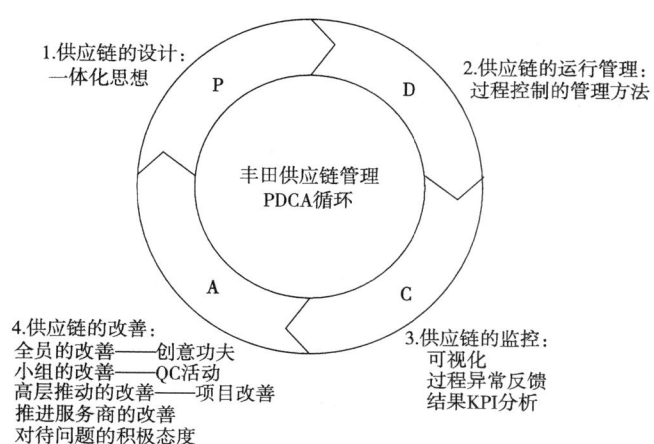

图 5-1 丰田供应链管理 PDCA 循环

注：创意功夫指员工对自己的工作进行降低成本、提高效率、增加安全等改善，并用固定的表格将完善之后的内容记录下来接受评审，根据评审的结果获得相应的奖励。

该生产方式的基本思想是"只在需要的时候，按需要的量，生产所需要的产品"，也就是追求一种无库存或库存达到最小量的生产系统。目标是彻底消除无效劳动和浪费，达到废品量最低、库存量最低、准备时间最短、生产提前期最短、搬运量最低等 5 个目标。

（2）整体最优原则

丰田在设计每条供应链时，需要两个前提：一是供应链上的核心企业足够强势，能够控制整个链条的各个环节；二是核心企业在设计和改善供应链时要进行系统性思考，以供应链整体最优为导向。丰田整车厂在供应链设计时采用分阶段设计的方法，使各阶段达到最优。

（3）平准化和小批量多频次原则

丰田通过提高新手的预测水平实现销售的平准化，通过精确的时间管理和预测与调整相结合的订单管理方式实现采购管理的平准化。在此基础上，通过小批量多频次的物流，并在物流过程中应用逐级减少批量的方法，实现 JIT。

（4）标准化、系列化、通用化原则

标准化、系列化、通用化在运输车辆、包装器具和仓储货架中的贯彻实施是高效、高品质物流实现的前提。

（5）快速响应原则

JIT 要求各环节尽可能消除异常情况的发生，异常情况一旦发生要做到快速响应。

2. 丰田供应链的运行管理

丰田对过程管理十分重视，在作业管理上，丰田尤其重视作业流程和作业指导书，以及对作业员工的培训。在合作伙伴管理方面，每年会对相关企业实施 TPS 管理体制的评价，涉及非常具体的要求。

3. 丰田供应链的监控

丰田供应链在运行中为做到最大程度的可视化，主要对信息进行集中管理且做到及时共享，对可视化异常进行提示，并做出及时反馈；对供应链的运行效果进行监控，通过 KPI 管理分析改善点。此外，丰田坦然对待供应链运行中出现的问题，针对问题采取有效对策以防止此类问题再度发生。

4. 丰田供应链的改善

丰田为实现供应链的自我完善和发展，采用全员参与的创意功夫制度促进员工自主改善，通过开展 QC 活动进行团队改善。同时，丰田的高管人员也会提出和推进供应链改善活动。此外，丰田通过对服务商进行检查、沟通、再评价的方法，推进服务商的改善。

（二）生产计划和运营

1. 丰田的生产方式

经过多年的改善与发展，丰田现已形成一套完整的管理理论和方法体系——丰田生产方式（Toyota Production System，TPS）。简单地说，TPS 就是"为实现企业对员工、社会和产品负责的目的，以杜绝浪费为目标，在连续改善的基础上，采用准时化与自动化方式，追求制造产品合理性的一种生产方式"。由于该方式不仅能使企业不断提高生产效率，增加效益，而且还能满足消费者对质量和快速交货的要求，因此，世界上所有的丰田工厂都采取了这一生产方式（如图 5-2 所示）。

TPS 在思维方式上与众不同，丰田公司将超产视为最严重的一种浪费形式，因此按照设计的一道道工序有条不紊地进行，没有上下波动，产出数量合适，工厂运转平稳。TPS 是精益管理模式的成功实践，丰田只生产能销售出去的产品，因此会在各个环节控制产量，并把握销售的最佳时机。丰田不生产次品，在生产过程中如有异常情况，机器会自动检查异常情况，并且停止生产，以防止残次品的出现。TPS 采用的无间断生产流程，使产品尽可能不间断流经各个作业步骤，从而减少期间的等待时间，进而缩短流程距离，提高生产效率。

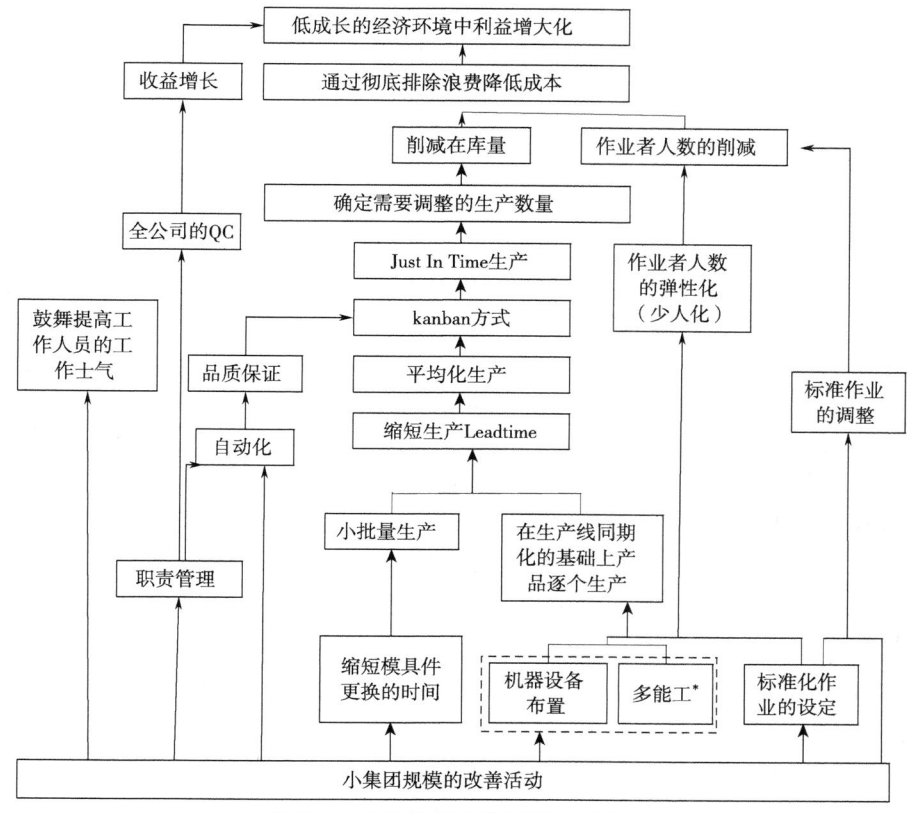

图 5-2　丰田公司生产管理方式体系

* 多能工是指具有多种机器设备能力的作业人员，这是丰田精益生产里常用且通用的词。

2. 精益生产

日本丰田公司的精益生产是对 JIT 生产方式的研究，精益思想不仅追求成本最低、质量最优，而且追求使用户和企业都满意的质量、追求成本与质量的最佳配置、追求产品性价比的最优。

精益生产分为三个层次（如图 5-3 所示）。

第一层精益生产为精益制造，这是生产车间高效制造的要求，包括车间计划、车间物流、制造质量、车间布局、生产线布局、制造仪表盘等。在车间制造过程中常常使用看板管理。

看板管理是丰田提出并推广使用的一种将生产工序紧密衔接的生产管理方法，以看板方式为基础，根据生产情况制订物流出货计划（即订单），使物流流程与生产紧密结合，物流节奏可以紧扣生产节拍。看板还能反映出物流体系的绩效，方便及时调整并解决出现的问题（如图 5-4 所示）。看板包含丰

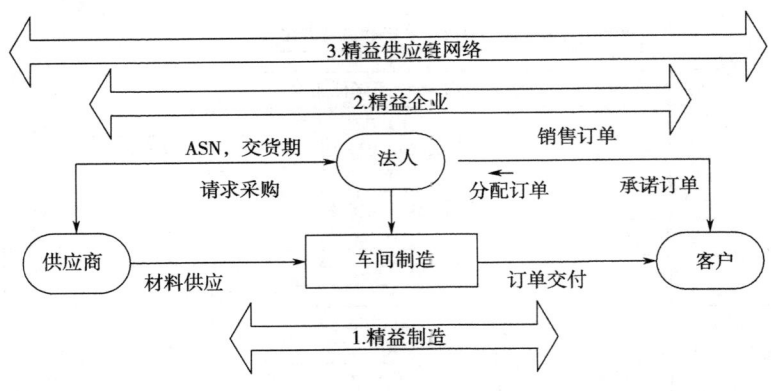

图 5-3 精益生产三层含义

田生产过程中的所有信息,其中部品信息包括零部件的名称、品类、包装箱内的数量、货物产地;物流信息包括所属仓库、货位号、出货时间、收货时间、工厂内的位置;生产信息包括生产量、生产时间、生产方法、运送量、运送工具和容器等。虽然生产的各个环节可能都会有自己的部品信息,但最终都会统一,在丰田的数据库里会登记所有部品的数据信息,除了看板上反映的信息外,还会包含各个生产环节可能出现的自有相关信息,从而真正地实现了信息的共有化、统一化。

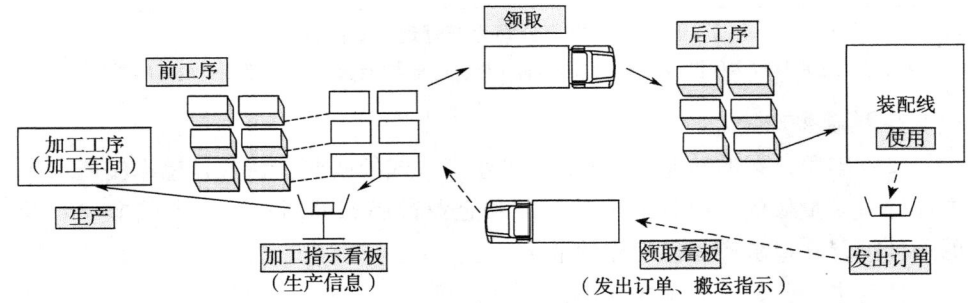

图 5-4 看板的流转

第二层精益生产是精益企业。企业内部从研发、销售、计划、采购、生产、物流、财务到服务往精益化方向发展,这需要企业内具有高效的协同能力和信息透明,内部职能部门需要一个精益的流程保证总体的效益,而不能只关注自己部门的利益。

第三层是精益的供应链网络。需要将企业与外部的客户、供应商、合作伙伴高度协同,通过精益供应链网络加速上下游之间信息的流动,减少时间成本,避免信息错位。

丰田的精益管理,通过以下四个方面实现,包括精益管理、精益物流供应、精益制造、精益场所管理布局设计(如图5-5所示)。

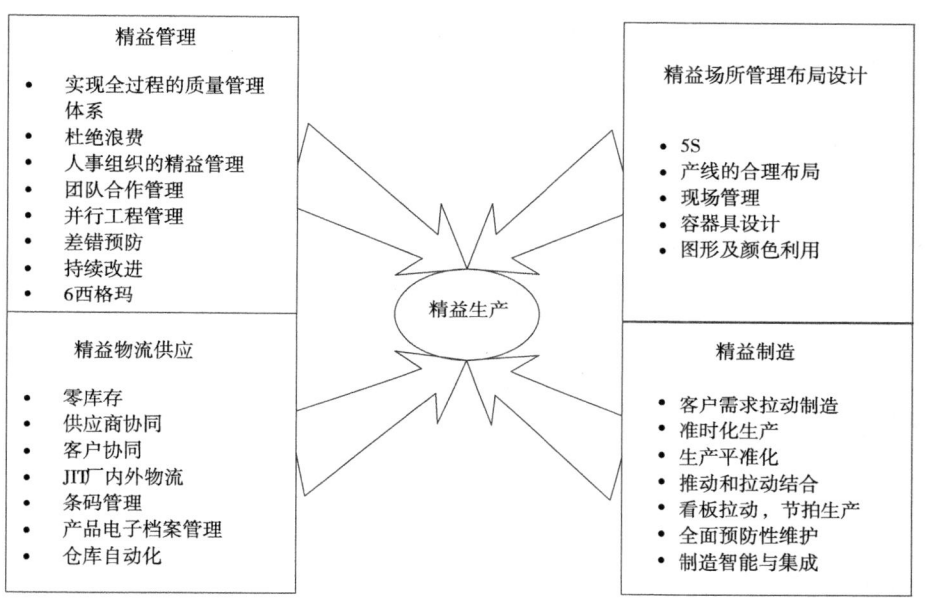

图 5-5　精益生产内容

（三）全面质量管理

在丰田生产中,质量是生产顺利进行的保证,一旦某个工序的生产存在质量问题,依托于零库存的实时生产便不能正常进行。丰田公司认为,质量是生产出来的而不是检验出来的。在 JIT 中,质量管理通过后道工序对前道工序生产的零件采取 100%的全面检验,以保证存在质量问题的零部件完全退出生产线,避免生产废品,从而满足消费者对产品质量的要求。丰田在产品规划、产品设计、试制、试验、生产准备、批量生产、产品制造质量检查、销售服务等 7 个阶段进行质量管理,每个阶段都有严格的质量要求和检查规定,生产准备前的四个阶段是保证新产品质量的重大关键阶段,规划、设计和生产准备工作如果搞不好,制造技术再好也无济于事,批量生产和产品制造质量检查是投产后保证加工制造质量的阶段,销售服务是销售后保证用户使用质量的阶段。

丰田公司对生产质量管理采取的方法是自动化,这是丰田生产方式的重要手段。自动化有两种机制:一是设备和生产线能够自动检测不良品,一旦发现异常或不良产品可以自动停止设备运行,丰田公司因此在每道工序的生产设备上安装了各种自动停止生产装置和加工状态检测装置;二是生产第一线的设备操作工人发现产品问题时有权自行停止生产。在这两种机制下,丰田在生产中可以迅速找出质量问题的根本原因,进而加以解决,从而保证丰田汽车生产每一道工序的零件100%合格。

(四) 库存管理

企业为保证生产经营的正常进行,需要合理控制库存数量,防止生产或销售缺货,同时还要防止过多库存量造成过多的库存空间需求、库存管理费用增加和占用过多库存资金的问题出现(如图5-6所示)。

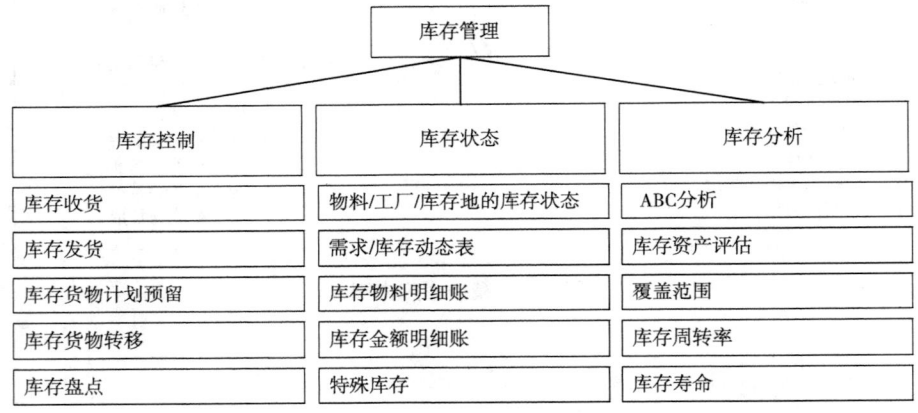

图5-6 企业库存管理范围

丰田以JIT为核心思想,以"零库存"为目标,实现最小库存。丰田汽车50%的零部件源于进口,其中大部分零件都是重要的部位,包括发动机、变速箱等。这些进口零部件的成本相对较高,一般通过海运运输,订货提前期较长。

丰田整个物流流程在生产拉动之下运作,为达到JIT,丰田将所有零部件的使用量精确到小时,部分重要零部件精确到分钟,进口零件的在库时间不超过8小时,其中在丰田工厂内部的在库时间一般设定在2小时。丰田工厂在使用2小时在库进口零件的同时,会供应第3个小时要使用的零件,因为对进口零件在库时间要求严格,因此每一批抵达港口的货物通关时间、入库时间以及每个标准集装箱货物的种类和数量都经过计算。

（五）供应商管理

1. 供应商评估及监督

丰田与供应商之间达成的是一种长期战略合作关系，目标是双赢。丰田通过一套严格的评估体系对供应商进行评估，在确定供应商之前，丰田会直接去供应商企业的生产现场进行观察了解，对供应商企业的生产能力、质量以及企业的宗旨理念进行基本把握。合作关系一旦确立，供应商就会与丰田紧密地联系在一起，双方在产品设计、生产、检验和产品交付流程中实现无缝化对接。

丰田通过建立中央控制中心对供应商零件的生产情况进行把握，对供应商的重要绩效指标进行详细了解。丰田对供应链供应零件的过程进行严格把控，以防止零件质量、成本或交付等出现问题而影响自身生产。一旦在零件供应过程中出现问题，丰田要求供应商高层管理人员出面解决，借此机会对供应商进行管理。

2. 信息共享

为完善汽车的开发与制造流程，丰田公司与供应商共享信息，前提是丰田与供应商之间高度信任的关系。供应商不仅需要具备严格按照工程设计书制造零件的能力，还需要在制造过程中实现创新，参与到丰田的产品开发过程中，与之展开密切合作。在长期合作中，供应商学到丰田处理问题和改进流程的思维方式，双方共同学习进步。

为了加强与供应商的联系、提供一个知识共享的平台，丰田成立了供应商协会，通过两月一次的供应商联合大会分享高水平的显性知识，如在供应链之内的计划、政策、市场趋势等，通过主题委员会会议分析成本、质量、安全和社会活动等四个领域常发生的变动。同时，1977年丰田公司在日本组建了OMCD这一咨询、解决问题的团体，由6名资深主管人员和50名顾问组成，主要是为了在丰田公司团队里获取、储存和传播有价值的生产知识。丰田公司将这些专家顾问派给供应商，帮助解决TPS方面的问题，指导供应商使用丰田特有的生产系统。此外，OMCD在日本组建了资源学习团队Jshuken，有50多个丰田公司的供应商加入，主要负责组织团队成员学习新知识、探索新思想以及学习和提高TPS的应用。

（六）销售管理

1. 经销商选择

丰田建立了一套严格的评价和选定经销商的体系，对经销商的资金、市场和行业经验尤其重视。

丰田既在信息接收和分析、客户维系、语言表达、数据积累、客户交际、策划创新和统计分析等方面对经销商的管理层进行考核，也以随机提问的方式对经销商的员工进行考察。同时，对经销商的基础硬件设施、汽车销售及维修能力、客户服务区域设置也有一定的标准要求。

2. 销售网点建设

丰田一旦选定某个经销商，就会在这个经销商的现有基础上进行新建、改建或者增建，以使经销商的基础设施条件符合未来运营的需求。丰田的每个销售网点，在建设初期，都要培养顾客满意度（CS，Customer Satisfaction）的意识。丰田通过对该网点的客户进行长期的客户满意度问卷调查，衡量该销售网点的服务水平。此外，丰田还建立了销售网点的信息系统，便于厂家和销售网点之间的信息传递及沟通，为丰田掌握一手市场信息提供了可能。

3. 实时经销

丰田在经销阶段采用实时经销的方式保证销售商的适时适量需求，绝不给销售商带来一部汽车的多余库存。在日本，丰田公司的电脑与全国经销商的电脑实现联网，及时掌握经销商的客户订货信息，并迅速使其转化为本公司的生产信息，实时传达给生产线进行生产。这一信息系统使得日本全国各地的订货信息当天就可以传达给生产线，以最快的生产速度进行生产，仅交货时间就可以减少 10 天左右，同时，经销商的库存也减少了 70%~80%。丰田公司所在的丰田市距离海岸仅 50 公里，汽车可以直接由生产线开到码头。汽车运送上岸后，由电脑分配，直接交至各经销商手中，中间不需要存储，从而实现高效的实时运输。

第二节　日本零售业供应链管理

一、7-11 的供应链管理

（一）7-11 概况

在日本，在城市里相隔几百米就会有一个面积约 100 平方米的便利店，便利店里一般卖的都是日常消费品，并且大部分便利店都是 24 小时全天营业，这极大地方便了人们的日常生活。根据日本连锁加盟协会（JFA）统计数据，到 2018 年年底，日本 55 743 家便利店销售总额达到 10 兆 9 646 亿日元，来店消费者也达到 174 亿 2 665 万人次。这 5 万多家店中，规模最大的便利店就是 7-11 便利店。

7-11 便利店创立于美国，原为南大陆制冰公司，专门销售冰块。"7-11"这个名字源于这家公司在 1946 年推出的便利服务，即将其营业时间延长，从早上 7:00 到晚上 23:00。1973 年日本著名超市公司伊藤洋华堂获得特许经营权，将其由美国引入日本。日本 7-11 经过多年的经营，其营业收入增长近 3 000 倍，美国 7-11 则由于城市市场开发失败、盲目投资和竞争加剧等三重原因亏损严重，最后被伊藤洋华堂以债券换购形式接管，1997 年正式更名为日本 7-11 公司。截至 2019 年 12 月，7-11 连锁店在日本开了 20 988 家，在全世界开出的店铺达 700 207 家，分布于世界 16 个国家和地区。

7-11 之所以成功，得益于以下策略：一是独特的选址战略。二是能够及时增加新的经营品种，并利用 POS 信息系统，随时更新商品，其 1 年内的商品更新率达到 70%。三是擅长并购。四是通过完善的配送体系，保证商品的新鲜度。五是培养出利润意识极强的经营者，并与制造商合作组建开发团队，积极开发新产品。六是 50% 以上的产品属于自己企划和开发的商品。七是扩大服务项目，增加受理快递、代收费等业务。

（二）7-11 的供应链管理

1. 顾客需求管理

在 7-11，当顾客到达柜台时，店员首先估计客户的性别和年龄，在结算环节进行商品条形码的扫描，这些售卖数据经由综合业务数字网（Integrated Services Digital Network，ISDN）传递到总部。同时，数据被商店计算机系统处理，使商店经理和 7-11 便利店总部数据得到同时更新，同时立即对这些 POS 进行分析。通过分析即时位置数据，商店经理得到客户群体每小时购买的所有存货单元（SKUs）的趋势和库存率。总部通过收集这些区域、产品和时间的数据，大大提高了其理解顾客需求的速度，总部可更快地分辨出能够吸引顾客的商品或包装，并预测每天的销售趋势，即时调整售价、理货及配送等活动；同时，可保证次日早上所有的商店和供应者都能连接上述数据，以此来增加配送效率。7-11 的产品开发能力非常强，它感受新趋势并研制出高质量产品的能力，远远高出其他制造商。近年，7-11 公司利用这些技术，与生产商、批发商合作，紧跟需求开发出具有 7-11 特色的新产品，使其每年的商品更换率达到 70%。

2. 产销联盟

产销联盟是指厂家、批发商和零售商为满足消费者需求并及时提供商品，在信息共享的基础上建立的联盟关系。7-11 便利店公司为了集中日式盒饭、蔬菜，适应早中晚饮食的需要，与生产商建立产销联盟，建立了不同食品一日三次向店铺配送的体系。

此外，7-11 便利店公司还建立了"烤面包"和"冰激凌"产销联盟、实现了与日本酒生产企业藏元的合作、与朝日啤酒和三得利的合作、与美国菲利普毛利斯的合作，以及与帕卡公司进行办公用品开发的合作。通过与这些企业的高度合作，能够为适应顾客需求而进行产品开发、制订生产和销售计划，从而减少损失，降低物流成本。

3. 供应商合作

与 7-11 合作的厂商，依靠供货商协同管理系统（VCM），皆可上网查询其所供应的商品在 7-11 各仓库的库存及进出情况，以便其做调度与应变。供应商还可在网站上看到物流中心的供货信息，也可以获取 7-11 总部的营业信息，确认厂商与 7-11 的交易金额，让供应商参与订货系统的管理与信息分享，可减少 7-11 存货管理的成本，为 7-11 与供应商创造了双赢的局面。

在订货作业方面，7-11 店铺人员使用与总部计算机相连的 GOT 订货机订货。通过将 POS 系统与电子订货系统（Electronic ordering system，EOS）连接，使 7-11 店铺物流中心、供应商同时接收到订货信息，店铺店长不需要再次订货，系统就会将销售资料与库存情况比较，再根据这家店铺以往的订货记录，建议订购数量，店铺可依个别特殊情况对订货进行修正。其中，对于常温产品，由店铺的工作人员负责各类产品的订货；对于低温鲜食产品，特别是便利店主要的竞争产品，由店长负责订货。这样，大幅减少了店铺店长订货的时间成本，降低了库存管理成本，加速了存货的流通。另外，7-11 和其供应商会定期举行一次价格谈判，以确定未来一段时期内，大部分商品的价格，包括供应商的运费和其他费用。这使 7-11 省去了每次进货时与供应商讨价还价的环节，提高了运作效率，节约了时间成本和费用。在连锁业价格竞争日渐激烈的情况下，7-11 通过这种方式降低成本，为整体利润的提升争取了很大的空间。

近几年，7-11 还积极发展物流支持体系，并将物流与信息科技结合，创造出现代化物流，有效地控制了平均每家店铺的缺货率（0.12%）。全球各地的 7-11 店铺都有一套完整的 POS 系统。店铺利用 POS 系统，搜集销售信息，并根据产品的回转率将产品分为 A，B，C 级，使店铺人员能够更加准确地订货，以降低仓储成本。7-11 的"持续补货计划"改变了传统的补货流程。传统的补货流程由配销商决定采购，数量通常为经济订购量，而"持续补货计划"是根据实际数据预测的需求量来决定采购的数量。

4. 物流配送系统

（1）批发商配送

创建初期，7-11并没有自己的配送中心，而是采取"批发商—配送中心"满足配送需求。当时，7-11供应商都是一些特定的批发商，每个批发商只代理一家生产企业的商品。其中，一些批发商搭建起7-11和其他供应商之间的桥梁，负责7-11与供应商之间货物、信息、资金的流通。在窗口批发制模式下，批发商作为配送中心的管理者，为7-11的门店送货。

但是，配送时，批发商只经营一家制造企业的商品。在这种体系下，零售商若要经营一系列商品，就需要和不同的批发商打交道，每个批发商都需单独用卡车向零售商送货。为此，当时一天有70辆货车前来送货，收货和验货的时间成本较大。

（2）集约化配送

随着7-11的需求不断增加，批发商配送已经无法满足，促使7-11与批发商及生产商建立集约化进货与配送的体系。为了保证商品供应的高效性，7-11必须对现有的"批发商配送制"分销渠道进行合理化改造。7-11通过和多家批发商及生产商签署协议，在一定区域的批发商中选出多家批发商作为窗口批发商。每个窗口批发商，可以经营来自不同制造企业的产品，开发更加有效的分销渠道来与所有门店连接。将商品按各商店分别拣货，并按路径把商品装载在一起，依据交货时间发送，以低成本实现失误低于十万分之一的交货精度，形成集约化配送模式（如图5-7所示）。

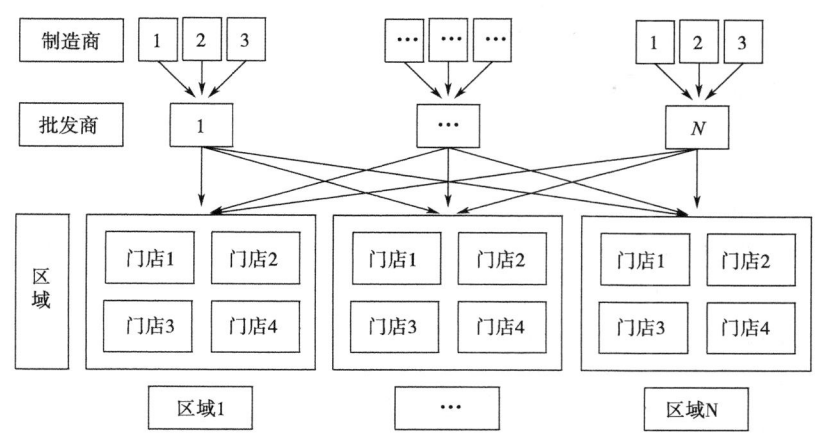

图5-7 窗口批发制下的集约化配送

(3) 共同配送

7-11在窗口批发制下的集约化配送基础上,综合考虑制造商、批发商、配送中心、总部、门店和消费者等供应链上的各个环节,建立了共同配送物流系统。即按照不同的地区和商品群划分,组成共同配送中心,由配送中心统一集货,再向各店铺配送。地区划分一般是在中心城市商圈附近35公里,其他地方市场为方圆60公里,各地区设立一个共同配送中心,以实现高频次、多品种、小批量配送。

7-11的面积平均仅100平方米,各种生活物品3000种,但通常没有储存场所。如果一个消费者到7-11不能买到本应有的商品,7-11就会失去一次销售机会,使其形象受损。为此,7-11构建了多频率小批量进货模式。通过先进的物流系统,保障所有商品可通过配送中心得到及时补充,实现多频率小批量进货。

7-11作为分销渠道的核心,实际上并没在配送中心上投资,而是由批发商自筹资金来建设配送中心,并在7-11的指导下进行管理。批发商通过投资配送中心,既可以促进与7-11的合作,又为自身创造了一个进入更广阔市场的机会。

(4) 细化配送

随着店铺数量的增加和商品种类的增多,7-11的物流配送越来越复杂,为了更加系统地进行管理,7-11对物流配送的时间和商品种类进行了细分。7-11食品配送体系是根据食品的保存温度建立的,其将食品分为以下几类:冷冻类食品(如冰激凌等)保存温度为-20℃,冷藏类食品(如牛奶、生菜等)保存温度为5℃,恒温类食品(如罐头、饮料等)保存温度在10℃,暖温类食品(如面包、饭食等)保存温度在20℃。针对不同的食品,7-11采用不同的方法和设备进行配送,因此在7-11的配送中心,主要的运输设备是各种各样的保温车和冷藏车。由于在装卸货物时经常开关门,所以使用普通的冷藏车容易引起车厢温度的变化造成冷藏食品变质,为了解决这一问题,7-11专门设计了一种两面仓式冷藏保温车,它的特点是一个仓的温度变化不会影响到另一个仓,从而保证了需冷藏的食品能在所需的低温下配送。

7-11还在配送时间和配送频率上对不同的食品有所区别:7-11配送中心实行一日三次的配送制度,即早上3:00~7:00配送前一天晚上生产的一般食品;早上8:00~11:30配送前一天晚上生产的特殊食品如牛奶、新鲜蔬菜;下午3:00~6:00配送当天上午生产的食品(如图5-8所示)。这种一日三次的配送不仅保证了商店不会出现缺货的现象,同时也保证了食品的新鲜度。但是对于一些有特殊要求的食品如冰激凌,7-11会绕过配送中心,由配送车分早、中、晚三个时间,从生产厂商门口直接送到各个店铺,每次配送活动从配货、搬运、分拣、卸货等各个环节的时间都按照计划安排进行(如图5-9所示)。

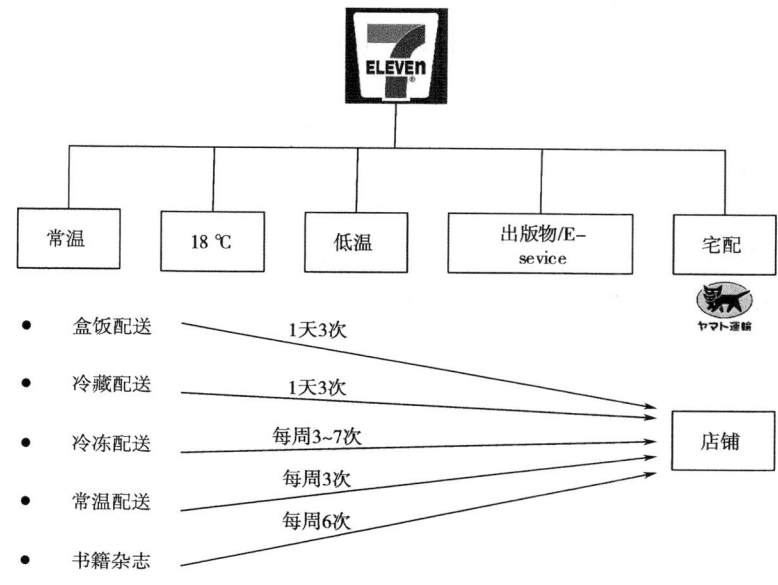

图 5-8 7-11 配送商品示意图

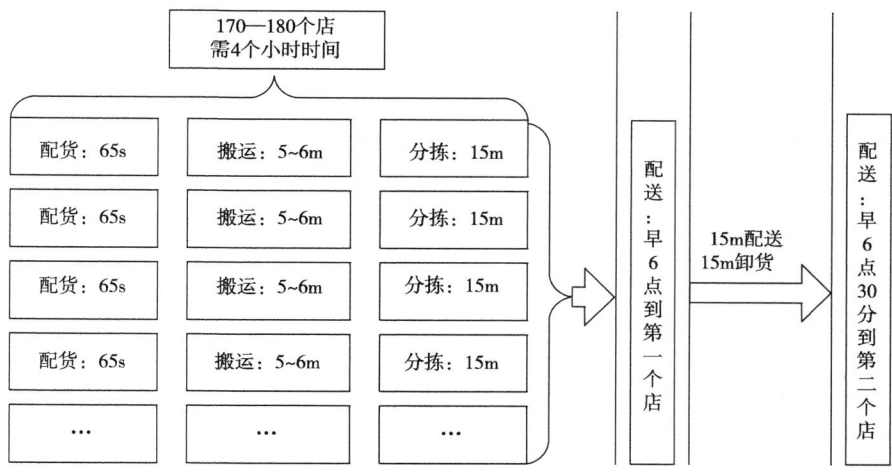

图 5-9 7-11 细化配送时间安排

（5）敏捷配送

7-11为自己订立了以下目标：无论何时何地，只要客户有需求，就要将商品送达。为了实现这一目标，该公司采用了一种反应敏捷的运输系统，实行一日三次配送制度。7-11配送中心还制定了一个特别配送制度，与一日三次配送制度相搭配。即当预计到第二天需求量急剧增加时，对要求追加的商品进行及时配送。当某个店铺遇到一些特殊情况造成缺货时，该店铺只要向配送中心打电话告急，配送中心就会动用安全库存对店铺进行紧急配送；若配送中心的安全库存也告急，配送中心将转向供应商紧急订货，并在第一时间将货物送到缺货的店铺。

从车辆的配送效率来看，除了气候等特殊原因外，7-11要求平均每辆车的装载率稳定在80%，货车每天的运行费用相当于配送中心为每个店铺供应商品额的3.2%，处在成本目标管理值3.0%至3.5%范围之内，7-11因此压缩了大量的物流成本，也就是在压缩运营成本的基础上，逐步扩大了它的盈利空间。

二、优衣库的供应链管理

（一）优衣库概况

优衣库（UNIQLO，UNIOUE CLOTHING WAREHOUSE），由日本人柳井正创立，是日本迅销（FAST RETAILING）集团旗下的实力核心品牌。优衣库以"把顾客需求变成商品"和"以低廉的价格提供优良的商品"为经营理念，坚持将现代、简约、高品质且易于搭配的商品提供给全世界消费者。通过摒弃复杂装潢的仓库型店铺，采取简约超市型的自助购物的形式，以合理可信的价格给顾客提供所需的商品，从而满足顾客需求。

2018年，优衣库销售额为21 300亿日元，营业利润达2 362亿日元。2018年8月，优衣库在全球拥有2 068家门店，世界品牌500强排行榜中，优衣库排名第168位。

（二）优衣库的供应链管理

SPA（Specialty Store Retailer of Private Label Apparel）供应链模式，即自有品牌服装专业商店零售，将生产与销售直接连接，去除代理商、中间商等中间环节，将整个服装制作过程，从策划到设计、生产到零售统一起来，全程100%控制的策略（如图5-10所示）。SPA供应链模式的优势，主要来自其供应链管理的高效率，完善的信息和物流网络。其难点在于供应链各个环节的管理,需要合理控制物流、资金流和信息流,避免盲目扩张,对多种产品的销售利润进行综合管理,维持产品生产与销售的平衡结构。

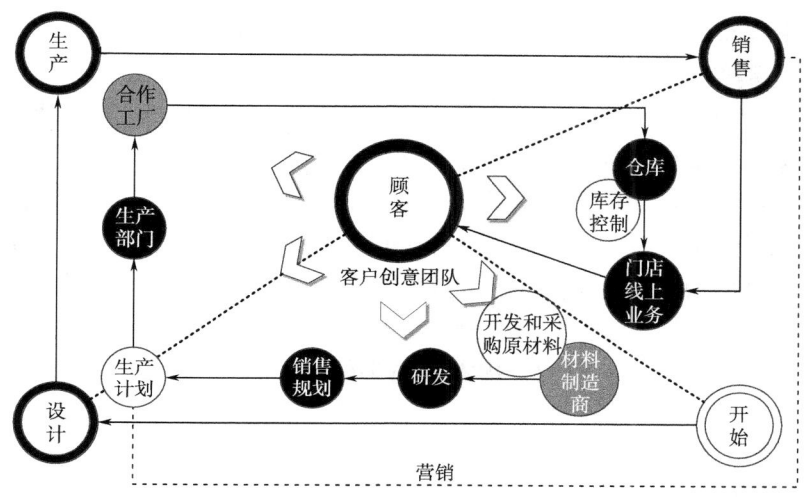

图 5-10　优衣库商业模式

1. 研发与设计

优衣库的研发中心,不断研究最新的材料和最新的全球时尚。在产品上市前一年,产品研发部门会与来自销售、市场营销和材料开发团队的代表举行一场概念会议,以确定合适的设计概念。设计师按照这样的概念准备设计和优化样品,即使在设计确定之后,产品的颜色和外形也会在最终确定之前得到多次细化(如图 5-11 所示)。

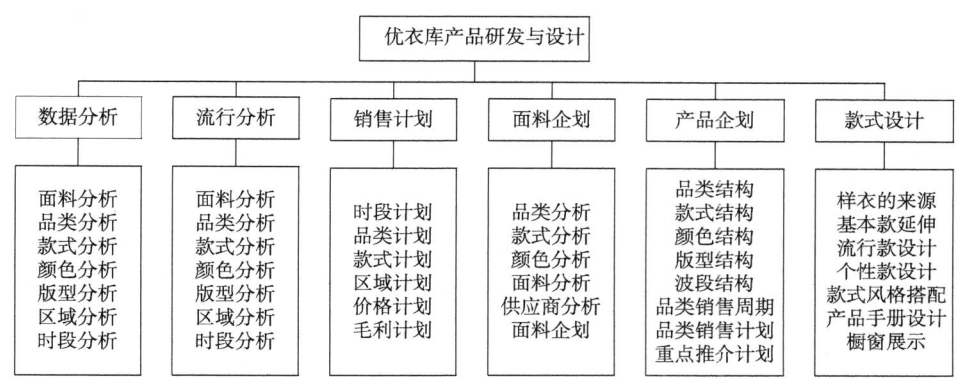

图 5-11　优衣库产品研发与设计流程

优衣库的客户观察团队利用大数据（包括向客户中心提交的产品评论、购买趋势和请求，并在网上发布），分析这些信息来预测需求并做出产品改进。优衣库的生产经常持续到销售季节，需求预测帮助我们在季中做出有效的判断和调整。通过数据分析获得的信息帮助其创造出客户最渴望的产品。

2. 采购管理

从设计到生产，优衣库跟单员在产品创造过程中起着至关重要的作用。在确定未来季节所需的规划、设计、材料和营销方法之前，与许多部门密切沟通。采购员决定秋季、冬季、春季和夏季的产品系列和产量。优衣库产品大多采用批量生产，每批有100万件，跟单员会密切监控销售水平，决定在下一个季度内增加或减少特定产品的产量。

优衣库可以通过直接与材料制造商谈判并下大量订单，以低成本获得稳定的高质量材料供应。例如，优衣库与牛仔工业著名的Kaihara公司紧密合作，以采购特定的纺织标准和染色规格的牛仔布。此外，优衣库还与世界领先的合成纤维制造商日本东丽集团合作，共同开发创新高功能材料和产品，如HEATTECH。

3. 生产

目前，优衣库在上海、胡志明市、达卡、雅加达、伊斯坦布尔和班加罗尔部署了约450名生产团队人员和纺织专业人员。生产团队每周拜访合作工厂，解决工厂的问题，并及时向生产部门传达客户对质量的关注，进而做出改进。同时，优衣库对中国、越南、孟加拉国和印度尼西亚地区与其合作的工厂提供关于纤维、编制、染色、缝制、成品到供应链的一整套工厂管理技能的指导，鼓励工人接受新的生产管理理念，并对工厂环境进行改善。

4. 供应商关系管理

优衣库与供应商之间达成的是长期战略合作伙伴关系，双方大多合作10~20年，从而达到长期互利共赢的目的。优衣库对供应商的选择极为严苛，只选择当地有一定声誉的制造厂商，以保证产品质量。同时，其合作者也需要具有社会责任感。

5. 库存管理

优衣库采用POS销售终端管理，构筑了库存管理系统。其每种产品生命周期极短，仅有18周。这18周又分为不同的阶段，第1~3周，确认重点产品能否销售，能否受欢迎。第4~7周，推荐产品失败处理期，进行减量减价；成功产品加量；基本产品进入销售期。第8~13周，基本产品与成功产品追求最大化销售。第14~18周，畅销品的处理期；下季度推荐产品试销期。以如此产品生命周期循环,优衣库每个季度末都是"零库存"。每天、每周跟踪管理产品库存,根据库存情况追加订购或将过剩的货品打折处理,实现利益最大化。

库存控制部门通过每周监控销售和库存,为完成订单分配必要的库存和新产品来保持最佳库存水平。在每一季末,优衣库跟单员和市场营销部门共同协作,协调价格变动的时间,以确保库存售完。但是,优衣库认为日常售罄并不是一件好事,更希望把日常库存控制在3%左右。因为,售罄在一定程度上将导致库存不齐全,对企业来说是有损失的。优衣库的平均库存周转天数为83.72天,仅为国内服装企业的1/2。优衣库的库存实行的是每季末零库存模式,订购原材料之前需要召集所有相关部门进行决策。优衣库每天、每周跟踪管理产品库存,并根据库存情况追加订购,或者将过剩的产品通过打折销售来清除库存。

6. 销售管理

优衣库在全球范围内都有销售且全部是直营连锁。这也是SPA模式的一大特点。对于类似直营店来说,产品以及零售终端的问题能够迅速得到反映,发现问题解决问题,使损失最小化。缺点是,扩张成本过高,扩张速度慢。

每一季,优衣库都会通过电视和其他媒体对核心产品进行促销宣传。例如,在日本,每周五在日本全国发行的报纸上会有宣传版面,向日本民众公布为期一周的促销新产品20%~30%的优惠活动。

7. 物流管理

优衣库公司的大部分产品都在中国生产,其中97%通过海运,其余2%~3%利用航空运输。航空运输的成本高,但效率也高,能够充分保证供货补货的速度。而企业更看重效率,可以取得更高的收益。

8. 服装回收

2001年10月,优衣库第一次在日本国内对该公司出售的所有商品开展"全商品回收"活动。近年来,逐步将回收活动推广到韩国、英国、美国、法国、新加坡、中国的优衣库门店。

优衣库无偿回收销售的服装,要求顾客在家洗涤后,自行把旧衣服送到门店。从2006年定期回收旧服装以来,回收量逐年上升,2013年的回收旧服装总数达到2 897万件。优衣库对回收服装采取再使用、材料再利用和能源化利用三种方式。回收后的服装有80%~90%经过分拣、消毒处理后,捐赠给难民;2%~6%被加工成绝热材料等;完全不能使用的旧服装用于焚烧发电。

第三节　日本快递业供应链管理

宅配便是日本的一种物流服务业态，相当于中国的快递行业。在宅配便这一业态产生之前，日本小包裹的寄送主要依靠邮电局和国有铁道提供的邮电小包裹及铁道小行李等业务完成。但是，日本邮电局和国有铁道对小包裹的运输速度慢且效率低，且邮寄人必须到指定地点办理寄送业务。于是，针对30公斤以下的个人和家庭之间的小行李货物运送业务——宅配便应运而生。目前，日本著名的宅配便公司有两家，分别是"大和宅急便"和"佐川急便"，其他叫急便的企业也很多，但知名度和业务量无法与这两家相比。大和宅急便服务的主要客户是个人，而佐川急便服务的客户中95%是企业。

一、大和宅急便的由来

大和运输株式会社成立于1919年，是日本排名第二的历史悠久的运输公司。1973年日本陷入第一次石油危机，企业委托的货物减少，这对完全仰赖运送大宗货物的大和运输是一大打击。对此，他们提出了"小宗化"的经营方向。1976年，大和运输开办了宅急便业务。宅急便与邮局寄送最大的差别是，邮局寄送要求客户在上班时间亲自到邮局或是邮政代办所付费寄送，宅急便寄送对寄送时间和地点没有特定的要求，顾客可以通过包括便利商店等代收点，或是打电话请宅急便直接到家里收取包裹。日本的大和运输所建立的宅急便服务品牌，借助各种交通工具的小区域经营及转运系统，经营"门到门"小包裹的收取与配送。由于其市场占有率高，因此也成为宅配便的代名词。

大和公司在过去的发展中，经历了三次创新。第一次创新是1929年的B2B物流服务，大和开始启动定时、定点、定区间的运输业务。在当时的日本，租用整车运输是常态，大和公司创造性地整合多个顾客的货物进行混载运输，获得了越来越多的客户认可。第二次创新是1976年启动宅急便业务，主要是B2B、B2C的物流服务，这也成为日本人生活不可缺少的服务。第三次创新是大和推进"价值网络"构想，进行转型升级。从2013年起，通过启动东京"羽田CHRONOGATE""厚木GATEWAY""冲绳国际物流HUB"，以及独立的LT（物流技术）、IT（信息技术）、FT（金融技术）以及日本与亚洲逐步扩大的"最后一公里网络"结合，打造全供应链的价值网络。第三次创新主要是供应链、需求链以及价值链创新的服务。

大和运输的商标，是一个黑猫叼着小猫的图案。大和运输认为，图案中黑猫小心翼翼，不伤及小猫，轻衔住脖子小心运送的姿态，像是大和工作人员谨慎搬运顾客所托运的货物时的仪态，这种形象正符合公司的宗旨。大和运输又将"我做事，你放心"作为宣传标语。因此，人们又把大和运输称为"黑猫大队"。

2018年，宅急便的营业收入合计为153 881亿日元，其中日本收入占比98.18%，亚太及欧洲地区占比1.12%，北美占比0.7%。同比2017年，实现4.9%的增长，营业利润达3 568亿日元。宅急便的员工人数已增加到16万人，拥有超过4.4万辆卡车。在日本的各条马路上到处可见宅急便在来回穿梭。

二、宅急便的供应链管理

（一）营业所货物揽收及配送

宅急便除了提供上门取货、上门送货服务外，还通过营业所（代收点）提供服务（如图5-12所示）。大和宅急便在全日本的住宅区和商业区每隔300米就配置一个营业所，这种营业所与地区紧密结合，以酒店、粮店为中心，营业时间从每天7：00到23：00，还有24小时营业的便利店，使得在任何时候发件并进行运输托运成为可能。如果送货上门时家中无人，收货人也不必到营业所去取，宅急便公司会在收货人指定时间内再次送货。为方便顾客，宅急便公司提供了可供顾客免费查询、咨询的电话。营业所在系统的终端汇集、配送货物，起到顾客和运输公司之间联系的作用，使汇集货物业务实现准时化、规律化、效率化。

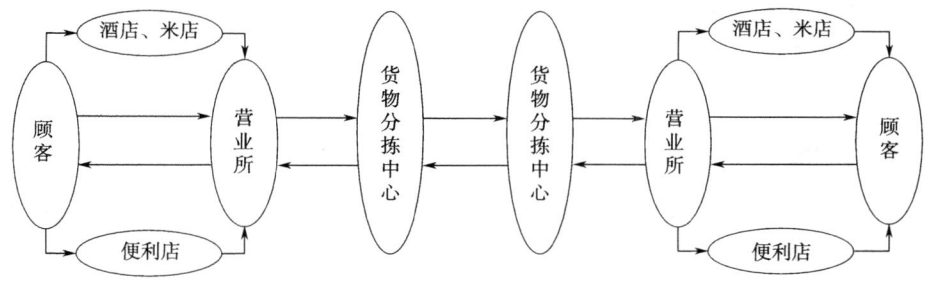

图5-12 宅急便的基本流程

（二）中心店货物集中及配送

营业所从街坊中承担着"最先一公里"揽货和"最后一公里"配送货物的任务，而中心店则承担地区内汇集货物和配送货物的任务，是宅急便直接经营的营业节点。从中心店到系统终端使用者的时间为30分钟。采用2吨以下的小型货车在中心店的终端进行汇集、配送货物活动。随着网络布局更合理，从中心店到配送货地点的路线，和采取大范围地区汇集、配送方式的其他公司相比较，路线得以优化，更便于货物及时配送。现在各中心店分担的区域逐年趋向狭小化，东京中心区每天运行距离为60公里。

（三）营运总店的分拨及转运

宅急便的营运总店按行政区划对各地区的中心店进行管理，具有系统终端的功能。

第一，在中心店汇集向日本各地发送的货物，并将来自日本各地的货物向各中心店转运。

第二，各营运节点之间干线输送的运行。

第三，对运达再发出的货物进行分拣。

日本47个都道府县各营运总店之间的运输，对货物整个输送速度起到决定性作用。宅急便为实现其全日本范围内"次日送达"服务，通过营运总店当日集货，夜间异地转运，从而实现次日上午即可送货上门。整个服务过程保证在15至18个小时内完成，使翌日送达率达95%，展现了大和运输周到的服务。

此外，为了防止货物破损，货物从客户揽收后就直接装入笼车，以笼车为单元进行搬运。在分拣基地，货物由传送带传送，再由锟式输送机进行分拣，货物不会接触地面，不会损伤箱子。使用大型车辆装载笼车运送时，停车或者启动的冲力不会损伤到货物，卸车时也只需将笼车卸下，从而避免货物因逐个抛送而受损坏（如图5-13所示）。

三、低温宅急便

大和的低温宅急便服务，在运输、保管、配送三个环节中，通过各种各样的设备和保温器材，利用冷藏和冷冻两种温度管理系统，实现不间断的、严密的温度管理（如图5-14所示）。客户在将货物交寄给宅急便之前，要对货物进行预冷（如表5-1所示）。经过预冷的货物，从营业所到分拣基地，使

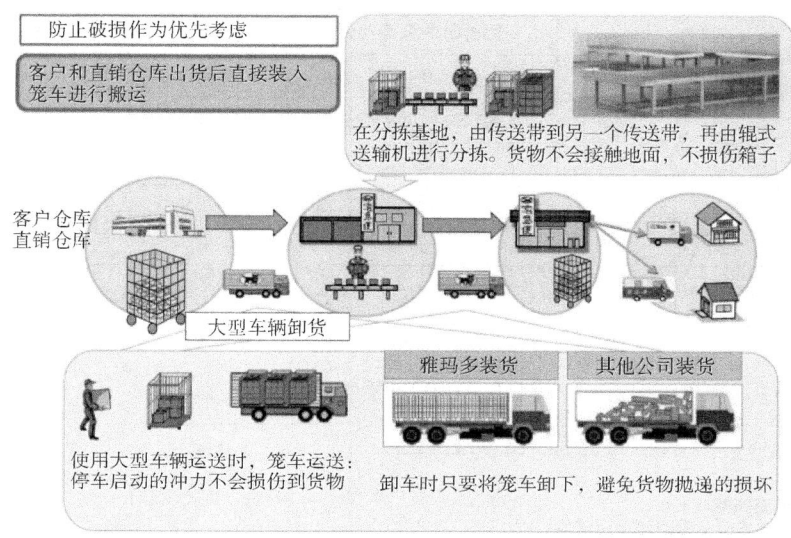

图 5-13　大和宅急便（雅玛多）的分拨及转运流程

用充电式低温集装箱进行配送。同时，分拣基地有完备的冷藏设施，货物可在冷藏室内进行低温分拣。货物在长途运输过程中使用冷冻冷藏装载车，以保持货物恒温。最终，快递员使用保温箱将货物送至消费者，整个配送时间不超过3天（如图5-15所示）。2018年，低温宅急便货物总计1.98亿个，占大和宅急便总包裹数的5.5%。而为了保证货物品质，低温宅急便暂未与便利店合作。

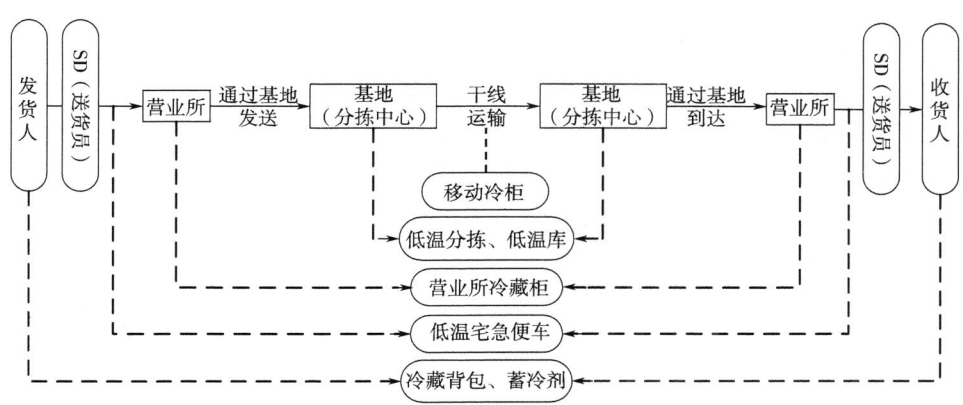

图 5-14　不间断的宅配冷链

表 5-1　低温宅急便预冷条件

冷藏类型	运输时的低温冷链温度	预冷冷藏时间
	0~10℃	10℃以下 6 小时以上
冷冻类型	运输时的低温冷链温度	预冷冷冻时间
	-15℃以下	-15℃以下 12 小时以上

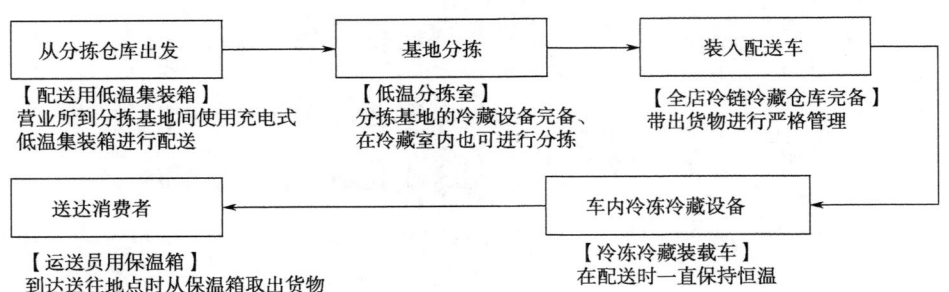

图 5-15　冷藏冷冻配送标准化流程

低温宅急便对瓜果蔬菜、河鲜海鲜、特种肉类、特种食品等产品进行冷藏冷冻。客户通过网络广告、商品目录等方式了解产品信息，然后通过网站、电话热线等方式订购商品，农场将获得的订单信息转给大和，大和通过自身一流的设备和设施，为客户提供最优质的的配送质量及服务，同时，通过PDA及时追踪反馈订单信息。

四、高质量服务

为了各种业务需要，宅急便已成为综合性物流企业，发展多样化的宅急便服务。例如，针对客户要求用飞机快速将小型货物送达的"机场宅急便"；针对国内外客户将小型货物运出、运进日本的"国际宅急便"；针对食品保鲜利用冷冻冷藏保温车辆的"冷冻冷藏宅急便"；针对搬家业务的"搬家宅急便"；针对信件、文件的"信件宅急便"；针对打高尔夫球、滑雪的人员，将用具运到运动场的"高尔夫宅急便""滑雪宅急便"；针对有些货物从家运到目的地后还需要将货物送回家，产生了"往返宅急便"等。此外，大和还推出系列创新服务。

大和集团的羽田 CHRONOGATE 物流转运中心，2013 年建成，占地 10 万平方米。邻近东京港和横滨 JR 货运集装箱码头港口，与首都高速公路无缝对接,海陆空物流优势明显。该物流中心内部分拣系统,由高自动化的分拣设备"环式链接带"纵向整合各个楼层,而"小物品分拣机"自动分拣形状不规则的小物品。整个分拣系统包含两个主干线,分别位于二楼和三楼,高峰时期将会同时运转,低峰时期将交替运作,以便保养维修。分拣系统一小时可以处理48 000件包裹,由于采用的是最先进的自动化设施,货物处理能力提高约50%,人员和工作时间减少约44%。

大和物流中心将最新系统应用其中,可以看到控制室的墙上布满了24个监控器,对CHRONOGATE所有区域进行即时管理,可以实时监控物流中心每一个细节的变化,每隔3分钟显示最新的统计数据,一旦发生故障会迅速排查,并启动备用设备。

该物流中心在原物流体系下进行创新,在转运中心的4~6层提供大和的创新服务,包括以下几项增值服务。

第一,医疗器械清洗服务。由于日本很多医院的设备采用租赁制度,医疗设备常常因为医疗需要转送至不同医院使用,大和羽田CHRONOGATE物流转运中心不仅提供了医疗器械转运服务,还可以完成对这些设备的医用标准清洗。

第二,打印服务。大和羽田CHRONOGATE物流转运中心可在云端接受客户的打印需求,在转运中心完成打印,并配送至目的地。

第三,维修服务。与佳能等品牌电器企业合作,承担电器维修的逆向物流及修理服务,需要维修的电器运送至物流中心,可以在3天内完成修理和配送。在为品牌厂商节省物流费用的同时,也为自身创造了新的盈利点。

五、大和公司信息化物流

从20世纪70年代起,大和公司就开始采用信息技术发展物流业务,成为世界上最早使用条形码的公司。大和宅急便的第一代信息化物流系统始于1974年,以货运为中心。在结构上,采用从设置在大和系统开发总公司的主电脑,以至各营业所的终端机,全部用专用线连接,以集中货物信息的方法进行处理。第二代信息化物流系统始于1980年,投入使用的POS终端机简化了资料输入操作,使任何人都可以简单操作,进而加快了信息的处理速度。第三代信息化物流系统始于1985年,重点是开发了便携式POS机,并给每一位货车司机配备了一台。大和公司将所有货物的信息,包括发货店密码、日期、负责集货公司的司机密码、到店密码、货物规格、顾客密码、顾客送来或是集货方式、运费、传票号码,以及滑雪宅急便和高尔夫宅急便的顾客游玩日等，全都输入电脑进行管理。

宅急便拥有先进的、成熟的城市配送信息管理系统，该系统配备工作站、手持终端设备、使用 3G 无线通信技术等，可以实现作业信息扫描、统计查询、仓库盘点、库存管理、状态跟踪、订单处理、即时支付，并支持配送计划、车辆调度等智能决策功能。利用编程器向电子标签写入数据，内容包括客户希望加注的一系列描述，包括时间、地点、品种、数量、序列号等信息（如图 5-16 所示）。

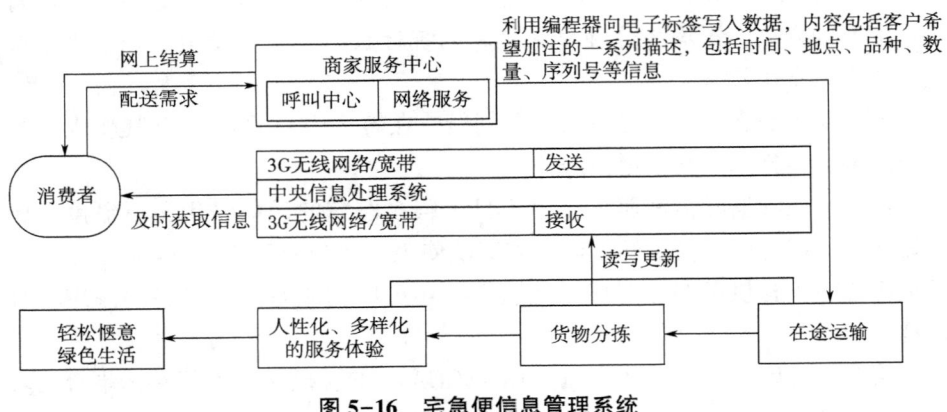

图 5-16 宅急便信息管理系统

第四节 日本电商业供应链管理

一、日本电子商务发展现状

日本电子商务起步于 1995 年，2000 年开始飞速发展，B2B 是其主要发展模式。随着日本消费行为变化、数字化的普及、服务体系和网络系统的完善和发展，日本社会电子商务使用率以及实际消费额呈稳步增长的趋势。

根据日本经济产业省《平成二十九年电子商务市场调查报告》显示，2010—2017 年，日本 B2C 电子商务市场规模逐年扩大。2017 年，日本 B2C 市场规模为 165 504 亿日元，同比 2016 年增长 9.1%。EC 化率[①]为 5.79%，同比 2016 年增长 0.36%（如图 5-17 所示）。2017 年，日本 B2B 市场规模达到

---

① EC 化率为电子商务市场规模占总体市场规模的比例。

31 721亿日元,同比2016年增长9.0%(如图5-18所示)。

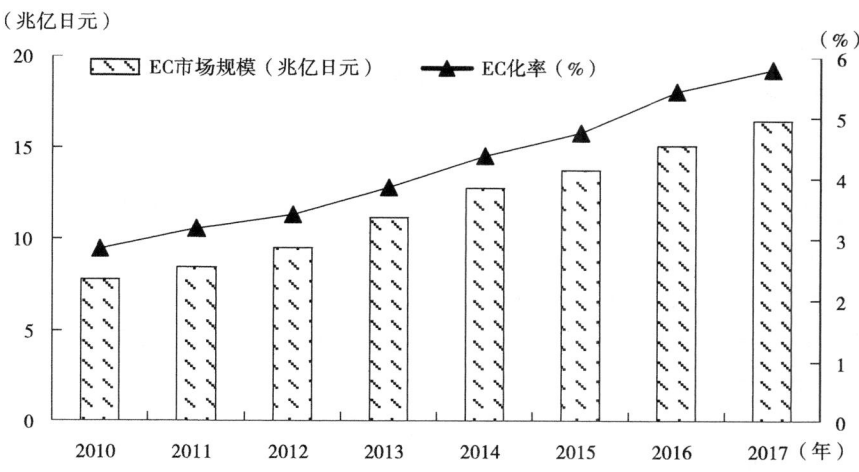

图5-17　日本2010—2017年B2C市场规模及EC化率变化趋势

数据来源:日本经济产业省《平成二十九年电子商务市场调查报告》。

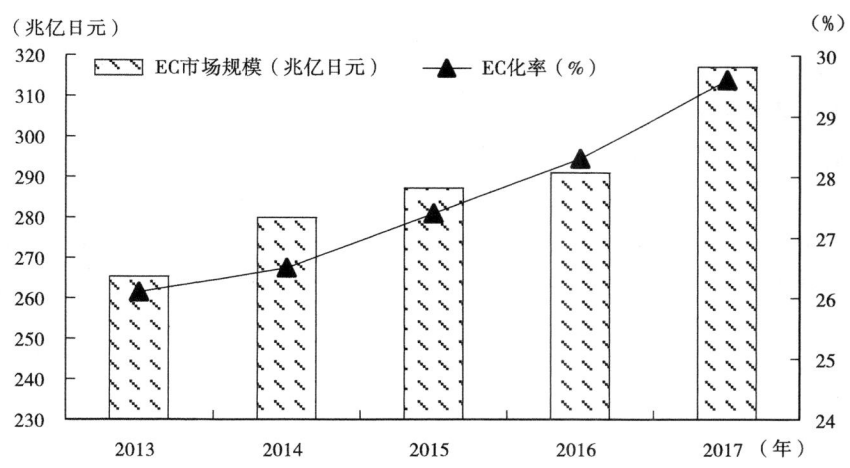

图5-18　日本2010—2017年B2B市场规模及EC化率变化趋势

数据来源:日本经济产业省《平成二十九年电子商务市场调查报告》。

2017年,日本B2C市场上,零售领域占比7.5%,服务领域占比11.3%,电子数码领域占比9.5%。其中,零售领域以服装杂货、食品、电子产品、家具、书籍、视频音乐等产品为主,以上类别的产品销量占商品销售的85%,

各类别的市场规模都超过了 1 万亿日元。日本 B2B 市场中，工业设备和精密设备、有色金属、批发与运输机械等行业的规模在 2017 年实现扩大。

日本电子商务购物平台主要有亚马逊（日本）、乐天网和电商独立网站 DMM。亚马逊（日本）主要销售书籍、家电和服装，乐天主要经营零售和旅游业务，DMM 主要销售电子书籍和数码影像制品。

二、日本电子商务消费行为

从日本几十年电子商务发展特征来看，日本消费者与欧洲和美国消费者的习惯非常类似。品牌名、质量和产品特征已经成为网络消费者做出购买决策的决定因素。随着日本经济发展状况日趋缓慢，价格因素日益成为日本消费者的主要考虑因素。此外，客户服务方面，比如，技术阐释和恪守交货时间等，也是消费过程中考虑的重要因素。

在日本，消费者更倾向于在家里进行网购，这不仅影响他们购买商品的类型，也改变了他们的购买方式和思维习惯。日本的消费者正在摒弃综合性的百货公司，更愿意花时间在商场和独立专卖店。此外，年轻消费者更倾向于享受高科技产品及其服务带来的满足感，喜欢驻足于满足他们购物需求以外的休闲场所，如饮食和娱乐场所等。

受消费者需求和消费行为的影响，日本电子商务网站商品信息更新及时且版面色彩斑斓，通过色彩的冲击性吸引消费者，并运用大数据分析推送和判断消费者的购买行为。消费者在购物中可以约定送货时间，为买卖双方的交易提供了便利，但这对物流服务的要求也很高。信用卡是日本电子商务的主要支付手段，已占到整体支付方式的 59.5%。电商会在每年的各个节日进行季节性促销，比如新年、情人节、盂兰盆节、敬老节等。商品的价格在世界不同区域会根据受欢迎程度进行区域定价。此外，消费者购买商品后可以进行积分，并使用积分消费，或者用积分兑换机票或者其他服务。

三、日本电子商务供应链管理

（一）资金流

日本 B2C 电子商务的支付方式不是单一地采用信用卡支付，而是根据大众的消费心理采取现金支付、信用卡支付、互联网银行转账及会员制、记账式等多种支付方式。日本人在网上购物时对于"在线支付方式"的使用相当谨慎，往往根据购买商品的形态（有形商品或无形商品）而采取不同的支付方式。当购买有形商品时，日本电子商务消费者倾向于采用现金支付，而购买无形商品时多采用信用卡支付及消费者会员记账式支付（将钱存入销售网站或零售商所指定的银行）。此外，还有许多日本电子商务网站允许消费者按每月消费账单到指定的地点交纳现金。

通常情况下，消费者大多采用"货到付款"的方式，这也就形成了极具日本特色的"线上预定+线下支付"的电子商务购物方式。会员记账式支付也是大多数日本网站选用的支付方式。由于日本人担心信用卡的安全性，因此更多的日本网站向消费者提供直接用银行存款支付货款的服务。为了使这个存款支付系统顺利运营，消费者需要提供银行存款账户，以便进行转账。

（二）信息流

日本电商行业依靠电子信息化手段实现电商供应链全过程的协调、管理和控制，实现从网络前端到最终客户端的过程管理，使企业、资金流、物流、信息流之间无缝连接，使得供应链上下游企业之间信息透明可视化，促进日本电子商务的发展。

（三）物流

日本物流业发展早于电子商务，随着电子商务的发展，很多传统物流设施逐渐为电子商务企业提供物流服务，新建的物流设施也都具备了为电子商务物流服务的能力。日本电子商务通过便利店来进行商品的配送和自提，这种业务方式解决了电商物流中频繁的小件配送问题，并实现了"最后一公里配送"，继而降低了仓储和人力成本，提高了电子商务效率。

四、乐天网

乐天网（http：//www.rakuten.co.jp/）由日本乐天株式会社于1997年5月设立，2011年销售额超过10 000亿日元，店铺数量38 000家，2013年末注册会员数为9 000万人，所销售商品种类超过1亿种。乐天目前为全球30个国家和地区服务，全球拥有近30亿服务使用者。

（一）商业模式

乐天起步于食品，随着互联网的发展，将自身定位于提供交易平台、物流配送、清算服务和货物担保的B2B2C联营模式电子商务平台。乐天通过电商平台进行顾客引流，与商户采取联营模式，向42 000家联营的小公司收取固定收益。随后,乐天利用自己的信用卡、数据库和物流平台完成包括订单、出库、配送、支付结算的一系列交易。同时,乐天利用自身的会员制将其所有服务串联起来,营造出乐天独有的"乐天生态圈"。乐天会员除了可以使用共通的 ID 账号来登录并利用乐天生态圈内各种服务外,亦可于线上购物或使用其他服务时获得或使用乐天超级积分。乐天所提供的服务涵盖生活中的各式需求,除了可以提高使用者的便利性外,也能鼓励使用者更多、更持续地利用不同的乐天服务。也因此,乐天可以以最低的顾客购买成本、最大化这些会员的顾客终生价值并利用乘数效果提升集团服务的流通总额,进而提升乐天的竞争力。

（二）大数据的应用

乐天通过电商平台获得用户属性信息,利用各种格式收集、分析、大规模数据,对改善用户体验起到了重要作用。乐天的超级数据库,是统一管理乐天集团运用的多种服务产生的用户属性及行为信息的平台数据库。包含乐天会员 7 500 万人的用户信息和用户行为信息,且购买记录、调查信息、信用卡等信息不断被积累。同时,用户属性和行为信息等可以从平面和立体角度出发,对这些数据进行加工、统计、分析,结果也会保存在数据库中。乐天超级数据库也是金融层业务的核心,指导着金融领域的运转。如果新用户申请乐天信用卡,乐天便会调取其交易数据进行客户评价,从而决定是否发卡以及信贷额度。

乐天利用 AI 技术对使用者于日常使用乐天服务时产生的大量数量进行分析,为所有的使用者推荐符合个人需求的商品以及服务,通过活用大数据以及 AI 技术来提升社会以及使用者生活品质的理念。

五、日本全渠道零售

（一）全渠道概述

全渠道（Omni Channel）是指所有渠道无缝隙对接,有机结合起来,向顾客提供全方位服务。传统上,顾客只采用一个销售渠道,这是单渠道阶段。随着网络、移动终端、社交网站的发展,顾客采用多种渠道进行消费,这是多渠道阶段。由于网络的进一步发展,各渠道之间的信息联系程度增加,顾客可以跨越多个渠道进行购物,这是交叉渠道阶段。现在,销售方对所有渠道进行统一管理,顾客可以无缝隙地利用多个渠道,从而进入了全渠道阶段（如图 5-19 所示）。

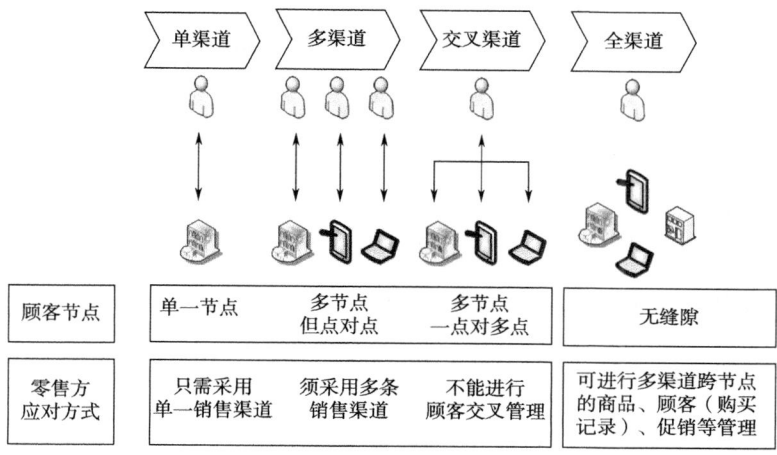

图 5-19 全渠道销售模式

随着日本电子商务的发展，电商成为日本实体店提升业绩的补充，但是网店和实体店各自独立运营，由此引发了实体店和电商部门的企业内部竞合状态。2011—2012 年是日本全渠道零售技术的研发年，到 2013 年部分产品开始上市，即从产品研发到研发完成用了 2 年时间。2012 年，日本智能手机普及率达到 50%，日本零售业进入全渠道市场的发展阶段。日本的全渠道发展比美国晚了 2 年，但是随着零售商与 IT 企业的共同合作，日本全渠道零售在 2013 年 2 月实现了快速发展。

（二）日本全渠道零售案例

1. 丸井公司

丸井公司在其主要的实体店设置"丸井网店专营区"，顾客可以在此试穿、领取、修改尺寸、退换网上购买的商品（如图 5-20 所示）。通过给顾客提供方便，扩大网店销量。

2. 大桑公司

大桑将网店与汽车商店融合，开设了驾车穿越网络超市。顾客在网上订购商品，按指定的时间到该超市收取货物，它的优点是，顾客不需要等待，不下车就可以收取货物（如图 5-21 所示）。

3. 日本电报电话公司

日本电报电话公司（NTT）是日本最大的电信运营商，运用 GPS 技术，将顾客引导和商品登记签到进行组合。

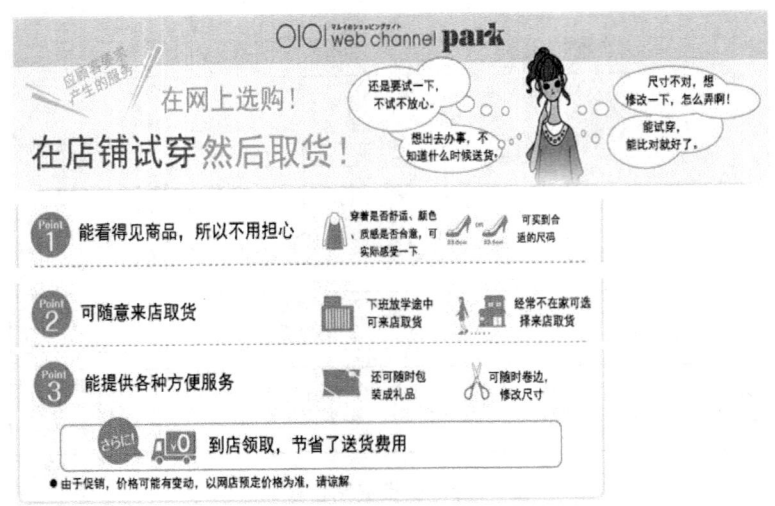

图 5-20　丸井网点专营区服务

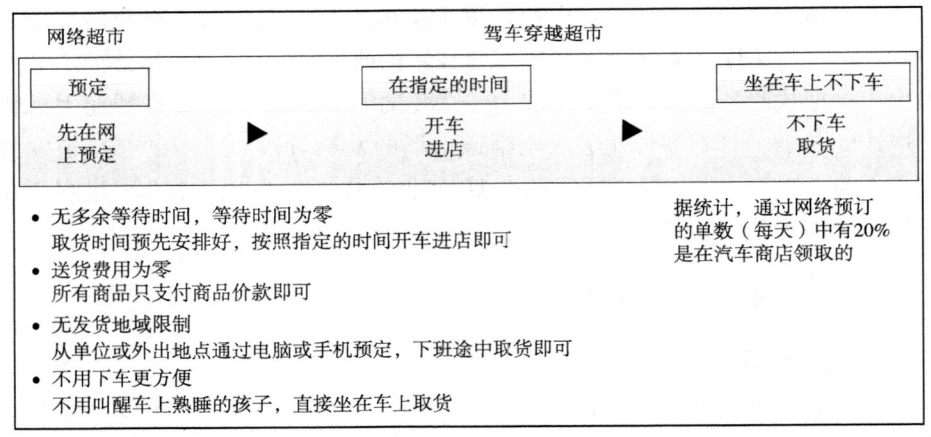

图 5-21　大桑网络超市服务

当顾客进入 NTT 门店，选择一款商品后，用手机扫描该商品即可得到商品积分。即便顾客这次没有购买，下次购买时仍然可以使用这个积分，如果该顾客下次不再来了，零售商会通过顾客第一次扫描时留下的数据去分析该顾客的行为，找出其不再来的原因。

4. 东急百货

东急百货是日本一家综合性百货公司，以关东为基地，总店在涩谷区，隶属于东京急行电铁集团。东急百货的 O2O 业务从商品信息共享切入，2012

年开始做库存数据打通的工作。目前，东急百货网店的商品和库存商品的信息已经打通，虚拟库存、统一管理，并且可以做到库存可视化，库存信息每1.5 小时更新一次，实现了线上线下库存数据的打通。

5. 伊藤洋华堂、永旺、西友

日本有 70% 的顾客喜欢门店自提，伊藤洋华堂、永旺和西友的网上超市都可以进行门店取货服务，实现了门店和网店的统一管理。三家超市统一管理其门店和其配送中心的库存，生鲜商品由门店直接配送，常温商品则由配送中心配送。

第五节 日本农产品食品供应链管理

日本农产品食品供应链的一个显著特点是，以批发市场为核心，农协、批发市场与超市同时发挥重要作用。

一、日本农产品食品供应链管理之农协

日本的农业协会（简称"农协"），是在日本政府政策和制度培植下发展起来的农民自治协会，经营工作由会长全面负责，业务涉及生产、加工、销售、金融、保险等领域，主要从事农产品的销售，农业生产所需肥料、农药及机器的采购等活动。农协既是生产者，又是消费者，发挥着农户与市场、农户与政府之间的中介和纽带作用，按照级别划分，农协可分为基层农协、都道府县农协和全国农协。日本农产品食品的供应链管理部分建立在日本农协发展的基础上。

（一）日本农协发展历程

1947 年，日本国内制定了与农协相关的法律，开始着手设立日本农协。主要目的是保护自耕农民，农协在不断改革之中也不断地发展（如图 5-22 所示）。

20 世纪 50 年代，日本经济开始腾飞，农协快速发展，进入黄金阶段。农协会员生产的农产品的销售及所需的生产资料的购买，几乎全部都是通过农协来实现的。但是，随着农村经济的发展，农协的各自为政，使整个组织开始暴露出弊端。为此，日本政府制定了《农协合并促进法》，并于 1961 年执行，开始对农协进行整顿合并。

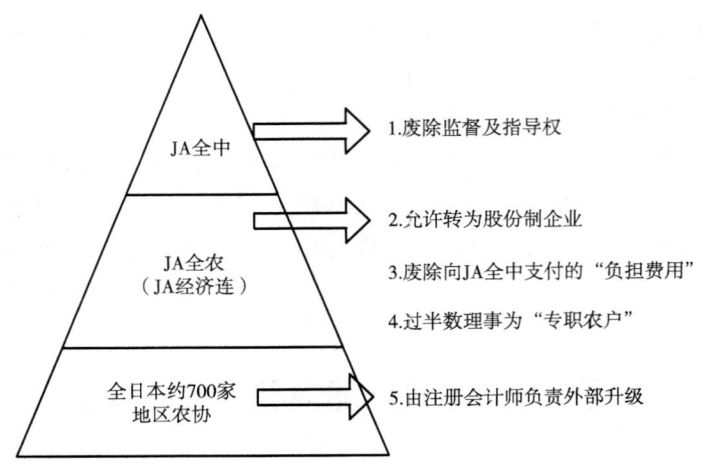

图 5-22　农协改革的主要内容

注：①JA 全中，日本全国农业协同组织中央委员会。
②JA 全农，日本全国共济农业协同组织联合会。

20 世纪 70 年代，受石油危机影响，日本经济开始放缓。由于经济高速发展时期种植规模扩大政策导致大米严重过剩，为了抵制当局的"减反政策"，即减少稻米耕作面积，农协对此做了艰苦的工作，争取到了优惠的补助。这一时期，日本农协演化出一个新功能，形成了可以影响政策走向的团体。

20 世纪 80 年代中期，日本农业发展缓慢，出现了严重的兼业化经营①，种地人数减少，农协事业呈现停滞状态。

20 世纪 90 年代后，农协进行改革，重点是销售渠道的缩短，生产资料价格降低及基础性产业的经营改善，把农协从三级体制改成二级体制。农协未来销售战略改革的方向由卖农产品向以消费者需求为基础的"生产能够卖掉的商品"转变（如图 5-23 所示）。

---

① 兼业指农户既从事农业生产，又从事非农业活动而获得收入。农户兼业化是指一个地区的农户采取兼业经营形式的普遍化程度，常用兼业农户占该地区农户总数的比重来表示。如果农户兼业化程度随着时间推移出现提高则称作农户兼业深化。

第五章 日本行业供应链管理研究

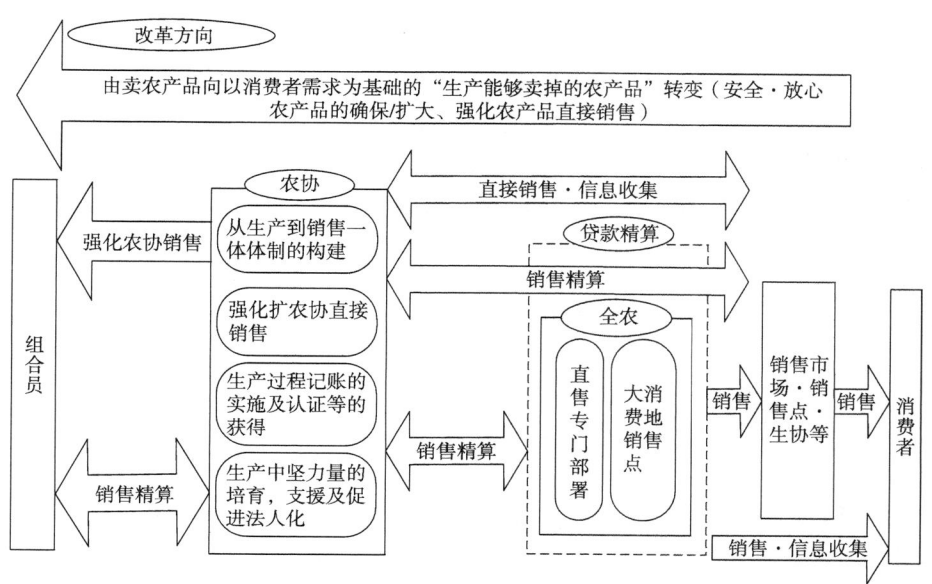

图 5-23 农协未来销售战略改革方向

（二）日本农协在农产品食品供应链管理中的作用

在生产方面，农协对农用生产资料进行集中采购，统一与生产厂家订货，再分销给各会员。农协还会对农民的生产进行全面指导，包括生产技术的提高、生产计划的制订、种植业结构调整等。

在销售方面，农协将农户的农产品，包括大米、蔬菜、花卉、水果等集中起来，通过超市、批发市场或直接销售等方式销售，可以抬高价格，避免相互压价竞争，保护农民的利益。因此，绝大多数农户都把农产品交给农协。农协成为农产品食品供应链上最主要的产品供货商，各大中小城市批发市场的建立和运营都离不开农协。农协利用自己的优势，充当了农民与批发商之间的中介，形成了农民、农协和批发商三者之间利益均沾的关系，并在三者中间建立一种相互依赖的服务与被服务的关系。从这个意义来看，农协为日本食品流通供应链打下了最坚实的基础。

二、日本农产品食品供应链管理之批发市场

（一）农产品批发市场运营

日本批发市场分为三类，一是分布在 20 万人口以上城市的中央批发市

181

场，开办者必须是地方公共团体；二是中央批发市场的补充即地方批发市场，可以由地方公共团体、股份公司、农协、渔协等开办；三是共同体及其他类型的批发市场。日本现实中的批发市场以前两种为主，在东京整合，开设了板桥、世田谷、北足立、多摩新村、葛西、大田等11家市场（如图5-24所示）。其中，大田批发市场是东京规模最大的一家中央批发市场。

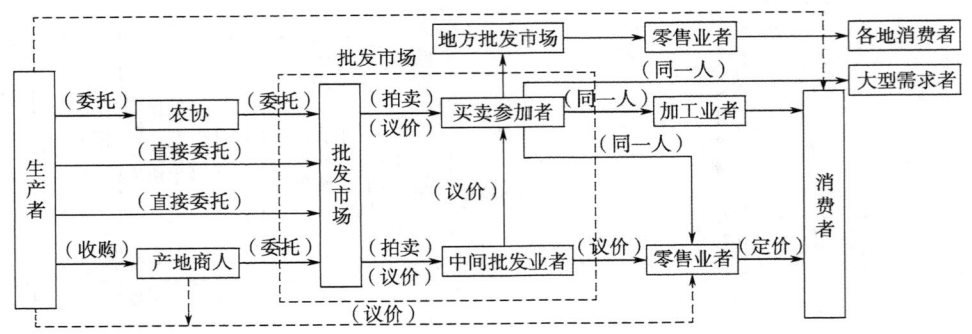

图 5-24　东京中央批发市场蔬菜流通系统

日本农产品主要通过农协从生产者购买，并以委托销售的形式进入批发市场。批发业者或者中间批发商通过拍卖或议价形式出售产品，其中中间批发业者是向零售业和买卖参加者出售，最后零售业者将农产品以定价方式出售给消费者。

在整个农产品流通过程中，中央批发市场主要起到集货、分货的作用。即从国内外聚集大量的、种类繁多的产品后，将产品分割成适合购买的数量和体积，以拍卖的方式，卖给前来进货的中间批发商或者零售商。

（二）大田批发市场

大田批发市场成立于1981年，是集蔬菜、水果、水产、花卉于一体的综合性农产品批发市场。大田市场计划日交易规模为：果蔬3 000吨，水产品300吨，花卉245万枝。市场用地386 426平方米，其中果蔬部、水产部用地346 321平方米，花卉部用地40 105平方米，另有相关设施用地38 000平方米。果菜市场占东京中央批发市场（共9个市场）贸易额的40.4%，占日本全国中央批发市场（共72个市场）贸易额的10.0%。花卉占东京中央批发市场（4个市场）贸易额的56.7%，占全国中央批发市场（共23个市场）贸易额的30.7%。目前，水产品的交易量和交易额每日平均分别为：149.27吨，

1.35亿日元；占东京中央批发市场（共3个市场）交易额的5.6%，占全国中央批发市场（共53个市场）交易额的1.3%。

大田批发市场的管理实行"少数精锐主义"，只设置36名市场管理人员，管理人员（人）与交易量（吨）的比例约为1∶110，有关信息可通过市场发出的报告及时统计掌握。批发市场内部完全实现了冷链，有预冷设施和制冷设备，装卸搬运也实现了机械化。此外，大田批发市场东西南北四个方向均设置机动车收费出入闸口，物流线路设计合理，立体停车场和楼顶停车场空间利用率高，整个批发市场秩序井然。大田批发市场的农产品产地，来自茨城县的蔬菜占30%，第二大产地来源是千叶县，第三大来源是北海道。大田市场的蔬菜，80%在东京周边销售，剩余销往其他地区。此外，大田批发市场上85%的蔬菜面向超市销售。批发市场花卉的拍卖采取了电子化的现代手段，蔬菜、水果的拍卖仍然通过手势等传统叫价方式，但均采用依靠竞价来选择买主、形成价格的机制。

三、日本农产品食品供应链管理之超市

（一）日本超市概况

日本超市包括一般综合超市、服装超市、家居用品超市、食品超市和其他超市等类型。除了服装超级市场外，食品都是各种超市经营的重要内容。日本民众日常生活中绝大部分的必需品都从超市和便利店购买。同时，超市与便利店面向的客户群体和商品有明显的区分，超市主要面向家庭主妇，便利店主要面向单身者和青年；超市主要以鲜活产品（瓜果、蔬菜、鱼、肉等）及其半成品、加工食品等为主；便利店则以盒饭、面包、糕点、冷热饮料等即食食品为主。超市和便利店是食品加工的重要一环，超市的食品多由供货公司的加工中心进行加工与包装，部分对生鲜度要求严格的食品则在超市或便利店内自行加工。同时，超市针对不同食材的不同食用方式，会将产品在生鲜加工中心进行标准化加工，生产出高细分度的生鲜商品后，可以精简家庭烹饪的步骤，减少家庭主妇在日常生活中的烹饪时间。

日本伊藤洋华堂食品馆是一个经营生鲜食品的超市业态，门店主要开在市中心，卖场面积一般在500~900平方米。该超市根据消费者的需求特点，在重视商品的品质和价格的同时，将卷心菜切一半或者切成四分之一来卖，生鱼片则针对四口之家或者独居者切分为不同大小的包装售卖。

八百幸是开在郊区的食品超市，该超市强化生鲜食品的经营，包括蔬菜

水果、鲜鱼、鲜肉和其他熟食、寿司、面点等。超市内食品由总部集中采购，再由各门店自行加工。超市将食材编入食谱之中，向顾客传达做菜方法。

永旺是日本最大的超市集团，旗下的小型超市 MY BASKET 选址在城市中心区，卖场面积约 150 平方米，经营熟食、日配、加工食品等，强调贴近顾客，且提供价格实惠的商品。永旺旗下的丸悦是一家重视食品运营的超市，标准门店面积约 1 000 平方米，小型店铺只有 150 平方米。为了降低成本，丸悦建立了常温物流中心，提高了主打商品的直接进货比例。

（二）日本 KASUMI 超市食品供应链

KASUMI 是日本永旺集团的核心企业，创建于 1961 年，2018 年销售额为 2 692 亿日元（折合人民币 165 亿元）。KASUMI 超市业务主要集中在关东地区，截至 2019 年 2 月，KASUMI 旗下的中大型超市总计 188 家，主要销售生鲜食品、家庭用品、服饰类等快消品。KASUMI 超市位于茨城县的门店，营业面积近 3 000 平方米，年销售额达到 1.5 亿元人民币，其中生鲜产品的加价率约为 30%，损耗率在 4%~5%，超市综合毛利率可达 25%。

KASUMI 超市后场的加工中心负责猪肉、牛肉、鸡肉的深化加工，生产生鲜商品约 400 个库存单位。该加工中心建筑面积 9 000 平方米，一天可以加工并配送出 13 万件鲜食包装产品，并负责关东地区超过 180 家卡斯美超市的生鲜产品配送，配送半径达 150 公里。

KASUMI 超市设立 11 个子部门，根据各部门在经营额中的重要程度进行排序，其中 0 号部门为财务部，1 号是水产部，2 号是畜产部，3 号是日式熟食部，4 号是日配品部，5 号是甜品部，这个排序也反映了日本消费者以及 KASUMI 超市对于生鲜产品的重视程度。

除了水产、熟食、部分水果产品需要在门店加工处理外，其他商品都在产地或加工中心完成加工。KASUMI 超市生鲜部门 50% 以上的商品都是在上游环节完成商品处理，超市后场的生鲜操作间只进行一些特需商品的加工作业。

（三）所沢食品物流中心业务模式

目前，日本连锁企业的物流配送中心主要有两种类型：一种是自营型物流配送中心，占 70%，其只为连锁企业自己的分店服务；另外一种是社会型物流配送中心及连锁企业，利用社会化的物流配送中心为自己的连锁分店服务，或者是自有物流中心在承担自己品牌门店服务的同时，承担其他品牌门店的配送业务。

所泽食品物流中心是 2 层钢结构仓库，建筑面积约 7 000 平方米。库内规划了 5 个温层：冷冻（-25℃）、冰鲜（0℃）、冷藏（5℃）、定温（20℃）和常温。库存商品种类有 8 000 余种。主要为伊势丹集团下的位于东京、神奈川、埼玉等县共计 19 家食品超市店铺提供第三方物流服务，存储配送常温（如大米）、低温（如熟食）、生鲜（如精肉）等各品类商品。业务模式根据产品特性以及温区等因素分为越库型、库存型两大类业务模式，日配送量达 7~10 万件商品。

伊势丹超市在日本属于中高端的超市，商品种类比一般的超市更多，价格也更高，但是数量较少，采用的是典型的多品种少批次的作业模式。为了提高物流中心的效率，该超市尽量地使用越库的作业模式，而且越库作业部分也是整个物流中心最盈利的业务。越库分为两种形式，一种 TC1 型：供应商已按门店分拣，配送中心仅需要验货；另一种 TC2 型：需物流中心分拣出门店所需商品（如图 5-25 所示）。

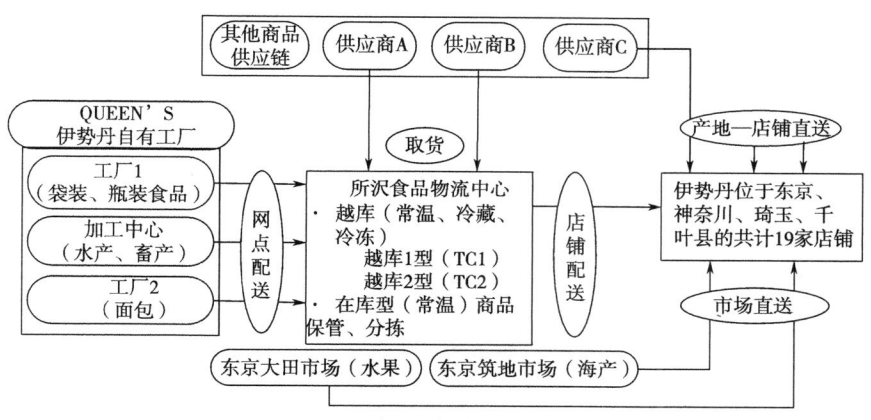

图 5-25 伊势丹超市配送流程

四、日本农产品食品供应链管理之生协

日本生协，又称生活协同组织，是日本国民按照社区或行业组建的消费生活合作社，是日本最大的消费者组织。目前，日本全国有 566 个生协组织，各生协是各自独立的公司，总会员数达到 2 816 万人，销售额为 34 794 亿日元。事业内容主要包括生活物资的供应、物质生活和文化生活的提高与改善、生活保险、合作教育等，还包括为工会组织供应生活物资。按照统计划分，生协分为社区生协、行业生协、社区行业生协、大学生协、学校生协、跨地区生协和医疗生协等七种形式，按照从事的业务性质可以分为流通组合、加

工组合、生产组合三种类型,是日本社员人数最多的合作社组织。

日本生协的活动覆盖市民生活的方方面面,尤其是在食品安全方面发挥重要作用。20世纪50—60年代,日本接连发生水俣病、森永砒霜牛奶、食用油多氯联苯混入等事件,危机公众安全。日本生协重点在食品供应链的各个环节进行把关、进行农产品食品等商品的比较试验和信息发布工作、对会员进行消费教育和消费指导、参加国际食品安全会议学习合作交流。同时,生协会组织参与到促进食品安全的运动中,抵制市场上不公平的竞争问题。随着公众对食品添加剂、残留农药的关注,日本生协开发不使用或者少使用防腐剂、染色剂的食品,以保证食品的安全,从而增强消费者对生协的信赖。

在商品销售方面,日本生协联营的商品,都是按计划统一进货、统一配送、统一定价、统一核算,生协提供的商品价格比市场同类商品价格低,从而薄利多销(如图5-26所示)。

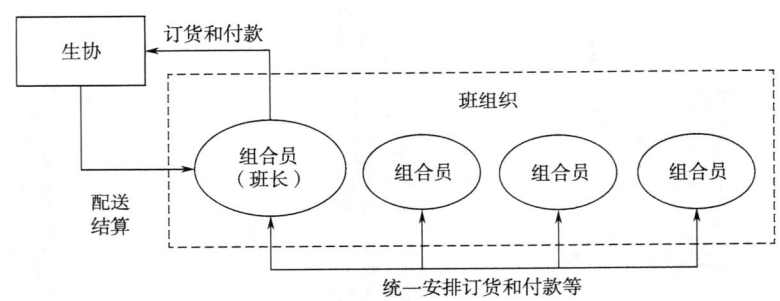

图5-26 生协共同购买的具体流程

在物流方面,为了提高订货及配送效率,日本生协各部门通过计算机共同购货,由配送中心直接将货送达,既节省时间费用,又保证食品的新鲜。

大阪IZUMI市民生协成立于1974年11月5日,总销售额占日本全国生协的比例,排名第六位。该生协认可的区域包括18个市、6个町和1个村,总人口3 109 146人,设有总部2处,物流中心3个,商品检查中心1个,配送中心13个,店铺12个。为了保证食品的安心、安全,大阪IZUMI市民生协以食品生产的所有工序为对象,建立商品品质和食品防御项目,1987—2015年分别开展了食品微生物、核辐射、残留农药、动物用药、食品添加物、转基因食品、美国DNA、家畜种类、过敏物质、微量元素、重金属和菌种鉴别等检查,以上所有检查涵盖了食品产地、工厂、福利设施和店铺等场所,不间断地实施、基准、管理、监视、修正,并注重向组合会员进行汇报和意见交流。

五、日本农产品食品供应链管理之吉野家

吉野家是日本一家具有百年历史的著名牛肉饭连锁快餐店，创建于1899年。其分店已遍及世界各地，在全球已拥有超过1 200家分店，在全球逐渐形成庞大的销售网络。2017年，实现销售19.28亿元，直接用于公益慈善事业的累计投入达2 000多万元。

日本对上班族午餐的调查结果显示，62%的上班族最常去的是麦当劳，50%的上班族最常去的是牛肉饭快餐店。调查中，超过50%的人只认吉野家这个品牌。另外，在"将来会选择的用餐地点"调查中，牛肉饭快餐店占55%，位居第一，麦当劳则退居第二，只有49%。上班族表示，牛肉饭受上班族欢迎的原因主要是其"快速""美味""便宜"。对于日本工薪阶层，在快速的工作生活节奏环境下，吉野家是美味与效率兼备的选择。

（一）采购

吉野家为了实现其牛肉饭的味道常年不变，与生产商建立了长期的合作关系，通过合作创建机制和各种检查，以便保证稳定和优质原料的采购。吉野家在采购过程中，只会采购经过严格标准检验的产品，比如，细菌测试、水质测试、温度检测等，并要确保产品的可追溯性。每家吉野家门店用的牛肉食材都经过精心挑选，符合国际动物卫生标准（Office International Des Epizooties，OIE）。

吉野家所需牛肉99%来自美国，而且收入的90%来自销售牛肉饭。2003年12月，美国爆发疯牛病，使得日本政府禁止进口美国牛肉，这对以牛肉饭为主打产品的吉野家来说是巨大的打击。自此，吉野家除了经营日式牛肉饭外，还推出了鸡肉饭、猪肉饭、炸面圈等新品菜单，以降低经营风险。

（二）温控管理

吉野家的食材从生产到销售都处于冷链管理之下，以牛肉为例，为了灵活应对需求的变化，到达工厂的牛肉要保持在一定温度，这个温度是吉野家制作牛肉饭最合适的温度。吉野家的牛肉总是在相同的温度下进行管理，为了保证牛肉的质量，将牛肉运往吉野家物流中心的冷藏卡车也保持了一定的温度。在加工环节，牛肉同样在低温环境下被专用切片机进行加工、包装。之后，食材通过保持一定温度的运输车运往全国各地的商店，这期间，牛肉和其他材料会被金属探测器和 X 射线异物探测器进行多次严格检查，以确保没有异常。

（三）中央厨房

中央厨房是将物流中心变成集食品加工和配送、物流活动于一体的现代流通加工中心，达到采购、生产加工与物流配送统一的效果。吉野家投资 30 亿日元建设的中央厨房，占地 6 000 多平方米，每天加工食品 4 000 多公斤，采用集中配送、标准化出品、统一管理的模式，将菜品用冷藏车配送，全部直营店实行统一采购和配送。

中央厨房的一楼是蔬菜加工，二楼是肉类加工。两条流水线从原材料入厂到保管、加工、出品和包装、出厂都实现了自动化，人工减少到最低的限度。中央厨房内的配送中心总面积 2 000 多平方米，给各快餐连锁店统一配送的原料商品等品种达 750 多种，中央厨房与各连锁店间以电子计算机联网，当天交换送货信息。通过长期租用运输公司的 32 辆封闭运输汽车进行运输，每天一次往四面八方送货。

吉野家门店由中央厨房配送中心负责配送各种配料和半成品，全部规范化及标准化操作。同时，在中央厨房，使用干净的不锈钢工作台加工牛肉，消除可能导致异物混入的因素，并确保在每个地方进行彻底的安全管理。

六、日本农产品食品供应链管理之冷链物流

（一）以三温带推进批发市场冷链物流发展

横滨物流的横滨生鲜中心，是一家主要为蔬菜水果提供冷链服务的物流企业。把日本全国各产地生产的各种蔬菜水果进行高效的不断集货，并批发到零售业企业、加工业企业、餐饮企业的模式非常重要，为此，横滨生鲜中心，以各地的中心批发市场为核心，建立批发市场流通体系，在多年的运行中，发挥了重要的作用。但是，由于近年日本消费者饮食文化、生活方式的改变，这种定位开始变化。随着流通模式的多样化、效率化，蔬菜水果从产地开始，"跳过"批发市场，流向店铺。目前，在日本这种"市场外流通"得到了发展。

2004 年，日本以"批发市场的交易规则的活性化"为概念的批发市场法修订完成，同时，也推进了这一趋势进一步激化。现在，批发市场的发展环境正迎来重大转机。其中，经销蔬菜水果的大型企业横滨丸中青果（株）、经销商，以及运输企业共同出资创立了横滨物流（株）。2006 年，在被称为横

滨市民的厨房的横滨中央批发市场的南部市场成立了"横滨生鲜中心"。"横滨生鲜中心"除了经营蔬菜水果外,还提供冷冻、冷藏商品的物流服务。作为三温带对应的加工配送中心,积极应对并满足客户要求,同时扩大餐饮等产业的货主企业。

1. 夺回流向市场外的商流与物流

《改革批发市场法》是对现在的流通需求、环境变化进行追认的完备法律工作的一环。目的是形成安全、安心、高效的流通体系,包含了放宽批发市场的交易规则等内容。规则的放宽、采购集货的自由化、第三方交易、直接提货的禁止规定等对策,正在顺次实施。

随着流通上游的生产企业、货主企业(农业协会、产地)规模扩大,下游的超市及大型连锁商店的需求增加,造成批发市场的外部环境急剧变化,迫使需要形成比较公正的交易和价格机制。农产品的市场销售率的降低,引起市场交易量的减少,导致市场手续费的减少,从而造成批发业企业的经营压力。为了提高经营效率,批发市场不得不进入产地,扩大第三方交易和预约当面交易,结果导致"拍卖、招标制度"和"委托集货制度"等市场交易的原则进一步被架空,市场流通问题更加严重。在这一背景下,需要对批发市场制度进行彻底改革。2000年,横滨市中央批发市场、横滨市南部市场以及藤泽市中央批发市场的企业,组织了以"物流的高效化"为主题的协会。协会商定了高效化计划,推进"生鲜产品流通物流构筑模范事业",并被采用。

另外,物流高效化的关键是"信息系统化及其连接"。2001年,"食品例题高度化项目事业",推进了以数据中心为核心,进行市场功能重组,开发新的批发市场的流通模式。通过这一模式,各种批发市场相互合作,达成了进一步发挥各自特色的共识。

2. 以三温带应对获得餐饮业的业务

为了在横滨市中央批发市场、南部市场确立物流节点的功能,2004年设立了横滨生鲜中心。中心由蔬菜水果大型批发商横滨丸中青果出资51%,由物流企业共同出资成立的JCN关东(10家公司)出资39%,横滨南部市场青果批发联合工会(10家公司)出资10%。通过共同出资,以构筑经由批发市场的新型食品流通模式为目的,三方合作成立物流事业体。公司所在地是设置在同市场内的"横滨生鲜中心(南部市场加工配送中心)"。投资总额为15亿日元,2006年4月正式营业,配备了常温、冷藏、冷冻三温带的相关设备,完全按照HACCP、ISO的相关要求进行冷链物流的品质管理。

横滨生鲜中心,以"市级中心批发市场内的民间物流中心"为市场定位。最初的构想,只是成为拥有蔬菜水果专用的冷藏设备的 TC 中心。但是,仅靠蔬菜和水果,业务量和业务金额有限,不可能将在市场外流通的商流吸引回来。为此,2010 年经营着从日杂领域到餐饮业的宽广领域的物流运输业的 JCN 关东加入了此项业务。

JCN(日本冷链协议会),是从事低温物流业的各地从业者的自由结合团体。JCN 关东是以会员企业的安全运送为中心,由 TOWARD 物流、石井商事运输、TRANCOM 等共同出资经营的事业公司。

新构想是将三温带的设备进一步完备,提供冷冻、冷藏商品共同配送的服务。同时,作为食品连锁店、量贩店,配合原来的市场批发功能,形成规模效应。虽然批发市场在生鲜产品、水产品方面有充足的集货能力,但并不具备满足零售业、餐饮产业需要的高频率少量配送服务功能。为此,在产地商品开发等批发市场原有的功能上,加上保证安全、安心的原料管理、信息提供等功能,来进行品质管理。目前,各出资方发挥各自优势领域,构建了需求调整功能、配送品质管理、少量配送的"现场直接联系型"物流网络系统。

3. 以配送、温度管理系统实现高端服务

虽然横滨生鲜中心的使用率为 60%,但是在南部市场整体上形成了"横滨物流效应",商流年营业额超过 100 亿日元。中心兼备 TC 功能和 DC 功能,商品总数约 8 000 种。其中,50% 以上为餐饮业提供。

为了物流现场作业的高效化,输送管理(TMS)采用 TOWARD 物流的"TRU-SAM"系统。中心配送车辆的现在位置以及车辆库内的温度管理信息,可以实时把握、指示。为了实现从入库到送达的全过程配送,实现商品在途信息的可追溯,实现即使发生紧急事态,也可以将温度变化过程明确地向货主方报告。为此,创新模式是以中央批发为起点,这一模式也正在向其他的市场展开。以批发企业为中心,物流企业也可以组成联合体,提高市场整体的活力。

4. 入库—出库作业流程

(1)入库设定

冷藏区域,设定温度为 5℃,各层平面面积都为 2 400 平方米。在入货平台对收到的商品进行检查、入库设定。用无线手持终端 2(CASIO DT870M)读取纸箱上的条码,标签打印机将打印入货标签贴在每个外箱上。手持终端在出货、入货时都可以使用,20 台更小型的 SHAPP 的无线 PDA4(RZ1502),主要在出入库时使用。

（2）常温区

将送来的商品从 1 楼用升降机运到指定区域。设定温度为 20℃。面向餐饮产业的商品，按在库类型进行处理，杂货类、食用油、保鲜膜、饮料类在此保管，啤酒桶也是常温保管品。物流台车上装载终端和打印机作为移动终端使用，并根据作业需要设定打印拣货表。

（3）冷藏货物区分场

冷藏区设定的温度为 5℃，各物理台车按配送的不同将商品区分。将商品区分后，边看清单边作业。

（4）冷冻库

设置了 2 处温度为 -25℃ 的用于出库的冷冻库。从冷冻自动仓库挑选出来的商品在这里进行临时保管、分类。配送车一到即可迅速离开冷冻库。

（5）冷藏

冷冻自动仓库。冷冻冷藏两用的 IHI 制冷冻仓库 "RACK PACK" 有 3 台堆垛机，可码高 21.735 米，可以用来保管冷藏专用的 1 400 个托盘、冷冻冷藏两用的 700 个托盘。

（6）蔬菜水果的分拣作业

对各地运来的蔬菜水果、果实类进行整理作业，装入销售袋中并按各分店来区分。有的商品在各分店的仓库进行装袋。

（7）垂直运送机

各楼层准备好出货的货车，用垂直运送机（HOKUSHO 制 "自动升降机"）送到 1 楼。

（8）进出货平台

挑选、区分、装载完了的商品从这里装上货车。

（9）货台舱位棚

这个舱位棚从外面看，高位平台并排在一起，7 个基台中的 4 个装有防护棚。遮蔽幕布作为窗帘式，既能保证功能又能降低成本。

5. 服务器机房以及监控系统

（1）服务器机房的管理终端

服务器机房的管理终端是中心内部信息系统的心脏部位。通过管理设置在全楼层的 16 台监控摄像头，可以对各作业区域进行实时集中管理，包括各仓库的出入库状况、温度变化状况的监控等。

（2）监控摄像头拍到的画面

可任意选择 1~16 个作业场的监控画面，对其状况进行确认。

通过将当前温度与设定温度进行比较，实时监控。设备是生鲜食品的中心生命线，要监控好设备的情况来确保商品的安全、放心，并用图表形式记录温度变化过程。

6. 信息管理系统（WMS/TMS）

（1）WMS"DC-SAM"

作为对上述仓库内作业进行综合管理的工具，导入了TOWARD物流的WMS（仓库管理系统）DC-SAM。向作业者的手持终端PDA发送从来货到纳入自动仓库、拣选，最后到出货一系列的作业指示。物流中心看起来就像一个工厂，对每个作业者、作业区域的作业状况、生产效率都可以进行实时的集中管理。

（2）TRU-SAM（TMS）

配送业务虽然委托给了JCN关东的各公司，但在配送车辆管理方面，导入了由TOWARD物流开发的货车信息网络系统"TRU-SAM"，实现了管理的高度化。货车的驾驶座旁安装了GPS卡对应的带液晶显示屏的车载电脑。它与燃料使用量计测装置、车厢内温度传感器等相连接，针对货车的运行状态和位置信息，与运输公司的"TRU-SAM专用服务器"交换信息。用司机携带的PDA收集配送结束等信息，通过DOPA通信网络进行收集和统一管理。例如，通过流量计"计算并显示消费"的功能，司机可经常确认当前燃料费，与设定目标进行比较，从而自觉体验、学习节省燃料的驾驶方式。另外，管理者可根据运行记录进行"分析波浪形驾驶的安全驾驶指导"。频繁变换速度的波浪形驾驶，会导致车间距不足等危险情况的发生。特别选定进行了波浪形驾驶的地点，进行指导，同时算出波浪形驾驶的比例数值化后的指数，督促进行削减。不仅确保运送品质的提高，实现安全又省油驾驶，还对车厢内温度变化信息进行把握，从而提供高度可追溯的管理服务。作为一个强大的优势，横滨物流的新业务模式可称为批发市场未来业务的方向，受到了货主的高度评价，订单不断增加。

（二）日本农林协同仓库TC，DC，PC功能合一的复合型冷链物流中心

日本株式会社农林协同仓库是以冷链配送为中心开展业务的物流企业。冷冻冷藏食品配送业务在日本有着广阔的市场。2006年4月，日本生协事业联合公司开始与株式会社农林协同仓库开展合作。生协事业联合公司是一家食品销售商。其本部位于埼玉县市南区，其销货网络覆盖东京、埼玉、千叶、茨城、枥木、群马、长野等一都六县。受生协委托，农林协同仓库承担了日配食品（冷藏及冷冻品）的中转（TC）物流业务。在承担此项业务后，农林协同仓库公司在埼玉县越谷市投资 70 亿日元建设了集 TC，DC，PC 功能于一体的复合型低温物流中心"关东第二分店"。

TC 即是快速分拨中心，DC 为冷冻品储存中心，PC 为流通加工中心，集此三种功能于一体，加大了该物流中心的业务空间。新的物流中心为三层楼结构。各楼层的功能相对独立。一楼为生协的日配食品 TC 楼层。二楼为日本生活协同组合联合会（日生协）的冷冻品 DC 楼层。三楼为 PC 楼层，进行冷冻品的拆零包装等作业。

该复合型低温物流中心，整合了以前在农林协同仓库其他冷链物流中心处理的日本生协的冷冻品库存（DC），以及流通加工（PC）功能。通过向生协各店铺混装配送，从而减少了卡车运输并缩短了交接商品的时间，进而降低了物流费用。减少配送车辆的数量可大幅削减二氧化碳的排放，因此作为环保型物流中心，日本农林协同仓库的设置首次被日本国土交通省认定为"特定流通设施的物流综合效率化事业"。

1. 接受生协的物流业务委托

接受生协的物流业务委托整合了生协商品的保管、分拣作业。在此以前生协在埼玉县内配置了两处物流节点，负责各店铺销售的日配食品的物流业务。但由于店铺与超市间的激烈竞争，对物流服务质量和能力的要求不断提高，这就决定了生协不可避免地要进一步削减物流成本。为了降低成本，生协进行了物流的外包。首先关闭了原来的节点，同时将业务转交、统合到农林协同仓库。而对于农林协同仓库来说，企业原来就是日本生活协同组合联合会的进货点，即关东、甲信越地区的冷冻品物流以前就是由农林协同仓库的分店负责配送的，有了与生协的合作，原先生协的库存和流通加工功能也一同整合到了新的物流中心。

通过启用关东第二分店，实现了向生协店铺混装配送冷冻、冷藏食品，缩短了在各店铺交接时所需的时间，提高了包括店方在内的业务效率。关东第二分店低温物流中心与各个需要配送的店铺形成了非常好的合作关系，物流中心根据订单送货到商店，省却了店铺的验收程序。当然，这种重要环节的节省以双方已形成的牢固关系作支撑，是以双方的诚信做基础而进行的。另外，由于不需要从其他分店向旧中心补充冷冻品的卡车运输，仅此每年便可减少 615 吨二氧化碳的排放量。因此，基于《关于促进流通业务综合化及效率化的法律》（《物流综合效率化法》），国土交通省认定该低温物流中心为模范企业。另外,由于引进了节能型冷媒设备设施,该物流中心也得到了环境省的表彰,认为其对防止全球变暖做出了积极的贡献。

TC:每月快速准确地分拣1 800万件商品,并将其配送到187家店铺。其中冷冻品约有340万件(约20万箱),配送到除长野县之外的187家店铺。物流中心每天13点到20点从供应商那里进货。冷藏品物流流程因商品、件数的不同,其专用容器或箱子也有差异。专用容器从入库区域那里开始,经高速自动分拣装置"滑块分拣机(JSUS)"分类后,被临时保管在自动仓库,根据出货指示按不同店铺出库。箱子则通过无线便携式中枢(RFT)按店铺分类,这两类商品在22点至次日凌晨5点被装上物流台车出货。

DC:储存1个托盘的托盘式自动仓库和移动式货架,二楼冷冻品DC楼层的处理数量每月约为120万箱。入库作业时间为每天的8点到14点,出货作业时间为每天的8点至22点。从厂商那里以箱子为单位进货的商品堆积在托盘上,根据特性分别收纳到托盘自动仓库"小型自动仓库(CS)"以及"移动式货架(IDR)"上。出库时,根据指示从托盘上分拣出货物转移到其他托盘上。配送到生协的商品移至1楼的专用分类区域,与箱子商品一样使用RFT进行处理。配送到日生协的商品则搬运到2楼出货区域,重新倒装到卡车上后进行配送。

2. 未来的发展空间

新中心TC楼层的处理能力为230家店铺,DC楼层的处理能力为180万箱。TC,DC楼层每年的销售额共计24亿日元,加上PC楼层启用后预计能达到36亿日元左右。分拣误差率达到十万分之三以下。

第六节 日本第六产业与供应链管理

一、第六产业概述

1994年,东京大学名誉教授、农业专家今村奈良臣,最先提出了"第六产业"的概念。"第六产业"不仅包括了第一产业中的农林水产业,而且融合了第二产业中的产品加工业和第三产业中的产品流通服务业,是集产品种植、生产、加工、物流、销售等功能为一体的产业链。将第一、第二和第三产业相加(1+2+3)或相乘(1×2×3),结果都等于6,即是"第六产业"名称的由来。

二、第六产业的本质

"第六产业"的本质是第一、第二、第三产业的融合(如图5-27所示)。通过收集和分析消费者的相关信息,结合收集到的信息,综合分析当地农产品、自然景观和区域文化等本地资源,依据消费者所需要的功能、效用和附加价值,灵活运用本地资源设计特定的产品或服务。把产前的种子、饲料等生产资料的供应环节,产中种植养殖业的生产环节,产后的分级、包装、加工、储藏、运输、销售等环节进行一体化发展,实现各种资源的有效利用,获得更多的产品附加值。"第六产业"的核心是通过规模经济、范围经济、多元经济、平台经济的发展,通过农民、农村合作社与产品加工企业、流通服务企业开展合作,开发符合市场需求的产品及加工制品,实现农业多元化经营,使第一产业的农业发展成为现代综合产业。

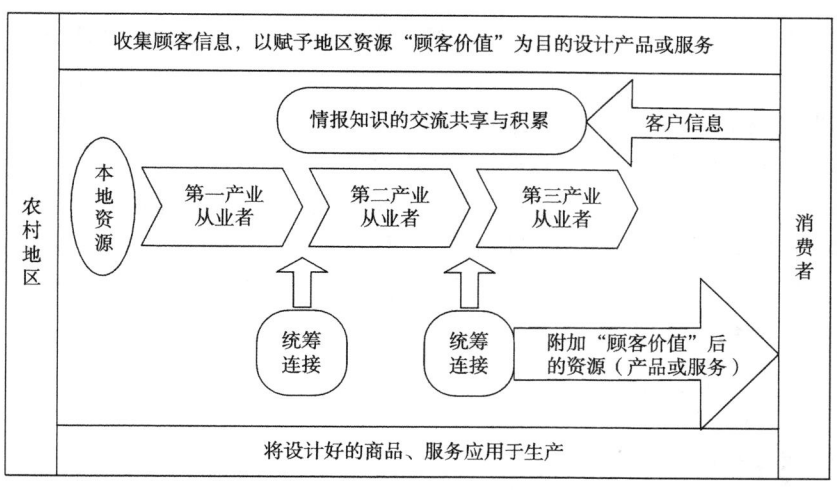

图 5-27 第六次产业发展基本模式示意图

资料来源:日本農林水産政策研究所. 6次産業化の論理と展開方向-バリューチェーンの構築とイノベーションの促進- [R/OL]. 日本農林水産政策研究所,2015年第2号:4,2016-04-10.

三、日本第六产业的发展

(一)制度与政策

2008年,日本在内阁会议上发布了《农山渔村第六产业发展目标》,这是日本政府首次在其政策大纲中提及第六产业。同年,日本颁布了《促进中小企业从业者与农林渔业从业者合作、推动实业发展法》，鼓励第一产业从业者与中小企业合作，共同提升农业综合价值。2010年，日本政府出台了《农山渔村六次产业化政策实施纲要》《农山渔村六次产业化政策工作相关补助金交付纲要》《农业主导型六次产业化准备工作实施纲要》《农业主导型六次产业化准备工作补助对象事业以及补助对象事业费》等系列政策或工作方案，对相关工作进行了全方位部署，开始了日本全国范围内大规模、大力度的第六产业发展推进工作。

2010年，日本农林水产省颁布了《促进农林渔业经营者利用区域资源开创新事业法》（简称《六次产业化法》，后更名为《六次产业化：自产自销法》），该法令规定第六产业必须符合以下条件。

第一，事业主体必须是农林渔业从业者个人（法人）或由其组成的团体（农协、地区农业组织等）。

第二，事业主体必须以自己生产的农林水产品等作为原材料进行新产品研发，在销售时采用全新的方式，或根据实际情况合理调整自己的生产方式。

第三，旨在鼓励支持第六产业的发展。未来3~5年内必须在两大指标①上达到相应标准，以衡量经营标准是否得到改善，否则认定资格将被撤销。

2012年，日本颁布了《股份公司农林渔业产业化发展支援机构法》（简称《六次化基金法》），不但成立了农林渔业成长产业化援助机构，还成立了辅助基金来吸引社会资本。援助机构主要通过政策补助金、贷款和股权投资等3种方式进行援助，形成了一个由政府和社会力量有效结合的第六产业投融资援助体系。

（二）主要实践

1. 发挥农协组织功能

日本农协是连接市场与农户的中介组织，其连接范围涉及农业生产、流通、分配、销售的整个过程。2014年，日本共有超过3500家农协分布于不同农业种类。日本农协分三级管理：市町村级农协、县级农协和全国农协。各层级农协在技术指导、产品营销、社会保障等领域提供全方位帮助，为"第六产业"在日本的发展奠定了坚实基础。

2. 农工商协作带动产业融合

农工商协作发展带动一、二、三产业融合是"第六产业"发展的核心内

---

① 一是以产品为指标，要求农林水产品等新商品的销售量在5年内上涨5%以上；二是以事业主体为指标，要求农林渔业及关联产业的经营活动从项目开始至终止产生利润。

容。要促进农工商的协作，需要培养具有农业技术、商业开发能力和销售能力的复合型人才。日本通过"企业+农民"的合作方式，有效利用各种资源，共同开发新产品，创立新品牌，延长农产品的产业链条，从而增加农产品的附加值，提高农民收入。

3. 创新农业技术，发展新兴产业

日本制订了"农林水产技术基本研究计划"支持"第六产业"发展，推进新兴技术研发，发展以农业为基础的新兴产业。通过技术革新，挖掘农产品资源价值，延伸农业产业链和价值链。

4. 实行"地产地消"计划，发展本地特色

日本提倡农产品"当地生产，当地消费"，通过减少产品的运输来保证农产品的新鲜与安全。"地产地销"计划的重点在于发展本地特色，强调农产品的质量与安全，为当地农民和企业提供合作交流的空间。

5. 注重利用生物能源，构建和谐型现代农业

随着全球变暖和环境保护问题的日益突出，日本鼓励开展绿色生态农业，利用生物能源等其他可再生能源，提高产品的科技内涵。为此，日本成立生物能源促进协会，调查各个区域对生物能源利用的可能性，启蒙国民利用生物能源及环境保护的意识，积极推进各地生物能源及可再生能源的利用。

6. 培养多样化人才

日本重视培养具有农业技术、商业开发能力、销售能力的复合型人才，且主动完善农民职业技术教育体系，甚至构建学校附属农场，注重理论与实践相结合。日本的日冷、永旺等200家食品流通企业共同成立"日本农业经营学校"，逐步培养现代农业经营领军人才。当前，日本具有约50所农业者大学校，持续不断地为"第六产业"的发展提供专业化的人才。

7. "一村一品"

1979年，日本大分县提出"一村一品"的概念，以鼓励日本大分县的村镇选择发展一个独特的产品，目的在于提高特色产品附加值和增加农民收入。"一村一品"主要是培育具有地方优势的农特产品品牌和产业基地，比如，香菇基地、草莓基地和水产品产业基地等，采用"1.5次产业"模式来增加地方性农产品的附加价值，并且通过农协在农产品市场化中发挥零散农户的组织作用。在该理论指导下，通过对农产品初加工、深加工和品牌营销来增加农产品的附加价值。初加工阶段涉及农产品清洗、分级、包装、预冷操作，深加工包括农产品脱水、腌制、酱料、榨汁等，通过对农产品进行绿色食品认证、塑造品牌进行品牌营销。

农村"1.5次产业"是介于第一产业和第二产业之间的一种产业，是日本农协进行的农产品初加工工业（如表5-2所示）。

表5-2　"1.5次产业"的四种加工类型

类别	具体做法
农协成员委托加工型	农户生产的农产品，送到农协的加工厂进行加工，如谷物加工成精米、精粉，油料榨油和制茶的委托加工。农协将加工后的农产品返还给农民，加工厂只收取一定的加工费
农协成员委托加工销售型	加入农协的农户，委托农协的食品加工企业进行加工，通过农协商品流通渠道进行销售。加工企业收取加工费，农协商业企业收取一定的提成，其余返还给农民
以市场为目的的加工型	农协办的加工企业，采购原材料，自己加工，自己销售，独立核算，自负盈亏。一般是各地的名牌农产品选择这种加工类型，加工后有稳定的销路
自立加工经营型	采取株式会社方式，原料来源不限制在农协内部，独立经营，面向全国市场销售。这与大型食品加工企业类似，规模比较大，并与城市大型食品企业开展竞争

四、日本第六产业的发展效果

日本为发展第六产业，在各县均成立"第六产业"支援中心，在地方农协、农业振兴公社等组织也设立认证机构，该机构与支援中心具有相同的认证权利。日本"第六产业"的认证每年实施3次，但2011—2017年，共实施认证超过15次，共完成3 000个"第六产业"经营体的认证。这些经过认证通过的经营体，在5年内必须要有经营改善的效果，否则将会撤销认证资格，政府不再扶持。

日本推行六次产业化之后，农业活力得到增强，农民收入也得到明显增加。根据调查显示，参与第六产业方式经营的农户与不采用第六产业的农户相比，销售量平均增加率24.7%，附加价值额的平均增加率为29.3%，从业人员的工资随之提高，同时增加了社会就业机会。调查评价结果显示，发展第六产业有利于增加农民收入，扩大农产品生产规模，优化企业经营战略，提高员工积极性，确保相关工作后继有人。但是，也存在利润减少，劳动时间增加等缺点（如表5-3所示）。

表5-3 得到资金援助后3年间主要指标对比及农户评价

指标及选项		采用六次产业化方式经营	不采用六次产业化方式经营
销售量平均增加率（%）		24.7	14.6
附加价值平均增加率（%）		29.3	17.8
附加价值中归属从业人员工资的占比（%）		59.6	31.8
因就业机会增加等导致的业主所得增加率（%）		32	9.1
被调查者对六次产业优缺点的评价选择（至多选3项,%）	优点		
	收入增加	74.5	—
	农产品生产规模扩大	50.3	—
	企业经营战略优化	34.5	—
	员工积极性提高	28.5	—
	设立区域援助	28.5	—
	确保后继有人	15.2	—
	其他好处	6.1	—
	缺点		
	利润减少，劳动时间增加	2.4	—
	其他缺点	1.2	—
本来打算	扩大	—	76.2
	维持现状	—	17.7
	缩小	—	4.9
	停业	—	1.2

注：附加价值=经常利润+人事费+折旧费+金融费用（利息）+租金+税金

资料来源：日本政策金融公庫. 6次産業化で農業経営の7割強が所得向上を実感・今後の事業拡大に意欲課題はブランド化や人材確保［R/OL］. https：//www.jfc.go.jp/n/findings/pdf/topics_111202_1.pdf.

日本政策金融公庫. 平成24年農業の6次産業化等に関する調査［R/OL］. https：//www.jfc.go.jp/n/release/pdf/topics_130321b.pdf.

五、第六产业的意义

发展种植、加工、销售三位一体的"第六产业"，可以推进种植养殖、生产加工、检验检疫、仓储运输、销售管理等部门的合作，有利于建立一体化的农业协作组织，统一种植某类产品、进行统一加工、统一直销，创造统一的产品品牌。

"第六产业"的发展，可以推进农业产业化的发展，在种植、技术、生产、流通、加工、销售、品牌等部门联合的基础上，建立一体化的农业协作组织。同时，构建种植养殖、生产加工、检验检疫、仓储运输、销售管理等标准体系，建立虚实结合的农产品电子商务体系，形成农产品的优质优价和梯级消费，实现优质农产品产业链的延伸。另外，有利于推进现代农产品流通体制的改革。通过构建农产品交易平台及销售网络，提高农产品产地直销的比率，减少农产品的流通环节，完善农产品从种植、生产、加工、存储、运输到销售过程的无缝式供应链管理系统；健全 HACCP（危害分析和临界控制点）、GMP（良好操作规范）、GAP（良好农业规范）等农产品质量管理系统，构建"生鲜产品身份证"体系，建立农产品全程可视化监控追溯平台，推进农产品的初级采集、加工、运输储存以及销售的一体化"无缝式"全程温度控制冷链物流的发展，降低农产品物流成本，提高其质量安全和物流服务水平，形成垂直一体化农产品运作模式。

第六章 日本供应链管理技术分析

第一节 日本物流装备发展与变化

一、世界物流系统集成企业现状

2019 年美国《现代物料搬运》杂志发布了"2018 年全球物流系统集成商 20 强榜单"。在 2018 年排行榜上，反映出当今世界物流装备行业的发展现状趋势、市场需求的变化（如表 6-1 所示）。前 10 名中，日本企业占 2 个名额。

表 6-1 2018 年世界物流系统集成企业 20 强

2018 排名	2017 排名	厂商英文名	厂商中文名	2017 年全球总收入	2018 年全球总收入	2017—2018 年增长比例	2016—2018 年增长比例	国家
1	1	Daifuku Co., Ltd	大福	3 659	4 167	13.9%	53.0%	日本
2	2	Schaefer Holding International GmbH	胜斐迩	3 060	3 217	5.1%	24.0	德国
3	3	Dematic	德马泰克	2 267	2 350	3.7%	18.0%	德国
4	6	Honeywell Intelligrated	霍尼韦尔	1 000	1 700	70.0%	124.0%	美国
5	4	Vanderlande Industries B.V.	范德兰德	1 538	1 538	0.0%	56.0%	荷兰
6	5	Murata Machinery, Ltd.	村田机械	1 287	1 287	0.0%	3.0%	日本
7	11	Knapp AG	科纳普	643	1 050	63.3%	64.0%	奥地利
8	8	Beumer Group GmbH	伯曼集团	900	1 000	11.1%	27.0%	德国

续表

2018排名	2017排名	厂商英文名	厂商中文名	2017年全球总收入	2018年全球总收入	2017—2018年增长比例	2016—2018年增长比例	国家
9	10	Swisslog AG	瑞仕格	915	923	0.9%	34.0%	瑞士
10	N/A	Material Handling Systems（WHS）	物科搬运系统MHS公司	N/A	860	N/A	N/A	美国
11	7	TGW Logistics Group GmbH	TGW	742	817	10.1%	56.0%	澳大利亚
12	12	Witron Logistik+Informatik，GmbH	伟创	635	637	0.3%	59.0%	德国
13	14	Kardex AG	卡迪斯	425	478	12.5%	26.0	瑞士
14	16	Bastian Solutions，LLC	巴斯蒂安解决方案	233	316	35.6%	62.0%	美国
15	15	Elettric 80	电动80	261	272	4.2%	131.0%	意大利
16	20	System Logistics SpA	巴斯特姆集团	185	225	21.6%	45.0%	意大利
17	17	DMW&H	DMW&H	225	214	-4.9%	61.0	美国
18	19	viastore systems Inc.	维世多	152	197	29.6%	41.0%	德国
19	N/A	Lödige Industries	罗地格工业公司	192	188	-2.1%	N/A	德国
20	18	Stoecklin Logistik AG	斯托克林	153	148	-3.3%	N/A	瑞士

数据来源：数据来源：美国《现代物料搬运》杂志（由于范德兰德公司、村田机械公司在新闻发布时间前无法公布2018年的收入，因此表中按照其2017年的收入进行排名。）。

2018年，日本大福世界第1位的物流系统供应商排名趋势进一步加强，相比于2017年，收入增长了14%。此前，2017年的增长率为25%，三年增长率为53%，引领了国际物料搬运行业发展。其中，大福公司的平板显示器和半导体行业的物料搬运系统在亚洲市场快速增长、全球范围内电子商务领域销售额的增加以及设备维护和增值服务获得稳定的销售增长，都是日本大福高速增长的主要因素。另外，由于日本村田机械公司在2019年新闻发布时间前无法公布2018年的收入，以2017年的收入排名，成为世界第6位的物流系统供应商。

近年，日本物流系统集成商，根据企业对自动化技术和售后支持方面增长的需求、企业对自动化物流系统需求的上升、电子商务的持续发展、全渠道销售的增长、海外仓储，以及全球范围无障碍采购等因素，通过不断技术创新，使得日本物流系统集成商销售额快速增长。通过不断完善物流系统装备，提高生产和流通的效率，有效降低了物流成本。同时，为日本国民经济的发展，提供安全、安心、环境友好的物流装备。

二、日本物流装备现状分析

日本物流系统协会、日本物流系统机械协会，每年对日本各种物流装备的产量和销售额进行最新统计，反映日本当年与物流系统相关的主要物流装备的产量和销售额，以及日本物流装备产业的现状和发展动态。

日本的物流装备分为4大类，即托盘、起重机、工业车辆、物流系统装备。其中，物流系统装备又分为12小类，即自动仓库、台车、输送机、分拣机、拣选设备、回转货架、移动货架、货架、堆垛机、垂直输送机、计算机、其他（如图6-1、图6-2所示）。

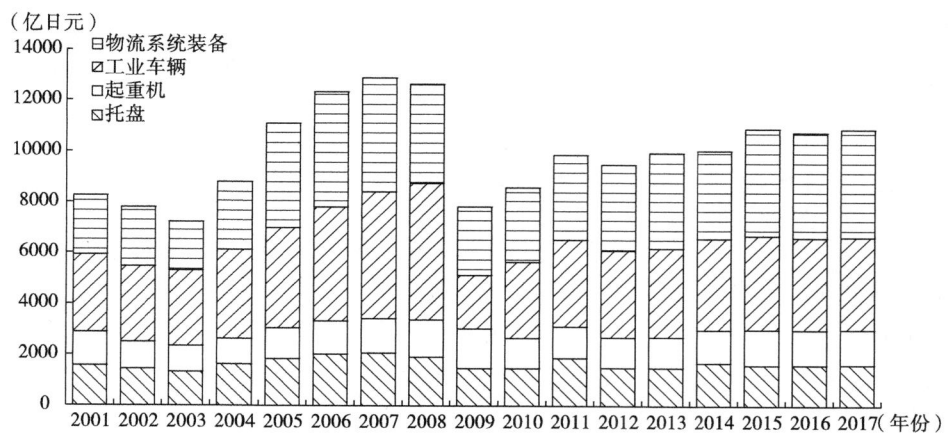

图6-1 日本物流装备总产值

数据来源：《日本物流系统机械设备生产调查报告（2018年）》。

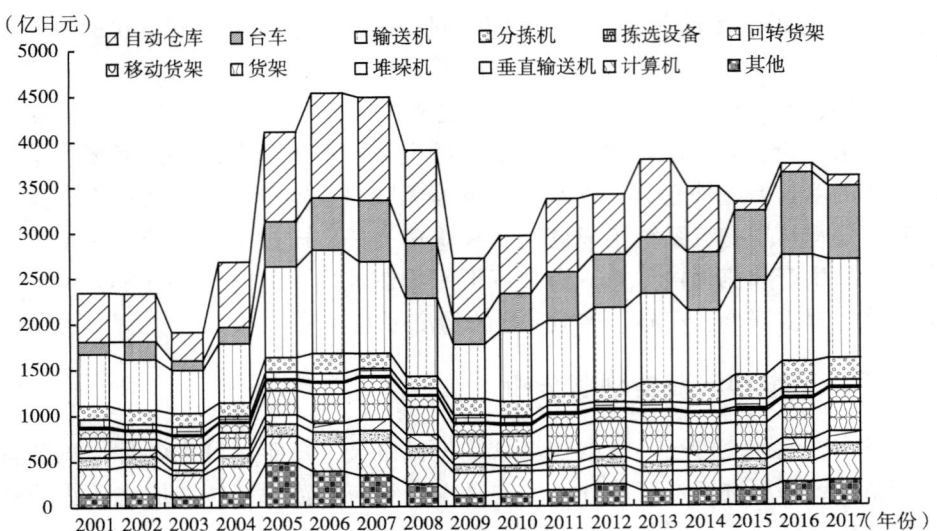

图 6-2 日本物流系统装备总产值

数据来源：《日本物流系统机械设备生产调查报告（2018 年）》。

由于经济逐渐复苏，设备投资从 2016 年开始持续上升，但 2017 年总销售额仍保持不变。另一方面，考虑到后续订单金额有增加的趋势，可以推测由于劳动力不足导致工期的延迟以及订单数量的持续增长，再加上材料采购地因劳动力不足而出现了生产推迟现象，从而给整个计划带来了影响。

三、日本物流装备的产品类型及客户的行业分类

以日本物流系统装备主要生产企业为对象进行调查。以 25 种不同类型的物流装备（机种）为对象，各机种销售量为基础，选择销售量排名前十位的机种进行调查，记录其金额构成比。各企业不同机种销售额乘以金额构成比，按照不同机种分别合计，对销售额前十位的行业及其总金额进行统计。

调查内容包括（如表 6-2、表 6-3 所示）：销售量、座数、销售总金额、出口金额。其中，销售总金额和出口金额是以两者的销售为基础，包含与销售数量对应的安装、调试的总费用。整体式自动化仓库，包括建筑工程费用。出口额包含在销售总额内。在销售额领先的行业客户分类中进行调查，包括 35 个不同行业中的 10 个大类。

表 6-2 日本物流装备调查产品类型

序号	产品类型	说明
1·2	托盘自动仓库（整体式、分离式）	◆ 一般指由高层货架、巷道堆垛机组成，自动完成以托盘为单位码放货物的入出库和存储作业的仓库 ◆ 也包括无托盘、直接搬运物料（啤酒桶、新闻纸）的自动化仓库
3	料箱自动仓库（分离式）	◆ 存放料箱单元货物的自动化仓库
4	高空走行台车	◆ 设置于高空，无轨道、有驱动力的台车系统 ◆ 单位是台车的数量，金额包含轨道和控制系统
5	有轨台车系统	◆ 有轨道、有驱动力的台车系统 ◆ 单位是台车的数量，金额包含轨道和控制系统
6	无轨台车系统	◆ 由各种传感方式导向的无人搬运车 ◆ 单位是台车的数量，金额含控制系统
7	分拣机	◆ 自动分拣货物的设备 ◆ 结构范围包括感应部分（导入部分、商品投放部分）从分拣机主体、到分拣滑槽 ◆ 单位为台数
8	托盘搬运输送机	◆ 搬运托盘单元货物的输送机 ◆ 对象范围：含全部搬运托盘单元货物的输送机，以及控制输送机主机的控制系统
9	料箱搬运输送机	◆ 搬运箱盒单元货物的输送机。但是，煤炭、矿石、水泥等散装输送机除外 ◆ 对象范围：含全部搬运箱盒单元货物的输送机，以及控制输送机主机的控制系统
10	悬挂输送机	◆ 设置于高空，输送悬挂物品的输送机 ◆ 对象范围：含主机、装置、控制系统
11	数字拣选显示器	◆ 根据计算机指示，显示拣选物品的位置和数量的装置 ◆ 对象范围：不含安装显示器的重力式货架、中轻型货架、输送机。但是，安装于回转式货架的拣选显示器包含在回转式货架（垂直式、水平式）中 ◆ 控制关系含主机控制，只是统计在计算机中

续表

序号	产品类型	说明
12	拣选台车	◆ 安装有显示拣选物品位置和数量的拣选台车 ◆ 对象范围：包括拣选台车主体、操控台、其他附件（充电器等）
13·14	回转式货架（垂直式、水平式）	◆ 能在垂直、水平两个方向回转的货架，不考虑其载重量和控制水平 ◆ 单位为台数
15·16	移动式货架（电动式、手动式）	◆ 具备手动、电动移动机构的货架 ◆ 单位为台数
17	重型货架	◆ 存储托盘单元货品的货架（含巢状托盘）
18	中轻型货架	◆ 存储纸盒或箱盒单元货品、一个货格内存储重量为500kg以下的货架
19	重力式货架	◆ 纸盒或箱盒单元货品等依靠自身重力沿倾斜面向前移动，由前面取出的货架
20	托盘码垛机/托盘拆垛机	◆ 将纸盒或箱盒单元货品或袋品，自动地码垛（拆垛）在托盘上的装备 ◆ 含机械式等
21	托盘垂直搬运机	◆ 有多个出入装置，可连续垂直搬送物品的装备（以托盘为单元的搬送物） ◆ 不含电梯、小型专用升降机
22	料箱垂直搬运机	◆ 有多个出入装置，可连续垂直搬送物品的装备（以箱、盒为单元的搬送物） ◆ 不含电梯、小型专用升降机
23·24	计算机（硬件、软件）	◆ 同时进行物流装备情报处理和在库监控的计算机系统硬件、软件
25	WMS	◆ 在物流中心、仓库中，管理从入库至出库全过程作业的计算机系统（硬件、软件） ◆ 对象范围：不考虑是否有物流设备、是否与物流设备连接
26	其他	◆ 1~25分类以外的产品类型

资料来源：《日本物流系统机械设备生产调查报告（2018年）》。

表 6-3 调查客户的行业分类

行业	行业大类	行业	行业大类
1. 建筑	8. 其他	191. 零售业	5. 批发·零售
2. 食品制成	3. 食品·医药等	192. 邮购	
3. 纺织·服装	4. 其他制造业	20. 汽车销售	8. 其他
4. 造纸·纸加工		21. 汽车维修服务	
5. 出版·印刷		22. 服务业	
6. 化学		23. 仓储业	6. 仓库·运输
7. 医药·化妆品·涂料	3. 食品·医药等	24. 陆运	
8. 石油·橡胶制品	4. 其他制造业	25. 海运	
9. 玻璃·陶瓷·窑业		26. 空运	
10. 钢铁		27. 铁路运输	
11. 非铁·金属制品		28. 通信	8. 其他
12. 通用机械器具		29. 电力·煤气·水运	
13. 电力机械器具	1. 电机·精密机械	30. 政府·学校	7. 政府·图书馆等
14. 汽车/输送用机械器具	2. 输送机械·零配件	31. 社会团体·组织（含JA）	
15. 精密机械器具	1. 电机·精密机械	32 宾馆	8. 其他
16. 汽车部件制造	2. 输送机械·零配件	33. 医院	
17. 其他制造	4. 其他制造业	34. 图书馆	7. 政府·图书馆等
18. 批发业（含商社）	5. 批发·零售	35. 其他	8. 其他

资料来源：《日本物流系统机械设备生产调查报告（2018 年）》。

四、日本物流装备市场整体变化

2017 年，日本物流系统装备的总销售额达到 4 634 亿日元。2017 年，日本摆脱通货紧缩，经济回升。一部分日本国内制造业业绩好转，设备投资趋于上升。另外，从销售额的不同领域看，日本物流装备在海外业绩增长 28%。其中，无尘车间的销售大幅上涨，增长 58%。与其他行业的销售额相比，"电机，精密机械"行业的销售显著增加。此外，对 2017 年度调查的行业分类做了更改，将以前编入"零售业"中的"邮购"作为新的行业独立调查。2017年，日本"邮购"物流装备销售额77亿日元，占日本物流装备总销售额的2%。

2017年，日本物流装备海外市场销售额增长30%，其中，无尘车间占海外市场的比例较高，受其影响强烈。2017年，无尘车间的海外销售额从701亿日元增至918亿日元，增长30.8%。近年，日本物流装备在海外市场整体销售额持续增长。

在日本物流装备海外市场的销售额中，台车占35.9%、自动仓库占35.2%、输送机占17.5%，以上三种设备占整体的88.6%。在这三种设备中，自动仓库从321亿日元增至483亿日元，台车从447亿日元增至492亿日元，输送机从175亿日元增至240亿日元。

五、日本物流装备统计经验

从日本经验来看，为了更深入地把握物流统计信息，日本很早就开始对物流统计信息进行连续的调查与跟踪，日本政府和物流协会在物流统计信息收集过程中发挥着重大作用。日本政府依托相关物流协会，收集物流统计信息。在物流统计信息收集方面，日本的各物流协会成为日本政府与物流企业信息沟通的桥梁。一方面，接受政府委托开展全国性普查和调研，为政府提供可靠的基础数据；另一方面，把企业物流活动中存在的困难和问题通过统计数据的形式如实反映给相关政府部门。在帮助政府收集、统计物流信息的同时，通过物流信息的研究分析，起到咨询服务的作用。长期以来，日本的物流协会严格地、准确地进行数据收集、汇总统计。日本政府根据物流统计数据反映出的结果，制定一些引导性政策和规范，促进了日本物流业向既定的方向发展。

第二节　日本物流技术发展与变化

近年来，日本经济形势瞬息万变，物流与供应链信息的获取，可提高物流企业的服务水平和效率。同时，物流与供应链信息系统的高效运转，可为物流与供应链活动各环节提供有效支持，并为物流活动提供预测和分析，以应对市场需求的不断变化。其中，"求车求货"系统、可视化跟踪追溯系统和港口运输信息系统等是当前较为成熟的物流与供应链技术。

一、日本"求车求货"系统

(一) KIT 系统简介

京都运输信息系统（Kyoto information of transport，KIT），是日本卡车运输协会及日本都、道、府、县的卡车运输联合合作社共同开发的。目前，全日本卡车运输企业达到 48 000 家，中小型卡车运输企业占 99.6%，"求车求货"系统是为了提高中小型运输企业服务效率而开发的系统（如图 6-3 所示）。

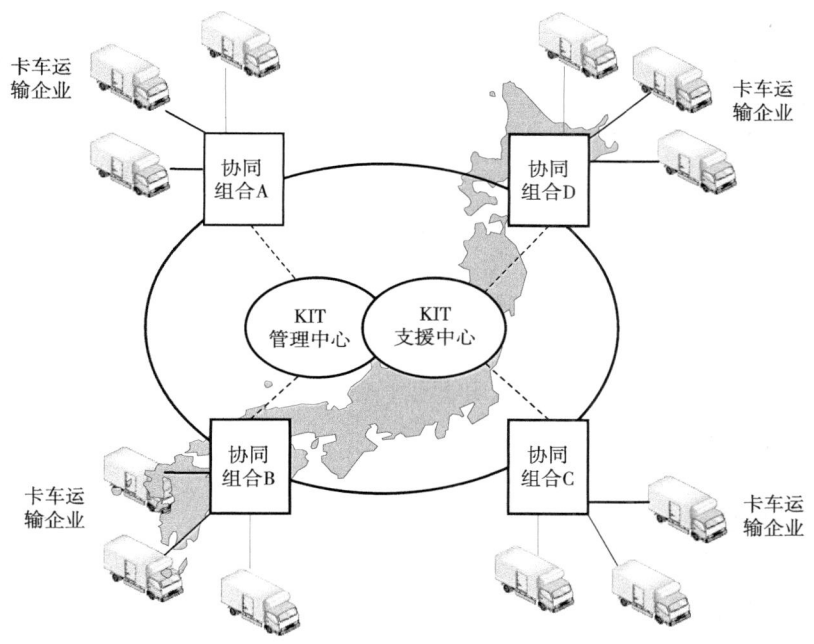

图 6-3 求车求货信息交换系统

为了解决回程空载问题，日本建立了 KIT 系统。一方面，货主通过"求车"可以寻找合适的回程车辆运输货物；另一方面，车主通过"求货"，可以寻找合适的货源，解决回程空驶问题。在日本，通过使用 KIT 系统，提高了物流企业在行业中的竞争水平、解决了物流信息不对称问题、降低了货车空载率、提高了车辆里程利用率、强化了货物追踪系统，在满足物流企业在规定时间内完成配送服务的前提下，提高了配送作业效率和客户服务质量。

KIT 系统的运行依托于全国性社会团体——日本卡车运输联合合作社，即日本卡车运输联合合作社负责管理 KIT 系统。KIT 系统要求卡车运输联合合作社成员，在卡车中安装计算机通信系统，通过计算机通信系统，KIT 系统可帮助卡车运输联合合作社成员处理烦琐的卡车运输回程等运输问题。KIT 成员企业通过平台直接同合作伙伴合作，进行长途货物运输和区域内相互配车配货等信息交换，增加中小型卡车运输企业与货主企业直接进行信息交换的功能。

参加 KIT 系统的企业必须是卡车运输联合合作社成员，而未参加 KIT 系统的卡车运输联合合作社成员，则不能享受 KIT 系统提供的"求车求货"服务。参加 KIT 系统的中小型运输企业，若未能有效利用 KIT 系统提供的相关信息，则无法提高卡车的装载率和利用率，也无法增加企业的货运量。

通过 KIT 系统可解决企业与货主之间货物运费不透明等问题。首先，通过 KIT 系统，货主企业需提供运费价格表，运输企业根据运费价格表收费，提供回程卡车运费。为避免低价恶性竞争的出现，KIT 系统只对运输企业提供运费价格表，并负责处理相关运费问题，以便稳定卡车运费体系。其次，KIT 系统操作人员在其系统上输入信息并发送，信息则迅速在 KIT 系统上公布，一旦成交，则信息会被迅速删除。再次，KIT 系统可提供 24 小时服务，随时可查看到及时的运输信息。最后，因 KIT 系统作为联合合作社的核心，故车主没有收不回运费的风险。为降低出现车辆事故等突发情况造成的损失，KIT 系统为卡车和货主办理了保险手续。为解决 KIT 系统出现的纠纷，日本卡车运输联合合作社内设置了 KIT 系统管理中心，以帮助调节企业与货主的纠纷。

（二）KIT 使用效果

目前，全日本约有 130 个区域性 KIT 网络寻呼平台，13 500 家企业加入 KIT 系统，加入 KIT 系统的企业，可了解各家企业及其经营情况。目前，KIT 登记的货物信息需求每月达 1 200 件，成功率在 80% 以上。车辆信息达 1 900 件，成功率在 85% 以上。KIT 系统收到联合合作社以及联合合作社内部的电话、传真等信息交换量，每月分别为 25 000 件、23 000 件。同时，随着"全面综合合作联合合作社"的建立，加入 KIT 系统的企业将不断增加，进而促进 KIT 系统的信息量不断增加。

（三）KIT 的特点

KIT 系统具有以下六大特点：一是广泛性。凡是安装 Windows 系统的计算机，都可使用 KIT 系统，充分发挥计算机通信的功能。二是可操作性。经过对 KIT 系统的不断升级，操作人员可根据计算机提示，快速学会系统操作。三是费用低。参加 KIT 成本费用低，货车仅需配备一台 Windows 操作系统的计算机（约 3 200 元人民币）、每月的运营费和电话费（约 320 元人民币），其费用可通过电话在全日本 45 个 NTTPC（日本电信电话公社）代缴，安全可靠。四是及时性。操作人员只要输入信息并发布，该信息就会迅速在 KIT 系统上公布，一旦成交，该信息就会迅速被删除。五是信誉高。KIT 系统作为联合合作社的核心，车主不必担心收不回运费，而为降低出现车辆事故等突发情况造成的损失，KIT 系统为卡车和货物都办理了保险手续。KIT 系统自 1991 年运行以来，未发生过运费纠纷事件。六是支持系统。为解决企业间的纠纷，日本货物运输联合合作社在其内部设置了 KIT 管理中心、NTTPC、KIT 支持中心等，以供协商之用。

二、可视化跟踪追溯系统

（一）宅急便跟踪追溯系统

日本的大和宅急便、佐川急便都在 1980 年左右完成了货物追溯信息系统的建设。货车司机携带信息采集终端实现准确、高效配送，并向客户反馈追溯信息，从而实现优质服务。1990 年后，随着互联网的普及，信息管理系统获取货物信息的方式更加便捷。信息管理系统的运用，使业务处理更高效化，并在提高服务水平等方面发挥了巨大的作用。

但是，两家公司也有区别，佐川急便的服务更关注电子商务用户，提供自动出货票打印机、"e-SAXIS" 等一系列先进服务。而大和宅急便则以众多分散的小批次货物用户为核心，利用信息化技术实现配送高效化，提供优质的客户服务，强化货物追溯体系的建设，强化定期配送服务，建立货车司机、配送员一体化服务模式。同时，大和宅急便与佐川急便的另一区别是，大和宅急便对互联网拍卖客户提供代收现金服务，其互联网拍卖客户可在申请成为大和会员后享受大和的互联网拍卖服务（如图 6-4 所示）。

大和宅急便和佐川急便是日本运输业的代表企业，较早适应互联网时代变化并在物流信息化方面大力投资。当前，互联网用户成为运输行业服务的新兴用户群体。

（二）JR 铁路的运输信息系统

1. TRCES，IT-TRENS 简介

高效公铁联运系统（Truck and Railway Combinative Efficient System，TRCES）由具有一定货物信息处理能力的装车系统和运输系统组成。2005 年，JR 货运

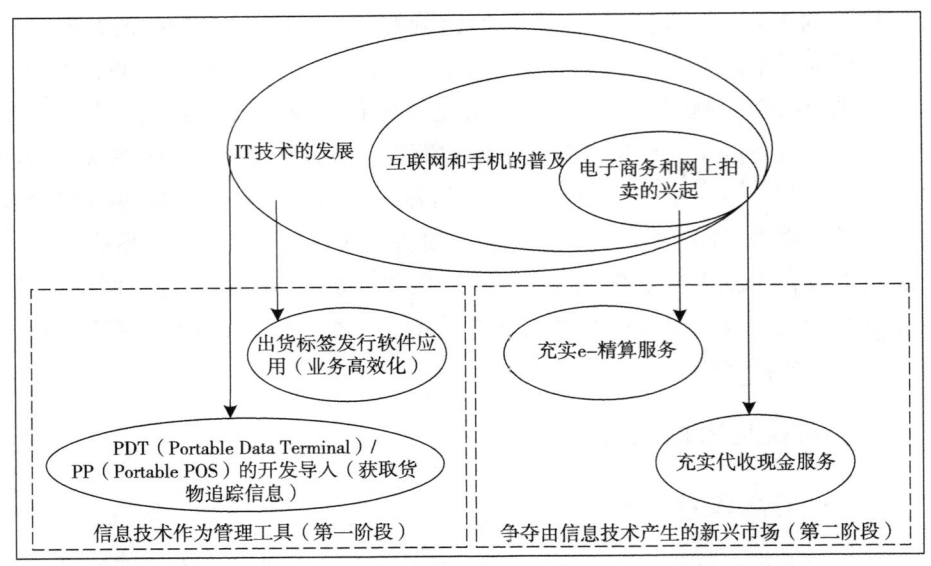

图6-4 宅急便的信息化示意图

在FRCES的基础上,研发了主系统IT-FRENS。IT-FRENS系统,在FRENS的基础上,加入了功能扩展客户端/服务器型信息管理系统。

IT-FRENS系统主要有两大功能。一是适用于互联网环境,IT-FRENS的前身FRENS是利用日本国内的网络专线,实现运输申请、货物状态确定等服务的系统。IT-FRENS则是利用更为普及的互联网作为通信手段,扩大了终端的适用范围。二是可自动调整运输计划,IT-FRENS最核心的功能是可自动调整运输计划,使用FRENS时运输计划申请功能是通过人工录入实现的,调整铁路运输计划这一活动,需要大量的人力参与到输入工作中。同时,人工输入后的最终结果,无法及时在系统中反映出来。特别是在应急物资运输中,由于系统无法自动调整运输计划,无法通过系统了解到最终结果,在大量人工参与的情况下,降低了应急物资运输效率。在此情况下,日本在IT-FRENS系统中开发了自动调整运输计划功能,当运输计划排满的时候,系统将根据日期,在指定站自动寻找空余的集装箱。同时,自动变更其他空余集装箱列车的行车路线,避免了列车出现计划排满的问题,较人工计划更高效。

2. JR货运物流信息化的发展

JR的IT-FRENS系统运用信息技术及时掌握货物位置,使人工操作更加高效化。和宅急便类似,IT-FRENS系统更加关注互联网与服务的结合。运用IT-FRENS系统时,系统设置了帮助窗口功能,解决用户在车辆调度方面的常见问题。分析 IT-FRENS 系统数据后，有助于解决变换运送线路等调度难题，增加了车辆运输配置的灵活性和合理性，改变了以往由 JR 调度中心统一管理调度的格局。而未来 JR 信息化发展的第二阶段，其系统可分析智能装车系统数据，以提高运输服务品质；分析驾驶员系统数据，为战略决策提供依据（如图 6-5 所示）。

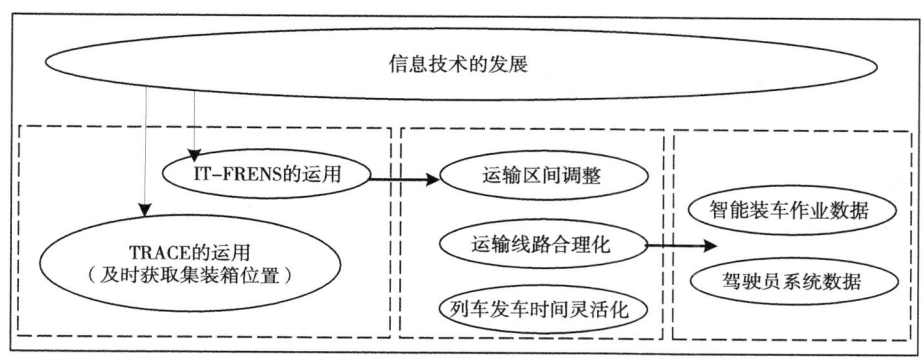

图 6-5　JR 货运信息化示意图

三、港口运输信息系统

（一）港口运输信息化

1991 年，海运货物通关信息处理系统 Sea-NACCS（Sea—Nippon Automated Cargo Clearance System）在日本投入使用。此前船舶出入日本港口，进出口关税申请都需要到船舶公司、海关当面提交文字申请书。NACCS 系统使关税业务简化了手续，实现了无纸化、迅速化、高效化。运用 Sea-NACCS 系统，船舶进出日本港口平均处理时间从 168.2 小时缩减到 63.8 小时，关税手续办理时间从 26.1 小时缩短到 3.3 小时。

2008 年，Sea-NACCS 系统从四个方面对原有系统进行优化。首先，Sea-NACCS 系统依照国际物流管理需要完善了业务流程，新 Sea-NACCS 系统在日本开始推广使用。其次，Sea-NACCS 系统扩大了业务范围，从原来的船舶公司、代理人、集装箱装卸场、保税区、海关、银行 6 大机构，新增了货主、海货和非船舶航运业（Non-Vessel Operatin Common Carrier，NVOCC）。再次，新 Sea-NACCS 系统数据格式不再局限于 EDI 和 EDIFACT 格式，还包括 HXML 等格式。最后，新 Sea-NACCS 系统大面积地扩大了业务范围，使其注册用户和事务所大幅增加。目前，新 Sea-NACCS 系统注册用户数达 3 689 家、事务所

8 025家，比旧系统分别增加了137.4%和131.9%。

（二）统一服务平台

统一服务平台是新Sea-NACCS系统的特色。原来进出口手续包括关税征收、动植物检疫、进口食品检测、贸易管理、船舶出入港手续及出入国管理手续，涉及众多行政部门和8个信息管理子系统，办理业务时要分别操作不同的信息系统，相同内容需要在不同系统中多次重复，较为烦琐。统一服务平台的产生有效解决了这一问题，用户只需管理一组用户名和密码，确保系统操作流程一致，手工输入内容格式一致，数据便可实现共享。新Sea-NACCS系统的统一服务平台由港口信息处理中心统一运营管理，最大限度地避免了数据的重复录入，实现了贸易活动的高效化（如图6-6所示）。

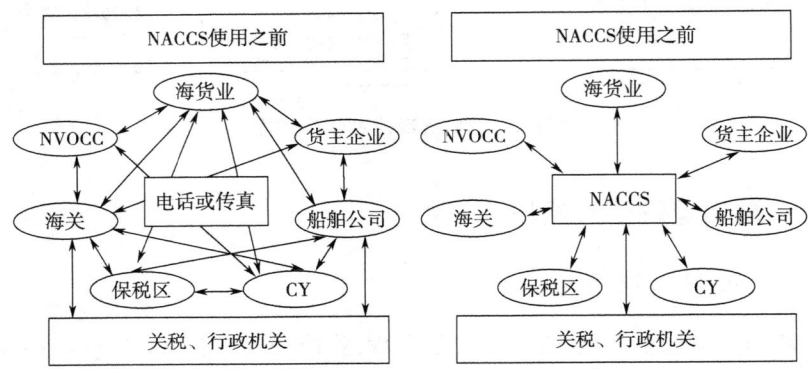

图6-6　Sea-NACCS运用效果图

第三节　2030年日本供应链管理技术变革

一、现代技术引发的2030年日本产业构造和供应链变化

日本物流业和制造业是一同支撑日本经济发展的重要产业。当前，日本物流业存在两方面突出问题，一是企业物流成本竞争激烈，二是物流业环境污染严重。因此，一方面日本需依靠物流及其派生需求创造价值，实现物流业向高收益产业转变。另一方面需要通过提高货车装载效率、减少无效运输，以实现高效配送、减少行驶里程，最终降低物流成本和二氧化碳排放量。

以连接（现实与虚拟世界）、替代（作业、现实）、创造（数据→信息→知识→价值）为核心的物联网（IoT）、大数据（BD）、人工智能（AI）等现代技术，可促使日本物流业转变，使其在国际社会上发挥竞争力，使日本物流业成为"价值创造型的高收益行业"。

（一）物流的作用及现存问题

日本物流将供应链各环节主体有机结合起来，其目的在于在整体最佳化的供应链管理过程中，缩短前置时间、使库存合理化等，以实现经营高效化并降低环境负荷，使客户和企业价值最大化。为了达到其目的和作用，必须实现物资和信息的网络化、可视化、共享化和及时化。所有货物的流动皆是因为最终的需求信息而产生的，需求信息在众多相关参与方之间传递，易造成牛鞭效应，即最下游的微小变动会导致上游巨大的需求量变化。众多参与者为各自的需求共同促进了物资流动，而物资流动花费的前置时间、物资流动进程的变化，加速并放大了供应链上信息的变化。因此，产生了一些由需求变动引发的无效库存、低效运输配送。

日本解决物流与供应链上的各类问题，其根本在于实现"可视化"，让物流及供应链上各主体能够从源头上共享变动信息，实现供应链整体高效化的飞跃发展。

（二）物联网范式转移及变迁

物联网（IoT）、大数据（BD）、人工智能（AI）将引发日本产业结构的变化。其中，物联网是因工业4.0而广为人知的德国网络接口标准化战略构想。目前，在美国工业互联网标准中间件的开发竞争已日益加剧。

日本对物联网进行了定位。物流对应的是智能物流部分。但是，由于物流关系到工厂之间的B2B、工厂与客户之间的B2C，以及客户之间的C2C，因此，实际上物流与供应链上各领域有密切联系。其中，有三个关键词可以用来表示物联网的作用。分别是连接、替代及创造（如图6-7所示）。

1. 连接

日本通过与供应链上必要数据与信息的连接，以实现供应链整体的"可视化"，解决供应链上牛鞭效应，大量削减库存并缩短前置时间。同时，通过在信息物理融合系统（CPS）中将现实事物模型化，一方面可保证及时处理故障，另一方面可预测故障的发生。

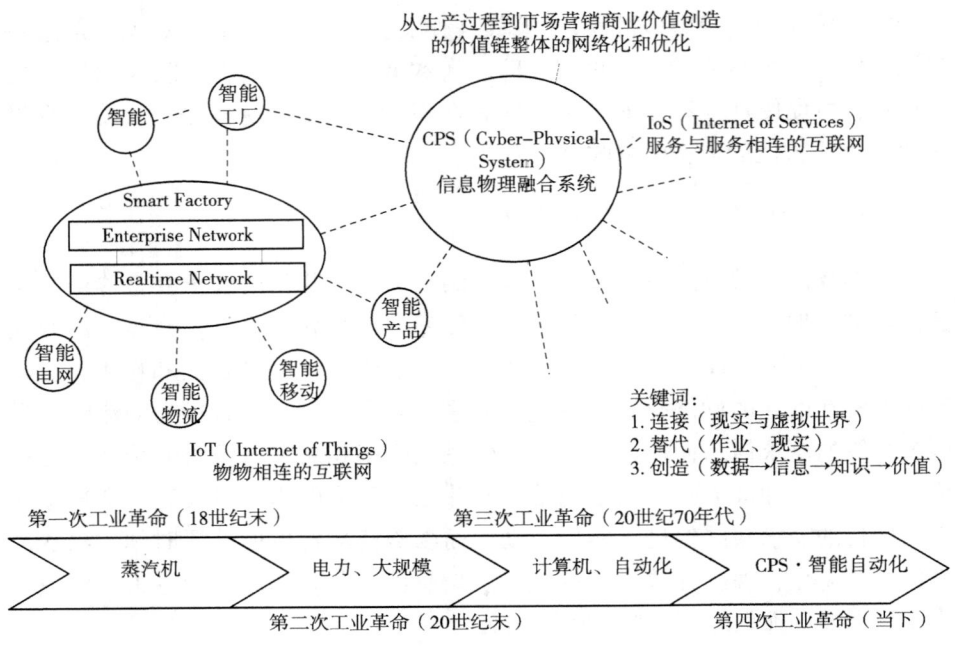

图6-7　物联网概念图

2. 替代

首先，一方面运用物联网将易出错的劳动密集型分拣作业由机器人替代；另一方面，随着运输支持系统技术的提高，帮助日本女性及老年人轻松做好驾驶员的工作。其次，无人机技术、便携式终端、三维测量、可视化技术、人工智能等技术在人口稀疏地区的发展，使得大量物流工作可由虚拟技术所替代，从而实现加速化的PDCA循环。最后，客户等终端消费者可运用3D打印技术发送需求信息，从而替代物流活动。

3. 创造

借助已连接的大数据，在CPS基础上进行各类优化、挖掘潜在客户需求，从而创造价值。若有效、灵活运用该技术创造价值，可促使日本物流业的业态由成本竞争转变为价值创造。但是，并不是单靠数据就能创造价值，还需充分理解从数据到价值创造的连锁构造。

（三）信息连锁构造

世界通过物联网连接起来，大数据量级庞大。但是，想要获得有意义、有价值的数据，则需要对业务经营过程、顾客行为过程和物流与供应链活动进行定义。将数据经过分类、整理后才能得到信息（如图6-8所示）。

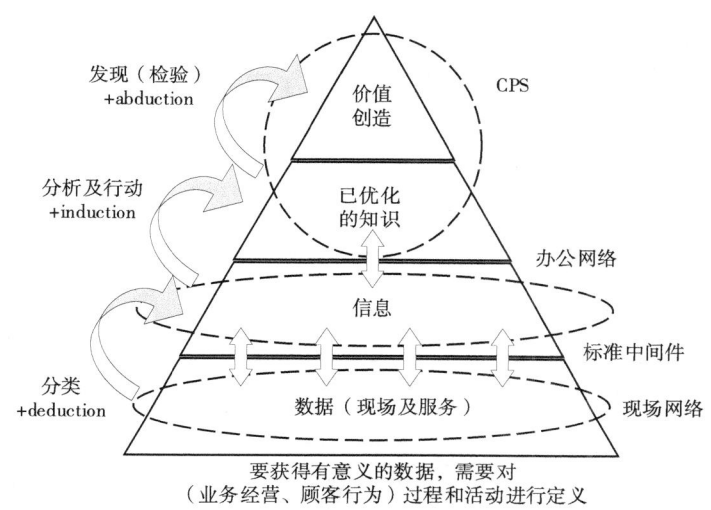

图6-8　从数据到价值创造的连锁构造

日本运用人工智能等方法可将信息转变为有用的知识，给信息赋予价值。但要到达发明的阶段，即从中孕育出新的价值，至少需要到2030年。从这个层面上看，如何确保物流领域有"能从信息和知识的阶段开始进行价值创造的"人才，如何培养出这样的人才，是日本当前急需解决的问题。

当前，7-11便利店每日需处理1 800万人的POS信息，而负责商品企划和开发的7-11商品部员工，对这份大数据进行假设及其检验。此外，门店运营顾问OFC约有2 500人，负责收集市场、顾客和门店意见，运用单品管理的方法，精准地预测每日各门店的商品需求，而大数据仅被运用于单品管理结果的检验。

（四）物流网的5层构造及其形态

日本物流是一项联结各企业、各业界的活动，也是一项灵活运用道路、港湾、基础设施等公共设施，具有极高社会性的活动。为了提高企业供应链的性能，在包含社会基础设施在内的物流规划的基础上进行网络化建设较为重要。同时，物流网是具有5层构造的网络，其各层的机制设计和基础设施的网络化关系到整体的一体化和优化（如图6-9所示）。

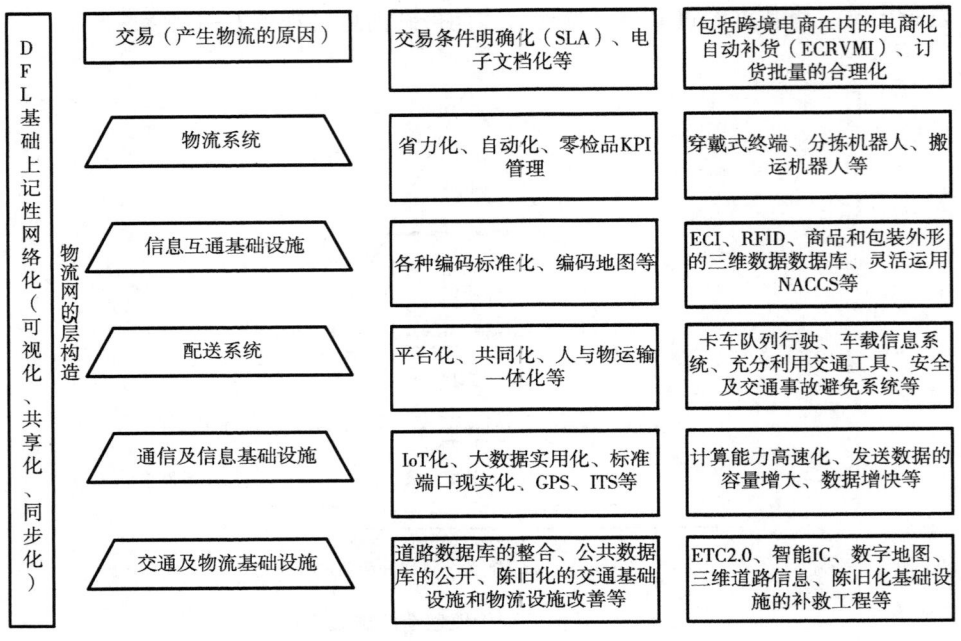

图 6-9　物流网的 5 层构造

第一层的交通及物流基础设施、第二层的通信及信息基础设施，被定位为公共基础设施，相当于物联网、德国第四次工业革命中的中间件标准化、现实化等非竞争领域部分。第三层的配送系统，反映了位于其上一层的内容。第四层的信息互通基础设施，包括各个企业和企业集团的标准化等，则反映了第二层的内容；同时，由第三层和第四层共同构成商业基础设施。其中，通过构建各个企业集团共同平台，使连接"可视化"，以实现高效化、高速化等。第一层至第四层共同构成了第五层的整个物流系统。第五层灵活运用大数据创造出全新的价值，以实现物流的高收益化的阶段。

2030 年之前，日本信息基础设施将随着物联网的发展变得更完善。同时，各种基础设施及法律制度的建设需要国家、团体、企业各主体有意识构建一个基于用户需求、接口及 DFL 基础上的网络。通过把握这一发展过程，对未来进行展望，以实现第五层的超高效化、快速化，并持续进行价值创造。这既是对今后物流管理人的要求，也是人们可以减轻环境污染的方式。与此同时，培养并保留能做到上述要求的领导型人才也是当下的要务。

二、2030年日本社会经济环境变化预测

（一）社会构造的变化

2030年，日本总人数将减少到约1.16亿人。一方面，全社会平均年龄上升到50.4岁，65岁以上的老年人占31.6%。另一方面，劳动年龄人口比例则下降到58.1%，人手紧缺问题日益显著。家庭总户数减少到5 100万户，平均每户人口减少到2.27人。

（二）物流基础设施的老化和司机紧缺问题

2030年，日本少子高龄化、青少年劳动力严重不足等问题更加突出。而公路货物运输业平均工资水平与各产业平均工资水平差距逐渐变大，且卡车司机工作时间长、工作强度大，造成货物运输业50岁及以上就业人数占比不断增加。随着道路等物流基础设施的老化，防灾减灾、陈旧化对策、基础设施维修将成为一大课题。

（三）农产品出口扩大

预计到2020年，日本农产品出口额将达到1万亿日元；2030年将扩大到5万亿日元。日本农渔产品、食品的出口将向全球范围扩大。

（四）外国游客的增加

来日本的外国游客将在2030年突破3 000万人次，外国游客消费总额将达到6万亿日元。其中，外国游客购物消费占消费总额的1/3。同时，外国游客也将灵活运用国际快递等服务，空手旅游的游客量持续增加。

（五）全球范围的城市化

当前，世界上50%以上的人口都居住在城市中。2045年，城市人口将增加到60亿人，增加的多半是以非洲为中心的新兴国家，印度、中国、尼日利亚将占37%。

（六）信息技术的开发

随着物联网的发展，个人购买记录将被电子化。同时，营造分析个人购买记录的技术条件，即可将个人购买记录和包括行走轨迹在内的各种个人信

息综合运用，作为大数据进行分析；卡车运输方面，由于动态地图等技术的完善，将实现干线高速公路运输的队列行驶。无人机、小型无人飞机方面，能负载 20 公斤货物飞行 100 公里的机器将普遍使用，取代目前能载重 3~5 公斤最长航行距离为 40 公里的无人机；因移动终端（PDR 传感器等）、三维测量、可视化技术的发展，物流改善技术也将持续改进；由价格低廉的驾驶型双臂机器人取代大量人工作业，实现物流高效化；计算能力不断增强，进而提高从解析大数据到采取行动为止的实时数据处理效率。

（七）B2C/EC 的发展

2030 年，若电子商务化比率仍保持当前增长速率，将有 30% 以上的零售实现电子商务化。电商的持续增长，促使日本快递企业的包裹处理件数增长。2018 年日本快递业务量已达 40.2 亿件，预计 2030 年将达到约 55 亿件。

为应对跨境电商的迅速发展，日本政府促进电商网站与物流服务系统合作、简化报关等流程、灵活运用海关系统、完善出入境库存管理及小宗货物配送网，以保障小批量、多品种消费品跨国物流的顺畅化和高效化。

（八）全球供应链管理的深化

受经济体整合进程的影响，关税及外资限制将被取消或降低，进而能够灵活运用物联网、大数据等现代技术，在全球范围内实现采购、生产、销售的供应链管理。

可以预测到，不仅是发达国家，新兴国家的城市化也将迅猛加速，针对城市需求的变动，生产和供给的灵活性变得日益重要。生产能力进一步向城市近郊转移，导致原材料采购物流的前置时间变长，城市产品配送物流的业务模式将发生根本性变化。

（九）全球温室气体的增加及温室效应

2030 年，日本由于老年、单身家庭的增加以及快递服务利用率的增加，出入东京 23 区住宅地的卡车量将增加 42%，全球温室气体将增加 25%~90%。同时，受到全球气候变暖应对措施的影响，预测全球的国内生产总值最高将损失 3%。以欧洲国家为中心，各国开始在载货卡车行驶里程的基础上引入环境税；美国已于 2018 年颁布二氧化碳排放限制法案；而日本政府也对此进行了探讨。

三、2030 年日本物流与供应链技术引发的变革

(一) 采购物流

随着跨境电商等电子商务的不断发展，供应商管理库存（VMI）和有效客户反应（ECR）等自动补货成为主流方式。与此同时，零部件和产品上将贴有射频识别（RFID）等自动识别数据采集（AIDC）编码，实现自动支付。灵活运用物联网和大数据，对需求进行准确的预测。在此基础上制订生产计划和采购计划，从而使采购、生产、销售物流一体化发展。东京—大阪等城市之间的干线高速公路物流，将实现队列形式。通过电子网络进行统合管理，实现共同运输与配送，能够改善货载量、提高效率。通过在发货公司和物流公司（3PL）之间共享电子化的货物信息，实现准时制物流（Just-In-Time logistics）。物联网及新型 ICT 的发展，强化了驾驶支持系统和安全防护功能，使女性、老年人、外国人也能在运输、装卸领域各施所长。

(二) 公司内部物流

随着日本劳动人口减少，机器人运用范围变广、数量增加，使得仓库作业的自动化程度不断提升，机器人分拣、备货实现全自动化，建成部分完全无人的仓库中心。在需要人的部分，通过充分利用穿戴式终端、动力外骨骼、机器人平板车等设备，使女性、老年人也可适应该工作。公司内部建立开放式平台，单元货载及堆货架的标准化、共同化水平进一步提高。2025 年，日本将在全球范围内同各国共同发展标准化。通过充分利用穿戴式终端、仓库管理系统、测量及可视化技术、自动收集并分析作业和业务数据，从而加速 PDCA 循环改善，提高物流业务的生产效率。

(三) 销售物流

1. B2C

全渠道零售的发展，提高了消费者的自由度。而随着 3D 打印机技术的发展出现了无物流消费。要做好小宗物流，即将小型货物配送至全国各地，需要在全国各地建设集配中心，大和运输在日本共有 4 000 处，才能形成规模效益。对个别包裹的数据、卡车行驶数据、道路信息等进行统一分析，才能实现效率最大化的配送。因此，在日本物流行业具有较高的壁垒，几乎没有新企业加入的空间，现有企业大和运输（雅玛多集团）、佐川急便、日本邮政集

团三大快递公司形成寡头垄断的竞争格局。但是，类似谷歌进军汽车行业一样，也存在不同行业、发货方企业进入物流业的可能性。

2. B2B

目前，日本正在推行个别企业的平台化。不仅如此，在 B2B、B2C 领域也将建成开放式平台，实现确认收货、本人签收确认、支付的电子化。通过电子网络进行统合管理实现共同运输与配送、改善货载量、提高效率。通过在发货公司和物流公司（3PL）之间共享电子化的货物信息，实现准时制物流。在企业编码标准化的条件下，从汽车业开始，RFID（IC 标签）得到了广泛运用。检品及备货的自动化，物流信息、物流、库存的可视化进一步发展，既缩短了前置时间也削减了库存。2030 年，将从通过编码及 AIDC 进行人、物识别，进一步发展到通过物品的三维图像电子信息进行识别，并出现运用这一新识别技术的新型物流服务。

3. 最后一公里

日本从集配中心到收货人的最后一公里，可通过以下三种方式实现再次配送量的最小化。

第一，在城市内灵活运用无人机、机器人平板车等工具；

第二，完善便利店、快递箱等末端收件设施；

第三，根据客户的不同需求及与服务对应的适当报酬，以提供差异化的快递服务。

城市物流方面，放宽管制与新参与者的加入，让普通人可以代收代送快递、不同行业可以"顺带"配送，让公共交通工具得到充分利用，促进物流市场崛起。

日本人口稀疏地区的物流和针对老年人等弱势消费者的代购服务等，建立收货与配送同时进行的新型地方快递模式，灵活运用无人机、无人车、公共交通工具派件，企业充分运用多样化的配送方式。

为了解决人手紧缺问题，需要扩大负责人的职责范围，建好最后一公里配送平台，根据报酬提供相应的服务。

随着全球城市化与地球变暖，城市地区生鲜食品冷藏配送的需求量急剧增加。日本的冷藏配送技术较高，可使世界各国的城市广泛消费日本的生鲜食品。

（四）逆向物流

日本从汽车业开始，在用来更换部件的周转箱上，安装电子标签以掌握部件的位置信息，提高回收的准确性、实现了回收物流、采购物流和销售物流的部分网络化，减少卡车的单程运输，充分利用往返双程。经过物流规划（DFL）后再进行回收，将简化货品的拆卸、分类等活动，并且设计产品、商品时，会更多考虑到提高货载率等运输效率问题。通过远程操作进行维修以延长产品的寿命，大量减少回收物流。

（五）物流规划

日本为优化供应链管理，运用经济的包装及运输来进行产品设计的物流规划（DFL），保证单元货载化及货载率的提高、运输模式的多样化、逆向物流的高效化等得以实现。由于产品的模块化、平台化，从下订单到收货为止的前置时间得以缩短，供应链库存大幅减少。此外，在进行城市规划和楼房建设时，进行物流规划（DFL），实现电线杆地下化、留出处理货物的空间、保持建筑内部物流的高效运行等，把物流考虑在内已成为一种共识，使得交通拥堵得以缓解，高效的建筑内部物流得以实现。

（六）社会体系

随着物联网的普及，法制化、可视化、合法化程度不断提高，日本将不再允许车辆长时间待机等低效行为的出现，从而实现全社会物流总成本最小化。自 2020 年开始，将提供包括公路交通、港湾等信息的交通信息服务。其中，利用高速公路上的 ETC2.0 等，可事前避免交通堵塞并可获取卡车的位置信息，实现物流业务的高效化。不仅为卡车司机提供可否通行、左转右转、桥梁高度等通行限制信息，发生灾害时可否通行的信息，还可提供实际通行情况、实时交通量等空间信息，提高配送业务效率。

此外，日本通过充分利用卡车车载信息系统的数据，构建一个开放平台，用于卡车的运行管理和实际收货情况管理。在该数据的基础上，可以让发货方和收货方重新制定收派件时间等交易条件，大幅缩短车辆待机时间、提高运输与配送业务的效率。2020 年将建成一个物流开放平台，为人们提供运用 NACCS 信息的新型服务，集装箱的循环使用使海上集装箱运输的效率得以提高，港湾地区的交通拥堵得以缓解，环境污染得以减轻。

（七）日本式商业习惯

通过灵活运用大数据，日本可以根据企业实际需要，进行需求预测并削减企业成本。在共享供应链中各个参与者库存信息的同时，通过 VMI、ECR

等实现自动补充基本款商品等活动。2025 年,不透明的回扣、退货制度等日本式商业习惯将得以改善,供应链各个阶段的库存都将得以优化,最终实现企业收益最大化。此外,将在零部件、商品构件、商品上贴 RFID(射频识别)等 AIDC(自动识别和数据采集)编码,以三维图像信息的形式在各个参与者之间共享商品数据库,零检品化和自动结账将在日本普及。运输与配送方面,将在合同的基础上进行透明、公正的运输与配送,该合同上明确记述交纳条件、运费、有无附带作业等方面的信息,发货方、收货方以及运输公司三方达成的其他共识。

(八)利用电子文档进行交易及其保管的正当化

随着贸易电子化的不断加深,物流交货单、发票及其他单据也将实现电子化。同时,将推行以 PDF 形式保存电子文档的制度。

(九)全球化

2030 年,日本物联网基础设施将建设成型,标准化接口成为现实,届时将实现整体最佳的全球供应链管理,可实时把握包括运输途中在内的,世界上所有零部件、产品的库存情况和生产商、物流中心的生产率。也可进行远程操作,通过该体系在经营、操作过程中进行决策、改善、维护。

(十)人才

1. 培养高端的领导型人才、数据人才

2030 年,日本将出现用物联网、大数据、物流相配合的新型商业模式,以及利用新型商业模式创造市场收益的企业和经营者。

由熟知各个产业领域商业模式的高端领导型人才负责供应链管理的规划运营,实现供应链管理的外包。

培养能有效运用大数据、精通相关业务的分析师、数据科学家和软件开发人员。同时,此类人才在企业的待遇也将得到改善。

2. 支撑物流现场的人才

2030 年,日本将具备让女性、老年人也可以舒心工作的劳动环境和技术支持条件,建成培养外国留学生成为物流人才并聘用他们的机制。

(十一)安全性、可靠性

随着物流基础设施的老化,日本从安全性、可靠性、及时性以及防灾减灾的角度，需要对物流基础设施的危险实时预警，而预警信息的通知、物流基础设施的维修及修复将成为一大课题，届时需要一项新的业务——新型的物流基础设施维修业务，而具有支持灾害防控功能的物流设施也将得到普及。

自动驾驶普及的同时，确保驾驶的安全性、可靠性、防止交通事故发生成为新的问题，检测司机血压是否异常、通过神经科学技术预知睡意等技术得到普及。

（十二）减少二氧化碳排放

通过提高需求预测精度、灵活运用发货信息，日本建成物流共同化的开放平台，并灵活运用该平台，保证不再出现卡车空车运输的情况，促进货物运输领域的二氧化碳排放量大幅减少。

第七章 日本应急供应链管理研究

素有"地震国"之称的日本,平均每天约有 4 次地震发生。同时,全世界里氏 6 级以上的地震,20%都发生在日本,日本为此在应急管理方面投入巨大,居于发达国家首位。2011 年 3 月 11 日,日本宫城县牡鹿半岛东南发生 9.0 级地震。由于地震受灾面积大引发海啸,交通和通风设施等损坏严重,使地震后数周,救援组织松散,救援行动效率低,导致灾民物资缺乏,灾民挨冻受饿情况普遍发生。东日本大地震的发生,反映出日本救灾不力的严重问题,以及现有救灾应急管理方面仍存在许多待研究的课题。因此,本章节,以东日本大地震为例,探讨日本应急供应链的发展及未来动向。

第一节 日本应急物流及供应链问题

一、东日本大地震基本情况

2011 年 3 月 11 日 14 时 46 分 18 秒（东京时间）,日本宫城县牡鹿半岛东南发生 9.0 级地震,是自有记录以来,全世界第五高地震[①]。地震导致 15 897 人死亡、2 533 人失踪[②],造成直接经济损失达 25 兆亿日元。与此同时,由于地震引发的海啸和福岛核事故,至 2019 年,仍有约 5.2 万人不得不过着疏散在外的生活。

---

① 世界历史上前四高地震：1960 年智利瓦尔迪维亚（9.5 级）,1964 年美国阿拉斯加州威廉王子湾（9.2 级）,1957 年美国阿拉斯加州安德烈亚诺夫群岛（9.1 级）,2004 年印度尼西亚苏门答腊岛（9.3 级）。

② 日本警察厅截至 2019 年 3 月 8 日的汇总数据。

二、东日本大地震的特征

(一) 规模大范围广

此次地震是日本自 1923 年官方测定地震震级以来,震级最高的一次。这次强震使日本本州岛向东移动大约 3.6 米,地轴移动 25 厘米,使地球自转加快 1.6 微秒①。

在地震波及的范围方面,在日本历史上著名的 1995 年阪神大地震②和 2004 年新潟县中越大地震③由内陆地壳的垂直运动引起,均为特定地区的局部地震;而 2011 年东日本大地震,由太平洋板块与其他板块的碰撞引起,北至青森县八户市,南至千叶县旭市,波及范围横跨太平洋沿岸约 500 公里。这次地震引发的海啸波及范围更广,包括三陆海岸(从青森县八户市鲛角到宫城县牡鹿半岛约 600 公里海岸线的总称)和福岛东部太平洋沿岸(阿武隈高地东部)等。

(二) 次生灾害严重

2011 年的强烈地震在日本东北太平洋沿岸引发巨大海啸。高达数米的海浪将车辆等卷入海中并冲毁沿岸建筑。

另外,受此次大地震影响,日本福岛第一核电站发生放射性物质泄漏,随后 1 号机组发生氢气爆炸。日本政府把福岛第一核电站人员疏散范围由原来的方圆 10 公里上调至方圆 20 公里,把第二核电站附近疏散范围由方圆 3 公里提升至方圆 10 公里。国际原子能机构说,日本正从两座核电站附近转移 17 万人。

(三) 受灾地远离物流主干线

2011 年地震引起的海啸波及的三陆海岸和福岛东部太平洋沿岸,远离日本东北重要干线——东北公路和国道 4 号线,给救援和重建工作带来了很大困难。

---

① 根据美国国家航空航天局(NASA)发布的信息。
② 阪神大地震:1995 年 1 月 17 日 5:46(东京时间)发生在日本关西地方规模为里氏 7.3 级的地震灾害。地震造成约 6 434 人死亡,43 792 人受伤。在日本地震史上具有重要的意义,它直接引起日本对于地震科学、都市建筑、交通防范的重视。
③ 新潟县中越大地震:2004 年 10 月 23 日 17:56(东京时间)震中位于日本新潟县中越地区的规模为里氏 6.8 级的地震灾害。地震造成 31 人死亡,超过 2 100 人受伤,是继阪神大地震之后第二次观测到里氏 7 级的地震。

(四) 受灾信息传播不畅

日本发生阪神大地震以及新潟县中越大地震时，虽然也发生了通信不畅的情况，但当时固定电话不通时手机还可以使用，且通过网络和电子邮件也可以与外部取得联系，即便是在中山间地带①，通过自卫队的救援活动，也能够将灾情带到外部，事实上这两次地震都在较短时间内恢复了通信联系。

但是此次东日本大地震却大规模地阻断了通信联系，且通信功能短时间内未能得到恢复。地震、海啸、火灾毁坏了电话局、电话线和信号发射塔。有的地区建筑物全毁，有的地区用于防灾的无线通信设备、卫星通信设备以及备用电源均被海啸冲走。即使通信设施没有受到破坏，由于长时间停电，也不能正常发挥功能。这些原因使得灾情不能及时向外部传送。

另外，海啸将损毁的建筑物、汽车、船等大量垃圾冲到了公路上，阻断了交通。通信中断与交通不畅加大了灾情信息的采集与传送的难度。

(五) 日本生产停工范围超过灾区范围

东日本大地震造成的生产停工范围超出了灾区范围，波及日本全国甚至蔓延到海外，其主要原因有三个。

第一，东北地区的制造业有一个重要特点，就是除本地的源头产业在本地外，其他关联加工企业已分散到以关东为主的各个地区。为此，企业依靠长途运输大范围采购产品的较多。供应链上游受阻，使远离日本东北地区的企业也受到了影响，停工波及全国乃至世界。

第二，由于日本经济长期增长缓慢，使中小企业淘汰出局，进而致使一些特定产品的生产逐步集中到了少数拥有先进技术的企业，再加上产品差异化发展，使得特定企业所生产的特定产品无法被替代。这时如果供应链受阻，其他相关企业很容易受到影响而停工。

第三，准时生产方式（Just In Time）的发展，造成供应链的上下游原材料、零部件的库存极少，如果供应链的多个节点无法保证正常的供应，将立刻造成大范围的生产停顿。

---

① 中山间地带：除城市和平原以外的地区。

三、灾后物流及供应链问题

(一) 物流信息无法及时获取

物流就是"物资的流动",如果不能获取"何时""何地""何物""多少"等基本运送信息,物资就不能顺利而有效地流动。即物流的初期信息是不可或缺的。但是,2011年大地震由于通信和交通长时间中断,造成了信息长时间传递不畅,使得日本政府不能及时掌握灾情,也无法获取震区对赈灾物资的需求信息。

向灾区运送赈灾物资,一般要求在救灾初始阶段"迅速将最低限度的和足够数量的生活必需品供应给灾民"。为此,较理想的方法是,尽快确定一个离灾区近且较稳定的物资集散地,建立由此向各灾区辐射的物流体系。

2011年地震,灾区各县也设立了赈灾总部,虽然公路交通受阻,但仍有很多救援物资被快速运到了赈灾总部。但是,由于大范围的通信中断,灾区的物资需求信息无法传到赈灾总部,使得赈灾总部无法掌握受灾范围和救援物资的供给情况。信息不畅使物资集散地的选址和规模无法及时确定,继而影响了卡车高效运输计划的制订和执行。

赈灾物资源源不断地被运到赈灾总部,一方面,各自治体、卡车运输业者、仓储业者等物流业者,因交通不畅、司机短缺无法及时将物资运出去而焦虑;另一方面,物流业者虽然都有罐装汽油等燃料的储备,但是储备量有限,仅可以供应2到3天,地震中急需的汽油、柴油等燃料的供给不稳定,给其制订周详的卡车运输计划带来了困难。

(二) 救灾物资的物流管理问题

1. 建立救灾物资供应链

常态物流系统和应急物流系统有很大不同。地震等灾害发生后的不同时间段,对物流系统的需求也不同。灾害发生时,首先要用最短的时间,估算受灾地区最低限度的必需物资,并迅速按照"推式"供应链系统进行供给(如图7-1所示)。在各类最基本的物资供给达到稳定之后,再依次为受灾者满足其余需求,进行相对应的"拉式"供应链系统供给(如图7-2所示)。

日本将集货点与避难所相关联,对救灾物资进行物流管理,由受灾地之外的地区,提供"整套"物资供给,极大地缩短了最低限度必需物资的供给时间。

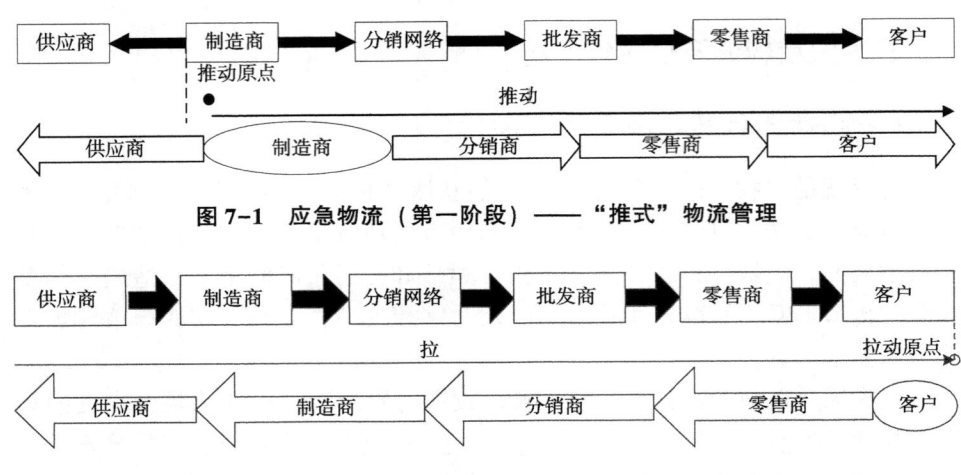

图 7-1　应急物流（第一阶段）——"推式"物流管理

图 7-2　应急物流（第二阶段）——"拉式"物流管理

灾害发生后，通常在受灾地区以外的区域进行救灾物资的调配。首选相邻地区，但因相邻地区很多工厂受到灾害波及，其物资供给也出现了困难。因此，中部以西地区成为此次救灾物资的供给中心。

但是，随着运输距离的增长，运输时间也有所增加。在燃料不足的情况下，确保配送救灾物资的车辆从受灾地回程的燃料供应，也是一大问题。

救灾物资的物流管理如果不把救援地与受灾地、一级区域集货地、市镇村的二级集货地，以及各级避难所等各个节点相互连接起来，形成推式供应链系统"救援地→受灾地→一级区域集货地→二级市镇村集货地→各级避难所"体系，物流管理将失去意义。

2. 救灾物资的集散管理

通过各渠道，把救灾物资运输到区域的一级集货地是比较顺利的。但是，为了应对各个避难所的需求，在各集货地进行物资分类，之后再进行末端配送就成为最大的问题。

从受灾区域的一级集货地，向市镇村的二级集货地，以及避难所进行物资配送时，由于各市镇村的政府机关本身也遭受了较大灾害，导致其在地震初期已经不能很好地发挥作用。此时，政府缺少精通物流管理人才的问题也凸显出来。为此，政府机关只能向民营物流企业提出派遣物流管理专业人员的请求。

当从外地向受灾地进行物资供应时，如果不能在集货地进行出入库及库存管理，极有可能出现大量物资堆积的问题，同时，也会产生无法及时配送到避难所的问题，将会出现入库量超过出库量的状况。

3. 救灾物资的分类

即使能够配送到受灾地的一部分物资，也会出现不打开箱子，就不知道箱子里所装货物种类的情况。或者出现在一个箱子里，有很多品种的物资，给物资的分类造成麻烦。

关于区域救灾物资的集货地。地震初期，虽然把各级政府部门的办公楼等公共设施作为救灾物资集货地使用，但是由于物资接收后物流管理不善，将会出现物资堆积以及空间使用不足等问题。针对这种情况，民营物流企业的物流设施需要被征用。此时，民营企业的物流设施，就要按照救灾物资的品种接受管理。区域救灾物资集货地也从最初的 4 处增加到 24 处（22 家企业），存货面积增加到 8 000 平方米。

在市镇村物资集货地，也有同样问题发生。由于在地震发生前，还没有形成市镇村的政府与物流企业协同合作的体制，因此为了应对突发事件，如何建立与民营企业的联合体制，也是一个需要解决的课题。

此外，由于市镇村政府机关同样受灾严重，应对紧急情况也有很大的困难，此时，从市镇村集货地向避难所的末端配送难以顺利进行。

综上，应急救灾物资物流管理问题，主要涉及推式物流系统和拉式物流系统、现代物流的管理、集货地功能的强化、供给物资的配套问题、受灾地和受灾地以外的联系合作——分担关系、公共部门与民间部门的协同合作——工作分工、救灾物资供给的确保、普通流通渠道的并用（如图7-3所示）等。

（三）生活日用品供应链问题

东日本大地震发生后，受灾地区的生活日用品供给不足（如图 7-4 所示）。其中，国分从 2011 年 4 月 11 日开始，1 500 个品种的食品脱销；矿泉水的需求剧增；帽子的供给严重不足；啤酒工厂停产；纳豆制造厂由于停电，发酵作业不能进行，加之包装容器不足，使其生产量减少；酸奶工厂由于生牛奶不足，且停电致使发酵作业不能进行，生产量也有所减少。鸡蛋、养鸡农家工厂由于饲料不足，鸡蛋生产量减少。

连锁店或本地超市，都通过各个渠道从受灾地外获取商品供应给受灾地内的零售店铺。其中，连锁店的零售商由受灾地外本公司物流中心供给。本地超市主要通过受灾地外向灾区内主要超市、制造厂、批发业的共同配送来完成商品供给。由于当地批发商受灾情况严重，对于与受灾地外批发业没有交易的普通零售店铺，渠道被切断，使得其商品无法及时供应。

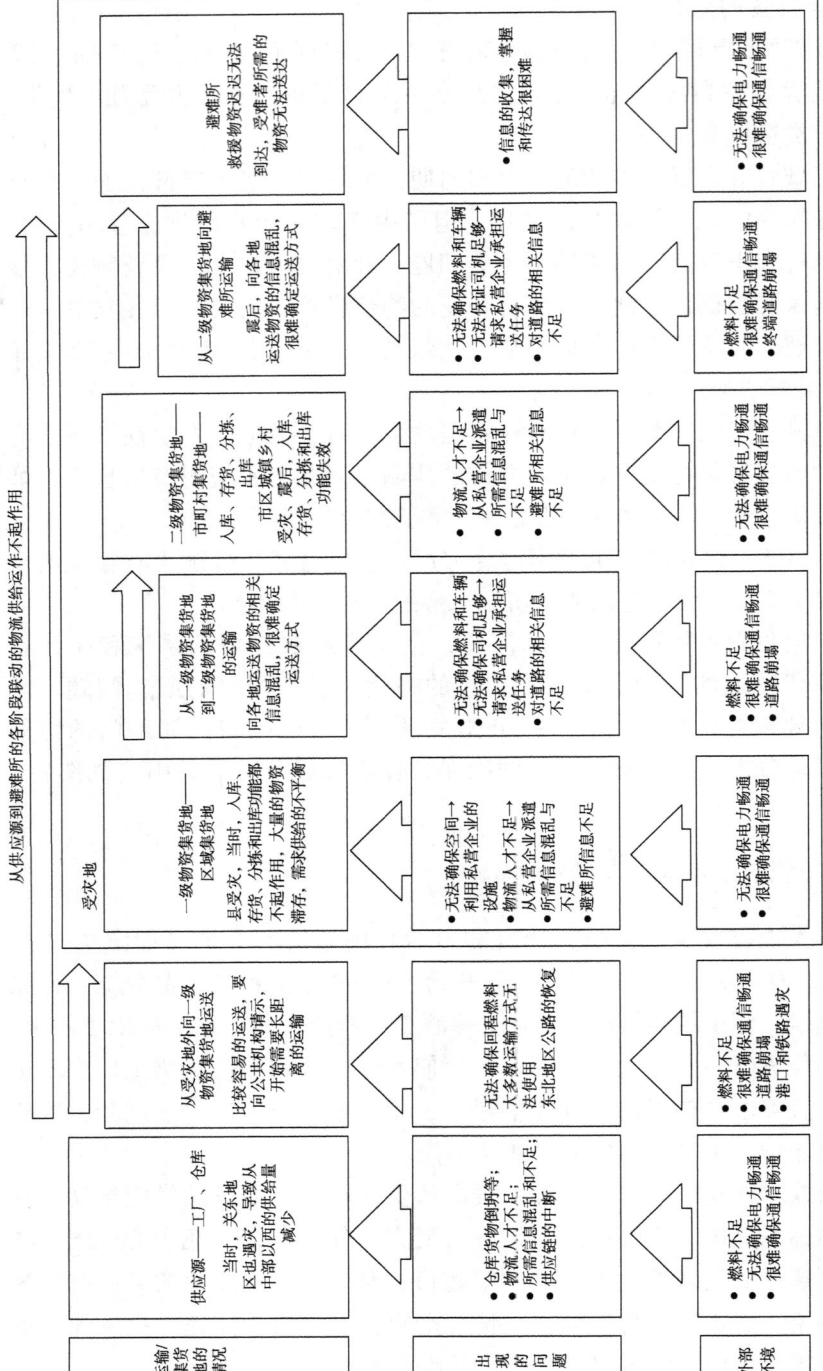

图7-3 应急救灾物资供给的问题

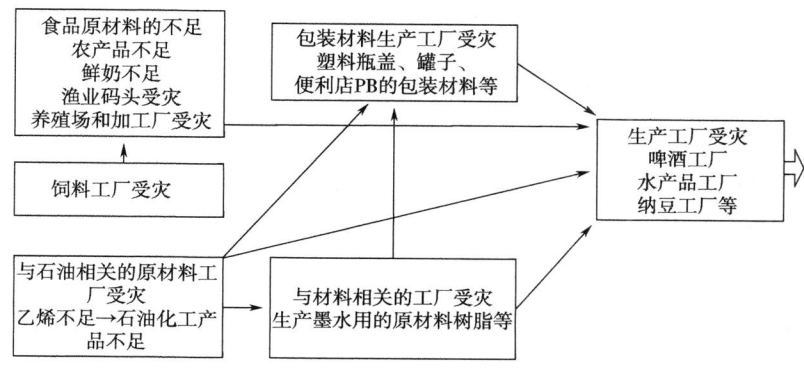

图 7-4 消费品供应链受灾的关联图

向受灾地供给物资的流通业面临新的课题，包括物流中心的专用化、外包重新评估、低库存重新评估、备用物流功能的强化（从受灾地外向受灾地的配送）、应急手册的制定、推式供给（根据手册，不等订购即从关东供给必要物资）、企业联合的商品流通、零售商和制造厂的联合（自主品牌商品迅速调配）、自动化与机械化物流中心修复方案的确定、备用信息系统的强化（用于降低中小批发商的数据损失）、灾害时信息通信系统的保障（卫星电话的应用）、停电时订购系统的采用、电源的保证（自有发电装置的设置）。

（四）供应链上游出现问题

2011年大地震，沿岸地区和内陆地区的受灾情况不同。内陆地区的厂房、设备等设施损毁并不严重，待生产线检修完后，一些企业便可快速投入生产。与此相比，在沿岸地区，由于海啸的影响，地方产业的水产加工业、海港产业的石油、钢铁、水泥、造纸等大型工厂受灾较为严重，生产设备受到大规模破坏，原材料等在库物资大量流失，还有火灾损失等，致使短期内恢复生产无望。

供应链上游出现问题，将使下游企业生产停滞不前，进而波及整个国家，致使很多企业无法生产。2011年4月8日~9日，日本经济产业省对震后各产业受损和物资供应情况进行了紧急调查。调查结果显示，尽管地震已过去一个月，但依然有36%的制造企业未恢复生产。其中，80%以上的停产企业表示是由于"供货方受灾严重，原材料、零部件的采购供应不顺畅"造成的；91%以上的停产企业表示是由于"供货方的上游企业受灾严重"造成的。71%的企业表示要到10月份以后才能采购到足够的原材料和零部件，有近

30%的企业表示无法估测何时能采购到足够的生产物资。

四、供应链重构亟待解决的问题

2011年5月17日，日本政府公布了"重建日本的政策促进方针"，该方针列举了供应链构建所存在的重大问题，指出了当前、短期以及中长期的经济财政政策的基本方针是尽早恢复供应链的畅通以及促进供应链重构。

以前，只重视物流的效率性，缺乏风险管理。因此，震后产生了诸多问题（如表7-1所示），同时，社会对于物流的关注点也发生了变化（如图7-5所示）。反思此次供应链大规模的迟滞，今后应该如何构建供应链以及作为其支撑的整个物流模式，是值得再思考的课题。

表7-1　震后供应链各个环节凸显的问题

采购阶段	供应商不能把握供应情况
	供应商大量供货的出现
	零部件的共通化、标准化没有施行
	远距离采购较多
	供应商存在消减库存的情况
生产阶段	生产工厂的集聚、合并情况
	没有可代替性生产系统
	生产功能的外部托付情况
	生产工厂的布局，主要集中在沿海港口城市的问题
物流阶段	物流节点的集中化、一体化布局问题
	没有可替代性的物流节点
	消减库存问题
	推进机械化、自动化，提高物流效率问题
	运输系统一体化问题
	备用信息系统建立问题
销售阶段	商品的集中生产
	建立应急信息通信系统问题

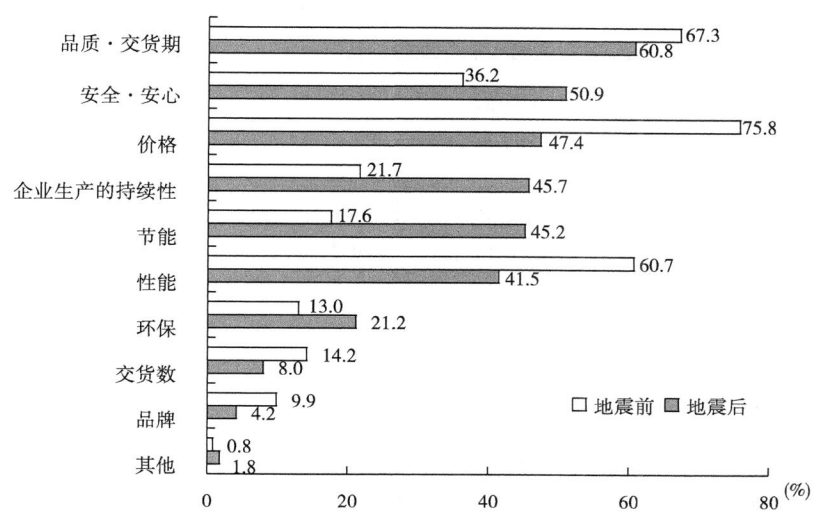

图 7-5 震灾前后社会对物流服务关注点的变化

灾后重建需要考虑风险应对，包括在供应链管理、生产、物流以及销售的各个阶段，分散布局生产、物流节点，构建生产、物流节点的替代系统，增加库存量，使运输方式多样化，强化备用信息系统等（如表 7-2 所示）。

表 7-2 物流、供应链管理风险应对的情况

	供应链（采购物流）重新评估的变化	生产体系重新评估的变化	现代物流系统重新评估的变化		销售阶段重新评估的变化
			物流节点	输送	
分散化	采购地分散、多渠道化	生产工厂的分散化	物流节点的分散化	—	商品的内部生产
内部生产化	提高当地采购率	生产功能的内部化	—	—	—
库存量的重新核定	增加采购地库存	—	库存量的增加	—	—
可视化	采购地的可视化	生产、物流的可视化			—
可替代系统的构建	—	其他工厂的可替代性生产	其他物流节点的可替代性	运输系统的重新评估	—
共通化、标准化	零配件的共通化、标准化	—	—	—	—

续表

	供应链 （采购物流） 重新评估的变化	生产体系重新 评估的变化	现代物流系统重新 评估的变化		销售阶段重新 评估的变化
			物流节点	输送	
持续的强化	—	工厂区位选择的 重新评估	机械化、自 动化重新评估	—	—
信息系统的 备份、整备	—	信息系统的备份体系的强化		—	信息系统的 整备

首先，为了规避地震等自然灾害，工厂的生产布局会进一步分散，企业会自发地选择多渠道物资采购供应点。生产布局的进一步分散，以及多渠道物资采购供应点的建立会从整体上增加库存物资量及其运输成本，如何压缩成本将是重要课题。为此，有必要建立一套能够对分散的仓储点进行一元化的可视化管理系统，以及能快速反应的集约化运输方式的高效率物流体系，以便实现成本的压缩。

一直以来，从供货方到购货方，很多企业都在探索在库管理的可视化，希望共享供应链各节点的库存信息。但是，此次地震灾害暴露的问题是，从产品生产完工到提交给最终消费者（下游）的供应链可视化管理有了很大发展。与此相对应，从原材料、零部件的采购到产成品生产完工（上游）的在库可视化管理依然是薄弱环节。如果能建立一套物流体系，对供应链的上下游所有节点的库存进行可视化管理并共享信息，那么，通过合理布局仓储节点，企业将拥有迅速应对自然灾害的能力。

建立上述应急物流体系，实现可视化供应链管理存在以下难点。

第一，原材料和零部件等复杂而庞大；

第二，从一点到多点，供应链上游的多重辐射构造错综复杂；

第三，供应链下游节点对供应链上游各节点的信息公开程度不同。

但是，即使不能完全实现供应链管理的可视化，对于像2011年震灾所表现出来的主要问题，即主要的原材料、零部件以及采购点较集中的原材料、零部件的供应迟滞，有必要在一定程度上实现供应链上下游的信息共享，至少，企业在构建自己的采购网时，要做到直至末端的可视化管理，否则，还是无法应对自然灾害所造成的损害。

由此可见，建立合理的供应链，既要做到低成本，又要能够进行风险管理，对现有的生产、仓储、运输进行彻底变革是无法避免的。实现供应链的可视化管理，信息网络不可或缺。在灾情长时间持续的情况下，为了确保信息畅通，企业应该尽量避免单一模式和单一渠道的通信手段，尽量采用抗灾能力强的通信技术，平时就要确保多重模式和渠道的通信手段，尽力构建一种能应对非常情况发生的应急机制。

五、高效率应急物流亟待解决的问题

地震发生后，经过初期阶段的救援工作，很多灾民已基本恢复了较正常的生活。但到2011年6月20日，全日本仍然有125万人滞留在避难所，靠救济生活。尽管救灾工作已延续了数个月，但赈灾物资的运送仍然存在了较多问题，一方面是赈灾总部物资堆积；另一方面是灾民缺乏救济物资。

救灾工作离不开高效率物流。交通不畅、燃料不足造成赈灾物资无法及时运送。这是震灾早期的问题，更大的问题是救灾工作已经过了数月，应急物流体系仍然未发挥应有作用。应急物流体系与普通物流体系一样，也需要相关主体相互协调，对赈灾物资的信息进行一元化管理，并共享信息。但实际情况是，由于地震这一非常状况的发生，赈灾物资的运送和管理主要由不懂物流技术的自卫队人员和地方自治体的公务员担任，尽管他们付出了巨大努力，但依然难以妥善管理应急物流体系。

建立高效率的应急物流体系，首先要保证信息流畅通。这里的信息流主要涉及发货指令、在库管理、入库等信息。在地震发生数月之后，赈灾总部对灾民的情况也有了相当程度的了解，但若信息流上出现了问题，依然会导致赈灾物资的输送出现混乱。

发货指令信息，是关于货物的形状、尺寸、箱数、重量、发送地点等信息，如果发货指令信息不全，将无法正常安排运输工具。事实上在2011年的救灾中，从发货指令的发出到车辆的安排，耗时长的情况经常发生，不仅如此，中途临时变更指令的情况也不少。由于发货指令信息出现的问题，延缓了救灾物资的运送工作。

在库管理信息，是关于赈灾物资的出入库情况，包括何时、何物运送到了哪个避难所，避难所现有赈灾物资在库情况等信息。只有掌握了在库管理信息，才有可能避免赈灾物资不足或运送混乱的问题。但是，由于具体进行救灾工作的是不懂物流技术的自卫队人员和地方自治体的公务员，致使什么物资、保管在什么地方、货物尺寸、箱子规格、箱内何物等信息未掌握，造成了发货工作的混乱。

发货信息，是运输车型、装载物、装载数量、发货时间及预计到达时间等信息，避难所或物资集散地如果不能及时接收发货信息或发货信息不全，将影响安排人员卸货的速度，或者根本就无人卸货。在此次救灾工作中，这样的问题也经常出现。

第二节　日本救灾应急供应链管理体系构建

一、应急物流预估体系

关于构建应急物流预估体系，日本提出以下措施。

第一，通过卫星照片和高空拍摄掌握受灾状况；

第二，通过 GIS（地理信息系统）估计灾民的属性及数量；

第三，通盘考虑受灾规模、时间及天气状况，估计最低限度生命救援必需品的需求量。

在 2011 年赈灾中，尽管相关人员竭尽了全力，但在震后初始阶段，紧急救援物资的运输仍然被延误了很长时间，主要是由于信息不畅造成受灾地区对赈灾物资的需求无法传达到外部所致。

总结此次救灾经验，当大范围受灾且通信不畅时，最好的方法是构建一种应急物流预估体系，赶在灾区向外部传送灾情以及对赈灾物资的需求信息之前，按预估灾情和需求组织救援物资的供应。

该系统的运作设想是，通过卫星照片和高空摄影掌握灾情初步情况，结合从 GIS 和国土数据信息等渠道得到的数据，分析受灾规模、时间，预先估计灾区状况和灾民属性（性别年龄等）及其大致人数，在考虑天气状况的基础上，大致确定灾民的物资需求量（以生命救援所必需的物资如水、粮食、被褥等为主）并及时供应。

以日本现有的各种数据资料为基础，按现在的技术水平快速建立 GIS 是完全可行的。在商业市场领域已有相关软件。结合相关软件以及照片资料进行分析，估计大致的物资需求量是可行的。

以预估的需求信息为基础，制定供应清单并传送给储备救援物资的自治体或企业，通知其发货。通过此方法，即使灾后通信不畅，在受灾的早期阶段也能迅速进行有效的救灾运作。

如果灾前预先确定好多处救灾物资集散地的备选地点，将救灾物资登记在系统里，并做到信息共享，当地震发生时，赈灾总部就可以协同物流业者快速确定合适的物资集散地，使救灾物流体系尽早运作起来。如果该体系还能提供加油站状况、智能交通系统（Intelligent Transport System，ITS）公路开通状况、直升机起降备选地、港口的抗震泊位等信息，那么多样化的运输方式和渠道就可以保证赈灾物资迅速且准确地被送到灾民手中。通过构建上述应急物流体系，即使灾后通信中断，赈灾总部在无法获知灾区状况和需求的情况下，也能够依据预估结果组织救援物资及时供应，确保灾民的生命救援和情绪稳定。

二、生活日用品供应链管理

（一）生活日用品物流系统持续性的保障

通常，企业为了提高经营效率，极其重视商品的采购以及物流活动。但是，过高的经营效率在抗震救灾时却成为障碍。

1. 企业"零库存"环境下的应对措施

由于企业过度消减库存，追求"零库存"，当灾难发生时，物资的供给将无法得到保障。因此，需要从三个方面进行改善。

第一，对物流系统进行重新评估。如果单单增加全部商品的库存，从经营效率的角度，会增加上游库存压力，或出现库存压力的转移，并不现实。

第二，对于多个物流节点的库存，实行运输一体化管理，并进行可视化管理。

第三，灾害初期，首先要确保救灾时最低限度的必需生活物资以及医药品的安全库存。为了实现这一目标，需要对公共储备仓库的功能进行重新评估。这不能仅依靠一家民营企业，需要业界团体的参与，包括国家及地方自治团体的加入。

2. 企业物流节点过度集中时的应对措施

企业物流节点过度集中，将给救灾物资的供给带来障碍，需要从以下六个方面进行改善。

第一，重新评估物流节点的设置，进行分散化布局。对于过度集中的物流节点，采取局部分散化措施。

第二，对生产体系（商品生产工厂）进行重新评估，实施分散化生产。

第三，从经营效率的角度，大范围地实行分散化是不可行的。

第四，物流节点之间，构建可替代的物流系统。推进物流流程的标准化，构建物流系统、信息系统的备用系统。

第五，供应链管理的可视化。

第六，采购节点的分散化。

（二）生活日用品供应链管理的措施

第一，工厂生产商品的体制再评估。

第二，可替代性生产系统的构建。

第三，超过生产制造企业框架范围的协作（例如，日冷与伊藤忠的冷冻食品的协作）。

第四，在整个业界范围内，建立物资采购系统。

第五，实现供应链的可视化管理。

第六，零部件及包装材料的标准化（例如，塑料瓶的盖子）。

第七，实施全球采购。

（三）确保生活日用品供给的流通业案例

震灾后，日本全国的大型零售业及批发业，都设立了救灾总部，并发放工作手册。

日本构建了受灾地的信息收集、支援体制，即把握全体店铺的受灾状况，决定支援部队的派遣，确认工作人员的平安与否，店铺检查与修复，商品的安排与调配，确保向受灾地店铺进行配送的物流渠道，恢复物流中心的功能，按防灾协定对物资的需求进行匹配。

1. 永旺

日本大型零售企业"永旺"通过在全国开展连锁运营和实现全球化采购，可以达到100%控制供应链。特别是，开发自主品牌的盒饭，通过与日本航空公司合作，向东北进行航空运输；与日本JR铁路公司合作，从关西经由秋田供给饮用水；通过与有关工会的协作，从熊本向关东地区发送九州地区的自主品牌牛奶；向东北供给北海道高品质的牛奶（如图7-6所示）；从中国采购卫生纸；从法国、韩国及加拿大采购矿泉水等，通过全球采购网络，使得商品较好地得到调配。基于此，永旺实现了快速、大量的物资供应，受灾较严重的关东区域配送中心在3月底就恢复了物流功能，东北区域配送中心在4月也得到恢复。受灾地零售业"永旺"的449家店铺，从3月12日正常营业率不足20%，仅经过一个月，4月10日上升到90%。

2. 伊藤洋华堂

日本零售业巨头伊藤洋华堂，在东北区域的9个物流节点中，3家物流中心受灾（宫城日用品物流中心、仙台生鲜物流中心、东北冷冻物流中心三处

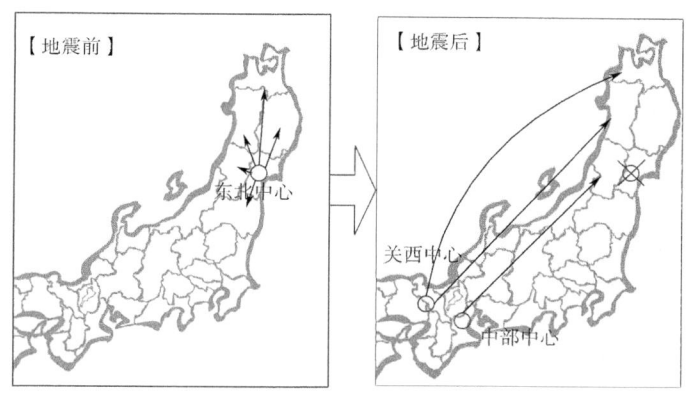

图 7-6 永旺地震前后区域配送

物流中心全部在宫城县内）。其中，日用品和生鲜品，从首都圈范围的物流中心配送（埼玉·杉板门物流中心）。冷冻食品，经由北海道（札幌物流中心）和首都圈范围，通过构建临时物流系统，实现了灾后第三天开始供给日用必需品。作为替代受灾的仙台生鲜中心，开设了临时物流节点，在宫城县仙台市内设置生鲜食品的物流中心，从 4 月 7 日起开始了重新供给（如图 7-7 所示）。

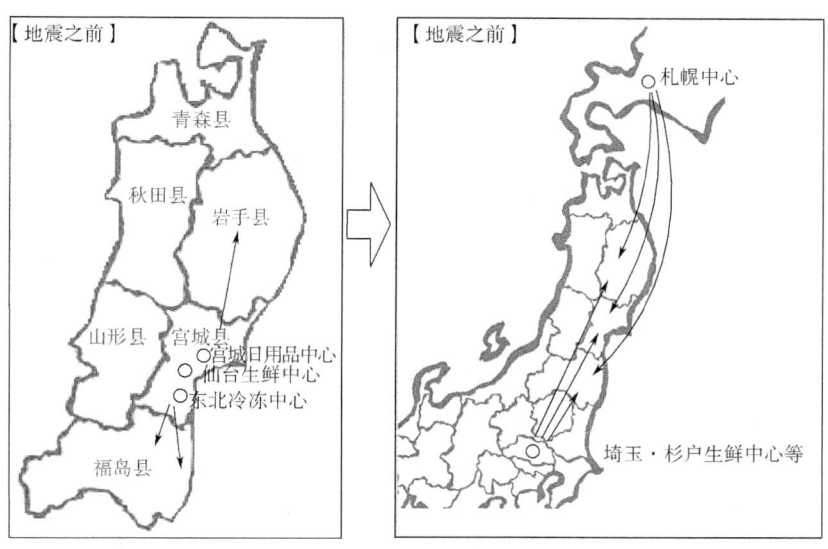

图 7-7 伊藤洋华堂地震前后区域配送

3. 7-11 便利店

灾后关于 7-11 工厂的应对情况（如图 7-8 所示）。地震初期，在东北地区的 12 家 7-11 工厂全部受灾，在关东地区的 72 家工厂中 29 家工厂的商品制造处于临时停止状态。经过有效应对，日本东北地区，从 3 月 13 日开始依次修复，到 4 月 7 日，12 家工厂中的 11 家复工生产。在关东地区，从 3 月 12 日到 3 月 23 日，全部工厂复工生产。

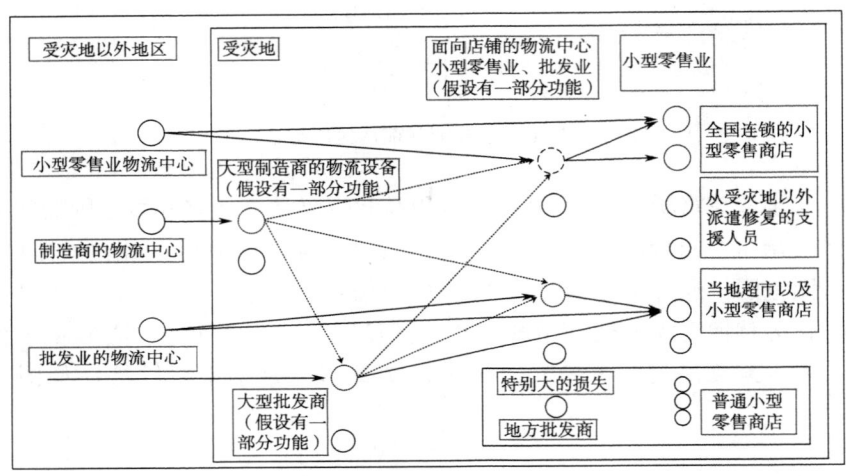

图 7-8 受灾地外的商品供给

关于 7-11 便利店配送中心的受灾情况。地震初期，东北地区的 14 家物流中心全部受灾，关东地区 59 家物流中心中有 6 家物流中心受灾，商品分拣、发货业务处于临时停止状态。经过有效应对，在东北地区，从 3 月 12 日开始依次修复，到 4 月 7 日，有 11 家物流中心开始运营，还有 3 家物流中心处于临时停止状态。在关东地区，从 3 月 12 日到 3 月 14 日，全部物流中心均开始运营。

其中，从 3 月 14 日开始，福岛县的埼玉和千叶的 daily 工厂开始供给饭团和冷藏盒饭。3 月 16 日之后，新潟县的工厂开始依次扩充配送；北陆地区开始供给冷藏盒饭；通过仙台市的配送中心向宫城县内的营业店铺（当时约 100 家店铺）配送，每家店铺开始供给 295 个饭团（由横滨的米饭工厂制造）；从 3 月 17 日开始，岩手县的埼玉和群马工厂开始供给冷藏盒饭和烹调面条等，并依次扩充配送。

7-11 便利店通过监视系统和停电通知系统，迅速掌握了店铺线路问题和停电店铺的受灾情况,所有店铺使用紧急照明设施,POS 收款机采用充电式电池给电脑供电。通过采用这些措施,到 4 月中旬,东北地区及茨城县的 7-11 便利店营业率迅速恢复到 96%。

三、高效率应急物流体系

从东日本大地震产生的应急救灾物流中,可以总结出四个方面内容。

第一,紧急救济物资的供给,需要公共物流和民间物流联合进行,同时需要明确分工。

第二,需要考虑构筑公共物流园区救灾应对系统(布局、耐震性、燃料、信息通信手段的保障等),合并储备仓库,发挥救灾时集货地的功能。

第三,多种运输方式的保证。

第四,道路通行的限制。

今后,需要从安全、安心的应对层面,通过供应链管理以及与零售企业之间的联合,制定灾害时应对手册,并构建应急物流系统。

同时,从此次救灾工作看,要应对大规模自然灾害,应急物流体系的高效率运作是关键。现阶段应该改善的地方有两点:一是建立有物流专业人员参与的应急信息一元化管理的相关制度;二是编撰最低限度的应急物流体系的标准化手册,并对自治体公务员或自卫队人员进行培训。

以往,关于物流,首先关注的是物流效率。美国 9.11 事件以后,以欧美为中心,越来越重视风险管理。对于过度集中、过度降低库存的企业重新评估后,开始对重要商品实施分散化、增加库存等应对措施。这不仅要求有风险应对措施,而且要求必须谨慎实施。因此,为了提高风险应对能力,快速构筑起具有替代性的可以恢复本来能力的物流系统非常重要。即不但要追求精益供应链管理所提供的高效率,还要追求敏捷柔性供应链对抗风险的能力。特别是物流效率与风险应对存在二律悖反,更要综合考虑,进而制定出可应对风险的最优高效率应急物流体系。

四、业务持续计划

在救灾时,事前制订计划非常重要。在这些事前计划中,业务持续计划(Business Continuity Planning,BCP)越来越被重视,无论是国家、地方政府,还是企业,要确保快速恢复业务,业务持续计划建设是必不可少的。

(一) 业务持续计划

2004 年新潟县中越地震、2009 年来源于猪流感的 H1N1 甲型流感病毒风波后，货主对物流企业提出"物流企业是否有应对突发事件的 BCP""受灾后恢复物流业务需要的时间""即使受灾，如何能够确保燃料和车辆的持续提供"等问题。

对于物流企业来说，把业务停顿的责任归于自然灾害已行不通。若如此，企业将失去客源而倒闭。

业务持续计划是一套基于业务运行规律的管理要求和规章流程，可使一个组织在突发事件面前能够迅速做出反应，以确保关键业务功能的持续性，而不造成业务中断或业务流程本质的改变。业务持续计划主要的目标是确定并减少危险可能带来的损失，有效地保障业务的连续性。

在突发事件发生时，企业的业务能力会突然下滑并持续一段时间，业务持续计划的作用就是尽量缩短这个时间。比如，企业有 10 辆卡车，如果未制订业务持续计划，10 辆卡车可能全部不可用，如果事前制订了相关计划，其中 3 辆车可以正常使用，因而可确保 30% 的业务持续，在此期间，企业可抓紧时间尽快恢复全部业务。

（二）危险评估和计划可行性

危险评估就是认识并分析各种潜在危险。所有危险都应纳入企业的危险评估范围，并且应对各种危险的可能来源进行较准确的定位。企业评估各种危险时，按程度将危险分成"无法应对的危险""可应对的危险""暂时不用应对的危险"等类别，对相应的危险制订相应的计划。除了企业自身的危险外，如果是物流企业，还要考虑供应链上可能存在的危险。

作为一个企业，一个完备的业务持续计划必须尽可能多地考虑到所有可能的危险情况，若只有处理灾难性事件的计划而没有处理应用系统失误的计划，则该业务持续计划不完备；反之亦然。企业所制订的业务持续计划应该同时兼顾预防和控制两个方面。而应用系统的错误则可以通过对软件的有效评测与测试来预防。危险评估的最后结果应该是一份有关危险效益分析的详细陈述报告，要有对危险的精确描述、哪些危险可能发生的预估，以及需要采取的保障业务连续性和缓和危险的措施，同时要有因为克服了危险而带来的收益分析。这份报告还应描述清楚任何现有的前提或者限制因素。

业务持续计划制订后要确保其可执行，所以日常的业务持续管理（Business Continuity Management，BCM）也很重要。企业的经营者要经常思考业务持续计划是否完备，比如，经常考虑洪灾损害仓库或者地震造成高速公路不通时的 A 方案、B 方案和 C 方案，看到其他企业因突发事件停工时，要联想到自己的企业，并将相应的对策补充到业务持续计划里。此外，要定期或不定期模拟突发事件的发生情况，训练员工的应对能力和检验业务持续计划的执行程度。

（三）制订业务持续计划的要点

制订业务持续计划就是要把握各企业的现状和预估各种危险，应按照如下顺序进行。

第一，避险转移；

第二，通知灾害发生；

第三，人身安全确认；

第四，把握灾情（建筑物、车辆）；

第五，企业报告；

第六，员工召集；

第七，通知行政部门、行业团体以及客户；

第八，恢复业务，并针对"谁、何时、何地"等逐项予以定位。同时，还要预先确定企业各职能部门的分工协作和可替代顺序等。

1. 灾前的防灾减灾对策

各自治体针对自然灾害的突发情况，制作了诸如各地洪水发生可能性等"危险预估地图"，企业可依据最新版的危险预估地图评估本企业存在的危险情况，根据危险程度，制定如"增加仓库等建筑物的抗震强度""购置发电机以备不时之需""经常备份电脑数据"等对策。另外，企业还有必要制定关于办公场所、仓库、车辆等重要资产的安全保障措施，同时制定预防有可能造成严重损失的减灾措施，确保灾难发生时将灾害损失降到最低。

2. 避险、安全确认、救灾活动

根据地震警报、气象警报，迅速准确地收集灾害信息，认为危险时迅速通知员工避险。当灾害发生时，首先确认员工及其家属的安全情况，并立刻进行救灾抢险活动，防止火灾等次生灾害的发生。另外，要做好救灾器材和紧急物资的储备工作，确保自然灾害最低三天、公共卫生灾害最低两星期的物资储备量。救灾抢险时，不能只顾本企业的利益，还要兼顾周边地区的利益，否则有可能损害企业自身的形象。

3. 恢复措施

物流企业的恢复措施涉及面较广，比如，受灾设施设备和车辆的替代措施、通信的保障措施等。对于物流企业来说，要特别留意"燃料保障"和

"资金周转安全"。

要确保供应链的正常运行,燃料的保障工作非常重要,2011年在日本大地震中储油罐发挥了很大作用。不过,储油罐的安置需要提交经营危险物品的许可申请、派专人管理和定期检查,如果发生泄漏将污染周边环境,而清理污染有可能花费高额费用。

每天车辆返回车库时,要确保储油罐处在灌满状态,以保证第二天发车的燃料需用量。另外,经常配备50毫米(汽缸排气量)的摩托车,发生紧急情况时,3~4升汽油可行驶100公里,不仅能确保紧急情况时的联络和紧急物品的运送,还可利用点烟器给手机充电,保证通信畅通。

对于中小物流企业,保证资金周转安全也相当重要,如果客户受灾,货款就不可能马上收回,而购买燃料需要支付现金,因为燃料费是企业的大额支出,所以要尽量确保相当于两三个月货款的流动资金,以备不时之需。为了确保能收回货款,发票等重要凭证的保管不能疏忽,应做好备份和复印工作,并异地保管,防止受灾时票据凭证尽失。由于卡车协会、仓储协会对国家、商工会所以及地方公共团体的援助措施比较熟悉,因此,如果发生资金周转困难,企业可咨询卡车协会、仓储协会。为确保能获取相关的重要信息,建议企业注册成为其会员。

第三节　日本救灾应急供应链管理发展方向

一、生产采购体系发展方向

一直以来,由于日本经济、社会日渐成熟,出生率偏低和老龄化问题严重,加上就业环境、国民收入不会有更大改观,使日本国内市场规模不可能再有大的发展,为此,很多企业把眼光放到了一些增长较快的新兴国家,以求得企业的生存和发展。

另外,2011年3月之前,大型汽车制造厂的经营者将日元升值、高所得税率、贸易自由化迟缓、严格的劳动法规及环保法规,视为日本国内生产企业的"五重苦难"。因为这些因素直接增加了企业的生产成本,从而造成企业的国际竞争力下降。如果企业生存环境得不到改观,可能会有更多企业转向国外。在这种情形下,2011年3月,日本又发生了大地震,由此引发的核污染和电力不足的问题,使日本企业开始考虑应对此类风险的办法。

（一）采购和生产向其他地区或海外转移

日本相关部门对灾后日本东北地区的企业，进行了生产、采购向外部转移意愿及动因的调查统计，显示出东北地区一定数量的企业已经开始进行生产及采购外部布局。地震的发生或将成为日本企业生产或采购地向国外转移的导火索。

关于生产地点布局，从行业情况看，电动机械仪器制造业向日本国内其他地区或海外转移部分（或全部）生产的意愿较强。

关于采购地点布局，从行业分布看，电动机械制造业和化学工业有向海外转移意向的企业较多。从主要转移目的地国家或地区看，中国最多，其次是韩国、美国、东南亚等。随着日本国内电力不足等问题的呈现，今后将采购地点向国外转移的趋势可能会增强。

同时，根据调查结果，了解到采购和生产向其他地区或海外转移的原因。超过50%的企业是由于"原生产地、采购地的企业停业了，或者原生产地、采购地的企业何时恢复生产活动不清楚"，以及"为了规避风险，有必要分散生产地和采购地"，而选择将其生产地或采购地外移。可以看出，由于生产节点以及采购节点的停业，再加上希望规避非正常因素影响所造成的供应链断裂的风险，较多企业有分散生产和采购节点的打算。

另外，"今后东北地区有可能电力不足，担心生产受影响而停滞""今后可能还有余震，担心生产受影响而停滞""是总部、母公司的安排"的企业也较多。其中，担心东北地区电力不足的企业主要分布在电动机械制造业以及电力消耗较多的化学工业。

（二）供应链管理（采购物流）发展方向

以某汽车制造厂为例分析企业供应链管理的发展方向。

1. 采购地的可视化

某汽车制造厂，对一级采购地，要求供应商提供包括工厂、生产产品及品种的数据等详细内容。不仅仅共享一级供应商，还包括二级、三级供应商的信息，甚至要追溯到六级、七级供应商的各种信息。另外，对所有车型的零部件模具的设计图都实行数据库化管理，为构筑可迅速替代的生产体系打下基础。

某电子元件制造厂，对库存信息实施数据库化管理。为在灾害发生时建立可替代零部件的渠道打下基础。

对于零售企业销售的自主品牌商品，也有推进可视化物流管理的事例。在某便利店，为各个供应商建立了信息档案，有效避免供应链管理断链问题。

2. 采购地的分散化、多渠道化

某汽车制造厂，从先前的单一采购模式向多渠道采购模式发展。目前，虽然一级采购实施分散采购，但二、三级采购仍然存在集中采购的问题。为改善此状况，今后将要求二级、三级采购在至少两个地方的工厂制造零部件。

在某汽车配件制造厂，全部零配件的采购地，都建立了从集中厂家采购向分散厂家采购的转化体系。

3. 零部件的共通化、标准化

某汽车制造厂，变更特殊的零部件设计，并尽可能向通用品转换。将全球零部件设计的共通化作为一项重要的工作。另外，对3家供应商实施零部件集中购买的采购改革，推进零部件的标准化。

汽车制造厂等致力于生产标准化的半导体、计算机。以前，各制造厂生产每种车型，都需要供应商供应特别定制的商品（车载半导体、计算机），种类达10万种。功能类似的车载计算机的配置，具有共通化特点，如果某微机工厂在受灾地，其他的工厂马上可以生产能替代的产品。

4. 当地采购率的提高

某汽车制造企业在日本以外的制造厂，中止了来自日本国内的原材料、零部件的供应，全部从当地采购原材料、零部件，极大地提高了当地原材料、零部件的单元采购率。

5. 采购地库存量的增加

某汽车制造厂，对于难以替代生产的一部分电子元件、铸件，要求供应商提供可以保证修复期内的库存量。例如，汽车导航用的IC芯片等，要求确保两个月左右的库存。

（五）生产体系重新评估后的发展方向

1. 生产工厂的分散化

以前，对于制造企业，其生产工厂大多集中分布。即使减少工厂的数量，也会出现在同一地区有多个工厂集中存在的现象。还存在很多虽然有多个工厂，但每家工厂只生产一种产品的情况。

2011年东日本大地震后，制造企业开始分散布局其生产工厂。特别是，当主要商品的生产集中在一处工厂时，制造企业便开始在日本的其他地区设置分厂。

在医疗机器、医药品相关的生产中,从供给责任的观点看,为了避免出现生产停滞的情况,企业开始重建生产体系。一些医疗机器制造厂,其日本国内原有的生产节点集中在特定区域,为了实现生产分散化,开始计划建新工厂。

日本的一些游戏机制造厂,地震前,由于生产节点的集中,实现了生产的效率化战略。地震后,开始建立神奈川县和兵库县的生产节点,随着生产部分功能的转移,生产得以向神奈川、兵库、爱知分散。

日本的一些精密机器制造厂,在日本国内的东西部地区,开始建立新的生产节点,实现了生产体系的转变。同时,与有资本互补效应关系的德国制造厂之间,建立起生产互补体制。

日本的一些便利店,因为原商品的生产,过度集中在一家工厂,现在增加了盒饭生产工厂以及物流节点数。随着生产、销售便利店盒饭等的工厂、物流节点数量的增加,提高了盒饭的生产数量、质量、速度,改善了工厂生产设备。

日本企业不仅在日本国内推行生产工厂的分散化,在日本国外也在不断推行生产工厂的分散化。日本某医药品制造厂,为了规避日本国内以及海外生产地过于集中的风险,开始计划在越南建立新的生产节点。

日本的一些轮胎制造厂,地震前,其高性能产品要在日本国内优先生产,地震后,不仅在日本国内至少两处生产节点处生产,也开始考虑在海外生产,以规避风险。

2. 其他工厂的替代生产

东日本大地震发生时,由于有生产替代体制的存在,即使日本东北的工厂受灾,也有在其他地区的工厂很快可以重新开始生产,因此,形成替代生产体制的情况开始出现。

日本的一些洁具制造厂,地震后,开始建设多个相互间距离遥远的生产工厂,建立了生产同种产品的平行生产体系。使得洁具不仅可以在九州工厂生产,也可以在滋贺县工厂生产。今后,该工厂,除洁具以外的其他产品的生产,也将建立起同样的生产体系。同样,其在海外工厂也构筑起了跨国的替代生产体系。

日本的一些汽车配件制造厂,地震前,生产工厂集中在泰国。地震后构筑起了在日本、越南的替代性生产体系。地震前,以海外工厂的生产为主,为一家摩托车工厂提供产品。地震后,产品向其他东盟各国出口,通过产品的互通性,减少供给的风险。

日本的一些电器制造厂,对于每个产品都制订了业务持续性计划。例如,在马来西亚建立了泰国零部件生产的替代生产节点。

日本的一些金属制造厂,地震前,只在日本国内生产。地震后,为了应对紧急情况,建立了应急时的备用生产线,并在马来西亚新开设了生产线。

3. 企业内部生产化

除了实施生产功能分散化的企业以外,还有实施生产功能的企业内部生产化的实例。日本某文具制造厂,在东日本大地震时,由于大多数产品是通过外包生产,震后导致了供应链断链的发生。在该公司的工厂得到快速修复后,开始进行分散生产,同时,改善了其在日本国内的生产体系,在该公司工厂内部实施了企业内部生产,进而降低了风险。

4. 重新评估生产工厂布局

以前,生产工厂的生产节点、物流节点主要集中分布在日本的沿海港口城市。在东日本大地震时,这些节点受灾极严重。因此,生产节点、物流节点的布局,开始出现了从沿海地区向内陆地区转移的趋势。

以日本的一些汽车制造厂为例,地震前,其在日本国内的生产节点主要集中在静冈县内。地震后,开始讨论工厂的迁移以规避灾害风险问题。同样的,在其他的制造厂,也开始推行向内陆城市布局工厂的迁移计划。

二、物流体系发展方向

(一) 物流节点的分散化

为了追求效率,物流节点通常集中分布,降低了整个物流系统应对灾害的能力。因此,震后,有重新评估物流节点分散化的必要性。

地震以后,日本首都经济圈范围内,许多位于东京市内及周边的大型物流节点,为了降低风险,开始向日本内陆地区布局,出现了物流节点分散化的趋势。

日本的一些橡胶产品制造厂,开始在冈山县建立新的物流节点。日本的一些共同配送企业,以前只在东京都和兵库县设置了两处冷藏商品的物流节点,现在,在仙台市和福冈县新开设了冷链物流节点。零售业方面,也开始出现物流节点分散化趋势。一些超市开始在冈山县内设置物流节点,新设置的物流节点,可在关西的物流节点不能正常运作时,起到替代物流节点的效用。

日本的一些服装专卖店,在日本全国设置了9处物流节点。通过建立多种配送模式,强化了物流风险管理。

同时，也有重新评估合并计划的企业。一些批发业，把原来的两家物流节点，合并为一家物流节点。在风险管理方面，重新评估了合并的计划。一些食品批发企业，也开始推动在埼玉县建设适合便利店配送的物流节点建设计划。通过这一物流节点，可以为埼玉县等首都经济圈范围内的店铺配送点心、加工食品以及酒等商品。

日本的一些便利店，为了提高灾害时的应对能力，在2011年地震发生后，开始增设物流节点，在当年年末就建立了91处物流节点。震前，随着店铺数增加，即使存在工作效率低的物流节点，通过增加配送线路也可以解决问题。但是，为了提高应急处理能力，物流节点工作效率需达到92%。而在物流节点增设后，遇到突发情况，物流节点工作效率只要达到84%，就能实现从周边地区向受灾区的店铺配送商品。

（二）其他物流节点的替代性

在东日本大地震中，如果物流节点受灾，从毗邻县或者关东地区的物流节点，向受灾地提供救灾物资的企业开始增加。

快速建设起其他的物流节点，并能发挥其替代作用的物流体系非常重要。如果出现物流节点功能停止，或超过其最大处理量时，在其他的物流节点，要建立具有替代功能的体系，并制订业务持续性计划，设定替代物流节点的功能。

日本的一些食品批发企业，在日本国内拥有约300处的物流节点，如果一些物流节点的功能受到破坏，或超过最大处理量时，提前建设的拥有替代功能的物流节点便可以发挥作用。

一些便利店，开始迁移物流节点并进行扩张。如果总部物流节点受到灾难，通过这些迁移和扩张的物流节点，可以承担起向全国店铺发送货物的替代功能。

（三）库存量的增加

对于不可替代又极其重要的商品，从应对风险的角度，需要对其库存量进行重新评估并做出改进。特别是，针对医药品，其库存量的重要性日益显著。

向供应商提出增加库存要求的，同时在本公司内增加库存。零售业中存在以前没有库存的物流节点内增加商品库存，改善商品库存结构的实例。

日本的一些医药品制造厂，在震后修复期间重新评估库存基准，将全产品库存提高为以前的 2 倍。这样，从灾害发生到生产线再构造的时间内，也能继续供给医药品。

日本的一些零部件制造厂对重要零部件进行精细化管理，将重要零部件分成 4 个等级，增加重要等级的零部件库存量。最重要的零部件库存提升到以前库存量的 1.5~2 倍。

日本的一些化学品制造厂增强了工厂的储备能力，即现在的 2 倍。

日本的一些食品制造厂，使其库存集中在东西两处大型物流节点，对地方物流节点中的库存进行转移。

（四）机械化、自动化的重新评估

东日本大地震发生后，原有的机械化、自动化的物流节点，由于机器的故障，发生了自动仓库中商品掉落、运行停止的问题，因此，有必要重新评估机械化、自动化的物流节点并进行改进。在日本的一些食品制造厂仓库内，出现了叉车和人的联合作业。此外，对于重要的商品，一些物流企业开始采用平装载方式进行运输。

（五）运输系统的重新评估

关于运输方式，不仅要保障卡车运输和其他运输方式的正常开展，同时要求保障多重运输方式的开展。为了应对风险，鼓励企业采用共同运输和多种运输协同的方式进行配送。

生产啤酒和洋酒的两家公司，把葡萄酒等作为对象，开始共同配送，并逐渐拓展配送区域。由于受灾，卡车数量难以保障，可以通过共同配送降低风险。日本的一些啤酒制造厂的卡车，在地震发生后，由于卡车的燃料供给不足，卡车运输能力难以满足客户需求，因此增加铁路运输方式进行产品运输。

（六）强化信息系统备用体系

灾后物流系统、信息系统的修复不可缺少，备用系统的强化尤其重要。不仅仅是信息的备用，还有数据中心物流管理系统的数据，以及其他中心备份系统都极其重要。

日本的一些日用杂货制造厂，在东日本大地震后，在宫城县的基干系统服务器由于停电停止运行，便立即启动兵库县的备用服务器，随即便可以接受客户的订货。日本的一些汽车制造厂，总社的信息大楼受灾不能使用，便开启信息系统备用体系，以避免灾害对于集团公司正常业务的冲击。

三、销售体系发展方向

在东日本大地震时，一部分便利店即使无法保障其他食材的供给，也可以通过店内烹调，继续销售盒饭。即使在受灾地内，也可以从本公司物流节点，以冷冻、冷藏的状态运送日式饭团食材，通过店内烹调制作，满足灾后对日式饭团的需求。

随着便利店内烹调模式的不断推进，使得便利店在突发灾难的环境中可以快速应对。

地震等自然灾害的发生不可避免，但通过应急物流将设备、药品和食品等赈灾物资快速高效地运送到灾区可以将损失降到最低，这就是应急物流的目的。因此，在有限的时间内，有限的资源限制下，如何构建最优救灾应急物流体系，同样值得我们思考。

第八章 日本绿色供应链管理研究

第一节 日本绿色供应链管理发展背景

一、绿色供应链

"绿色供应链"这一概念于1996年由美国密歇根州立大学制造研究协会在一项研究报告中首次提出。绿色供应链以绿色制造理论和供应链管理技术为基础，涉及供应商、生产厂、销售商和用户，其目的是使产品从物料获取、加工、包装、仓储、运输、使用到报废处理的整个过程中，对环境的影响（副作用）最小，资源效率最高。绿色供应链可以增强企业的竞争力、增加客户价值、提升企业绿色形象、规避绿色技术贸易壁垒，从而提高整个供应链的效益。

绿色供应链管理是一种在整个供应链中综合考虑环境影响和资源效率的现代管理模式。传统的供应链管理的目标是在满足消费者需求，扩大市场占有率并最终实现某一核心企业的经济利益；而绿色供应链管理的目标，是在供应链整体资源效率最大化的同时，使供应链整体对环境的影响最小。按照此最终目标，企业需从促进经济可持续发展这个基本原则出发，在创造商品的空间和时间价值以满足消费者需求的同时，关注环境保护，保障生态平衡并充分利用自然资源，为人类未来发展预留空间。

根据可持续发展的环境战略要求，在从原材料供应到产品生产、包装、运输、仓储、分销、使用的整个阶段，对自然环境的污染物排放最少，对城市交通环境的影响最小，实现产品的获取和使用过程的环境友好性，做到整个供应链系统绿色化。具体策略包括：对供应商的环境绩效评估及管理；引入环境方面的财务审核；利用第三方物流实施包装与运输的绿色化管理；面向环境的企业物流再设计。

二、绿色供应链范围及行为主体

首先是原材料创新，或是努力开发运用天然材料，或是对传统材料进行生态化改造，从产品生命周期的源头开始进行控制；原材料创新后，处理环节和制造环节也相应发生某些变化，原有的加工工艺往往需要考虑环境问题而改进，因此需要进行处理与制造技术创新，或开发以零排放为目标的污染预防技术，或开发以减少污染物排放为目的的末端治理技术。

作为面向未来，促进人类社会可持续发展的一种消费趋势，目前绿色产品的发展前景极为广阔，绿色消费也正成为广大消费者的时尚。绿色产品是在其生命周期全过程中符合特定的环境保护要求，对生态环境无害或危害极小、资源利用率高、能源消耗率低的产品。其具有以下三个重要特征：一是环保性，在产品生产到使用乃至废弃及回收处理的各个环节均对环境无害或危害极小。二是节能性，绿色产品在其生命周期全过程能有效地利用能源。三是有效利用资源，绿色产品开发注重尽量减少材料使用的种类与数量，特别是稀有贵重材料以及有毒有害材料。

在产品从原材料采购，产品设计、生产、销售及回收再制造等整个生命周期的每个阶段，都会对环境产生一定的影响。供应链绿色化策略包括绿色产品开发策略、绿色设计策略、绿色制造策略、绿色包装策略、绿色标志策略等。因此绿色供应链的行为主体包括消费者、供应链的节点企业、政府及协会。

处于供应链主导地位的生产企业需要与其他企业协同，以节约资源和保护环境为目标，制定绿色供应链管理的战略规划，使企业和供应链获得可持续的竞争优势。

政府管理部门对于激励和促进企业推行绿色供应链管理至关重要。绿色供应链通常跨区域、跨行业，因此需要政府制定相关法律法规进行约束，同时给予相关的政策支持与鼓励。

协会对于推动行业发展，促进政府与企业沟通，推动生产资料流通领域的改革与发展具有积极的作用。此外，行业协会还将完成政府委托交办的事项，主要包括政府委派的行业统计和标准制定等工作。

消费者成为受环境污染侵害的最终方，消费者的环保意识在一定程度上能够监督和促进企业实施绿色供应链管理。因此，消费者必然是绿色供应链管理的行为主体之一。

三、日本发展绿色供应链的背景

日本在第二次世界大战后工业经济飞速发展阶段，由于缺少相应的环境保护政策措施，生态环境被各种污染破坏，致使各地发生了多起损害健康的事件。日本政府和企业在日后为此付出了极其昂贵的治理、治疗费用和惨痛代价。在日本九州南部的水俣镇，因为汞污染了海水，人吃了受污染的鱼虾而引起的"水俣病"，还有四日市哮喘病、富山"痛痛病"等都是在那一时期因环境污染问题而引发的疾病。

随着经济增长及产业结构的变化，市场对日本高附加值产品的需求不断扩大。这使产品从原材料采购、生产、销售到回收的全生命周期中，资源消耗量及环境污染都在不断加大。在这一产业结构变化的背景下，产品采购模式、生产模式、物流等发生了大变化。特别是大量的运输需求由铁路转向了公路，日本卡车运输的服务范围逐步扩大，服务内容也日趋多样化，对于卡车运输及敏捷配送的要求也就越来越高。由于日本卡车运输比率的增加，尤其是大都市圈的汽车交通量迅速上升，导致诸多的城市问题，如造成城市交通负担日益加重、城市生态环境不断恶化、公路拥堵、出行困难、能源消耗增加等问题。特别是由于公路货物运输量的增加，卡车所排放出的二氧化碳（CO_2）、氮氧化物（NO_x）、颗粒物质（PM）等有害物质引起大气污染，造成公路周围的噪音和振动，加重了日本社会的环境问题。

日本自1956年从美国全面引进现代物流管理理念后，大力进行本国物流现代化建设，将物流运输业改革作为国民经济中最为重要的核心课题予以研究和发展。除了在传统预防交通事故、抑制公路沿线的噪音和振动等问题方面加大政府部门的监管和控制外，还特别出台了一些实施绿色物流的具体目标值。包括：通过控制货物的托盘使用率、货物在停留场所的滞留时间等。但是，随着日本现代物流技术的发展，冷冻车、冷藏车及冷冻集装箱技术的普及，大量使用后报废的冷却装置的分解，又导致制冷介体释放到空气中，进一步造成了环境的破坏。总之，随着卡车运输比率的增加，从卡车排出的废气对日本社会环境所产生的负面影响不断升级。目前，日本物流产业存在的主要问题之一，特别是对于货物运输业，就是如何控制伴随物流活动所产生的 CO_2，NO_x，PM 排放量。

另外，日本于2016年11月8日签订了《巴黎协定》，这使其向联合国提出的温室气体减排目标"到2030年度比2013年度减排26%"有了法律依据。日本政府有了为达成减排目标而在国内采取措施的义务。为了实现这一目标，日本供应链需要最大限度应用"创新"减排技术，在各个环节最大限度降低资源消耗及污染物排放，进而实现2050年之前减少80%的温室效应气体排放的长期战略目标，为全世界的减排做贡献。

第二节 日本绿色供应链四方联动体系

一、政府层面

（一）积极发挥政府的主导作用

日本在绿色物流的发展过程中，政府部门始终起着引导、协调的作用。为了发展物流产业，通过制定有关物流管理职能、物流环境标准等政策法律，日本物流领域的法律体系形成了基本法统率综合法和专项法的循环经济立法模式（如表 8-1 所示），加大了政府部门的监管和控制作用。1966 年，制定了《流通业务城市街道整备法》，目的是通过使集中在大城市中心的流通设施向已经建设好的外围地区集中搬迁，以提高大城市的流通性以及公路的畅通性。1989 年 12 月制定，1990 年 12 月正式实施的《货运汽车运输事业法》和《货物运输经营事业法》，是规范汽车运输事业的事业行为法律，两者统称为"物流二法"，这些法律放宽了对汽车运输业的规制，被认为是具有划时代意义的法律。它是将以前有关运输活动管理的各种零星法律进行整理综合后而形成的，替代了连续实施长达 40 余年的 30 部与物流产业有关的法律和政府规定。另外，运输费用的制定也从批准制变为备案制，放宽了市场准入的限制。在仓库业方面，政府撤销了对供需平衡的审查，只保留安全审查，并放宽了收费规制，使收费规制具有弹性化。可以说，日本现代物流企业的出现，与相关法律调整有直接的关系。1992 年，公布了《汽车二氧化氮限制法》，规定了企业可使用的货车车型，同时在大城市特定区域内强制推行只允许排污量低于排污标准的货车驶入的规定。1992 年，起草了《能源保护和促进回收法》，目的是解决地球温室效应、大气污染等各种社会问题。1997 年，通过了《京都议定书》，根据该议定书规定的标准，日本今后需要解决汽车二氧化碳排放超量的问题。2000 年，制定了《家电再循环法》，促进了资源利用效率的提高并减少了浪费。另外，以《公害对策基本法》为基础，以可持续发展、保护环境和国际协调为新理念，先后制定了循环经济基本法：《环境基本法》和《推进建立循环型社会基本法》；综合法：《废弃物处理法》和《促进资源有效利用法》；专项法：《特种家用机器循环法》《建筑材料循环法》《容器和包装再循环法》《食品再生利用循环法》《绿色采购法》《汽车回收利用法》《建设循环法》等相关法律。2015 年 12 月，《联合国气候变化框架公约》

近200个缔约方在巴黎气候变化大会上达成《巴黎协定》[①]。这是继《京都议定书》后第二份有法律约束力的气候协议,为2020年后全球应对气候变化行动做出了安排。日本也于2016年11月正式加入,明确了2030年比2013年二氧化碳减排26%的目标。2017年,公布《综合物流施策大纲（2017—2020年）》,以物流业发展的具体情况为基础制定量化指标,进而指导之后几年的物流业发展。在政策提出后,还会针对政策实施效果进行跟踪调查,向民众公布调查结果。

表8-1 日本绿色物流相关政策法规及规划颁布情况

法律类型	时间	法律法规等文件	基本内容
基础法律	1993年	《环境基本法》	以地球环境保护为基本理念,将全球气候变暖对策纳入环境法体系。但仅停留于依托有关省厅的各种措施
	1994年,2000年,2006年	三个《环境基本计划》	与《环境基本法》共同构成循环型物流体系的基础
	1998年	《全球气候变暖对策推进法》	全球首部应对气候变化的法律,后被纳入《环境基本法》中
	2000年	《推进建立循环型社会基本法》	综合和有计划地推进废弃物和再生利用对策的基本法
	2010年	《全球气候变暖对策基本法》	对所有化石燃料（如煤炭、汽油、柴油、航空燃料、天然气等）征税。实现CO_2减排及降低能源消耗量
废弃物处理相关法律	2000年	《废弃物处理法》	涉及废弃物处理、设施设置限制,以及企业的规章等相关内容
		《容器和包装再循环法》	制定容器包装的制造、收集以及再利用等规则
		《家电再循环法》	零售商对收购的废家电进行再商品化
		《建筑工程材料再资源化法》	对建筑物进行分类解体,再资源化处理
		《食品再生利用循环法》	食品生产、加工以及销售企业对餐厨垃圾的再资源化
	2002年	《汽车回收利用法》	2002年制定,2005年实施,促进废旧汽车的资源再利用

---

① 《巴黎协定》是继1992年《联合国气候变化框架公约》、1997年《京都议定书》之后,人类历史上应对气候变化的第三个里程碑式的国际法律文本,形成2020年后的全球气候治理格局。

续表

法律类型	时间	法律法规等文件	基本内容
促进资源有效利用法律	1979年	《关于合理使用能源的法律》（即《节能法》）	强制要求汽车制造企业达到政府规定的燃料效率指标
	1992年	《汽车NO_x限制法》	规定企业可用的五种货车车型，同时在大城市特定区域内设立更为严格的标准，并强制推行只允许排污量低于排污标准的货车驶入的规制
	1992年	《能源保护和促进回收法》	解决绿色包装的问题
	2000年	《促进资源有效利用法》	在消减副产品的产生、增强再生资源的利用、促进分类回收再资源化等方面做出相关规定
物流专项法律	2001年	《汽车NO_x·PM法》	将交通堵塞和环境恶化严重的城市列入特定地区，为其设定更为严格的NO_x、PM规定值
	2005年	《物流综合效率法》	提高企业综合物流效率以降低物流成本和减轻环境负担
物流规划及政策	2016年	《（2016年度）物流相关预算概算要求》	针对物流的"高效化和低碳化"倾注了较大财力，在申请政府预算中属于这一类的共有4大项12小项，预算总金额达到了214.52亿日元，约合人民币14亿元。4大项分别为：最大限度发挥当前运输系统的潜力；通过开展新的合作按部就班，提升物流效率；国际物流的无缝化对接；应对物流领域共同面对的重大课题。除"高效化与低碳化"以外，还有两大部分是"物流设施绿色化"与"构建防灾能力强的物流体系"
	1997年	《综合物流施策大纲（1997—2001年）》	每四年发布一次，目前已发布六次。作为指导物流高效、绿色发展的文件
	2001年	《综合物流施策大纲（2001—2005年）》	

续表

法律类型	时间	法律法规等文件	基本内容
物流规划及政策	2005 年	《综合物流施策大纲（2005—2009 年）》	每四年发布一次，目前已发布六次。作为指导物流高效、绿色发展的文件
	2009 年	《综合物流施策大纲（2009—2013 年）》	
	2013 年	《综合物流施策大纲（2013—2017 年）》	
	2017 年	《综合物流施策大纲（2017—2020 年）》	

日本地方政府注重与中央政府的协同发展，在国家法律法规及政策的引领下，因地制宜地提出符合当地发展的建议，并注重地区之间的联系与合作。日本各地方在互相联络的体制下，结合地区自身特色实施政策，形成了有效的中央政府和地方政府协同合作的发展局面。

（二）税收机制

财税政策是日本在促进绿色物流发展政策中最为主要的手段之一。根据政策所要达到效果的不同，绿色物流财税政策可分为两大类：一是促进绿色物流发展的财税政策，旨在鼓励市场主体进行能效投资、节能技术研发、新能源投资的财政补贴、预算拨款、税收减免，以及贷款贴息等；二是抑制高碳生产、消费行为的财税政策，旨在提高能源使用成本，鼓励节能降耗，控制温室气体排放的能源税、碳税、环境税等。

1990 年，日本相继开征了碳税、气候变化税、生态税、环境税或能源税等。征收碳税的目的是解决环境领域的问题、提高能效、降低能耗，并非为了扩大税源，增加财政收入。因此，在使用上，相应的碳税收入一般都具有定向性或专款专用的性质。为了鼓励市场主体节能减排、促进低碳经济的发展，日本政府增加了相应的财政支出，而这些支出往往都来自碳税收入。

日本在征收碳税时，按照税收中性原则，即在开征碳税的同时，相应地降低了其他税收收入的比重,从而保证在总体上不增加市场主体的税收负担。

在促进经济低碳化的过程中,既需要对传统产业进行低碳化改造,又需要对新能源进行开发投资,而政府的财力却是有限的。所以,要注重低碳财税政策的引导作用与杠杆作用,日本政府除了对节能减排项目进行直接的财政补贴外,还常利用担保基金、循环基金以及风险基金等作为杠杆工具,引导社会资本参与各种能效项目、新能源项目的开发。

为了促进经济的低碳化,从 20 世纪 90 年代开始,日本实施了税制的"绿色化"改革,目的是使税制从整体上不仅有利于经济的发展,也有利于资源、环境的保护。在措施上,一是开征有利于控制气候暖化、保护环境的新税种,如碳税、气候变化税以及生态税等;二是调整原有税制中不利于环境保护的相关规定。在理念上,从"谁污染、谁付费"转向"谁环保、谁受益",征收环境税的出发点已不再局限于筹集环境治理资金,而是逐步扩大到促进生产方式、生活方式转向低碳化上来。

另外,对于包装方面存在的问题,日本加征材料税、包装税和塑料税等。对于交通运输问题参照燃油税加征碳税。加征材料税的主要目的是减少自然资源的使用,鼓励再生材料的使用。对塑料袋征收塑料税,从而提高塑料袋的价格,减少塑料袋的使用。

(三) 绿色物流与城市布局相互融合

第一,在城市周边建立大型集配中心。这对增加城市宜居程度,减轻城市环境负担而言尤为重要。城市交通的实用性是城市建设的重要主题,实现共同运输是提高城市交通合理性必不可少的方案。日本不少城市为了缓解居民的生活压力,在城市周边设有大型的集散中心,从而最大限度地提高运输里程利用率,降低车辆空驶率。以东京和平岛卡车货物集散中心为例,其作用包括,将东京都内运往其他地区的货物集零为整,根据方向和地区运到各客户手中;将城市运输、集散、中转、储存、配送等功能结合起来,实现了物流的集约化发展;为到达、过境的货运车辆提供维修加油等服务。货物集散中心的建设也保证了"限制大型卡车进入市区"相关措施的落实,缓解了东京的交通压力,改善了城市的功能。

第二,建立固定回收点。日本在城市中以区为单位,建立回收点以保证废弃物回收渠道的通畅。随着日本《推进建立循环型社会基本法》的出台,逆向物流日益引起消费者的重视。日本国民的环保和节约意识较强,通常采用定点回收或直接运送至集中点的方式来回收废弃物,在各个城市广泛设置大量的回收站，将废弃物运送到大型专业化的回收中心进行处理。此外，在日本的不同城市、同一座城市的不同地区都会采取不同的模式进行废物回收利用。日本在港口设施建设时，通常考虑与区域资源再生利用设施的选址相配套，设置有海上废弃物处理设施，同时推进港口逆向物流的实施。

（四）积极推行物流标准化

为了全面实现物流系统标准化，日本在1997年第一版《综合物流施策大纲》中提出并重新制定了托盘、集装箱等标准化设备的工业标准，以实现与国际标准接轨。1998年后，日本将堆码机等物流设备列入政府采购物资，并积极推广多式联运用的标准尺寸的托盘（T11型，即1 100mm×1 100mm）。除此之外，日本还推进该托盘的国际标准化，力求在亚洲范围内普及JIS标准托盘。

日本托盘的循环共用已实施了三十多年，标准托盘通过循环共用系统实现循环使用，托盘总量可以减少1/3。建立标准托盘共用系统，有效地实现节能减排，创造了巨大的绿色社会效益。日本国土交通省和东京海洋大学黑川研究室调查显示，循环共用的托盘按照1 500片标准来计算，每年能减少11万吨二氧化碳的排放量。

为了有效利用运输，实现装卸搬运分离，日本通过发展甩挂运输，有效利用甩挂车和滚装船，制定了集装箱底盘车整备相关规定。为了更好地推进标准化设备利用，日本计划于2020年建成一个物流开放平台，为人们提供基于日本NACCS（自动化货物和港口综合系统）的信息新型服务，循环使用集装箱。这将使海上集装箱运输的效率得到提高，进而缓解港湾地区的交通拥堵，减轻环境负荷。以蔬菜水果为例，从田间采摘到对其进行分拣和规范包装，送至超市货架，一直以物流周转箱为单元，箱内蔬菜水果不必再倒箱，大大降低物流损耗，损耗率从传统的30%降低到3%左右。

（五）构建逆向物流体系

逆向物流在日本也被称为"静脉物流"。日本作为资源匮乏的国家，视废弃物为放错地方的"资源"，极其重视逆向物流管理。日本有着非常严格的垃圾分类和回收制度，消费者需严格按照分类标准进行垃圾分类，并定时交付专门的回收单位，如有违背，将面临不同程度的罚款。这些废弃物经过专门处理中心回收处理后再循环利用。

1. 废旧家电逆向物流

2000年，日本推出《家电再循环法》，要求日本家电制造商承担对废旧家电回收利用处理的责任，进行再生商品化，并且明确要求电视机回收率在55%以上，洗衣机和电冰箱必须在50%以上，空调要超过60%。家电经销商需对废旧家电进行收集并运送至回收处理中心。消费者在处理废旧家电时，要支付一定的费用，用于这些物品的运送及处理（如图8-1所示）。如果消费者没有交纳回收利用费而随意丢弃废旧家电，属于违法行为。

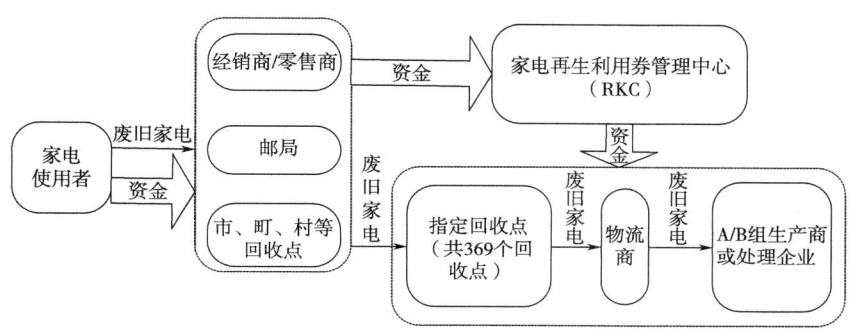

图8-1　日本废旧家电逆向物流网络体系

日本经济产业省在多方征求意见后，于2002年制定了《汽车回收利用法》，并在2005年1月1日开始实施。该法在资金、信息管理等方面有很多创新和独到之处，实施以来取得了良好的效果。日本国内现有汽车约为7 600万辆，其中年报废量约500万辆。废旧汽车再生利用就是将报废汽车解体后的有用资源回收再利用。根据日本经济产业省统计，在日本每处理一辆报废汽车需要成本费用1万日元以上。为此，日本经济产业省产业结构审议会（经济产业省的咨询机构）认为，报废汽车回收处理费用应该由消费者承担。关于费用征收，有不同看法。一种看法认为，为防止消费者因逃避缴费而随意丢弃报废汽车导致环境污染，在新车销售时就应将未来报废汽车时的费用征收上来，作为基金积累专款专用。另一种看法为，销售新车时征收报废汽车成本费用为时过早，且到该报废时可能责任不清，因此真正报废时由消费者承担报废费用既现实又合理。废旧汽车再利用法颁布实施后使日本废物回收再利用制度更加完善。

2. 废旧汽车的逆向物流

日本于20世纪70年代开始建立循环型经济系统，日本对汽车的回收再利用思想贯穿于设计、制造和生产的整个流程，具体体现在以下3个环节。一是研发和生产阶段的回收再利用。二是报废汽车的回收再利用。目前，日本每年约有500万辆左右的报废汽车。日本汽车相关行业根据"回收再利用倡议"，分别制定了 2002—2015 年的分阶段回收再利用率目标，并按照目标认真开展工作，努力减少最终填埋量。三是生产工厂的回收再利用。生产工厂对各道工序产生的边角料、废旧原材料和包装材料等废弃物均进行回收再利用。同时，为促进废弃物的回收再利用及严格管理环境负荷物质，各工厂都开展了环境管理体系 ISO14001 的认证工作。

日本对报废汽车回收再利用的管理分别通过政府和民间机构两个途径进行。日本中央政府指导和管理报废汽车回收的机构主要是经济产业省、环境省和国土交通省。经济产业省、环境省负责研究、制定、指导报废汽车回收处理的政策法规和该行业（主要是拆解及粉碎企业）的准入要求；国土交通省及其下属各地方陆运支局实施对车辆和道路交通管理。另外，由各地方政府负责报废汽车回收处理行业的登记和准入审批。汽车回收再利用促进中心和汽车再资源化协力机构管理资金、信息，并协助处理氟利昂和安全气囊等废品。汽车回收再利用促进中心的主要工作内容是促进汽车回收再利用以及资源处理的调查和研究、普及和推广、信息提供、系统运行和管理、交流合作，以及基于《汽车回收利用法》的资金、再资源化、信息等管理工作。该中心的赞助者为日本汽车工业协会、日本汽车零部件工业协会等 9 家会员单位。汽车再资源化协力机构由 12 家日本汽车生产商以及日本汽车进口协会组成。该机构的主要职责有三个方面：一是为实现氟利昂、安全气囊的回收和再资源化（分解），建立物流和回收再利用（分解）体制；二是向氟利昂回收单位和汽车拆解厂支付回收费；三是向氟利昂分解工厂、安全气囊再资源化工厂支付处理费，并进行业务监督和审计。

汽车回收再利用促进中心受国家委托征收回收再利用费，并对其进行严格管理和运用。汽车用户须交纳回收再利用费，具体包括汽车粉碎残渣（ASR）、安全气囊、氟利昂的回收处理费、资金管理费和信息管理费。新车车主在购买汽车时交纳以上费用，在用车车主可通过邮局、银行、便利店等代理机构每年交纳这些费用。交费后车主会获得盖章证明，作为车辆年检的依据之一。在汽车进入解体回收程序后，汽车生产商或进口商向汽车回收再利用促进中心提出申请，提取车主预付的回收再利用费。氟利昂回收、汽车解体、ASR 等完成处理后，向汽车回收再利用促进中心报告相关情况，凭该中心的已处理证明，从汽车生产商或进口商处索取处理费用。通过统一管理的方式，使处理费用能及时到位，同时也使汽车处理各行业成本分担更透明、合理，有利于行业的规范化。

《汽车回收利用法》对 ASR、氟利昂和安全气囊等规定了不同的回收要求,并启用了"报废汽车管理单"制度来加大信息管理力度。首先,在汽车户籍管理上,采取了全国电脑联网方式。通过信息网络设施,从遍布日本各地的陆运支局,将有关汽车登记的所有信息,统一汇总到中央的国土交通省汽车交通局技术安全部管理课备案。这样可以实时监控日本汽车的流通,掌握每台车的登记及处理情况。其次,通过日本汽车回收再利用促进中心统一管理汽车报废回收的有关信息。从接收报废汽车到最终完成再利用处理,每个环节的从业企业,在接收报废汽车或其部件和完成再利用处理时都要向该中心报告,使其能实时掌握每辆报废汽车的回收处理进程,做到有案可查。目前,日本共设立 25 家指定的接收站、5 家再资源化处理工厂,还有 24 000 家回收网点与 9 家氟利昂分解工厂。

3. 塑料等高损耗资源的再利用

通过提倡共同回收、共同处理,同时增强 3R 的处理范围,减少废物数量(Reduce)、废物再利用(Reuse)、废物循环(Recycle),建立资源高效利用和循环使用体系。日本玻璃瓶回收率超过 90%、塑料回收率超过 80%、废纸回收率超过 80%,居世界领先地位。

1950 年以后生产的塑料类超过 83 亿吨,其中,63 亿吨作为垃圾被废弃,估计每年约 800 万吨塑料垃圾流入海洋,到 2050 年,海洋中塑料垃圾的重量将超过鱼的重量。因此,构筑塑料资源循环体制,推进 3R 的实施,尤为重要。2019 年 6 月 20 日,日本政府制定了《塑料资源循环战略》,关于 Reduce,到 2030 年,一周的塑料累计丢弃量不超过 25%,关于 Reuse,到 2025 年,塑料的设计要可再利用;到 2030 年,40% 的容器包装实现回收再利用;到 2035 年,通过 100% 回收,有效利用已使用的塑料。关于 Recycle,到 2030 年,塑料再生利用率倍增,并且使用约 200 万吨可降解塑料[①]。

二、协会层面

(一) 成立绿色物流伙伴关系会议

2005 年 4 月,日本成立了绿色物流伙伴关系会议。旨在通过引进相关设备,进行调查和研究,制定方针。力图采用转换运输形式等各种提高运输效率的方法,支持货主和物流企业间开展各项合作,并为会议成员提供优惠政策。例如,协会向国土交通省申请相关项目,得到批准后,企业成员将获得

---

① 日本政府 2019 年在内阁会议上通过的 2019 年版(令和元年)《环境·循环型社会·生物多样性白皮书》(环境白皮书)。

30%的补助。参会单位既是会议的成员，也需承担社会的责任。

(二) 发挥其他协会的重要作用

其他协会在绿色物流发展中也发挥了极其重要的作用。日本全国农业协会（以下简称"日本农协"）负责日本农产品的销售和供应。全国各地的农产品批发市场由日本农协牵头建立，为组织成员的农民提供物流服务，负责农产品的分级销售、冷藏等工作，并最终销售给消费者。日本农协为农产品物流的标准化起到重要的作用，例如，托盘、包装、集装箱等载体的标准化，运输设备、库房等设施设备的标准化。进而提高农产品流通效率，降低农产品损耗，提升农产品绿色物流的发展水平。

为配合政府及社会对环保要求的日益提高，日本百货业协会成立了一个专门委员会，研究新包装方法，并制定了两套百货业包装方案。第一套为包装标准，规定为保证产品不致变坏、破碎或破裂，包装必须具有防水、防潮、防干燥和防震等功能；包装原料及容器必须不危害人体安全。此外，应尽量少用弃置后难以处理的包装原料；尽量缩小包装容器的体积，容器内的空间不应超过产品体积的20%；包装成本不应超过产品售价的15%；包装应正确显示产品的价值，以免误导消费者。第二套方案包括各种新颖的包装及包裹方法。主张采用最简单的包裹，甚至完全不加包裹；即使在产品付运时，也应采用最简单的包裹方法。日本百货公司一般采用双重包裹方法：先用花纸包裹礼品，然后再以白纸包裹，方便送礼者写上姓名。为避免浪费，建议以贺卡取代白色包装纸，或者只将礼品包裹一次；尽量不用弃置后难以处理的包裹原料。为了促进包装垃圾的回收利用，日本还设立了财团法人"日本容器包装物回收利用协会"，指导消费者积极配合包装垃圾的回收利用，同时接受企业的委托，协助它们回收利用容器包装垃圾等。

三、企业层面

日本企业在发展过程中十分注重自身品牌形象，且企业在法规强制要求下，逐渐转换运输模式，把低公害、高效率、共同配送作为企业发展方向。运作过程中选择对环境负荷小的运输工具，货主和物流企业自觉减少 CO_2 的排放量，并以简明易懂的方式介绍物流信息，从而获得了国民和消费者对各项工作的理解与合作。消减企业物流活动中 CO_2 的排放量不仅要依靠个别从业者的自觉行动，更要依靠集体的智慧，促进货主企业、物流从业者、经济团体、政府部门间的相互合作。

（一）提高燃料利用率

2002 年，日本 CO_2 排放量已经低于《京都议定书》规定的目标基准年（1990 年）排放量的水平。为了进一步减少物流领域的能源使用量，日本采取了两项措施。首先，为了提高运输工具的单位燃料能量利用率，以提高卡车运输效率为出发点，推进车辆的大型化、信息化，并降低车辆空载率。通过采取卡车运输的大型化，即把家用卡车换成效率较高的营业用卡车，提高了每台卡车的燃料效率及性能。其次，通过引进环保驾驶管理系统（EMS）等措施，扭转了卡车 CO_2 排放量持续上升的趋势，1996 年后 CO_2 排放量开始下降。

（二）实行共同配送

销售企业店铺为了减少每日的到货次数，逐渐探索出共同配送型零售业物流模式。在批发店和店铺之间设置物流中心，将店铺商品集中后再进行配送，使配送车辆大大减少，既有效降低了企业 CO_2 排放量，也降低了企业物流成本。以 7-11 便利店为例，其店均库存量单位达 3 500 件，通过在中心城市区域覆盖 35 公里，在其他区域以市场为中心方圆 60 公里的地方，设置 7-11 共同配送中心，一端跨过批发商直接连接供应商，另一端连接各店铺，实现了高频度、多品种、小单位的配送。通过构建 7-11 共同配送中心，7-11 店铺每日所需运输车辆数由以前的 70 辆降低至 12 辆，减少了大量运输成本及能源的损耗。

（三）龙头企业牵头积极推广多式联运

随着经济的发展和《京都议定书》的生效，日本对环保要求愈加严格，尤其加强了货运卡车尾气排放的管制。通过区域间的货物传递，卡车、铁路以及内航海运方式之间整合，契合各种运输方式特性的合理分工，推进了多式联运体系的建立。通过多式联运，在环境方面控制能源消费量的增加，同时削减环境的负荷。如 JR 企业是日本最大的铁路货运公司，为了实施铁路和公路的联合运输，持续推进铁路货物中转站的公路建设，集装箱货物箱中转站等多式联运基础设施建设，增加集装箱等多式联运的机器设备，力求保障工程建设的低成本和经济性，实现经营与环境之间的平衡。JR 货物公司研究集装箱专用货车，使装载大型集装箱、运行高速化和海陆连贯运输成为可能。日本 SHARP 公司采取积极措施，逐步用铁路货运方式取代载重卡车运输方式。

(四) 积极推行绿色包装

近年来，日本相继推出一系列法律法规，在减少使用量、增加资源再利用率等方面提出相关要求。例如，当商店向消费者出售的商品包装对环境有污染，商店会对消费者收取押金。待消费者返还包装后，商家再将押金退回。为了配合此建议，日本百货业协会成立了专门委员会进行绿色包装的研究，并与供应商、包装制造商签订协议进行合作。该委员会还制定了两个百货行业商品包装标准，从包装减量等方面推进了日本绿色物流的发展。

日本企业积极探索对包装材料的使用量以及容积效用进行精细化管理，追求在不改变成本和缓冲性能的前提下使用绿色包装。例如，汽车行业在用来更换部件的周转箱上安装电子标签，把握部件的位置信息，提高回收的准确性。日本90%的牛奶都是以有折痕线条的纸包装出售的，这种容易压扁的包装不但生产成本较低，而且能够减少占用空间，方便再循环加工，并减少运输成本。日本最常见的饮料Yakutt健康饮品也使用一种底部可撕开的杯形容器。在撕开底部后，人们能够轻易地把容器压扁，便于再循环加工。

此外，日本东京每年都举行包装设计比赛，促进新型绿色包装技术的发展。

日本目前的包装垃圾（也称包装废弃物）的比例并不比英、美等国家高，而且还略低于这些国家。例如，按重量计算，英、美的家庭垃圾中，约1/3是包装垃圾；日本《环境白皮书》提供的数据则表明，日本的家庭垃圾中，包装垃圾只占22.6%。

(五) 探索研发新技术

由于《蒙特利尔议定书》规定2020年全面废止冷藏、冷冻仓库等所使用的制冷剂HCFC的生产与进口。因此，日本近些年来提倡企业在仓库等物流设施中使用天然制冷剂，并促进节能性能良好的冷冻、冷藏、空调设备的引进，以削减CO_2排放量，促进含氟制冷剂的淘汰进程。

目前[1]，日本拥有世界领先水平的配货系统、智能运输系统、仓储系统及分拣设备系统，可通过自动计算高效的交付路线规划满载效率的调度计划。物流机械设备已凸显出无人化、自动化和智能化。双臂机器人和自动导引车实现无人拣选，移动机器人可自行完成收货、分拣、搬运、出入库等作业，节约人力58%，提升工作效率84%，最终降低资源的消耗。

---

[1] 根据"2018年第十届中日物流技术交流会"的内容。

另外，积极地导入各种环保车辆，包含新开发的车型。一些企业重新定义了绿色节能车辆、停止引进甲醇车和电动汽车，转向重视引进低公害化的大型车，以混合动力车和新规制的适用车等为中心进行运输。

四、消费者层面

在政府的宣传引导下，消费者积极参与改善环境的行动，朝着低环境负荷的生活方式转变，例如，在消费过产品后主动将垃圾进行分类，包装物进行回收或处理；消费者支持可重复使用的外卖包装。20世纪90年代，为了鼓励消费者进行生活方式的转变，日本政府把绿色化生活观念纳入动画片、宣传片、广告片中，以贴近生活的方式使人们认识到保护环境的重要性。消费者绿色消费观念逐渐在政府的引领下形成，并自觉地维护法律法规体系。同时，消费者更加关注企业在环境保护方面所采取的行动，在购买商品和服务以及进行股票投资时，支持对改善环境做出贡献的企业，这从侧面鼓励了日本的企业进行绿色化的转变，推进了日本一体化绿色物流体系的建设，进而推动整个社会向"绿色社会"发展。

第三节　日本绿色供应链实施案例

一、日本通运的实施

（一）转换运输方式，减小环境负荷

日本通运推广把以卡车为中心的运输方式转换成使用铁路、船舶等多种运输方式。通过将单一使用卡车的运输模式，转变为"干线运输采用铁路，末端配送采用卡车"的多式联运模式。以日本通运进行家电产品、精密仪器运输为例，这些模式均获得日本国土交通省的高度评价，日本通运也因此荣获"环保铁路标志"[①]。

关于转换家电产品的运输方式，面临两方面的问题：一是从北关东发出的货物较多，而回程货物很少，集装箱不够用；二是一般的12英尺的集装箱能运输的量很少，运输力不足。面对这些问题，日本通运与客户共同研究，

[①] "环保铁路标志"的认定基准：500公里以上的陆上货物运输中，利用铁路占30%以上的商品。500公里以上的陆上货物运输中，有15%以上的货物利用铁路运输的企业；以每年1.5万吨以上的货物，通过铁路运输的企业。

得出解决方案。即，利用日本通运的零担货运网络，提高集装箱的周转效率，利用和大型货车同等载量的 30 和 31 英尺的自有集装箱进行运输，使得运输家电产品的二氧化碳排放量削减了 78%（如图 8-2 所示）。

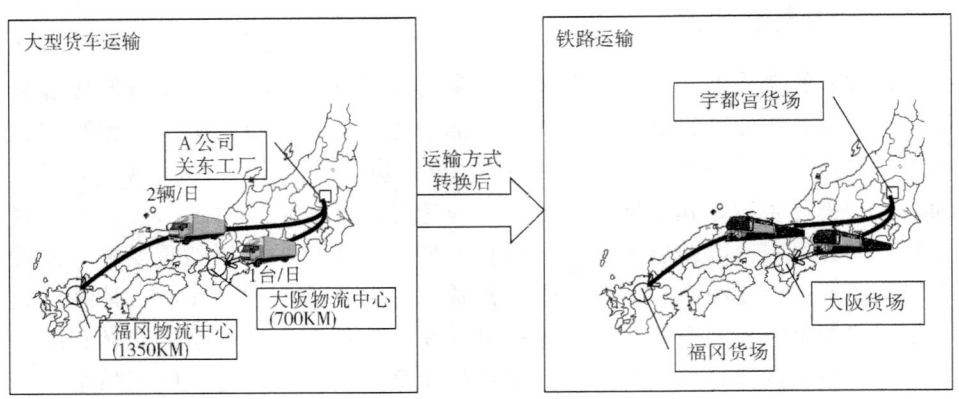

图 8-2　日本通运家电产品运输方式的转换

关于转换精密仪器的运输方式，面临两方面的问题：一是精密仪器不能受震动，不适合铁路运输；二是需要在工程现场卸货，现场机械装卸比较难。面对这些问题，日本通运与客户共同研究，得出解决方案。即，开发使用精密仪器运输专用集装箱，并在日本全国的货场进行货物重组，实现畅通的工程现场搬入业务体系。运输精密仪器排放的二氧化碳量减少了 96%（如图 8-3 所示）。精密仪器的转换运输方式受到日本第 8 次绿色物流合作伙伴关系会议国土交通省的表彰。

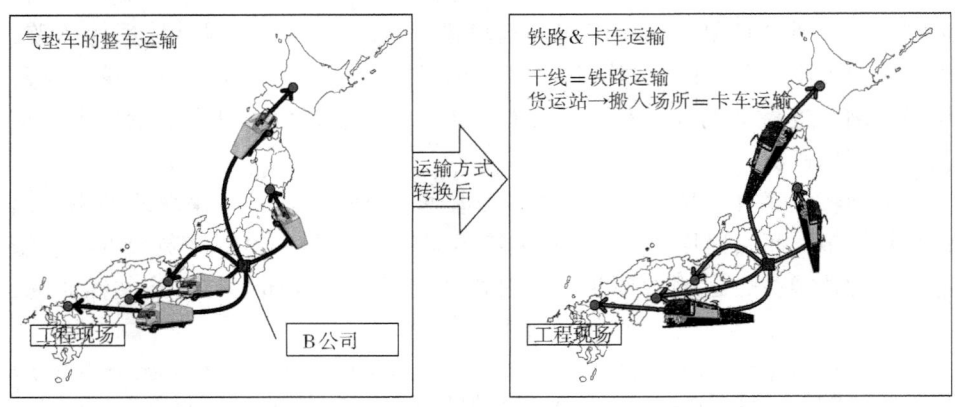

图 8-3　日本通运精密仪器运输方式的转换

运输方式的转换，物流技术也是重要的保障。通过 GPS 手机，实时掌握铁路集装箱集配车辆的位置，实现货物的在途跟踪。与基干系统（RACS，日通铁路集装箱信息系统）联合向手机发送指示数据，可实现工作进度跟踪功能；车辆位置信息的定期定位功能；在中心电脑上查询车辆位置和工作进展状况；客户询问工作情况时的工作进度查询功能。

（二）建立采购 VMI 功能，发挥 SCM 功能

1. 采购物流阶段的绿色化

为了在有需要时，能够得到准确数量的所需货物，引进 VMI（Vendor-Managed Inventory），由供应商库存实时提供所需。以日本通运对 C 公司的采购物流为例，在引入 VMI 之前，C 公司工厂方面的材料库库存增加，现金流减少；每天供应商个别交货，二氧化碳排出量多；交货前，保管时的质量控制各公司参差不齐；仓库区内的进入车辆多，事故发生风险高；仓库区内需要较大的库存保管空间；收货和材料管理等管理成本大量发生。在采购物流阶段，引入 VMI 功能仓库之后，只在需要时采购需要的量，因此压缩了库存资产，改善了现金流；引进环保车辆，实时交货，减少运输次数，削减了二氧化碳排放量，同时使用可反复使用的容器节省资源。该阶段二氧化碳的排放量削减了 44%（如图 8-4、图 8-5 所示）。

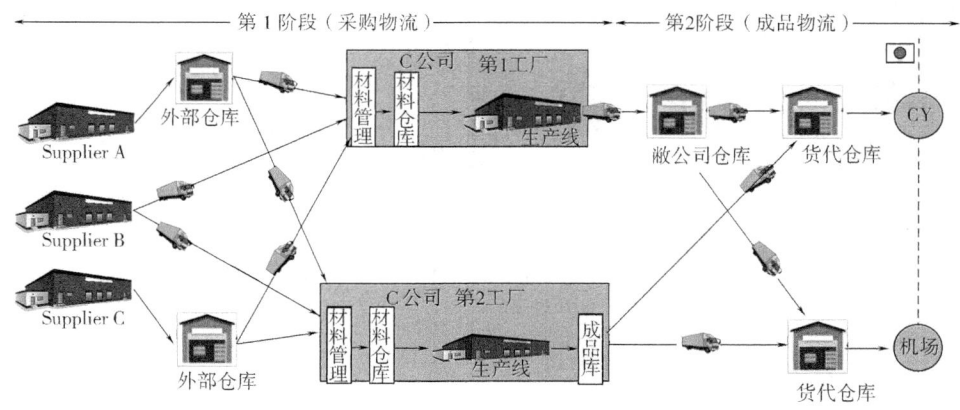

图 8-4 第一阶段（采购物流）实施前的物流流程

2. 成品物流阶段的绿色化

在成品物流阶段改进之前，出口之前使用多个仓库保管成本增加；反复运输，使其运输成本增高，二氧化碳的排放量一直在增加；重复性的库存管

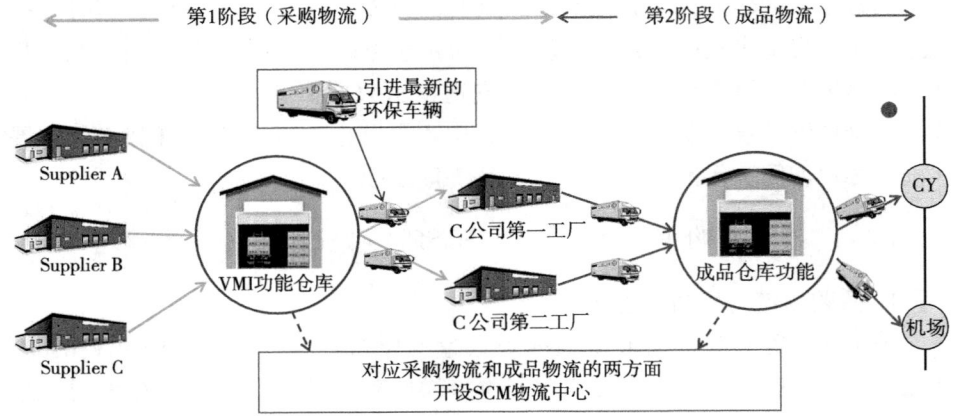

图 8-5　第一阶段（采购物流）实施后的物流流程

理工作，使库存管理成本增加。改进之后，利用 JIT 配货进行返程运输，可减少运输次数，提高运输效率，减少二氧化碳排放量；通过集约成品仓库，削减仓库成本、运输成本、管理事务成本。最终，该阶段的二氧化碳排放量削减了 62%（如图 8-6 所示）。

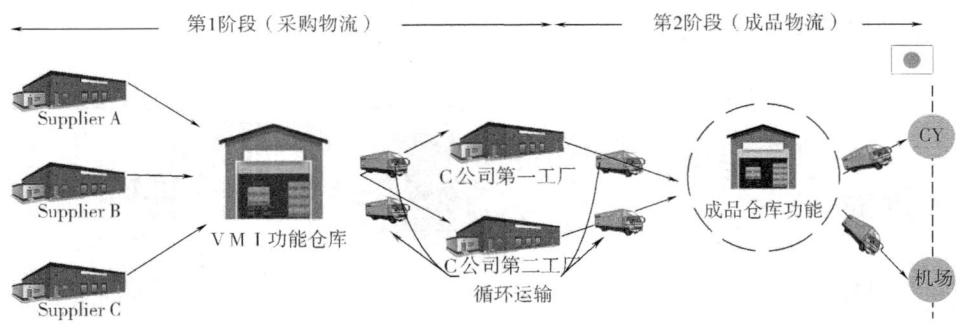

图 8-6　第二阶段（成品物流）实施后的物流流程

二、7-11 的绿色经营体系

7-11 于 1994 年制定了 "7-11 环境指针" 和 "7-11 环境规约" 两项制度，从而真正使环境意识贯穿企业经营的全过程，并指导企业进一步的发展。

从 7-11 的环境指针和规约看，主要是明确规定有关环境保护和绿色经营的五个方面，包括企业事业活动中的社会责任；与顾客协作并做到信息公开；与社区合作，为社会做贡献；将环境意识和管理推广到各店铺和相关经营者中，从而形成一个整体的绿色经营体系；努力实现绿色经营目标，并根据实际情况及时修正目标。

7-11形成了一个完整的绿色行动方案，从而保证环境政策能在整个供应链体系中得到实施，具体讲，对商品开发、生产，及共同配送、店铺经营和最后废弃物的处理都制定出完善的规章制度和发展目标，并形成一个完整的作业流程（如图8-7所示）。

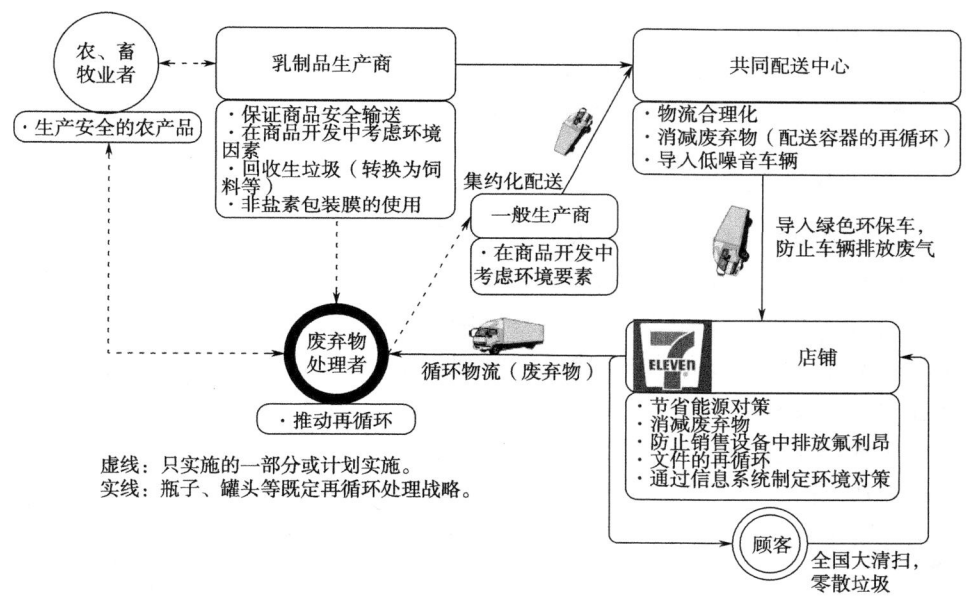

图8-7　7-11绿色供应链行动方案

首先，在商品管理上，规定了严格的环境规范条例，在此方面7-11通过各种商品开发团队对商品的质量、原材料、流通等各方面实行严格的监控，如日本大众食品协同组合是7-11食品类商品开发的主要组织，该组织除了进行一般卫生管理外，还专门制定了一套独特的质量管理条例——HACCP管理系统，该系统对原材料、工程、生产设备、职员、保管、流通等整个流程中所有可能影响质量的因素进行全面的控制管理；除此之外，作为销售终端的店铺，也拥有检查、管理的职责。同时，7-11还积极地推进包装物的改革，以实现绿色包装，杜绝任何可能对消费者产生危害的因素。

其次，在物流管理方面，一是进一步推进共同配送，通过集约化的配送减少在途车辆和环境污染，以及由此产生的种种社会问题；二是严格加强对车辆的管理，车辆管理的主要内容是制定完善的自我检测制度，并通过尾气排放限制来缓解对环境的压力，与此同时积极导入绿色环保车，这种车不仅噪音小，而且 CO_2 的排放量比原来减少了 20%，NO_x 的排放量比原来减少了 80%。

其三，在店铺经营中，7-11 积极开展了节约能源的活动，包括节约用电，防止冷藏装置排放氟利昂、废弃物的处理等。

其四，在为社会做贡献和维护消费者利益方面，7-11 举办了全国清扫活动，该活动的目的在于消除公共场所的零散垃圾，为社会创造一个美好的环境。清扫的地区主要包括店铺周围社区、车站、公园、河岸等，通过这些活动，7-11 在社会公众中树立了良好的形象。

三、其他案例

由于国际采购和跨国生产的需要，日本与各贸易伙伴国家之间的物流合作不断增加。日本物流企业实行了所谓的"绿色覆盖计划"，即物流企业在日本国内的合作伙伴将工厂或者商店开到哪个国家，物流企业便跟着把物流服务的网络铺设到哪里。如日本通运、近铁、山九、佐川急便等著名物流企业，都在中国开设了独资或者合资的物流企业，服务对象基本上是日资企业。

日本对汽车的回收再利用思想贯穿于设计、制造和生产的整个流程。其中研发和生产阶段，采用生产和使用可再生材料制作的零部件，这些可再生材料包括热塑性树脂、超高烯烃聚合物等；采用拆解方便的汽车结构；对材质进行标识，以判别能否再生。以摆脱大量生产、大量消费、大量废弃型的发展模式，通过前期对产品的巧妙设计，提高了后期有效回收再利用的效率。

以味之素集团为例，其通过运用资源循环型生产模式"生物周期"，实现了农作物的品质改善和产量增加所带来的收益性的提高，并且还实现了化学肥料的利用削减和制造部门的 CO_2 排放量的削减等。

综上所述，日本通过国家政策法规引领，协会牵头，企业实施，消费者配合监督形成了"国家+协会+企业+个人"的绿色物流四方联动发展机制。绿色物流的精细化管理，为日本可持续发展提供了有效的保障。

参考文献

[1] 姜旭．关于日本六次《综合物流施策大纲》研究［A］//中国物流与采购联合会．中国物流年鉴（2019）［M］．北京：中国财富出版社，2019．

[2] 姜旭．以四方联动机制推动我国绿色物流发展——日本绿色物流经验与启示［J］，环境保护，2019（12）．

[3] 姜旭．日本物流［M］．北京：中国财富出版社，2018．

[4] 姜旭．日本第六次《综合物流施策大纲》［A］//中国物流与采购联合会．中国物流年鉴（2018）［M］．北京：中国财富出版社，2018．

[5] 姜旭．基于"第六产业"的"智慧供应链集群"耦合研究［J］，中国物流与采购，2018（20）．

[6] 姜旭．日本综合商社与供应链管理［A］．蔡进．中国供应链发展报告（2017）［M］．北京：中国财富出版社，2017．

[7] 姜旭．日本综合商社与现代物流［A］．丁俊发．中国供应链管理蓝皮书（2017）［M］．北京：中国财富出版社，2017．

[8] 姜旭．日本物流成本情况［A］．蔡进．"十二五"中国物流统计报告［M］．北京：中国财富出版社，2017．

[9] 姜旭．构建"互联网+第六产业"的三产联动发展模式［J］，中国物流与采购，2017（20）．

[10] 姜旭．从数据统计看日本物流装备的变化［A］//中国物流与采购联合会．中国物流年鉴（2017）［M］．北京：中国财富出版社，2017．

[11] 姜旭．日本工业标准（JIS）及日本物流标准研究［A］//中国物流与采购联合会．中国物流年鉴（2016）［M］．北京：中国财富出版社，2016．

[12] 姜旭．构建"第六产业"发展农产品冷链物流［J］，中国物流与采购，2016（9）．

[13] 姜旭．日本冷链物流发展［A］//中国物流与采购联合会．中国物

流年鉴（2015）[M]．北京：中国财富出版社，2015．

[14] 姜旭．从中国到日本的国内物流研究 [A] //日本物流学会．日本物流学会志（2014）[M]．东京：日本物流学会编辑委员会，2014．

[15] 姜旭．关于五次日本《综合物流施策大纲》的研究 [A] //中国物流与采购联合会．中国物流年鉴（2014）[M]．北京：中国财富出版社，2014．

[16] 姜旭．日本冷链物流及冷库行业的发展 [A] //中国物流与采购联合会．中国冷链发展报告（2014）[M]．北京：中国财富出版社，2014．

[17] 姜旭．从中国到日本的国内物流研究 [A] //日本物流学会．日本物流学会第30届全国大会研究报告集（2013）[M]．东京：日本物流学会编辑委员会，2013．

[18] 姜旭．从数据统计的连续性看日本物流的变化 [A] //中国物流与采购联合会．中国物流年鉴（2013）[M]．北京：中国财富出版社，2013．

[19] 翁心刚，姜旭等．日本流通相关法律解读 [M]．北京：中国财富出版社，2013．

[20] 姜旭．日本供应链管理 [A]．丁俊发．中国供应链管理蓝皮书（2012）[M]．北京：中国财富出版社，2012．

[21] 姜旭．日本物流业及供应链管理发展的六个适用性 [N]．现代物流报，2012-8-7（A4）．

[22] 姜旭．日本物流发展现状与趋势——日本物流的成本管理 [A] //中国物流与采购联合会．中国物流发展报告（2012）[M]．北京：中国财富出版社，2012．

[23] 姜旭．日本物流成本的结构和管理 [N]．现代物流报，2012-07-17（A4）．

[24] 姜旭．日本制造企业物流的变革 [N]．现代物流报，2012-02-28（A4）．

[25] 姜旭．7—11便利店的供应链管理 [N]．现代物流报，2012-08-10（A4）．

[26] 姜旭．大和宅急便的供应链管理 [N]．现代物流报，2012-08-14（A4）．

[27] 姜旭．日本冷链物流及冷库行业的发展 [A] //中国物流与采购联合会．中国物流年鉴（2012）[M]．北京：中国财富出版社，2012．

[28] 姜旭．日本物流发展现状与趋势 [A] //中国物流与采购联合会．

中国物流发展报告（2011）[M]．北京：中国物资出版社，2011．

[29] 丹下博文，姜旭．关于现代物流与市场营销的建议[J]．中国流通经济，2011（12）．

[30] 姜旭．日本纯货物流动[A]//中国物流技术协会．中国物流技术与装备发展报告（2011）[M]．北京：中国物资出版社，2011．

[31] 姜旭．基于货物纯运输量的日本物流业发展[J]．铁道运输与经济，2011（5）．

[32] 姜旭．日本货物纯流动调查的借鉴意义[N]．现代物流报，2011-10-28（A7）．

[33] 姜旭．日本《综合物流施策大纲》对我国的启示[N]．现代物流报，2011-09-20（A5）．

[34] 姜旭．日本物流政策及数据统计连续性的启示[N]．现代物流报，2011-12-02（A7）．

[35] 姜旭．从物流成本的变化看日本物流业的发展[A]//中国物流与采购联合会．中国物流年鉴（2011）[M]．北京：中国财富出版社，2011．

[36] 姜旭．日本物流成本管理给我们的启示[N]．现代物流报，2011-10-21（A7）．

[37] 姜旭．日本物流的"求车求货"信息系统[N]．现代物流报，2011-11-11（A7）．

[38] 翁心刚，姜旭．日本绿色物流发展的状况及启示[J]．中国流通经济，2011（1）．

[39] 姜旭．绿色物流的发展与企业的社会责任[J]．物流技术，2011（7）．

[40] 姜旭．日本绿色物流发展的几点借鉴[N]．现代物流报，2011-11-29（A7）．

[41] 丹下博文，姜旭．从商流（marketing）到现代物流时代的转变[J]．中国流通经济，2010（11）．

[42] 中田信哉，姜旭．日本物流探求的六个适用性[J]．中国流通经济，2010（8）．

[43] 姜旭．日本货物总运输量与纯运输量的实证研究[J]．中国流通经济，2010（6）．

[44] 姜旭．关于日本物流四个《综合物流施策大纲》的研究[J]．中国流通经济，2010（9）．

[45] 姜旭．日本 2009 年综合物流施策大纲［A］//中国物流与采购联合会．中国物流年鉴（2010）［M］．北京：中国物资出版社，2010．

[46] 翁心刚，姜旭．日本绿色物流发展的状况及启示［A］//中国物流与采购联合会．中国物流学术前沿报告（2010）［M］．北京：中国物资出版社，2010．

[47] 姜旭．日本循环经济与现代物流技术［A］//中国物流与采购联合会．中国物流年鉴（2009）［M］．北京：中国物资出版社，2009．

[48] 姜旭．日本物流概况［J］．中国物流与采购，2008（5）．

[49] 姜旭．日本的物流成本管理［A］//中国物流与采购联合会．中国物流年鉴（2008）［M］．北京：中国物资出版社，2008．

[50] 姜旭．日本的货物运输［A］//中国物流与采购联合会．中国物流年鉴（2007）［M］．北京：中国物资出版社，2007．

[51] 张磊．都市圈空间结构演变的制度逻辑与启示：以东京都市圈为例［J］．城市规划学刊，2019（01）．

[52] 陈一村，陈志龙，郭东军，赵旭东．城市地下物流系统研究现状［J］．管理现代化，2019，39（03）．

[53] 孙赫强，荣楠楠．跨文化视角分析日本电商发展对我国电商的启示［J］．企业科技与发展，2018（05）．

[54] 陈曦，欧晓明，韩江波．"第六产业"运作生态：逻辑机理与治理新思维——日本案例与中国启示［J］．经济体制改革，2018（03）．

[55] 赵莉，李之红．日本物流调查的经验与借鉴［J］．城市交通，2017，15（04）．

[56] 公益社団法人日本ロジスティクスシステム協会．IoT、ビッグデータ、人工知能の進展による2030年の物流ビジョン報告書［EB/OL］．2016-08-08．

[57] 东京都市圏交通計画協議会．東京都市圏の望ましい物流の実現に向けて［R］．东京：东京都市圏交通計画協議会，2015．

[58] 李良．丰田供应链管理战略［J］．合作经济与科技，2015（19）．

[59] 魏炜，朱武祥．日本的乐天，阿里的榜样［J］．二十一世纪商业评论，2015（1）．

[60] 郭君豪．乐天的大数据收集、分析以及基础建设［J］．信息与电脑（理论版），2014（12）．

[61] 筱崎博司．日本零售业的全渠道发展历程概况和启示［J］．商场

现代化，2014（31）．

[62] 王涛．东京都市圈的演化发展及其机制［J］．日本研究，2014（01）．

[63] 汪明慧．7-11供应链的快捷之道［J］．石油石化物资采购，2013（02）．

[64] 田中彰．六大企业集团的无机能化［J］，同志社商学，2013，64（5）．

[65] 穆月英．日本蔬菜流通体系的启示——基于对批发市场与农户的调研［J］．中国蔬菜，2013（01）．

[66] 韩丹．食品安全治理的"第三条道路"——日本生协个案分析及其启示［J］．东北亚论坛，2013，22（05）．

[67] 张明斌．汽车制造企业精益物流信息化管理研究［D］．西北农林科技大学，2012．

[68] 赖涪林．日本食品供应链管理模式的经验借鉴［J］．科学发展，2012（11）．

[69] 何新．丰田JIT的秘密：不断发展的供应链管理［J］．物流技术与应用，2011，16（09）．

[70] 郭旻，曾嘉，严季．日本宅急便的经营之道［J］．交通世界（运输·车辆），2011（Z1）．

[71] 史岚．丰田管理方式在物流中的应用［J］．天津市财贸管理干部学院学报，2009，11（04）．

[72] 曹春燕，李中华．协同组合——日本型合作社的语源溯源与发展类型分析［J］．青岛农业大学学报（社会科学版），2008（03）．

[73] 李前喜，冈本真一，王耀球，穆东．东京都市圈物流现状及发展趋势［J］．交通运输系统工程与信息，2007（1）．

[74] 马绝尘，汪昶．丰田汽车的实时物流［J］．物流技术，2007（7）．

[75] 黄海，徐岩．日本汽车制造厂商的供应链管理带来的思考——以丰田汽车株式会社和铃木株式会社为例［J］．中国制造业信息化，2007（3）．

[76] 张晓燕．7-11便利店的供应链物流系统［J］．中外物流，2007（Z1）．

[77] 张玉蓉，张旭梅．供应链中核心企业与供应商知识共享的分析与启示——丰田公司案例研究［J］．科学管理研究，2006（2）．

[78] 高海宽. 日美"斗牛之战"[J]. 世界知识, 2006 (05).

[79] [日] 长谷川勇, 齐藤伸二. 物流効率化を促進する環境調和型ロジスティクス [M]. 産業構造審議会環境部会, 2005.

[80] 崔沪. "大和"的秘密武器——解读日本大和运输公司配送模式及其特点 [J]. 中国物流与采购, 2003 (03).

[81] Eiichi Taniguchietal. Developmentand Future Perspectivesfor Underground Freight Transport Systemsin Japan [M]. ISUFT 2000, Delft, The Netherlands.

[82] 阎宇. 从日本快餐连锁看中国快餐业发展 [J]. 中国烹饪研究, 1996 (01).

[83] 御园生, 周林薇. 关于日本经济社会的"异质性"——兼论日美结构问题协议 [J]. 日本问题研究, 1994 (3).

附件1 第一次《综合物流施策大纲》（1997—2001 年）

1997 年 4 月 4 日　日本内阁会议决定

第一部分　基本思路

一、前言

目前，日本物流已经开始进入了重要的转型期。

随着世界经济全球化进程的不断推进，企业在选择区位时，可以在不同国家任意布局，世界进入了自由竞争的时代。为此，日本经济为了开拓新的发展空间，需不断降低企业的经营成本，在确保消费者利益的同时，提高日本的产业布局竞争力。在这样的背景下，现代物流作为国家或区域产业布局竞争力的重要因素之一，必须提高对其的认识。

另外，随着信息通信技术的不断发展，以及国际专业化分工体系的进一步推进，使得物流需求者对流通成本和流通系统的意识不断提高，致使国民对物流的需求呈现出高度化、多样化的发展趋势。例如，在生产领域，随着库存管理技术的不断完善，在全球范围内进行实时采购已经成为可能。在流通领域，从以生产者的角度建立流通系统，转换为从消费者的角度，强化零售、中间流通及生产者的各项功能，构建新的流通系统。另外，由于互联网的发展和应用，产生了网购这一销售方式，为了使其及时满足消费者的个性化需求，提供迅速、多样、准确的物流需求非常有必要。

同时，日本为了应对这一社会经济形势变化和技术创新的趋势，适应多种多样的需求，为进出口贸易、生产制造、仓储管理、销售经营、购买消费、废弃物处理等各种各样的经济活动提供物流服务，需要在物流功能方面进行整体化、效率化、高附加值的改进，否则日本各产业就无法实现整体的竞争力,也就不能适应客户多样化的需求。此外,物流领域还要应对能源问题、环境问题、交通拥堵等一系列社会问题,以及信息化、国际化所带来的各种新的经营业态,以及新的服务内容等问题。

因此,日本政府的各个行政部门,要共同面对物流整体化的相关问题,并要联合协作解决问题。其中,在推动社会资源的联动方面就是一个非常重要的课题。同时,如果要解决日本发展中的"瓶颈"问题,就要解决日本的国际港口在亚洲地区地位下降,以及在货物运输领域中能源使用效率低等各类问题。

日本为了应对物流业的各种需求,要强化与物流业相关的综合性问题处理能力,同时需加紧制定《综合物流施策大纲》。因此,日本政府于1996年12月17日通过《经济构造的变革和创造规划》,提出"物流改革在经济构造中是最为重要的课题之一,到2001年,既要实现物流成本的效率化,又要具有不低于国际水准的物流服务能力。为此,政府各相关部门,要联合起来共同推进物流政策和措施的制定"等内容,并于1997年,首次制定了《综合物流施策大纲（1997—2001年）》(以下简称1997年大纲)。

二、目标与观点

为解决日本物流目前存在的问题,并加深对此的认识,日本政府以2001年作为目标年,根据以下3项具体目标,综合地制定并实施相应物流对策。

第一,提供亚洲太平洋地区最为便利和最具竞争力的物流服务;

第二,以不影响产业竞争力的物流成本为前提,提供优质的物流服务;

第三,建立能够应对能源问题、环境问题、交通安全问题的物流系统。

为完成以上"三大目标",需要政府各相关部门协作、共同努力,从以下三个视角,在倡导降低物流领域门槛的同时,提出社会资源的整合及物流系统高度化的对策。

(一) 相互协作综合处理

在城市物流、区域物流,以及国际物流的各个领域,在政府各部门之间,在实施硬件和软件的对策之间,在有关人员之间,要进行各种各样的相互联合。例如,为了提升社会资源之间连接的便利性、解决物流业发展的瓶颈问题,政府各相关部门要通过联合、共同努力,在社会资源有效利用中,积极进行基础设施的建设、加强信息化管理等软件方面的联合。另外,在进行共同配送时,也需要各区域的物流企业、货主企业、政府部门,以及地方公共团体等物流主体之间，协同地、综合地进行联合。同时，要寻求从生产到消费、再到废弃物处理过程中，降低运输成本及减少环境负荷的途径。

（二）增加选择方案满足多样需求

近年，随着技术的不断创新，通过信息共享技术即可监控生产、流通、消费等经济活动的全部过程，以此满足物流需求，实现货物流动的最佳方案，同时推动现代物流的发展。在实施各项物流政策时，要重视每天 24 小时物流服务的连续性、准时性及迅速性，同时，也要提高对不同温度带货物进行分类管理的物流服务水平。通过扩大可供选择的方案数量，来满足客户多样化的需求；通过有效选择海、陆、空等不同的运输方式，建立良好的物流环境。

仅通过上述措施，很难使消费者认识到货物运输比旅客运输更为重要的事实。因此，通过放宽管制力度和整合社会资源，建立多式联运体系，即推进综合交通运输系统显得更加重要。根据这一情况，按照市场机制与遵循低成本、便利性的市场原则，通过各种运输方式的相互竞争与合作，提供最适合的服务，以满足消费者需求。

（三）通过竞争激发市场活力

与其他产业一样，物流业也需在竞争的环境下，通过更高效的物流企业加入，以及物流业务范围的不断扩大，提供公开、公正、公平的物流服务，以此激发市场活力。特别是，为了满足多样、高标准的物流需要，不断涌现的新型物流业态以及服务，为日本创造出国际化、活跃的社会服务环境。

另外，为应对国际多式联运以及第三方物流（改善货主的物流方案，包括物流外包等业务）多样化、高标准的需求，日本物流业在培养新的经营业态、服务内容的同时，需放宽物流市场的准入条件及管制力度，推进信息化的进程，通过竞争激发物流业市场活力，以调整经济构造作为契机，实现跨越式发展。

第二部分 横向问题的应对

为推进综合物流政策的实施，对下述三部分内容，即针对各领域的共通问题——社会资源的整合、推进物流领域门槛的降低、提高物流系统的效率等方面，作为物流领域的课题进行论述。

一、社会资源整合

对于必要的物流社会成本，包括环境的保护、移动货物所花费时间及成本的减少等方面，应有重点地、高效地整合社会资源，改善其利用效率。因此，国家及地方公共团体在工程计划、设施运营、利用维护等方面，应以受益人承担相关成本为基本原则，按照下列内容推进社会资源高效、有重点地运用。

（一）社会资源整合情况

物流业要进行必要的社会资源整合，并以受益人承担相关成本作为基本原则，使公路、铁路、港口、机场等物流节点相互联合，将消除在交通上处于"瓶颈"的节点、国际枢纽港口及机场的整合等三方面的工作作为重点，更进一步满足用户需求。

具体来说，在大城市圈，为使公路交通更加顺畅，要形成覆盖全日本的汽车交通运输网络，并完善高等级干线公路的建设，再由各个高等级干线公路形成一体化的干线公路网络，以此推进区域性的高速公路和物流节点的建设。增强主要干线铁路的货物运输能力。推进国际集装箱中枢港口、多目的国际货物集散中心、综合性一体化运输所对应的日本国内贸易集散中心等物流节点的建设。其中，作为大城市圈主要的物流节点，机场的建设当作为最重要课题进行研究后再进行建设。

此时，通过引入评价各项工程的费用和利益的量化指标体系，可使全社会不断提高对物流业社会资源整合重要性的认识，助力各项物流工程的实施。

（二）社会资源高效利用

为了改善社会资源的便利性和利用效率，从降低使用成本的角度出发，在各政府部门及地方公共团体中，积极推进与社会资源的整合和利用相关规制的放宽，信息化、管理营运的效率化等方面的进一步联合。

（三）民间社会资源整合

通过整合民营企业，或建设与管理营运相关的物流基础设施，进一步改善物流环境，以实现物流的效率化、合理化。

（四）物流节点建设

物流节点是物流服务重要因素之一，徐有助于城市和区域物流服务的顺畅进行以外，还可以为城市内交错运输提供各种各样的物流服务，推进物流共通化的实施，扩大进口，通过信息化、自动化的保管、配送、流通加工等物流活动，提高各种业务的处理能力，完善各种设施的功能，推进社会资源的整合，推动现代物流进一步实现效率化、高度化。

因此，要综合分析各区域的经济及环境情况，使物流节点的建设能够得到各地区的理解和支持，提高对其认识。所以，在1997年，日本政府各相关部门相互联合，在讨论各地现有物流节点运营情况的基础上，制定了建设物流节点的一系列方针政策。

二、推进降低物流领域门槛

通过降低物流成本、增加物流的商业机会并促进经营者之间的竞争，实现物流服务内容的多样化、高度化。日本政府应按照以下内容，推进物流领域门槛的降低。

（一）降低物流领域门槛

物流领域门槛的降低，即要简化进入和退出物流市场的限制，尽可能使进入和退出物流市场变得容易。同时，以促进经营者之间的竞争作为保证，尽可能减少日本政府对于物流服务的内容及价格的干预和影响。其中，关于进入物流领域的限制，提出必要的建设环境、条件以及措施，以3~5年作为目标期限，按照放松管制计划中所标示的次序、日程进行推进。另外，按照反垄断法，对竞争中的限制性行为进行严肃处理。

（二）安全限制

把保障安全作为前提条件，严格进行安全限制。近几年，随着技术水平的不断提高，实现了物流成本的降低和运输效率的提高。为保障降低物流领域门槛措施的推进计划可以顺利实施，日本通过安全限制，进行国际协调，重新评定来自日本民间的需求，重新对安全限制进行分析。

三、提高物流系统效率

通过社会资源的整合及降低物流门槛措施的推进，国家及地方公共团体对信息化、标准化、技术开发及商业惯例的改善，有助于物流系统高度化发展对策的制定，促进对民间经营者的物流高度化的处理。

（一）推进信息化

随着近几年信息通信技术的不断更新和发展，信息可以在瞬间进行传送，可以保存、处理广泛的大量的共享信息，这推动了经济活动中信息化的发展，使电子商务得以普及。在推进物流效率化的过程中，在库存管理、订货、发货、分拣、拣选、出货、配送、检验、店面管理等物流活动的各个业务中，必须通过信息化技术才能实现各种技术手段的有效利用。因此，为了确保物流系统的共通，尽可能在相关人员之间实现信息共享，并使信息顺畅地传送。

具体来说，为了推进物流领域电子商务业务，要进行必要的相关软件开发，进行实证实验以及建立数据交易的文本（电子数据交换系统（EDI）的文本结构）、通知（EDI 的数据项目）等商务协议（EDI 使用数据项目的名称、属性、内容、行数等定义集的内容）的标准化。

其中，在日本国内陆路货物交易以及在运输保管的领域中，要解决设置多个终端机等重复投资、重复登录等常见问题，同时，还不能局限于同业之间，要在不同行业的企业之间，使高效的信息交换成为可能。因此，在 1997 年年底实现货主和陆路运输企业之间电子计算机的联网，不断引入并发展 EDI 技术。并且，为了使在陆路货物运输领域中，物流 EDI 标准的利用范围不断扩大，要进一步推进仓库领域的标准信息制作及中小企业软件开发。

同时，国家及地方公共团体在管理进出口贸易、出入港口等行政手续中，要利用信息技术，率先实现无纸化办公以及为客户提供"一站式"服务。

（二）推动标准化

为了全面实现物流系统标准化，日本集装箱要在 2000 年之前、托盘要在 1998 年之前，与国际标准接轨，并重新制定日本工业标准。同时，日本要主动参与建立国际标准的相关活动。

并且，为了推进包括物流在内的流通整体实现信息化，需推进二维编码、数据传送和数据交换的国际标准，同时，在以个体单位为中心的 JAN 编码（共通商品编码符号）之外，又加上 ITF 编码（标准物流符号）、128 编码（运输容器用的连续编码符号）等国际标准条形码的复合单位，以及通过标识的普及和商品信息数据库的建立，制定对应 EDI 票单及捆包标签的标准。

同时，通过调查货物堆码机（在托盘上记载货物累积运输、进行货物保管等比例）的运营情况、购买一体化的托盘装卸运输系统（在托盘上记载货物从发送到到达，以及货物装卸等一系列的运输方式）等物流机器的情况，开发并改善运输货物的包装，以便提高堆码机的使用率。因此，从1998年开始，日本将堆码机等物流设备列为政府采购物资，并积极推广多式联运使用的标准尺寸的托盘（T11型）。

(三) 开发利用新技术

为提高物流系统的安全性和可靠性，将可用于导航、货物位置确认等方面的全球定位系统（GPS），运用在整个陆路、海路、航空运输领域，全面提高 GPS 的利用率。

同时，通过在全日本积极推广公路交通信息通信系统（VICS），使公路交通信息得到充实和有效利用；在收费公路上，引进无须停车的自动收费系统；在交通管理方面，优化智能交通系统（ITS）的技术开发；通过实证试验，推行实用化及标准化的公路、交通、车辆的信息化管理系统，改善卡车的运输效率。另外，随着物流 EDI 系统标准化的不断推进，日本政府相关部门要结合公路、交通、车辆的信息化进程，为物流系统实现效率化、高度化的途径做出深入分析。

为应对食品等商品的冷链物流系统需求的不断增加，需促进冷藏车、冷冻仓库等冷链物流设施设备及功能性薄膜、保冷容器等新鲜度保持材料的开发与引进，推进从产地到消费地的一体化冷链物流系统的建设。

另外，需结合相关开发项目，推进浮体式海洋构造物新技术的研发。例如，在深入分析关于海上栈桥、机场及物流节点适用性的同时，研究新型实用型超高速货轮（TSL）技术。

同时，要推进手动自动两用卡车（既可在普通公路行驶，也可在专用公路上自动行驶的卡车）等新型物流系统相关技术的开发。

(四) 改善商业惯例

为应对多频度小批量配送策略的发展，日本需要实施缩短订货和发货时间、缩短劳动时间、改善阻碍物流效率化要素等消除低效商业惯例的有效措施。因此，在整合有关物流成本的价格机制及有效功能等环境因素的同时，还要通过提升物流系统信息化、标准化的程度来满足用户多种多样的需要，构建合理的物流系统。

具体来说，对商业惯例进行调查，通过评定物流成本的实用手册及物流合理化方针的普及，促进商品价格、运输费用、包装费用的公开透明化，推进货物运输的标准化、大批量化，推动由货主主导的物流服务进一步实现透明化、效率化。

同时，推进 ECR、QR 等供应链管理（由于电子商务的推进和交易单位标准化的推进，使得各企业之间不断联合，使信息和货物从消费到生产之间的流动更加高效化，进而企业可实现依据消费者的需求，快速提供适当价格的产品的运作模式）的技术开发以及实证实验，从商流及物流两个方面提升整体流通效率。

第三部分　不同领域物流问题的应对

推进综合性物流对策时，需解决上述课题，同时，还要从不同运输方式的角度及以下各个方面分析问题。

一、城市物流

城市物流，主要作用是连接区域物流及国际物流。通过城市物流节点的建设、社会公共设施的建设，以及每个地区的自主开发，以提高物流服务质量，提升货物在城市内运输的效率，解决城市交通拥堵、改善卡车运输准时性差及速度慢等问题。

同时，不同于自家用卡车，营业用卡车可通过提高运输效率，如好车在货物运输中的比率以及车辆装载率，来更好地解决城市交通拥堵问题，这也将有效降低与物流相关的能源消耗，减轻环境的负荷。

（一）公路交通顺畅化

为了解决城市交通拥堵的问题，要积极进行侧路和环状公路的建设，促进城市公路交通更加顺畅，实现交通管理中心的高度化管理。同时，要促成相关企业、地方公共团体形成一体化管理，扩大各区域的管理范围，有效利用巴士等公共交通，推进同坐一辆车的交通模式，引入弹性工作时间等交通需求经营管理（TDM）对策。

为了推进城市内货物共同集散、配送、处理等，要对城市内建筑物的货物放置场所及设施布置，以商业街为中心的货物放置场所及设施，路面停车位置及设施设置，城市运费等问题进行修正；地方公共团体通过设置配送投递箱，提升城市物流效率；日本政府各相关部门通过相互协作，综合性地解决发展中面临的问题。

（二）自家用卡车向营业用卡车转换

卡车运输为提高城市之间、地区之间的物流效率发挥了积极的作用。通过实施共同配送和建设物流节点，可有效地扩大卡车货物运输业的影响。因此，推进货主自家用卡车向营业用卡车的转换非常重要。

（三）物流节点建设

充分利用市区周边的物流节点，可有效地控制进入城市内运输的卡车数量。为了应对国际化、信息化，物流单元的大型化，食品等温度管理的需求强化，防灾、废弃物物流等一系列新的课题，除了可以整合以流通业为中心的城市资源、强化各项功能外，还可通过推动城市配送节点的建设，以及推进主干线公路、高速公路的出入口周边、工业园区，以及临港物流基础设施的建设来解决。此外，通过重新规划城市土地，充分发挥物流装备制造企业的作用，推动功能性物流节点建设。

（四）铁路及水路运输有效利用

有效利用铁路货物运输进行废弃物运输和国际物流的终端运输，进一步分析水路运输新的构成及功能，结合不同运输工具的特性，采取对应的运输策略，以提高城市物流效率。

二、区域物流

关于区域物流，随着放宽规制的实施及社会资源的整合，包括软件和硬件两方面对策的推进，在整合各种运输要素基础上，可实现自由选择内航海运、铁路及卡车运输等多种多样的运输方式，并根据每一种运输方式的特性恰当分工，进而推动多式联运体系的建立。

因此，为了提升各种运输方式自身效率，降低成本，可有效利用内航海运及铁路运输，促进最优运输模式的产生，在服务方面实现"门到门"的多式联运模式，在环境方面控制能源消费量的增加，同时削减环境的负荷。

（一）推进内航海运发展

内航海运，对于日本经济社会的发展是不可缺少的一种运输方式，具有运输量大、运输成本低的特性，主要承担钢铁、石油等基础原材料及物资的运输。今后，需要进一步改善内航海运，以提供高质量的运输服务。同时，对于杂货运输，要根据这些货物的特性，有效地推进内航海运的发展。

具体来说，要使内航海运进一步提高效率，硬件方面要实现货物运输船舶的大型化、现代化，装卸搬运机械的自动化，建设 24 小时全天候服务的泊位；软件方面要通过推进信息化进程，实现船舶的共通化运输。

另外，作为区域之间干线运输基础的内航海运，为了发展多式联运，需要建设货物装卸区、停车位，以及货物集散中心。并通过把干线运输功能和城市末端配送功能相结合的方式，进一步推进物流节点的建设。

促进有心经营的经营者的事业规模不断扩大，推动降低物流领域门槛措施的实施，解除货舱调整事业的计划，以促进内航海运业的发展。具体来说，即推进放宽规制计划的集装箱船及推行 RORO 船的使用①，这在 1998 年年底之前还不适用。关于其他的船舶，以 4 年为期限，争取货主的理解和合作。达成这一目标后，对同行业经营者依存的解除时期提出具体方案。但是，提前进行同行业的解除，必须要考虑中小企业的生存情况。内航 RORO 船处于货舱调整事业的不适用时期，需废止货物渡轮的调整措施。同时，在 1997 年，添加日本内航海运工会总联合会的意见书，废止自家用船舶的申报。

（二）促进铁路货物运输

使用铁路运输货物可以有效地减轻环境负荷，由于之前铁路运输自身的一些问题，近几年，铁路货物运输在货物运输中的比率大幅度减少。因此，日本可通过提高铁路运输效率及运输服务水平，结合铁路干线运输等优势，推进铁路货物运输的利用及在运输领域充分发挥作用。

为此，除了增强主要铁路干线的货物运输能力以外，还要实施铁路和公路的联合运输，推进连接铁路货物中转站的公路建设。另外，在铁路货物运输基础设施建设时，要平衡工程建设所需成本、经济性以及环境方面的相互影响。同时，要加大集装箱货物中转站等多式联运基础设施及物流装备的投资。

另外，为了进一步发展日本铁路产业，推进日本货物铁道株式会社经营的改革，在早日实现完全民营化的同时，还要废除在国有铁路改革的框架中，该公司的完全民营化等经营的改革——铁路货物运输事业的供求调整限制。关于铁路货运的运费，从 1997 年 2 月开始，日本政府调整了上限价格体制，

---

① RORO 船：即滚装船，利用运货车辆来载运货物的专用船舶，用牵引车牵引载有箱货或其他件货的半挂车或轮式托盘直接进出货舱装卸的运输船舶。

在废止供需调整限制时，将上限价格制改为申报制。

为了强化铁路货物运输的营销能力，通过范围不断扩大的铁路货物配送经营者，积极组织新加入的客户活动，通过铁路货场利用范围不断扩大，在1997年废除收集和运送车辆涉及的雇佣车辆限制的规定，使铁路货物运输业法规的运用更加弹性化。

（三）公路及区域物流节点建设

为了推动地方产业的发展，激发区域经济的活力，需要整合第二东名高速公路、名神高速公路、大城市的环状公路、连接各地区的主干线公路网络。同时，为了实现货物运输的效率化，在主要港口、工业园区等物流节点，建设干线公路，使其发挥连接作用。为了适应车辆的大型化（总重量25吨），对桥梁进行加固。

对连接港口、铁路及机场的公路进行建设，并推进综合运输体系的进程，使海、陆、空等各种运输模式的优势得以发挥。

另外，在区域物流发展过程中，日本政府相关部门要相互协作，通过物流节点的建设，推进干线运输的效率化、共通化，进一步完善城市物流网络。同时，在主干线公路、高速公路出入口周边，推进区域物流节点和公路的一体化建设。

（四）推进甩挂运输

在2000年之前，日本卡车运输企业，以区域经济圈为单位，扩大营业区域，最低的车辆数在全日本降低为5台。同时，为了推进干线运输的效率化，积极推动干线的共同运输。随着卡车装载量的增加、运行成本的降低，要有效利用运输和装卸搬运分离。为了推进卡车运输的效率化和灵活性，要有效利用甩挂车和滚装船，合理地安排车辆的使用，以提高效率。通过发展甩挂运输，提出集装箱底盘车的整备所必要的措施。

三、国际物流

关于国际物流，通过手续的简单化、信息化、物流领域门槛的降低及社会资源整合，形成可应对近几年进口货物不断增加的国际物流系统，从而降低国际物流的成本。通过减少货物在港口及机场经过的时间，提供最便利和达到国际水平的高质量物流服务。积极推动日本国内外价格差的调整及产业布局竞争力的提高。

(一) 货物终点站建设和营运

由于国际分工的不断发展，为了应对急剧增加的进口集装箱货物，需在中枢国际港口中建设具有进深宽广的泊位、高效率的装卸系统、国际海上集装箱港口的物流节点。特别是，随着船舶大型化的发展趋势，比国际枢纽港口水深小的日本国际海上集装箱港口（东京港、伊势港、大阪湾及北部九州中枢国际港）等国际中枢港口需要立即建设，使其达到国际化的服务水平。此外，在发生灾难时为了维持最低限度的物流功能，必须要对国际海上集装箱码头进行耐震强化的修建。

为了降低港口集装箱装卸搬运成本和提高服务水平，要积极推进开发最适合日本港口高效率装卸的技术。同时，在一定量的散装货物集散区，要积极推进应对船舶大型化的大水深、多目的国际货物终点站的建设，以此来降低物流成本。另外，如何利用差异化的收费标准来提高货物终点站的营运效率等问题还需要进一步讨论。

(二) 港口运输

在港口运输业中，要应对物流需要的多样化，实现作业的高度化，推进码头装卸机械化、信息化的同时，还要不断强化共通化的发展。同时，包含废止港口运输业的供求调整限制的重新评估，需在1997年的行政改革委员会的监视活动中，得出结论并采取适当的措施。并且，关于东京、横滨、名古屋、大阪、神户、关门等主要港口，通过提高相关人员的业务能力，来确保周末装卸的安全及国际水平物流服务的提供。

(三) 手续信息化和简略化

为了减轻行政手续申请者的负担，在行政手续上，尽量避免进出口货物在港口及机场逗留，积极推进进出口手续及港口入关手续的信息化、简略化。

具体来说，以1999年为目标年，基于外汇法的进出口许可及通关手续，结合现有报关信息处理系统，在主要港口及国际机场的海关、检疫局办理相关EDI的行政手续，以实现进出口及港口入关两个手续的无纸化及"一站式"服务。

另外，关于报关信息处理系统中的海上信息系统，在1999年之前要完成更换。关于进口集装箱货物，灵活运用进港前的预备审查制度，使确认货物到达的同时，给予货物进关许可。关于出口集装箱货物的运输，在事前要简化其申报流程,并强化功能。

结合实现行政手续信息化、简略化的措施,促使民间信息化的推广。特别是,关于进口集装箱货物,要缩短从入关到申报所需要的时间,及集装箱船进港之后到货物的搬出为止的作业手续,实现与主要发达国家之间的港口业务得到快速处理的目标。

(四) 进出口货物国内陆路运输

ISO 规格的国际海上集装箱装载车辆的通行,应作为物流业的关注重点,要推进桥梁的建设和修复,在 1997 年年底之前,使特殊车辆可以获得通行许可,确保 ISO 规格的 40 英尺及 20 英尺集装箱处于满载的状态时,可实现甩挂运输。

同时,关于车辆高度的限制,要基本符合欧美车辆可安全顺利通行时的标准,在充分考虑需要的费用及投资效率后,在 1997 年以后,要继续重新评估车辆高度的设计基准。

(五) 进出口货物国内海上运输

为了降低进出口货物在日本国内的运输成本,扩大日本国内海上运输的范围,要指导相关人员在外贸泊位为内贸船舶靠岸提供便利。同时,要推进外贸泊位与内贸支线泊位的衔接。

(六) 国际海上运输

为了保证日本进出口货物长期、连续、安全稳定地进行国际海上运输,要积极推进强化日本远洋运输国际竞争力的对策。

(七) 促进国际航空货物运输

从 1997 年开始,为了提高国际航空货物的运输效率,实现机场建设范围及航空货物运输力的增长,要强化货物的集散能力。并随着处理航空货物的运输企业数量不断扩大,要更加灵活地运用货物运输业法规。

(八) 国际物流节点建设

为了促进国际交流和振兴区域经济,在日本政府相关部门的联合指导下,1997 年在全日本 13 个地域推进港口、机场、公路网络、区域物流节点、信息等方面与国际交流的综合性对策。

同时，以新增进口物流为中心，减少国际物流的交错运输，改善港口及机场周边物流节点的布局。即在国际机场周边、中枢国际港湾及进口促进地（FAZ），先进行综合进口终点站的建设，再推动物流节点的整合。

第四部分　今后推进体制

一、各相关部门之间协作

为了实现本大纲所涉及的物流课题，例如，在社会资源的互相联合及"瓶颈"的解除、物流节点的建设、信息化的推进、城市物流的共通化、公路交通的顺畅化等问题，日本政府各相关部门之间的协作必不可少。因此，实施各相关部门的协作体制，在各种问题中互相联合、相互协作，推进综合物流策略的实施。

二、各区域之间协作

为了进行本大纲所涉及的物流课题，日本应建立由各个地区、日本外派机构、地方公共团体、物流经营者、货主等构成的协会联合体制，组织相关人员对物流所涉及的课题进行讨论，并对解决这些课题的指导原则及措施进行汇总，充分融合措施的规划原则，进一步将解决方案具体化，推进综合性解决方案的实施。

三、大纲反馈和修改

针对本大纲的实施状况，每年要进行跟踪反馈。根据社会经济形势的不断变化，对大纲内容进行必要的修改。

附件 2 第二次《综合物流施策大纲》（2001—2005 年）

2001 年 7 月 6 日 日本内阁会议决定

前言

日本政府曾于 1997 年 4 月制定了《综合物流施策大纲》（以下简称 1997 年大纲），该大纲规定在 2001 年前，各相关政府部门协调一致，共同完成"三大目标"。经过努力，1997 年大纲制定的各项政策已逐步得到落实。

但是，自 1997 年大纲制定后，世界经济全球化和信息化趋势愈发明显，日本围绕这一新的经济态势，要创造出一个在国际上有魅力的事业环境和生活环境，增强产业竞争力，一方面，需要加强高效率的物流基础设施建设；另一方面，还要解决好物流的新课题，即解决日益严重的环保问题和构筑循环型社会的问题。

为此，日本内阁在 2000 年 12 月制订了"经济结构改革与创造行动计划（第三次跟踪调查计划）"，该"计划"内容中提出修改和重新评价 1997 年大纲的方针，并在此基础上抓紧制定《新综合物流施策大纲》（以下简称 2001 年大纲）。

第一部分 基本思路

一、对 1997 年大纲的评价与制定新大纲的必要性

在制定 1997 年大纲时，曾以降低物流成本、提高物流服务水平为宗旨，制定了三大目标。

第一，"向亚洲及太平洋地区提供最为便利和最具竞争力的物流服务"。日本切实地实施了相关政策，并取得了一定的成果。然而，亚洲和太平洋地

区先进的国际港口也在不断地发展和进步，使其集装箱货物的吞吐量不断增大，相对而言，日本的国际港口集装箱货物吞吐量却停留于较低水平，因此有必要通过推进船舶的大型化、提升港湾的开放程度，及实施相关手续的无纸化操作和一次性处理来简化手续，提高效率。此外，虽然日本在国际港口与高等级干线公路网的连接上有所改善，但公路、港口、机场等物流基础设施的社会资本需要进一步充实，各种运输工具之间的节点需要进一步疏通，城市交通通畅化、物流系统标准化和信息化以及低效率商业惯例等都是今后仍然需要解决的课题。这些问题如果得不到解决就不能适应亚洲和太平洋地区物流业的快速发展变化。

第二，"以不影响产业竞争力的物流成本为前提，提供优质的物流服务"。目前，日本的物流成本呈现微幅下降趋势。虽然与美国相比，日本的物流成本并不高于美国的水平，但相较于亚洲的先进港口，日本的各种港口费用还是比较高的。因此，在国际竞争越来越激烈的情况下，提高日本的国际竞争力，继续降低成本，仍是十分重要的课题。

第三，"建立能够应对能源问题、环境问题、交通安全问题的物流系统"。为顺畅地进行物资运输，日本政府近年来改善了硬件和软件两个方面的基础设施，推进了卡车的自营转换，采取了一些控制交通事故的措施，取得了一定成效。下一步需要在减少大气污染物排放、地球环境保护、构筑循环型社会等方面加大力度。

在以上三大目标取得一定进展的基础上，制定了新的施政大纲，以解决以下课题。

（一）适应经济全球化，加强国际竞争力

随着世界经济全球化的发展，采购、生产、销售活动也已跨越国界展开。当今时代，一个国家是否拥有一个具有国际竞争力的经济主体和维护这个主体的经济社会系统，是决定其在国际经济社会中地位的重要依据。因此，包括物流领域在内，必须进一步使日本的经济社会体系有利于加强国际竞争力。

在这种情况下，近年，随着日本从亚洲各国进口货物量的急剧扩大，集装箱货物量日益增加，远洋航运公司之间竞争激烈，各国的船舶向大型化发展。与此同时，国际航空货物运输也在迅速发展。尽管日本相应地加强了主要国际港口和大城市经济圈的物流基地和机场的建设，但与相邻国家先进的国际港口物流设施和不断大幅增长的货物吞吐量相比，都迫使日本进一步改善和提高国际港口的硬件和软件功能。同时，大城市经济圈物流基地和机场

的建设也不可耽误时机。

此外,随着外资企业不断进入日本国内市场,日本的流通结构也要适应欧美的新型商务模式带来的影响。日本国内的物流也需重视全球化的发展。

针对这些情况,为进一步提高日本的国际竞争力,确保经济持续向前发展,必须使物流领域与国际接轨,实现效率化。

(二) 加强环保,构筑循环型社会

日本包括物流在内的运输部门的二氧化碳排出量呈增加趋势,为达成1997年12月在《关于气候变化国际联合框架条约》第三次缔约方会议上通过的《京都议定书》的目标——"将大气中的温室气体含量稳定在一个适当的水平,进而防止剧烈的气候改变对人类造成伤害",日本今后有必要减少每年的二氧化碳排出量。

同时,为解决"日本大城市的大气污染严重"这一问题,必须从源头做起,规定汽车废气排放量,使汽车本身低公害化,加强环线公路建设,消除交通阻塞。但是,这些对策需要很长时间才能显现效果,仅靠这些对策无法马上解决当前的问题,消费者还要结合运输需要积极寻求切实可行的办法。

另外,为了节约资源和能源,国家制定了许多再生资源法规,对可利用的资源进行再生利用,在实现资源再循环社会过程中,需要构筑一个适应环保要求的新型物流体系。

此外,还有一个始终要解决的问题,就是大型卡车事故问题。大型卡车仍然是造成高速公路冲撞事故的主要车型,在物流领域,如何降低大型卡车事故发生率是一项十分重要的课题。

(三) 开发现代信息技术,促进物流事业发展

信息通信技术(IT)的迅速发展,使消费者能够收集、加工、流通大量的信息并形成网络。在物流领域,尽管日本已开始灵活运用信息通信技术,为建立安全、通畅、快捷的公路交通网络,充分发挥交通基础设施的作用,引进开发了智能交通系统(ITS),而且一部分企业除了在物流电子数据交换(EDI)方面取得进展外,在进行供应链管理(SCM)方面也获得了丰硕成果,增强了企业竞争力。但是从整体物流合理化的观点来看,由于部分企业引进信息通信技术滞后、企业间或运输工具间的信息共享、网络开放化没有明显进展,信息通信技术的效果没能充分显现,因此,今后应积极研究开发新一代信息通信技术,加速物流领域的信息化。

（四）满足国民需求，与国民生活相和谐

消费者所需的生活物资，在从国外或日本全国各地源源不断送到每个家庭的过程中，物流作为不可缺少的社会基础，发挥着重要的作用。随着信息化时代的到来，人们的生活方式发生了巨大变化，由于日本人口老龄化和低龄化日趋明显，作为主要面向消费者的物流，将加快向高频度、少量化方向发展，因此，劳动力市场变化问题也要认真考虑。要想适应日本社会这种新的变化，必须在提高物流活动效率的同时，从保障国民日常生活的观念出发，确保稳定而安全的物流服务。此外，从城市生活协调化的角度来看，在街道建设过程中，应充分考虑物流通畅问题。

二、2001年大纲的基本方向

（一）目标和观点

2001年是1997年大纲实施的第四个年头，为了实现1997年大纲确定的三大目标，政府无疑要继续努力工作。与此同时，为解决目前显著存在的新问题，有必要建立与21世纪日本经济社会相符的新型物流系统。

为此，从提供不亚于国际水平的物流服务的目标出发，新大纲进一步确定，要全方位地推进各项施政措施，在物流方面，包括物流费用在内，将构筑具有国际竞争力的物流市场。同时，为了解决日益严重的环境污染等社会问题，满足国民日益增长的物质需求，政府要在提高物流效率，提供方便、快捷的物流服务方面狠下功夫，努力创建一个能减轻环境负担的新的物流体系和可循环型的新社会。

以上目标完成的时间，最迟不超过2005年。今后，政府要确定施政重点，明确优先顺序，注重实效。拟从以下几方面为着眼点，加速施政的贯彻实施。

1. 政府与民间企业的分工合作

在日本国内外竞争日益激烈、物流领域法规限制放宽的今天，日本民间企业在公平、自由竞争的条件下，纷纷创建自己的高效物流系统。在这种情况下，有许多重要的工作要做。比如，划定物流成本范围；实现企业内部和企业之间信息共享，以减少浪费；进一步准确把握物流费用，充分运用获得的信息，加强物流标准化；消除过频运输和限时配送；提高办事效率，推进物流向共同化和集中化方向发展。

另外，政府需改善硬件和软件两方面的环境来调动民间企业的积极性，同时，在努力解决城市交通阻塞、环境公害等民间企业难以办到的社会性课题领域发挥作用。

2. 国家和地方公共团体的分工合作

有必要在国家与地方公共团体恰当的功能分工和合作背景下，推进新大纲的实施。一方面，国家要负责构筑具有国家级水平的高效物流网络，确保交通运输业各种运输工具法规的统一性；另一方面，鉴于人们对物流系统与区域社会协调、构筑循环型社会的必要性认识不断加深，要求在诸如城市交通管制（TDM）等区域物流领域，国家与地方公共团体相互配合，更好地发挥地方公共团体的重要作用。

3. 创建公平竞争的物流服务市场

为了开创具有国际魅力并充满活力的物流事业环境，需要进一步提高日本物流系统的效率，促进新企业加入、新业种和服务性企业的诞生和发展，在从改革旧规制等制度方面入手的同时，通过推进信息化和改进商业惯例等措施，促进竞争，创建公平竞争的物流服务市场。

4. 重点而有效地利用与物流相关的社会资源

要想创建快捷、高效且又低环境负荷的物流体系，必须积极筹措社会资本，以便使各种交通运输工具高效运转并做到相互有效转换。为此，在日本财政预算窘迫的现状下，需要认真研究费用效果，使有限的经费在重点工程上发挥应有的作用。同时，采用新技术和改善运营方式，使现有的物流设施得到充分有效地利用。

（二）施政方向

1. 全面构筑整体高效运行并具有国际竞争力的物流体系

日本国内物流和国际物流都要努力改善环境以缩短订货至交货时间，提高准时性和便捷性，降低总成本，注重环保。货主和物流企业也要努力实现整体物流的高度化、效率化。

（1）建立高水平，整体效率化的物流系统

政府的施政须从强调整体物流系统效率化出发，从硬件和软件两个方面同时入手，创建良好的物流环境，以便更好地调动民间企业的积极性。

具体来说，在促进物流共同化和信息化时，特别在城市里要以收货人为中心考虑改善物流的效率问题。要改变送货频率过高的现状和低效商业惯例做法，促进货主与物流企业自由组合。为了使民间企业能够顺利扩展业务，并拥有一定的灵活度,政府应缓和物流规制,简化行政手续,提高办事效率,在研究政策过程中,要考虑实现物流系统效率化所不可缺少的技术开发和超常规的综合物流服务问题。

为了使高龄工人和女性工人也能胜任物流作业,保证工作效率,需要在作业标准中规定,能进行托盘化装载的货物必须利用托盘,在2005年之前,将能用托盘装载的货物中的托盘装载率提高到90%,标准托盘的利用比例要与欧美相同。通过促进标准托盘的使用和普及托盘联营系统,使一贯托盘化运输装卸等单元化装载作业方式不断向前发展。

在日本国内的区域物流方面,政府要推行多元化运输模式,让各种运输方式间既竞争又协作。通过货主自由选择,形成货运量均衡的交通运输体系,以求整体运输的效率化。在卡车运输方面,通过改善全国性的干线公路网络、充实物流节点和促进干线共同运输等来实现效率化。在沿海航运方面,通过实现船舶的大型化和高速化来提高效率,并建立兼顾海上运输效率和船舶航行安全的海上高速网络,通过扩充适合复合一贯运输的货物集散中心等物流枢纽,在21世纪初将陆路运输半日往返圈的人口覆盖率提高到90%。在货物铁路运输方面,强化主要干线铁路的货物运输能力并缩短运输时间。改善连接各运输方式间的联络公路和节点设施,计划在21世纪初,将能在10分钟之内从汽车专用公路等通道到达机场和港口的比例提高90%。

在城市物流方面,要缓和严重的交通阻塞,提高卡车运输的定时性和速达性(快速抵达),拟通过环线公路建设扩大交通容量,同时积极实施交通流量管理。物流管理部门、市政建设和公路交通管理部门要相互配合,妥善进行城市物流节点布局和城区中配送节点建设,实现干线公路运输与城区集中配送的功能转换。计划在21世纪初,将三大城市圈人口集中地区的早晚平均行车速度提高至每小时25公里,将卡车整体的装载率提高到50%。

(2)增强国际物流节点功能

对于日本来讲,要保持和提高国际竞争力,必须消除"瓶颈"问题,增强国际物流枢纽功能。为此,要注重中枢国际港口和大城市重点机场、主干线公路网的建设,并使港口、机场、公路之间的通道和相关物流设施有机结合贯通。同时还必须运用国际产业组织的新技术,使现有的物流设施管理实现高质量化和高能力化。

在物流软件领域,要继续强化港湾物流的便捷性,缩短订货至交货的时间。进一步讲,就是为提高港口装卸效率和服务质量,加强政府与民间的合作,实现24小时完全开放而开发相应的管理软件。作为运输节点的港口和机场，货物到达时需要办理多种进出口相关手续及设施使用手续，且需在多方进行多种交易，使得港口和机场等物流设施信息化程度决定着国际物流的效率。为此，在2003年之前，日本需实现有关进出口及各种港口手续的电子化（无纸化办公），并且要尽快做到一站式服务。在贸易手续方面，保障公正性的同时，通过进一步简化海关等各种行政手续来提高货物流通效率，并鼓励民间采用EDI（电子数据交换）技术，实现官方与民间信息网络的有效连接。

通过实施上述对策，缩短船舶自进港后至申报结束所需的时间，计划在2005年实现进口集装箱货物到港后2天内即可离开堆场的目标。

2. 构筑符合社会效益的物流系统

（1）应对地球变暖问题

《京都议定书》对抑制温室效应和减少废气排放量做出了规定，在物流领域也要遵照执行。

首先，要提高运输工具的单位燃料能量利用率，从提高卡车运输效率出发，推进车辆的大型化、信息化和共同利用化，改善干线公路质量，确保道路通畅。同时，政府对物流节点建设，也要给予必要的支持。

其次，通过增强铁路的运输能力，缩短运输时间，实现各种运输工具间的运力转换和衔接。尽量利用环境负荷小、运力大的铁路运输和沿海航运，到2010年前，长途杂货运输中，铁路和国内航运货物的比例要超过50%。

另外，政府在环境保护方面，要尽量促进民间企业自行管理，比如，选择对环境负荷小的运输工具，货主和物流企业自觉减少二氧化碳的排放量。

（2）减轻大气污染对环境的影响

为了减少颗粒物（PM）和氮氧化合物（NOx）的排放量，政府各相关部门要相互协助，努力创建符合地方要求和具有本地特色的物流系统。要加强对污染源汽车废气排放量的管理，开发、普及低公害、环保型汽车，提高卡车装载量和运输效率。通过环线公路的建设扩充交通容量和实施交通量管制。另外，应考虑发展城市铁路以减少城市内卡车通行量。

（3）构筑逆向物流系统，实现循环型社会流通体系

今后在建立废弃物资再利用逆向物流节点时，要与地方公共团体合作，建立有助于实现循环型社会的新型物流体系。具体来说，在研讨提高物流系统效率、改善必要的设施等课题时，应积极发挥铁路和海运的作用，以减少逆向物流对环境产生的负荷。

政府与地方公共团体协作，合理配置再生资源物流节点，实现社会流通

的良性循环。比如，充分研究建立高效物流系统的可能性。从环保的角度改善物流设施，同时，从减轻环境负荷的观点出发，扩大铁路、海运的货运比例。

(4) 防止事故发生确保物流安全

要加强对运输企业的运营管理，通过控制大型卡车行驶速度等措施来避免事故的发生与扩大。未来，要根据技术水平的提高程度，适时修订安全运输标准。

3. 构筑支撑国民生活的物流体系

随着人口老龄化问题的日益突出和电子商务的不断发展，要求日本社会能提供满足人们多样化需求的高附加值物流服务，并且还要求政府改革行政规制，提倡开发创新型商品。为此，政府应在事后确认型的市场监督条件下，确保物流体系的稳定和顺畅，为个人消费者及企业提供便利。

由于城市内部不能保证充足的作业空间，物流作业往往阻碍交通，也影响物流业效率的提高。为此，政府今后要在城市建设、街道布局中充分考虑物流的畅通问题。特别要考虑发生火灾等紧急情况下，如何保证市民安全的问题。

(三) 今后推进体制

1. 国家的推进体制

通过政府对物流体制的重新修订，能够使物流相关部门紧密合作，依据新大纲，联合推进综合性一体化物流措施的实施。此外，为有效推进及监管各项对策的实施，日本每年对实施效果进行一次跟踪调查，并向国民公布调查结果。

2. 地区的推进体制

在互相联络的体制下，国家根据政策在地方政府部门、地方公共团体、物流事业者、货主等单位的实际施行情况，继续推进综合性对策的实施。在结合本地区特点重点实施的同时，还要根据实际需要，实行地区与地区之间的联合与协调，力求新大纲的有效实施。

第二部分 具体实施策略

根据 2001 年大纲第一部分中提出的基本思路，确定如下具体政策措施。

一、构筑具有国际竞争力的社会化高效物流体系

(一) 构筑整体高效物流体系对策

1. 物流一体化、信息化、标准化

要迅速提高物流效率,大幅度降低环境负荷,必须推进物流的一体化,在积极运用原有成果的同时,大力推进物流的信息化和标准化。

在物流 EDI(电子数据交换)方面,与互联网相匹配的(结构上与可扩展标志语言 XML 一致)日本标准物流 EDI(JTRN)在物流业务中应用十分广泛,应详细了解掌握这种 EDI 的利用情况,努力普及使用。国际物流业务要积极开发引进标准 EDI、生鲜食品等行业标准 EDI 的普及要抓紧进行。此外,与 EDI 相配套的发货、运输、接货作业通用标签(STAR 标签)也要符合 JIS 标准(日本工业标准)。

在交通信息应用方面,要充分发挥地理信息系统(GIS)的作用,建立各种运输工具通用的物流综合信息系统,同时要促进各运输领域的信息化。在公路运输领域,要实现卡车运输的高度信息化,积极开发运用 ITS(智能交通管理系统),并为从事道路交通信息传输的民间企业开创良好的市场环境,使这些企业能提供准确的交通信息服务(如道路阻塞预测)。在海运领域,要强调运输效率和运输安全,促进船舶运输智能化和陆路运输支援系统的高度功能化,努力构筑充分运用 IT(信息技术)的新一代海上交通运输系统。在航空货运方面,更大力加强货物信息共享系统(CCS)建设,实现航空货单信息传输电子化,通过政府与民间企业信息系统对接,提高航空货物运输信息网络化效果。

2. 改进商业惯例

开展商业惯例实态调查研究,了解掌握商业惯例做法中,哪些环节可能有碍物流活动效率化。同时要充分运用物流合理化指导大纲,对物流的效率等问题进行跟踪调查,发现问题时根据需要加以改正。

关于物流成本问题,要通过各企业之间或企业内部之间的信息共享,在降低整体物流成本上狠下功夫,而不要局限在降低单个环节的物流成本上。要做到这一点,必须认真利用《物流成本计算活用手册》和《物流成本实态调查》,以便更确切地把握和管理物流成本。与此同时,还要充分运用诸如 ABC 法(基于成本的活动计算)等有效的物流成本计算方法,提高掌握物流成本的准确度。

此外，政府还应为物流企业创造有利的环境条件，鼓励企业多提合理化建议，不断改善为货主服务的质量。

3. 改革规制、简化行政手续、提高办事效率

进一步巩固规制改革成果，继续放宽行业准入资格、运费及收费项目限制，通过自我责任管理的形式扩大物流企业的选择范围，促进物流企业自主经营，具体做法可参照《推进规制改革三年计划》，有计划、有步骤地展开。

根据物流技术进步情况，今后要适时适当地修改物流标准，减轻民间物流企业的过重负担。

为了简化行政手续，提高工作效率，为申报者提供便利条件，出口航空货物实行预审制，一定金额以下的零担紧急货物可采取货单申报认可制，特殊车辆通行证申请手续力求电子化（无纸化）和一站式服务化。

4. 新技术开发和利用

要提高物流的速度和效率，必须积极开发和利用新技术。在公路运输领域，要促进道路交通信息通信系统（VICS）、不停车自动交费系统（ETC）、现代安全汽车（ASV）、行驶支援系统、新交通管理系统（UTMS）、电子车牌（智能车牌）、互联网ITS（智能交通管理系统）、传感信息系统等新技术的开发和利用。在海运领域，要研究开发新一代内航货船（超级生态船），在努力构筑应用智能技术的超现代化海上交通系统的同时，积极推行现代化货轮海上运输。航空运输领域也要加强新一代航空安全系统建设。此外，作为货物和运输器械的电子化管理手段，要引进和普及今后可能会广泛使用的狭域通信（DSRC）系统和无线移动识别（RFID）技术。由于日本的新型经济模式充分考虑空间利用问题，所以，将来在研究构筑高效物流体系时，还应结合日本的人文地理和社会科学因素。

5. 推进单元装载化

在提高物流作业效率过程中，应适当考虑高龄工人和女性工人的作业环境，为此，一方面要促进以一贯托盘化为核心的单元化装载方式，对目前状况进行普查；另一方面，要大力推行托盘联营体系，以利于JIS规格（日本工业规格）托盘的共同利用和回收。同时，还要积极引进有助于单元化装载的物流机械，支持单元化装载物流设施的建设。

为了促进一贯托盘化物流，要继续普及以T11型（1 100mm×1 100mm型）托盘为基础的《单元装载系统通则》，从有利于各行业实现单元装载化的观点出发，按照JIS（日本工业标准）规格，使"托盘系统设计基准"实现标准化。还要努力促进T11型托盘的国际标准化，并在亚洲普及以T11型托盘

为基本规格的 JIS 标准托盘。

6. 充实物流社会资本

为了强化国际物流基地的功能，使其发挥更大的作用，日本一方面要充实社会物流资本；另一方面，还要充实地区物流资本和城市物流资本。

在地区之间物流方面，应采取多种施策，比如卡车运输，要注重建设高等级的干线公路，连接高效运营的区域物流网，重点建设与此相匹配并能发挥整体功能的区域高等级公路等干线公路网以及连接物流基地的通道。此外，为满足车辆大型化（总重量 25 吨）需要，要对桥梁进行加固，政府各省厅应相互协作，推动干线卡车运输效率化和共同化，使流通业务设施集约化，高等级干线公路出入口周围的区域物流基地与道路整体协调一致。沿海航运要提高船舶航行速度，加强内贸货运基地建设，以适应多式联运的需要。铁道货运要强化主要铁路干线的货物运输能力。而且要在此基础上，通过政府各相关部门共同协作，努力构筑综合交通运输体系，重点加强区域交通基础设施建设，根据携手共建计划，把机场、港湾、车站等物流基地与高等级干线公路连成网络，充分发挥综合交通体系的作用，推动多功能交通网络协作事业向前发展。

在城市物流方面，要保证市区交通顺畅，改善卡车定时运输，加快行驶速度，制订城市圈交通通畅综合计划，通过环线公路、辅路建设，改造交叉路口、人行横道，加强交通流量管制，确保交通安全等方法，扩大交通容量。相关省厅和地方公共团体、民间物流企业通力合作，加强城市郊区环线道路周围和临海地区物流基地和城市内货物集配基地建设。考虑充分利用商业繁华地区的共同货场和便于装卸货物的路边停车设施。制定停车规制也要考虑物流合理化。

（二）强化国际物流基地功能对策

1. 以充实国际物流社会资本为重点，提高国际物流功能

要构筑既高效又安全的海上高速航运网络，追求物流效率化，提高港湾功能，使其达到与邻国先进港湾相同的水平。具体来讲，为适应国际海上集装箱货运量增加和船舶大型化的要求，须改善东京港等国际干线航路、中央枢纽国际港、国际海运集装箱终端（终点站）、多功能国际货运终端（终点站）等物流设施现状，进出口集装箱陆地运输费用，在 21 世纪初，争取在现有设施布局情况下，比制定 1997 年大纲时减少 30%。集装箱终端（终点站）要通过利用现代信息技术，迅速提高作业效率，与外贸港口泊位相邻的内贸

港口泊位拟有计划地充实资本，抓紧建设，尽早实现内外货物中转的通畅化。为满足日益增大的集装箱货物流通加工的需要，应在港湾地区选址建设相应的物流设施。此外，还应利用 PFI 等手段提高港口运营效率、集装箱终端（终点站）作业效率、港口装卸作业效率。港口各种设施的收费也要方便使用者，进一步加强服务。

在国际航空货物运输方面，要加强大城市圈的机场物流设施的建设，以适应不断增大的航空货运需要。

与此同时，为确保 ISO 超高大海运集装箱进出口货物陆地运输的顺畅，需考虑改造公路结构，改建隧道，提高港口、机场道路的通行能力，还要考虑通过铁路运输解决海运货物运输量不断增大的问题。

2. 实现港口 24 小时开放制

2001 年 4 月，劳资双方曾达成协议，实行星期日永久装卸作业制，包括节假日和夜间装卸作业、缩短年末岁初休假时间、延长集装箱终端（终点站）出入口开放时间等。

为继续提高港口装卸作业效率和服务水平，应通过推进信息化和一体化作业，巩固事业基础，办理行政手续也要延长办公时间，早日实现港口 24 小时开放制。此外，应广泛宣传预审制度和 2001 年 3 月开始实施的简易申报制度，促进两项制度的推广使用，这样做有助于加快通关手续的办理。

3. 实行申办手续电子化和一站式服务化

根据推进规制改革三年计划，在 2001 年内，进出口及港口各种手续的申报，在相关省厅（政府机构）内要通过网络实行高效率的信息共享。届时，包括统计资料在内，要彻底修改申报资料格式，使各种申报手续格式统一化。

继 2001 年完成通关信息处理系统（NACCS）与港口电子数据交换（EDI）系统联网之后，2002 年要实现通关信息处理系统与进出口许可、批准手续（依据外汇兑换及外国贸易法规定）系统（JETRAS）相接。航空货物通关信息处理系统（Air-NACCS）要更新，并进一步增加功能和扩大利用范围。另外，在 2003 年之前，要实现进出口手续的电子化，将基础物流设施积累的民间资金有效地用于电子化项目，各种进出口手续的申报系统和贸易手续的电子化，应充分考虑与民间企业物流信息系统连接起来，同时要推进国际海关手续的电子化办公及标准格式化。

此外，向各相关省厅和港口管理机关提供各种电子数据要注重方便性，申报项目资料的整理和项目调整要不断改进方法，尽早实现一站式服务。在陆地运输、远洋运输和港区运输等物流企业参与的国际海洋货物运输领域，要在促进民间企业引进 EDI 的同时，确保 EDI 与 UN/EDI FACT 的整合性，在此基础上对 EDI 项目下定义，对国内物流 EDI 和民间贸易金融 EDI 的对接予以支持。

二、构筑与社会课题相匹配的物流系统

为了与解决诸如环保等社会课题相协调，除了构筑具有国际竞争力的社会化高效物流体系外，还要考虑实施以下对策。

（一）解决地球变暖问题对策

1. 降低运输工具单位耗能对策

充分运用 2001 年 4 月设立的绿色环保税制度，促进低耗油车辆的利用，从提高卡车运输效率的目的出发，推动运输车辆大型化和拖车化运输方式。通过义务安装大型卡车速度控制装置，降低大型卡车的燃油费。

另外，要鼓励引进节能高效的环保生态船，研制开发新一代超级环保生态船。为了控制废弃排放量，要在国际范围内探讨使用低排放量的燃料油（用于国际航班飞机和远洋轮）。

2. 充实社会资本

提高公路质量，加大桥梁承重，以适应运输车辆的大型化，加强国际海运集装箱货物转运站和多功能国际货物中转站的建设，以便缩短进出口货物的陆地运输距离。

3. 推进各种运输方式的转换

铁路货运方面，要增强主要干线铁路的货运能力，缩短运输时间，提高装卸作业效率，以使铁路货运企业提供客户满意的服务。

为了调动铁路货运企业的积极性，改变传统经营方式，应早日实现日本铁路货运株式会社的完全民营化。沿海航运方面，应充分运用日本运输设施整备事业团制定的船舶共建制度，多建造可以转换运输方式的船舶，搞好内贸货物中转站的建设，以适应多式联运发展的需要。另外，还要加强服务，提高港口装卸效率，进一步改善通往火车站和港口的道路质量。

4. 促使民间企业自觉地注重环保

为了促使货主和物流企业自觉地控制二氧化碳排放量，减轻环境负担，要调查研究物流对环境的影响和二者之间的协调问题，并编制和普及指导手册，让物流企业进行自我评价。另外，要考虑货主与物流企业协调运输，共同提高效率，鼓励使用低耗油运输车辆，设定降低二氧化碳排放指标，促使

物流企业遵照执行。

（二）解决大气污染等环保问题的对策

1. 提高卡车运输效率

在卡车运输方面，要推行共同运输和配送，加强物流基地的建设，提高汽车运输业的吸引力，促进运输方式的自行转换。这样做也有利于提高城市物流的效率。

2. 降低卡车废气排放量

为了减少卡车对大气有污染的物质排放量，必须强化规制，普及低公害、绿色环保车。为此，要在充分运用环保税制的同时，支持建设低公害燃料供给设施，普及电动汽车的共同利用系统。在2004年以前，除了实行轻质油的低硫磺化之外，作为改善现有运输车辆管理的对策，要促进加装柴油微颗粒去除装置（DPF）和低硫磺轻质油的利用。推广卡车装卸货时关闭发动机等生态环保驾驶方法，减少柴油车辆 PM 的排放量。此外，要利用《汽车 NOx · PM 法》对车辆种类进行限制，对运输企业进行指导。

3. 城市交通畅通化

要想解决由于卡车运输过于集中而排放过量 PM、NOx 气体对城区和道路两旁的环境污染，必须改善城市交通现状。为此，既要搞好交通安全设施建设，又要积极开发和运用 ITS（智能交通管理系统）。通过制订都市圈交通通畅化综合计划，缓解三大城市圈结构性交通阻塞。改造环线公路，避免过路车辆通过市区，消除城市交通瓶颈，须在改进交叉路口和过道口的同时，将集中在住宅区的过密交通转移至设备地带，并试行并排道路差别收费制的"环保道路拥挤税"等 TDM（交通流量管理）对策。调节地区汽车流量，利用环境负荷小的小型卡车运输，推行共同集货和配送等做法，也是交通流量管理（TDM）对策中的措施之一，在制订都市圈交通通畅化综合计划时，可考虑充分利用上述实验成果。此外，还要进行货主与物流企业联手协作，共同减少 PM、NOx 等大气污染物排放量方面的尝试。为降低大型卡车造成的交通噪音公害，拟在铺装低噪音路面、设立遮音板和环保设施带的同时，依据《干线公路沿线整备法》，实施路房住宅隔音化。

4. 调整物流基地

尽可能将流通业务设施集中一处，并尽量将物流基地选在城区外围的环线公路两侧或沿海地带，这样有利于减少卡车过多地进入市区，更好地控制市区交通总量。

为使市区交通顺畅,要在市区大型建筑物内设置货物装卸场所,充分利用繁华商业区的公用货场,适当使用路边停车场供卡车装卸货物。停车规定也要考虑方便物流作业。

5. 有效利用船舶和铁路

要想提高市区物流效率,减轻环境负荷,应尽量避免过路卡车进入市区,能利用轮船和铁路运输的货物就不要再使用卡车。同时,要充分发挥城市外围的港口作用。

(三) 构筑逆向物流系统,实现循环型社会的对策

努力掌握生产企业和再生利用网点的布局以及生产与再生利用之间的运输现状,在充分考虑利用铁路和海运的情况下,积极探讨构筑高效率的逆向物流体系,并使其具体化。

港口设施的建设规划要与区域资源再生利用设施的选址相配套,建设海上废弃物处理设施时,应有助于逆向物流的通畅。要考虑把资源的再生利用作为共同事业去推动,对这方面的竞争,须制定一个指导原则。

(四) 防止事故、保证物流安全的对策

1. 防止事故

为了加强对运输企业的运营管理,防止大型卡车在高速公路上超速行驶发生交通事故,将在2003年9月起为大型卡车义务安装车速控制装置。考虑到相关物流业者理解防止超载确保安全的重要性,要努力启发运输企业和货主重视安全对策和措施。

在改善交通安全设施的同时,通过利用信息技术等新科技交通管理系统,提高道路交通的安全性。积极研究开发和运用 VICS、ASV、行驶支援系统、UTMS、智能交通等高级道路交通管理系统。

另外,为确保海上交通的安全性,须努力实现航海智能信息系统的高度化,改进船舶阻塞的国际干线航道,提高港口内的稳静度,探讨狭窄海域船舶航行的新方式。除了加强海上交通信息机构的建设和运营外,还要通过构筑运用信息技术的新一代海上交通管理系统,实现能防止撞船、绕行暗礁的船舶交通管制等高度安全的海上交通体制。

2. 适时合理地修改交通规制

从技术革新和社会经济发展的趋势来看,过去的一些安全规制与所期待的目的比较,有些过于苛刻。比如,使用放宽标准的车辆运输不可分割货物

的规定，要达到让运输业者严格执行法规的目的，法规必须切实可行，为此，须放宽现行的规制。关于交通道口及其周围的交通规定，也要继续研究和探讨如何缓和规制的问题。

三、物流保障国民生活

（一）构筑能满足国民需求的物流体系

消费者一般对食品都要求有质量保证和高度新鲜，为此，要加强低温一贯制运输体制建设，做到产地到消费地的运输始终保持低温状态。

（二）推行事后规制转换，为消费者提供方便

将仓库业准入许可制转为登记制，废除仓库收费事前申请制。同时，将汽车货运企业和货运代理企业的运费和收费制度也改为事后确认制。届时，可通过优秀仓库企业认定制度，保护消费者利益。

（三）将物流通畅化纳入城区建设规划

在城区建筑物布局过程中，要以消除阻塞、确保物流通畅为基本方针。除了在城市建筑内设置货物装卸物所、在商业中心地区开辟公用货物装卸区、允许路边停车场装卸货物外，还要在城区结构设计时，充分考虑商业区货物搬进搬出的难易度等问题，以此保证城市物流的通畅性。

（四）确保物流的稳定性

在物流的稳定性方面，包括孤岛在内，所有地区的物流都要求保证国民生活供给。即便在发生自然灾害等紧急状态下，也必须确保物流活动的通畅和物流功能的发挥。桥梁和岸壁等要提高抗震和耐雪强度，河川、滩地作为紧急情况下的替代手段，要确保利用效果。

此外，为保证将来贸易物资运输的稳定性，必须加强日本远洋运输的竞争力，确保远洋船只在狭窄国际海峡通行的安全性。

附件3 第三次《综合物流施策大纲》（2005—2009年）

2005年11月15日　日本内阁会议决定

前言

2001年7月，日本政府制定了《综合物流施策大纲》（以下简称2001年大纲），大纲明确规定实行综合的物流政策，到2005年实现"降低成本，建立具有国际竞争力的市场""建立减轻环境负担的物流体系，为构建循环型社会做贡献"的目标。目前，各项政策的效果已经逐步显现，但仍存在许多亟待解决的课题。

另外，2001年大纲制定以后，日本经济形势发生了很大变化，包括经济体制结构的改革不断推进、与亚洲国家间的经济交流不断深化、IT技术的迅速普及、因美国发生恐怖事件而引发的民众对安全保卫的需求增强、《京都议定书》的生效要求进一步加强环境政策施行等。这些变化所衍生的新课题要求日本必须迅速、正确地制定及实施对策。而且，随着结构改革的不断深入，要求进一步深化相关部门之间的合作，以采取适当对策。

在日本《关于经济财政经营和结构改革的基本方针2005年》（以下简称《基本方针2005年》）中，提出了"巩固经济基础、应对全球化发展趋势""发展以民需为主导的经济"的任务，在完成这些任务的过程中，物流将发挥十分重要的作用。另外，《基本方针2005年》中也明确指出了制定新的《综合物流施策大纲》的必要性。

因此，必须重新认识2001年大纲，制定新的综合物流施策大纲，实行综合化、一体化的物流政策。

第一部分　2001年大纲完成情况及制定新大纲的必要性

一、2001年大纲目标的完成情况

2001年大纲在物流领域制定了两个目标，即"降低成本，建立具有国际竞争力的市场""建立减轻环境负担的物流体系，为构建循环型社会做贡献"。目前，这两个目标的完成情况如下。

（一）降低成本，建立具有国际竞争力的物流市场

在经济全球化不断深入发展的过程中，一个国家应培育具备国际竞争力的经济实体，而支持国家进行这种培育活动的经济社会体系是否完备是决定其在国际经济社会中地位的一个重要因素。当代，日本必须进一步提高包括物流业在内的经济社会体系的竞争力，因此，日本制定了上述目标，并实施了相关的政策。

在国际物流方面，通过不断完善中枢、中心国际港口及大都市圈空港的建设，改善这些国际港口和空港的周边设施，简化进出口等相关手续，力求缩短提前期（Lead Time：从下订单到交货时间），提高便利化水平。在物流成本方面，日本物流总成本在日本国内生产总值中所占的比重呈现逐渐下降趋势，略低于美国水平。但是，从增强日本产业的国际竞争力、提高日本产业集群的竞争力和吸引力的角度看，仍需继续改善和努力。

受到国际水平分工日趋深化的影响，以中国为代表的亚洲发展中国家已成为世界性的生产基地，同时，这些国家作为消费市场的货物吞吐量迅速增加，实现了经济的快速发展。此外，随着这些国家主要港口设施的日趋完善，其吞吐能力和服务水平也迅速提高，使得主要港口的货物吞吐量迅速增加。相比之下，日本港口在服务成本方面已经落后于亚洲其他发展中国家，因此，以往在日本港口装运及经由日本港口的国际主要航线已经转移，在货物量较大的亚洲主要港口与欧美主要港口间直接建立货物运输线的趋势日渐明显。因此，出现了从日本主要港口转向亚洲主要港口的转口货物量增加的现象，在各国间的竞争中，日本的相对地位有所下降。

从空港的情况看，随着企业以消减库存为主要目标的供应链管理（SCM）意识不断提高，及消费者需求的不断提高，使得企业更倾向于采用空运，空港的货物吞吐量大大增加。但是，在空港设备使用费用、货物设施使用的便

利化方面仍有待进一步改善。

此外,日本国内物联网的建设是支持国际物流发展不可或缺的重要条件。目前,日本仍有一部分公路大型货车很难通行,一些路段经常发生严重的交通拥堵,日本国内物流基础设施建设方面仍然存在"瓶颈"。

为此,日本重点对特定重要港口(超级中枢港)京滨港、名古屋港、四日市港、大阪港、神户港的设施加以完善,提高其运营的效率,并扩充了成田国际空港、东京国际空港(羽田空港)、关西国际空港、中部国家空港的功能,同时,签署了国际海上交通便利化条约(FAL条约),积极推进体制改革,促进进出口及港口手续的简单化、标准化和电子化,建立国际物流特区。为了满足物流发展的高效化和多样化的需求,促进从业人员不断创新、开发多样化的服务方式、并努力提高服务效率,日本还采取了降低货物运输相关行业准入标准及运费标准,改善大型卡车运行的公路基本设施建设,及放宽通行限制、促进交通顺畅化等政策。

多数希望增强国际竞争力的企业正在努力推行经营全球化、促进国际水平的分工、稳步实施国际市场(包括亚洲在内)与日本国内市场一体化的经营战略。基于这种战略考虑,支持企业发展的物流业也应融入国际国内物流一体化的潮流中,构建高速度的、顺畅的、成本低廉的物流体系。因此,除需提升主要港口、空港的功能外,日本还应完善主要港口、空港及物流基地周边的设施,完善大城市的环形公路建设,扩大大型货车通行的公路范围,加强货物转运处物流设施的管理,促进城市交通顺畅化,相关的从业人员应进一步加强横向合作,促进货物流通的顺畅进行。

(二)建立减轻环境负担的物流体系,为构建循环型社会做贡献

为了实现经济社会的可持续发展,不应仅追求经济发展的速度,环境问题也十分重要。物流业应积极地参与到解决地球温室化、地区性大气污染、利用循环资源等问题的活动中去。因此,确定了致力于构建环境友好型物流体系的目标,并采取了相关政策措施。将自用卡车变成高效率的营运用货车、引进低公害车、促进运输方式向低尾气排放量的运输方式转换、运用IT技术推进物流体系的最优化发展等,通过实施这些措施,减少了运输部门货车的二氧化碳(CO_2)排放量。2002年,日本CO_2排放量已经低于《京都议定书》规定的目标基准年(1990年)排放量的水平。对于氮氧化物(NOx)及颗粒物(PM)的排放量,也采取了不断加强对汽车排放量的控制,制定《关于限制特定地区汽车排放氮氧化物及颗粒物总量的特别措施法》,由首都圈及

近畿圈的地方公共团体制定对柴油机车的限制等措施，尽管检测局检测到的大城市二氧化氮及悬浮颗粒物仍未达到环境标准，但整体上看，这种情况正在逐步改善。在控制二氧化碳排放量方面，从包括旅客运输的运输部门的整体情况看，并没有取得预期效果，为了达到《京都议定书》确定的消减目标，物流业在已采取的措施基础上，必须促进货主企业和物流从业者之间的合作，进一步争取广大国民和相关团体的理解和支持，创造能最大限度发挥民间智慧的氛围，采取新手段以更广泛地开展环保型物流活动。

同时，由于存在收费标准的统一、物流基地周边配套设施的建设等问题，目前，仍有很多高速公路未得到充分利用，还有一些地区物流效率较低，在这些地区，从事中长距离运输的运输工具进入城市中心地带，加剧了城市的交通拥堵，给城市内物流造成了不良影响，也增大了 CO_2、NO_x、PM 的排放量。因此，应进一步努力，提高高速公路的利用效率，制定可有效应对交通拥堵的策略，加强交通需求的管理，开发新的降低尾气排放量的技术。

随着关于循环利用的法律的相继出台，有利于资源循环利用的逆向物流日益引起人们的重视。目前，日本正通过海运、铁路等能够循环利用资源的运输方式广泛开展运输业务，以及在港口周边建设和完善循环设施相对集中的逆向物流基地港（循环港）。今后，预计这类运输要求将逐步增多，因此，有必要推动逆向物流体系的建设，确保高效合理地处理和运输货物。

二、制定 2005 年综合物流施策大纲的必要性

迄今为止，关于综合物流政策的大纲都是为了顺应当时经济社会的变化，明确物流应有的存在方式和意义，促进有关政府部门间的合作，简单明了、系统地说明中长期的物流政策和物流行政管理的方针而制定的。今后的物流政策则增加了加强行政机构内部的省、厅间合作及促进与地方公共团体之间的合作等内容，促进官民合作、民间跨行业合作以及获得广大国民的理解和支持也是今后物流政策中十分重要的内容。大纲应通过这种合作扩大政策施行的范围，并承担起向国民提供信息和启迪国民的重任。近年来，这种呼声越来越强烈。

2001 年大纲将 2005 年作为目标年，但这期间经济形势和所面临的课题都发生了较大变化，因此，必须制定新的综合物流施策大纲，确立今后的物流政策、物流行政管理方针以及相关机构之间合作的基本框架。

第二部分 2005年大纲的基本方向

一、目标及观点

根据2001年大纲中政策实施的基本情况,顺应经济社会的发展变化和结构改革的不断推进的形势,结合物流产业发展所面临的新课题及实施新政策的必要性等,制定以下目标。

第一,建立高速无缝且低成本的国际国内一体化物流体系。

第二,建立绿色物流等高效率环保型物流体系。

第三,建立重视需求方的高效率物流体系。

第四,建立可保障国民生活安全和使国民安心的物流体系。

基于上述目标,到2009年,实现物流政策的综合化和一体化。

应考虑日本财政收支的严峻情况,整合与物流相关的社会资源,实施严格的事业评价制定,通过消减成本和提高效率,有重点地、高效率地、富有成效地推进相关政策。同时,有效促进现有社会资源的综合利用。

二、基本方向

(一)建立高速无缝且低成本的国际国内一体化物流体系

随着经济全球化的不断深入发展,企业的跨境采购、生产和销售活动广泛展开。其中,以中国为代表的亚洲地区成为重要的生产基地和消费市场,经济得到迅速发展。日本也有很多企业进入亚洲其他国家和地区发展。这种发展动向的主要标志是,2004年,中国超过美国成为日本最大的贸易对象国。日本与亚洲地区的经济交流今后必将逐步扩大,相互依存关系也将逐步加深。

这种动向的主要表现是,企业将核心部件从日本出口到亚洲地区,将这些核心部件与在当地采购的零部件组装成最终商品,再进口到日本。这样,在采购、制造和销售环节,国际和国内市场实现了无差别化,包括日本在内亚洲市场正在逐步融合为一个一体化的大市场,企业可在最适宜的地方从事生产和销售活动,同时,在全球范围内彻底地实现零库存的供应链管理。

以往日本国际物流主要面向欧美国家,与之相比,日本同亚洲地区之间的物流距离更近,同进行日本国内物流没有很大差异,因此,应通过提高日本国内运输体系效率,建立高速的、顺畅的、低成本的国际国内一体化物流体系。在亚洲区域内物流不断向日本准国内物流化发展的过程中，必须做到以下内容。

第一，将船舶的航期表从以日为单位调整为以小时为单位，确保准时开船。

第二，实现门对门无须倒装的直航运输。

第三，提供及时的、多频率的小批量运输。

第四，由于目前在总的物流成本和物流周期中日本国内区间所占的比重较高，因此，必须消减国内的物流成本、缩短物流周期。

为了满足国际物流日益提高和多样化的需求，进一步提高日本物流业的国际竞争力，应提升国际航运港和航空港的功能，促进日本国际、国内运输方式的有机结合，建立顺畅的物流网络，加强物流基地的后勤管理，推动进出口和港口手续的一站式服务、单一窗口化和民间物流业务的电子化，改善软件、硬件环境，促进物流政策的综合化和一体化。

基于上述考虑，必须着眼于建立高速无缝且低成本的国际国内一体化物流体系。

（二）建立绿色物流等高效率环保型物流体系

《京都议定书》的生效，要求切实实现消减二氧化碳排放量的目标，这使得日本广大国民、企业和消费者对地球环境问题的关心程度大大提高。为了建立环境负荷小的社会，也要求物流业相关从业者间加强合作，寻求切实解决这些问题的有效办法。

另外，从企业更好地承担社会责任（CSR）的角度出发。近年来，越来越多的企业获得了 ISO 14001 认证，并通过发布本企业的《环境报告书》等对外宣传企业在环保方面的活动，致力于环保型经营。企业在环境保护方面的真诚举动也获得了市场和消费者的高度评价，有效地提升了企业价值，并为企业筹措资金带来很大的帮助。今后，应通过表彰那些为改善环境做出贡献的企业，为消费者提供更多的与环保相关的措施信息，推广社会责任投资（SRI）等，加速推动企业从事环保型经营，促进企业开展减轻环境负担的物流活动。

消减企业物流活动中二氧化碳的排放量不应仅依靠个别从业者的单独行动，而应依靠集体的智慧，促进货主企业、物流从业者、经济团体、政府部门间的相互合作及开展行动。为了使行动更有效果，应将这种联合扩展到中小企业中，将活动范围扩大到日本全国。特别地，针对那些通过建立货主企业与物流从业者的伙伴关系将自用卡车转为营业用卡车,推动运输方式向低尾气排放量的运输方式转换,促进运输、配送一体化,推进物流基地的高效运转,促进第三方物流(3PL)发展等活动。应充分利用 2005 年 4 月开始运作的"绿色物流伙伴关系会议"这一平台,通过从业者之间的合作,对先进的做法提供支持,制定二氧化碳排放量的标准计算方法。通过这些活动,力争获得更多企业及消费者的理解和支持,将环保型物流发展为广泛的国民运动。

与此同时,应促进运输方式从以"卡车运输"为主向二氧化碳排放量更少的"以铁路和内航海运"为主的运输方式转变。为此,应大力提高铁路和内航海运的运能。

此外,在确保公路交通顺畅化、减轻汽车货物运输所带来的环境压力的同时,为了提高城市内物流活动效率,应进一步加强环形公路建设,改善拥堵路口的交通状况,依靠 ITS 技术及时提供公路交通信息,制定多样的、有弹性的收费政策,引导货运车辆在特定路段和时间段经营,实行软硬件一体化的货运交通管理政策。

为了提高物流活动效率,在选择合适地点设立物流基地的同时,应防止物流基地与所在社区的住宅设施建设、商业设施建设等其他城市功能的混杂,必须引导物流基地设施的集约化建设。在城市中心地区,公路上的货物装卸容易引起交通拥堵,因此,为了促进城市交通的顺畅化、确保行人的安全,应制定详细的交通规则,改善货物装卸设施,减少因无序装卸所引起的交通拥堵。

另外,应根据《关于促进流通业务综合化和高效化的法律》,推动港口、高速公路等交通基础设施周边具有高水平管理能力的物流设施建设,促进其与现有的交通基础设施的有机结合,构建高效的、环境负荷小的物流体系。

同时,为促进该物流体系的建设,必须推进相关技术的开发利用及 IT 技术的广泛应用。

这些政策不仅有利于建立高效的、环境友好型物流体系,也是建立前面提到的国际国内一体化物流体系所需的重要政策,因此,必须大力推行。

除此之外,应根据修订的《关于合理使用能源的法律》(即《节能法》),要求一定规模以上的运输企业和货主企业制订能源节省计划并提供能源使用量报告。根据修订的《关于应对地球温室化政策的法律》,对一定规模以上的运输企业和货主企业,要求其提供并公布尾气排放量的报告,以促进物流行业能源使用的合理化,缓解尾气排放所造成的温室效应。

为建立循环型社会,应构建高效的逆向物流体系,对货物进行适当的处理和运输。

基于以上观点,必须建立绿色物流等高效率环保型物流体系。

(三) 建立重视需求方的高效率物流体系

近年来,在通货紧缩的影响下,企业在满足消费者不断提高的消费需求和价格制定方面面临严峻的挑战,在企业提高备货水平和降低价格的过程中,对物流也提出了新要求,即在需要的时间提供需要数量的商品。

生产厂家和流通业已经通过运用以 EDI 和电子标签为代表的信息技术,实现了卖方的信息共享,并迅速反映到生产和流通计划中,从而避免了生产过剩和库存及店面缺货现象的发生,提高了顾客的满意度和企业的经营效率。

随着网络技术的普及,消费者直接向厂家订货的通信销售及直销等销售方式所占比重将不断增加,企业重视消费者个性需求的营销活动也相应增加。

企业的经营模式已经从重视供给方转向重视需求方,因此,要求物流体系提供及时的物流管理和运输、配送,并能够提供少量多批次的配送服务。为了满足企业日益提高的要求,避免造成交通拥堵和加重环境负担,必须建立高效的物流体系,在更大的范围而不仅局限在物流作业现场,考察成本发生的方式及其对经济社会的影响,推动物流体系的改革。

随着"少子高龄化"现象的不断发展,适龄劳动人口将逐渐减少,物流业的从业人员可能出现不足,因此,应及早应对,引进更为省力的、高效的物流体系,实现物流体系的机械化、自动化和信息化。

在消费品流通领域,也应推动流通体系的标准化,在跨产业、跨行业的企业之间实现商品信息共享,从顾客的需求出发,建立高效的物流体系,促进相关产业的发展,使消费者获益。

基于以上考虑,必须建立重视需求方的高效率物流体系。

(四) 建立可保障国民生活安全和使国民安心的物流体系

美国发生 9·11 恐怖事件后,美国政府要求对美国出口的货物需提前提交货物信息,并要求进出商和物流企业采取有效的安全措施。欧盟(EU)、国际民间航空组织(ICAO)、国际海事组织(IMO)、世界海关组织(WCO)等,也都采取了加强物流安全的行动。但从另一个角度看,为确保安全而采取的严格手续增加了物流的时间和成本,影响了物流效率。2005 年 3 月,日本政府 7 个相关部门和 21 个相关团体为了实现确保安全和提高物流效率的双重目标,制定了一系列的政策。今后,日本也必须研究建立进口货物的事前信息搜集体制，制定相关从业者的安全措施指南，并将其具体化。在加强同各国及国际组织间协调的同时，实施有效的安全对策。

此外，以卡车运输为代表的运输业从业人员的经营环境较为严峻，为满足及时送货等不断提高的物流需求必须严格遵守时间，即日本社会对劳务管理、确保交通安全等安全保障方面也提出了新的课题。

另外，在大规模灾害发生后、灾害发生时，如何维持国民的生活，在准时交货条件下如何减少对生产体制等产生的影响，在灾害发生时如何确保交通网路的畅通，灾后如何促进公路、铁路、港口等尽早复原，这些均要求不断完善物流体系。

受到牛海绵状脑病（BSE）的影响，消费者对粮食安全的重视和关心程度大大提高，对普及可追踪食品生产和流通过程的系统（扫描系统）提出了要求，要求运用电子标签技术向消费者提供简单易懂的食品生产和流通信息，实现流通中的全程温度控制管理等。

随着 IT 技术在物流业中应用范围不断扩大，物流业对信息技术的依赖程度不断增强，因而，未来也要求加强信息安全。

基于以上观点，必须建立可保障国民生活安全和使国民安心的物流体系。

第三部分　政策推行体制

一、联合协作的重要性

物流是由于有了民间企业和消费者的经济活动才产生和发展起来的，因此，各主体发挥其应有的作用是十分重要的。

因此，在推行物流政策的过程中，必须要求相关人员能够充分认识对于经济活动整体和企业活动而言物流所发挥的重要作用，为改善物流政策积极地建言献策，不断深化相互间的合作，最大限度地发挥各主体经营活动的效果，这些极其重要。

（一）国民的理解和支持

近年来，国民和消费者对于地球环境保护、交通安全、食品安全等的关心程度大大提高，因此，企业经营模式的转换，低公害车的引进，共同运输、配送业务的开展等都要求提供更易懂的信息，而这些活动的展开也应得到国民的理解和支持。

消费者热心于改善环境并成为"绿色消费者",会将个人的生活方式转变成环境友好型的方式,同时,也会更加关注企业在环境保护方面所采取的行动,在购买商品和服务以及进行股票投资时,就会认为支持那些对改善环境做出贡献的企业,就是对绿色物流,乃至将整个社会建成"绿色社会"的最有效支持。

(二) 货主企业与物流企业的联合协作

在市场竞争环境下,企业通过不断创新来满足消费者不断提高的多样消费需求的同时,社会也期待企业能够对环境、安全等社会问题做出适当的贡献。为了构建高效的、环境负担小的物流体系,避免超载和疲劳驾驶,实现卡车安全运输,最为重要的措施是要推进物流业务的委托方——货主企业,和被委托方——物流企业加深对相关情况的了解,为改善物流体系建设共同贡献智慧,通过加强联合协作建立良好的业务伙伴关系。

目前,货主企业在业务整合的过程中出现了将经营资源专注于发展本企业主业、外包物流等部门业务的倾向。这就要求物流企业能够满足货主企业的需求,积极提供物流体系建设的方案,不仅是提供运输服务,还承揽流通过程中的简单加工、库存管理等相关业务,促进3PL的发展,以降低物流的总成本,提高企业竞争力。

(三) 地区相关从业者的联合协作

为了构建国际国内一体化的、高效的、综合的物流体系,应在不同地区,提供相关政府部门间、货主企业和物流企业共同参与及协作的平台。为了提高主要港口、航空港、公路、铁路等周边设施的利用效率,必须找出目前制约其发挥的"瓶颈"问题,并讨论解决问题的具体方法,实施充满地方智慧和富有成效的对策。

城市内物流政策的制定也应提供协商的平台,广泛吸引更多地区相关人员的参与。从"建立最佳城市"的角度出发,共同探讨如何促进运输、配送的共通化,如何设置货物装卸设施和停车带,如何制定更加具体的停车规则,如何确定集中装卸时间段以避开交通高峰时段等方面的对策。由于各地方公共团体在城市建设方面与物流政策的关系十分密切,必须继续吸引他们参与到政策制定过程中。通过实施这些政策,确保交通安全、缓解交通拥堵、改善环境,这不仅有利于建立安全的、舒适的城市环境,也将激发城市中心地区的活力,为振兴城市旅游业做出贡献。

二、今后的推进体制

(一) 日本国内的推进体制

由政府各相关部门的负责人参加的"综合物流政策推进会议"认为,应在现有基础上进一步加强合作,促进政策的综合化和一体化实施。会议也明确了今后应实施的具体物流对策,并要求各相关部门为实现这些政策目标而努力。同时,将通过"Plan-Do-Check-Action"的方式,每年度对政策实施状况进行跟踪,并将跟踪结果公开发表。同时,通过协调,进一步充实和加强现行政策。

(二) 日本地方的推进体制

国家各相关部门设在地方的分支机构、地方公共团体、货主企业和物流企业应根据地方的实际情况建立联系机制,并在该机制指导下继续推行综合的物流政策。

尤其是在国际物流方面,在拥有主要航运港和航空港的地区,国家相关部门的地方分支机构、地方公共团体、经济组织、货主企业和物流业等从事实际工作的人员必须加强合作,并由这些人员组成"国际物流战略研究小组",研究如何提高国际物流及与之一体化的国内物流的效率,并根据各地区的实际情况采取相应的对策。

在城市内物流方面,应从"建立最佳城市"的观点出发,根据需要建立由相关人员参加的、参与范围较广的协商会,参考其他城市的先进经验采取相应的对策。

附件4 第四次《综合物流施策大纲》（2009—2013年）

2009年6月17日 内阁会议决定

前言

日本政府于2005年11月制定了《综合物流施策大纲（2005—2009年）》（以下简称为2005年大纲），以2009年为目标年，在物流领域提出了以下四大目标。

第一，建立高速无缝且低成本的国际国内一体化物流体系。
第二，建立绿色物流等高效率环保型物流体系。
第三，建立重视需求方的高效率物流体系。
第四，建立可保障国民生活安全和使国民安心的物流体系。

为了实现以上四大目标，日本政府实施了各种综合性物流措施。目前，这些措施在不断地发挥作用，但仍留有很多课题有待进一步解决。

另外，制定2005年大纲以后，围绕物流的环境发生了各种变化。例如，经济构造进一步全球化；以《京都议定书》第一约束期间的开始为契机，需要进一步加强应对全球变暖问题的行动力度；社会各方面对确保货物安全的要求更加强烈等。这些变化要求日本政府在正确掌握2008年发生的全球经济危机所带来影响的同时，对以上课题做出迅速且正确的应对。

为此，日本的政府部门决定修改2005年大纲，重新制定新的综合物流施策大纲，以综合性地、整体性地推动各项措施的实施。

第一部分 2005年大纲完成情况和制定新大纲的必要性

一、2005年大纲完成情况

2005年大纲，提出了在物流领域实现上述四大目标。目前，四大目标的完成情况大致如下。

(一)"建立高速无缝且低成本的国际国内一体化物流体系"完成情况

在经济构造不断走向全球化的大环境中,日本企业把包括日本在内的亚洲市场视为一个整体,在采购、生产和销售的经济活动中,不局限于国内或是国外,而是从选择最佳区位的观点出发,在最适宜的地区开展生产和销售,尽量减少不必要的库存,在全球范围内全面开展供应链管理(SCM)。此外,日本与亚洲各国及各地区之间开展的物流活动,从运输距离来看,也都是在和日本国内物流没有太大差距的区域内展开的,因此,需要提高国内运输系统的效率,从而进一步实现高速无缝且低成本的物流服务。2005年大纲正是基于以上视角制定了此目标,并推动各项措施的实施。

1. 提高国际物流节点——港口和机场的功能

在港口方面,为了建设超级中枢港口并促进其运营的高效化,在东京港和横滨港新修建了水深16米的深水集装箱码头,加强了港口功能,在一定程度上降低了港口物流的成本并缩短了取货时间。虽然日本的外贸集装箱吞吐量有所增加,但是由于集装箱货船的大型化以及亚洲各国港口货物吞吐量的增加,造成以日本和欧美之间的远距离主干航线的运输服务频度有所下降。为此,需要进一步加强以欧美干线航路为主的多线路、高频度、直接运输等高质量的港口服务。此外,由于部分港口难以一次性接收多个运输原材料的大型船舶,所以要进一步加强支撑产业竞争力的港口等社会基础设施的建设。

在机场方面,在东京地区,进行了成田国际机场向北延伸的扩展项目和羽田国际机场的二次扩展项目。此外,在关西地区,关西国际机场的第二条飞行跑道也开始提供服务,实现了24小时运营。在名古屋地区,中部国际机场的第三国际货物中心也正式竣工,通过这些机场的建设,进一步加强了大城市机场的物流节点功能。由于仁川机场等周边各国主要机场的快速发展,今后在进一步加强机场建设的同时,日本可通过更加顺畅地进行成田机场和羽田机场之间的物流,加强其国际物流节点(即机场)的物流功能。

2. 通过国际与国内运输模式有机合作构建顺畅物流网络

在公路运输方面,改善了连接港口、机场及主要物流节点的短途运输及末端运输,推进了大城市环状公路等交通网络的修建;在日本国内海运方面,推广了受经济保护的新一代日本国内航线运输船,即超级环保船(SES)的使用；在铁路运输方面，加强了基础设施建设，提高了主要干线区间的运输能力。今后，为了构建海陆空一体化高水平的交通网络，要加强应对经济全球化的挑战，进一步加强国际竞争力。并且，需要进一步建设有助于发展区域经济的公路运输网络，推进日本国内海运和船舶的利用并加强其竞争力，加强铁路货物运输能力和车站设备现代化建设的投资。

3. 物流节点设施中物流管理功能高度化

为了有利于高水准国际物流的物流管理中枢的形成，根据《有关促进物流业综合化和效率化的法律》，加强与社会资源合作建设物流基础设施，并通过这些物流设施推进物流的综合化和效率化，同时按照《有关物流业市街区建设的法律》，灵活利用物流园区及土地使用区域的划分，进行物流设施的配置和规划。此外，通过主要港口和机场所在的地区，成立国际物流战略小组并开展相关工作，实现了关西国际机场与上海之间的深夜空中运输货物航班的定期化和大阪等港口的联合港口化等。

4. 促进进出口及港口手续一次性办理服务、单窗口化和企业物流业务的电子化

2008年10月，把海运货物报关信息处理系统（Sea-NACCS）和港口EDI（电子数据交换）系统进行统一，启动了进出口及港口相关信息处理系统（NACCS），并且同时开始运营申请窗口一元化的单窗口系统（府省共通门户网站）。此外，从2008年4月开始，在海关的临时办公制度中取消了手续费，并简化了办理手续。

（二）"建立绿色物流等高效率环保型物流体系"完成情况

要实现环境负荷小的社会，应与物流业各相关人员进行合作，正确地应对地球的环境问题。基于以上认识，2005年大纲中提出了此目标，并推动了各项措施的实施。近年来，虽然日本国内货物运输的二氧化碳排放量呈现减少趋势，但是对于谈判中的2013年以后新的框架目标，仍要求通过进一步减少供应链整体对环境的负荷来开展工作。

1. 灵活运用绿色物流合作伙伴会议

灵活运用绿色物流合作伙伴会议，积极地进行减少二氧化碳排放的活动，引进相关设备，进行调查和研究，采用转换运输形式等各种提高运输效率的方法，并支持货主和物流企业开展各项合作。为了货主和物流企业共享二氧化碳的减排成果，制定了《有关物流管理领域二氧化碳排放量计算方法的共同方针》，并促进了各方对此方针的运用。

2. 加强日本铁路和国内海运的功能

主要在以下几方面推进了此项工作的进行：增强了铁路货物运输能力，促进了机车的节能化；推进了超级环保船的使用，提高了日本国内海运和船舶的运输质量；灵活运用了环保铁轨标志和环保船舶标志；改善了港口中船舶的货物装卸搬运到铁路上的设备；推动了运输模式的转换等。

3. 减轻货运车辆带来的环境负荷

通过采取卡车运输的大型化，即把家用卡车换成效率良好的营业用卡车，提高了每台卡车的燃料效率及性能。并通过引进环保驾驶管理系统（EMS）等措施，使卡车的二氧化碳排放量从1996年的历史最高值之后出现了下降趋势。

在氮氧化物（NOx）及粒子状物质（PM）方面，除了对每台卡车采取尾气排放的治理措施以外，还按照《汽车NOx·PM法》推进了各项措施的实施，并根据低公害车辆的普及，以《汽车NOx·PM法》为管理对象的地区，NOx和PM的排放总量也呈现下降的趋势。

在城市，由于在公路上进行货物整理等操作将引起交通拥堵，为了使城市内的交通保持顺畅、确保步行者的安全，通过实施细致具体的交通管理，建设货物整理用设施，逐渐解决了无次序的货物整理带来的交通拥堵问题。此外，根据科学的布局规划，指导物流业设施进行集中布局；修建了环状公路，实现了十字路口的立体化，并解决了频繁通车的铁路道口的问题；实行了信号控制高度化等交通运输的政策。此外，对于各地区各自阻碍物流效率化的问题，组织各相关人员进行合作，在达成协议的基础上协商解决。

今后，日本要继续为减少运输部门的二氧化碳排放量进行综合性的工作，并针对个别问题进行处理。

4. 推进ITS

在为驾驶员提供各项服务及帮助，并使其进行安全驾驶和合理选择路径的基础上，开发并推广出一种能够提供该项服务以外，还包括车辆导航系统、公路交通信息通信系统（VICS）、ETC等基础服务的新一代车载设备及运营新一代车载设备的设施。通过推进高速公路交通系统（ITS），推动了日本交通措施的实施，实现了环境负荷的缓解，提高了便利性。

5. 促进物流领域能源使用的合理化，加强温室气体减排工作

推广可大量减少国际海运二氧化碳排放量的节能技术，并作为国际标准，普及超级环保船的利用，开展一体化的环保海运。此外，根据《关于合理使用能源的法律》（即《节能法》）的规定，针对具有一定业务规模的运输企

业和货主，规定其承担制订节能计划、汇报能源使用量的义务。鉴于货主和物流企业的二氧化碳排放量得到一定程度的削减，今后应根据《节能法》进一步推动各项节能工作，并且研究如何灵活运用《节能法》。

6. 形成逆向物流系统

在逆向物流方面，指定了作为逆向物流网络节点的循环利用港，就码头、保管场等重点逆向物流基础设施进行了建设。但是，进一步降低运输成本仍是目前的最大课题。今后，在确保正确处理运输的基础上，有必要进一步推进构建高效逆向物流系统的工作。

（三）"建立重视需求方的高效率物流体系"完成情况

由于企业的经营情况越来越敏感地反映消费者等需求方的要求，为此，在满足消费者多样化需求的同时，又要避免发生交通拥堵和环境问题，有必要构建高效率的流通及物流系统。基于以上认识，日本政府提出了此目标，并推进了各项措施的实施。

为了在流通业实现快速高效的供应链管理，制定了最新版的 EDI 标准，并在 2008 年完成了《流通业用语标准》。今后，计划从事流通业的相关企业应迅速普及该标准。

（四）"建立可保障国民生活安全和使国民安心的物流体系"完成情况

自美国发生 9.11 恐怖事件以后，兼顾加强安全措施和效率化成为物流领域的一大课题。此外，在发生大规模灾害时，快速启动确保安全运输的应急物流，推动信息安全等方面的问题都有待解决。基于以上认识，日本政府在 2005 年大纲中提出了此目标，并推进了各项措施的实施。

1. 兼顾安全，保障物流高效化

在报关手续方面，自美国发生 9.11 恐怖事件以后，为了同时兼顾国际贸易的安全和顺畅，针对构建货物安全管理体系和遵守法律体制的企业货物，推进能够快速且简捷地办理报关手续的 AEO（Authorized Economic Operator，经认证的经营者①）制度成为国际性潮流。日本也把实施 AEO 制度的企业依

---

① AEO：在世界海关组织（WCO）制定的《全球贸易安全与便利标准框架》中定义为："以任何一种方式参与货物国际流通，并被海关当局认定符合世界海关组织或相应供应链安全标准的一方，包括生产商、进口商、出口商、报关行、承运商、理货人、中间商、口岸和机场、货站经营者、综合经营者、仓储业经营者和分销商。"——译者注

次扩展到进出口企业、仓库企业、报关企业、运输企业和生产制造企业。

此外，在航空货物运输方面，引进了 KS/RA（Known Shipper/Regulated Agent）制度，实施基于航空保安对策标准修改版，采取各项安保措施，这既维持了高度的安全水平，又做到了物流的高效化。今后，为了进一步灵活运用以上制度，确保法律法规的遵守，要进一步加强运输需求方和运输企业之间的合作。

2. 确保运输安全

为了防止卡车引起的交通事故，有效利用了先进安全汽车（ASV）等技术，推进了大型卡车安全运输的各项措施，加强了安全运输管理，彻底贯彻了安全驾驶的管理制度，充实了安全运输的监察工作。今后，仍有必要继续开展确保安全运输的工作。此外，今后仍要加强包括修建十字路口等交通安全基础设施的工作。

在确保海运安全运输方面，目前日本已向马六甲、新加坡海峡的沿岸国家提供了支援，帮助其加强海上安保工作，并协助该海域沿岸各国维护航行安全。在索马里周围海域也加强了对海盗的防范措施。今后，还将执行包括《有关海盗行为的处罚及处理海盗行为的法律》在内的法律法规，进行政府和企业间的合作，以确保与日本相关的船舶进行海上运输的安全。此外，在国际海运领域竞争不断激化上升的环境中，日本船舶作为确保国际海运稳定进行的核心，其数量却出现下降趋势。为了解决此问题，日本政府修改了海上运输法，引进了吨数标准税制。

随着低出生率和高龄化等社会问题的不断出现。在物流业现场，把卡车司机和船员作为职业的劳动力数量不断减少。因此，有必要采取有效的措施，培养并确保高质量物流业的劳动力群体。

3. 完善体制以便在发生灾害时快速修复运输方式

为了在发生大规模灾害时保障国民生活，减轻对各产业的影响，有必要构建具有较高抵抗灾害能力的交通运输网络，并已建立灾后公路、铁路、港口等快速修建体制，面向灾后公路、铁路、港口等修复的早期复原完善体制，及制订了持续开展业务的计划等，保障可确实地实施各项防灾减灾措施。

4. 基于消费者需求的流通体系

在对食品安全的关注度不断上升的环境中，有必要推进以下各项工作。例如，为了彻底保证批发市场的食品品质安全管理，要构建冷链物流系统，提高从产地到消费地一体化的品质和卫生安全管理，构建以提高流通功能的高度为目标的流通体系。

二、制定 2009 年综合物流施策大纲的必要性

长期以来，日本制定综合物流施策大纲的目的在于，明确在各阶段经济社会发生变化的情况下物流业的存在意义，协调政府各部门之间的合作，通俗易懂地提出中长期物流业的发展政策及物流业行政管理的方向。在推进今后的物流政策时，除了要进一步加强行政内部各部门之间以及与地方公共团体之间的合作以外，还要加强政府和企业的合作，以及跨越不同企业的各行业合作，从而进一步得到多数国民的理解和支持。大纲作为推进各方合作的基础以及向国民说明的手段，所肩负的责任越来越大。

2005 年大纲的目标年是 2009 年，根据该大纲期间内发生的各经济形势的变化和问题，有必要制定新的综合物流施策大纲，以明确今后的物流政策及宏观管理方向，制定各相关方进行合作的框架。

在 2005 年大纲的基础上，日本政府还制定了《贸易手续改革方案》（亚洲网关战略会议）和《为强化国际物流竞争力的行动计划》（国际物流竞争力合作伙伴会议），推动了日本报关制度的改革，推进了日本企业在亚洲各国设立的生产节点在物流活动方面的效率化和绿色化。在制定新大纲时，除了包含上述计划以外，还包括根据《新经济成长战略的维护和修改》（2008 年 9 月 19 日获得内阁批准）所推进的内容，建立更加综合性、一体化的政策推进体制。

第二部分 2009 年大纲基本方向

一、目标和观点

根据 2005 年大纲制定后的政策实施情况、经济社会的变化情况以及物流的活动环境等方面内容，结合解决这些新问题的措施，提出了以下目标，并以 2013 年为目标年，综合地、一体化地推进物流政策的实施，以便实现支撑全球供应链的对环境负荷小且安全可靠的高效率物流体系。

在修建与物流相关的基础设施时，鉴于日本目前财政状况的严峻性，应严格执行工程项目的评估标准，以降低成本；同时，应有效地利用现有的各种社会资源，快速高效地进行基础设施建设，从而有效地推进重点项目的建设。2008 年美国金融危机的爆发，世界经济出现了不景气的现象，物流业也受到了严重影响。因此，从中长期视角出发，今后应有效地实施包括物流业相关项目的经济对策，切实推进以上政策的实施。

二、基本方向

(一) 建立支撑全球供应链的高效物流系统

日本企业正基于亚洲及其他新兴工业国家的经济发展，根据产品的采购、生产和销售的性质，在不断地推进供应链全球化的进程。在此过程中，日本企业为了维持并强化其国际竞争力，不仅需要进一步削减分布在包括日本在内的亚洲各地的生产经营节点的成本，也要重视降低各节点之间的服务衔接成本（运输成本及信息传送成本）。

此外，为了让日本企业能够在全球范围内选择到具有区位优势的节点，并且扩大业务的全球范围，以及进一步降低从日本发送或到达日本的货物及日本国内货物的运输成本，要不断地优化日本国内的物流环境。

近年，由于对解决恐怖事件和核扩散的国际要求不断提高，在物流方面加强安全措施显得更加重要。另外，日本必须兼顾建立供应链全球化的高效率物流体系。

为此，日本政府和亚洲各国政府、日本国内外的货主、物流企业、物流设施的管理者、国际机构等多方，需提高认识，进一步加强合作，以解决日本国际国内两方面在全球供应链上所存在的物流瓶颈问题，建立基于全球供应链、高效率的国际国内一体化物流体系。

1. 改善亚洲广泛区域的物流环境

目前，通过中日韩物流部长级会议、日本 ASEAN 交通部长会议和国际物流竞争力合作伙伴会议的召开，提出了亚洲地区物流业环境所存在的问题，并推进了物流人才的培养工作。今后，将继续举行包括上述内容的各政府之间的对话，从而推动一体化综合运输系统，改善物流业的各项制度和服务内容，促进贸易手续的顺畅化，促进物流管理技术的推广，进一步推动各项合作，不断改善物流活动的各种环境。在连接亚洲主要城市和产业聚集地的主要国际物流通道方面，按照"东亚产业大动脉构想"，通过与区域内的各国政府进行合作，全面进行社会基础设施的建设和各个产业的开发。

2. 构建高效无缝的物流网络

在承担物流管理功能的港口和机场方面，为了提供快速低成本的物流服务，要从硬件和软件两方面来推动各项措施。例如，进一步加强超级中枢港口项目的建设；为解决大型船舶的运输问题，要加强工业港口基础设施的兴建，实现港口相关手续申请的电子化；通过推动航空运输的自由化扩充航空货物运输网络，加强大城市经济圈中枢机场的物流功能。通过降低高速公路费用，在有效利用现有高速公路的基础上，建设有利于连接国际国内各种运输方式和物流活动节点的公路网络，促进最优路径的产生与运用，以实现高效率的物流网络。在加强铁路运输能力、日本国内海运和船舶的竞争力方面，也要进一步采取各项具体措施。根据《有关促进流通业务综合化和效率化的法律》，今后要不断提高与各种社会资源相关的物流基础设施的建设及综合高效地利用这些设施。根据《有关物流业务市街地建设的法律》，合理利用物流园区和土地的规划配置，以提供各种物流服务的基础设施。

3. 促进贸易手续和物流管理的信息化，构建国际信息合作平台

为了推进贸易手续和物流管理的信息化，要通过积累、共享和有效利用有关国际贸易的信息，以降低各种市场风险并缩短贸易时间，从而获取更大的收益。

从以上观点出发，2008年10月启动的单窗口系统今后应进一步简化办公手续，以便企业能更便捷地办理手续。日本物流体系要加强与国际物流体系的合作，以推进各部门可共享并合理利用相关信息的范围。在这当中，应明确国家发展的目标方向和优先顺序，连接NACCS与企业物流系统，建立国际物流的"核心中枢系统"。

此外，为了推动电子标签等技术的应用，实现国际物流信息管理的可视化，要在物流企业和货主之间，推进物流管理条形码（用于实现货物位置信息的共享）的国际标准化，探讨构建各企业间信息交流合作的平台。

4. 兼顾安全保障及提高物流效率

以美国9.11恐怖事件为契机，2004年7月修改后的SOLAS（海上生命安全）条约正式生效，各国有关部门重新认识到在确保货物安全的同时促进物流的高效化，是21世纪国际物流领域中最重要的课题之一。在此背景下，以美国和欧盟为主的世界各国和各地区，不断加强进口货物的管理体制。同时，把在国际上各国间的相互认可作为重要议题，为遵守各项法律条款的优秀企业构建了简化服务手续的新框架。

日本为了在确保货物安全的同时促进物流的高效化，对具有货物安全管理体系和遵守法律条款的企业，实行可快速办理且简化的货物通关手续AEO制度，并将该制度的适用对象依次扩展到进出口企业、仓库企业、通关企业、运输企业及生产制造企业。

今后，在使用AEO制度和国外各项制度的基础上，从降低物流成本及缩短物流活动前置期等视角，详细分析AEO制度的运用效果；从兼顾国际贸易

的顺畅化和确保货物安全的视角，不断探讨 AEO 等保税和通关制度模式，从而得出最佳模式。此外，为了与主要贸易国实现 AEO 制度的相互认可，要进一步推进政府之间的合作。

在国际港口设施方面，构建人员的出入境和货物的进出口管理系统的同时，应进一步探讨设置放射性物质检测功能的超级中枢港口的运营模式，并为建设超级港口开展研究。

在航空货物运输方面，有必要通过正确地运用 KS/BA 制度来确保货物安全地运输。

（二）构建环境负荷小的绿色物流系统

1. 实现低碳型物流

自《京都议定书》第一约束期开始后，针对目前谈判中 2013 年以后的内容及目标，应进一步加强全球温室气体排放量的治理。因此，实现低碳型物流成为一个无法回避的重要课题。

为了实现低碳型物流，包括新技术开发在内，必须针对海陆空的每一种运输方式采取综合性措施，实现多式联运等高效的运输模式，构建环境负荷小的港口运输物流系统，推进运输设备的低碳化、信息化和标准化。同时，要修建环形公路和环城公路，实现十字路口交通运输的立体化，解决通车道口的拥堵问题。通过推进 ITS 系统，实施多样的高速公路弹性收费政策，解决装卸搬运货物车辆的停车问题。通过实现高效的信号控制系统治理交通运输问题，从而减轻卡车运输带来的环境负荷，推动城市物流的高效率化。

此外，对干线运输物流及配送的物流节点应集中和重新布局，采取巡回收集货物等方法，提高物流节点与终端之间收集和配送的效率，并要求操作人员之间密切合作，特别是针对不同货主的货物运输，通过合理设计最优路线，进行共同配送，提高运输的效率。

日本物流企业为货主企业和消费者提供低碳型物流服务，通过地方公共团体、货主和物流企业等区域内多方相关部门及人员合作，从社会整体推动物流低碳化的进程。

为了缓解全球供应链所带来的环境负荷，要在全球普及绿色物流技术和经验，推进绿色物流的国际合作。

构建低碳型社会不仅有助于日本环境负荷的缓解，还有利于日本对全球范围的环境改善做出积极的贡献。另外，从中长期视角看，通过不断推进各种革命性节能环保技术的开发和应用，提高日本各产业在国际中的竞争力。

2. 构建高效率的逆向物流

在逆向物流方面，通过在沿海地区等合适区域，集中布局循环再利用的设施和最终处理场，以实现减轻物流对环境产生负荷的目标。

实现逆向物流的高效化和高度化将有效控制二氧化碳的排放，推进循环资源再利用。因此，国家和地方团体及各企业之间要进一步加强合作，以便更加有效地构建逆向物流体系。

（三）构筑安全可靠的物流系统

实现货物安全可靠地运输，是物流系统中非常重要的环节之一。

通过加强运输作业者间的协调性，获得货主的认可，进而对优秀物流企业进行监督认定。国际物流和日本国内物流都要不断地采取适时的措施，进一步贯彻并执行各项法律法规，以加强运输企业和货主之间的合作。

在卡车运输的安全方面，今后应进一步推广使用 ASV 技术，推动大型卡车安全运输的措施，完善监督机制，促进运输的安全管理，实现安全安心的公路交通环境。建设重点交通安全设施，开展驾驶人员教育培训，不断深化可避免交通事故发生的措施。

在海洋运输的安全方面，今后应继续和沿岸各国开展合作，防御海盗，维护航行安全。

随着社会各界对食品安全关注度的不断上升，为了保证批发市场的食品安全及加强品质管理，应构建冷链物流系统，提高从产地到消费地的系统性品质安全和卫生管理水平，完善高品质流通的食品物流系统。

为了预防大规模地震或大雨大雪等频繁发生的自然灾害造成物流安全无法保障，应不断实施综合性防灾减灾措施，加强交通运输网络的抗灾能力，完善灾后快速恢复公路、铁路和港口等主要交通运输的体制。

为了日本能在未来长期稳定地提供高质量的物流服务，确保和培养物流业从业者数量也非常重要。为此，需要进一步改善工作环境和待遇。

三、政策推进体制的模式

（一）进行合作的必要性

物流系统在货主、物流企业、物流设施管理者、行政机构、地区居民、消费者、国外政府及企业等多方面相关人员的共同参与下才得以成立。因此，为了解决问题，必须由多方相关人员进行紧密合作及不断努力，才能顺利完成各自的任务。为此,在推进物流政策时,相关人员必须认识到物流对整个经济活动和企业活动所担负的职责,要为改善物流政策积极提出建议,深化各物流主体的合作,以便各物流主体最大限度地发挥作用。

1. 国民的理解和合作

国民和消费者对保护地球环境、确保交通运输安全、食品安全等方面都具有极大的关注度。为了应对这些需求,应转换企业的运输模式、推广使用低公害低燃油车辆、实行共同配送,以简明易懂的方式介绍物流信息,从而得到国民和消费者对各项工作的理解和合作。

消费者作为积极参与改善环境问题的"绿色消费者",要不断改变自己的生活方式,尽量减少环境负荷。为此,应按照《建设低碳社会行动计划》,导入碳足迹等制度,把商品或食品在从生产到运输再到废弃的过程中以及伴随利用服务而排放的温室气体进行"可视化"管理,为方便消费者,正确地提供各种信息。由此,促进消费者更加关注企业在环境保护方面所做的努力。消费者在购买商品或接受服务时,选择对改善环境做出贡献的企业及其产品。上述行动,将成为实现绿色物流和绿色经济的巨大原动力。

2. 货主和物流企业、物流基础设施之间的合作

企业在市场竞争的条件下,通过实施各种具有创意的措施,不仅可以满足高度化、多样化的消费者需求,同时,还在环境问题、安全措施及解决社会各种问题方面发挥作用。

为了构建高效率环境负荷小的物流系统,要通过积极组织绿色物流合作伙伴及各方相关人员召开各种协商会,以推动此项活动的顺利进行。此外,为了避免严重超载和过度疲劳驾驶,实现安全的卡车运输,应建立委托者(货主)和受委托者(物流企业)之间的合作伙伴关系,包括有关行政部门在内,共同开展工作,解决各种问题。

货主在进行经营管理的结构调整时,要把自己的经营资源集中到核心业务当中,把非核心业务(即物流部门)进行外包。在这一背景下,物流企业要不断推进3PL的发展,为货主积极地提供能够满足货主需求的高效率物流服务方案,除了物流业务以外,把流通加工、库存管理等也进行外包,以降低物流的总成本,从而扩大本企业的经营范围。

3. 在区域层面加强相关人员之间的合作

为了构建国际物流和日本国内物流一体化的高效率综合物流体系,应该在每个地区建立由相关行政部门、货主和物流企业参与协商的机制。为提高主要港口、机场、公路、铁路等的交通运输效率,寻找制约其发展的瓶颈问

题，并探讨解决瓶颈问题的具体对策，充分发挥各地区各部门的集体智慧和创造力，并具有实效地措施。

在城市物流对策方面，也要建立由各区域物流相关人员协商的机制。在共同配送、设置货物装卸搬运的设备及停车地点、制定具体的停车规则、设定避开交通运输高峰期的货物收发时间段等方面制定各项措施。尤其是地方公共团体，因为在城市建设方面与物流政策的关系非常紧密，因此今后应继续积极参与。通过以上措施，可以确保交通运输的安全性，缓解交通拥堵，改善环境，建设便于步行的城市，为发展城市经济、振兴城市旅游做出贡献。

（二）今后的推进体制

1. 国家层面的推进体制

通过召开由政府相关部门负责人等组成的"综合物流政策推进会议"，进一步加强合作，综合地、整体地推进各项物流政策的实施。对今后应推进的具体物流政策制订相应的计划方案，并努力实现。

对于上述的计划方案，按照"制定目标、实施、评估、反馈（PDCA）"的方式，由政府和企业进行合作，审查每一年度的实施情况，并根据需要对综合物流施策大纲进行修改。

2. 地方层面的推进体制

自2005年大纲制定以来，根据各地区的实际情况，各地方支局或分局、地方公共团体、货主、物流企业等，在不断推进相互联系的体制下，综合地促进了各项政策的实施。此外，在拥有主要中枢港口和机场的地区，由实际从事业务的人士成立了"国际物流战略小组"，共同探讨国际国内物流的一体化和效率化的发展，并根据各地区的实际情况推动了各项政策的实施。

今后，在不断修正上述合作体制的同时，为了找出物流现场所存在的问题，并有效制定实施各项政策，还要进一步加强各个方面的合作。

附件 5　第五次《综合物流施策大纲》（2013—2017 年）

2013 年 6 月 25 日　日本内阁会议决定

第一部分　迄今为止大纲的完成情况和制定新大纲的必要性

物流是一个由农业、水产业等领域的生产者，以及制造商、批发商、零售商、消费者、物流企业等多类主体参与的过程，是增强产业竞争力、满足国民丰富的生活需求的支柱，是经济社会不可或缺的组成部分。

实现物流的高效化，无论是对于直接从事物流工作的相关人员，还是对于企业、一般国民，乃至整个日本来说，都是一个重要的课题。

从 1997 年到现在，日本共制定了四次综合物流施策大纲（以下简称"大纲"），实现了进出口及港口相关手续的简化以及单窗口化，增强了日本主要国际物流港口的功能，加强了大城市圈主要机场的物流功能，逐个消除了运载国际海上集装箱车辆的通行障碍区域，并制定了关于促进流通业务综合化和高效化的法律（2005 年第 85 号法律）。通过绿色物流伙伴会议实现低碳型物流的普及，并在提高日本物流效率方面取得了一定的成果。对于以往的政策，存在着以下几个问题。

第一，当前的供应链运作正处于不断国际化的进程中。尽管如此，大纲中有关增强物流服务国际竞争力的观念仍然十分薄弱。

第二，由于以往的政策都是将中心定位在解决当前存在的问题上，缺乏对未来问题的预见性，从而导致对政策实施中的优先顺序模糊、对多个政策中应当作为重点来处理的事项的规定不够明确等问题。

第三，为了良好地应对激烈的国际竞争，日本政府必须更有紧迫感地实施相关政策。

目前在亚洲，国际分工进一步明确，企业不再受国界的制约，可在合适的地区进行采购、生产、销售，可超越国家和地区的限制选择生产基地。在这样的背景下，为防止日本国内发生产业空洞化，维持并增进日本国内各地区的产业活力，迫切地需要加强产业竞争力。

现在物流领域也面临着许多问题。例如，供应链如何进一步实现国际化、如何解决地球环境问题、如何保障安全安心等问题。为了应对这些问题，政府和民间同心协力来支持提升日本产业竞争力是必不可少的。

更为重要的是，在东日本大地震中，日本开启了通往受灾地区的主要物流网（发生大规模灾害后，为尽早重建和实施救援而开拓路径），为运输救援物资开展了一系列物流活动，以此为契机，支撑日本经济社会的物流和其参与者成为社会关注的焦点。

基于上述背景，需要通过制定新的大纲，来明确今后物流政策的方针，并通过和相关政府部门的协作来综合地、全面地推进政策的实施。此外，在加深各个阶层的国民对物流的认识、寻求对物流政策的理解和合作方面，新大纲的制定也有着极为重要的意义。

当前，日本物流行业所处的环境和迄今为止所有物流政策实施的情况，主要有以下几点。

一、国际供应链的深入和物流结构的改变

（一）日本企业开拓海外市场和亚洲物流现状

在亚洲各国经济不断增长、竞争力不断增强的背景下，日本企业进一步向海外拓展，将日本国内外作为一个整体，在合适的地区进行采购、生产、销售，这种供应链国际化的趋势越来越深入。目前，日本已经被引入了同外国之间的激烈竞争中，同时，日本产业在将高附加值的产业领域保留在日本国内的同时，开始增加在海外的生产活动，不断拓展包括日本在内的亚洲区域内的采购、生产、销售网络。在日本企业向亚洲各国拓展的过程中，日本的物流企业也通过设立当地法人、扩充物流设施等方式开展海外业务。尤其是在2008年世界金融危机后，这种趋势又进一步得到发展。

立足于供应链国际化的现状，同时从创造就业和提高地区活力的角度出发，必须要让日本国内产业继续保有一个在日本国内的生产基地。为此，要改善业务环境，其中的一项措施就是要从日本国际、国内两个方面开展物流方面的政策。

为支持日本海外生产基地和物流企业顺利开展业务，还需要构建一个以

日本产业基地为轴心的、高效的供应链。为此，就必须解决亚洲各国在外资管理、复杂的通关手续、各种物流器材规格不统一、基础设施以及港口相关手续系统不完整等各类物流方面的问题。要将亚洲作为一个物流圈（亚洲物流圈），通过拓展高效的日本物流业务，提高亚洲物流圈的整体效率。

而在日本国内，日元升值、能源价格飞涨等现状导致日本国内物流环境愈发严峻。在这种情况下，包括构成日本产业基础的原材料产业在内的各类产业，不得不将生产基地进一步向海外转移。为防止这类情况的频繁发生，就必须提高日本的区位竞争力，其中的一项主要措施就是进一步完善并有效利用物流基础设施。

（二）作为国际物流节点的港口、机场的现状

为改善企业布局环境、增强日本经济的国际竞争力，政府从软硬件两方面，集中开展了包括推进阪神港、京滨港等国际集装箱战略港口民营化，为增强港口的中枢功能而建设完善集装箱码头等各项措施。

在全球，以亚洲同北美、南美、欧洲等地区之间的长距离运输为中心，从规模优势的角度出发，推进集装箱船和散货船只的大型化，并开展对大水深的集装箱码头和散货码头的建设、完善工作。

日本要在国际供应链中占核心地位，那么维持并扩大国际主干线航路在日本港口的停靠航班数是必不可少的一项措施，因此还需要进一步加强这方面的措施。

此外，伊势湾等沿海地区还是日本经济支柱产业的所在地，为了增强这些产业的区位竞争力，必须要加强其物流功能。在亚洲区域内的运输方面，为应对运输量的增加，一方面要建立一个发达的集装箱运输网；另一方面，为应对小吨位高频度的运输需求，还需要使用 RORO 船和渡船来推进海陆一体的多式联运方式。为了提高日本产业的国际竞争力，还需要根据上述实际情况，保障港口基础设施的应用。

日本的国际物流运输方面，从运输费用的角度看，航空货物运输占总费用的 1/4。关于国际航空运输，一方面，除了对首都圈机场、关西国际机场、中部国际机场的物流功能进行加强外，目前，还采取开放领空协定（Open Skies）等方式来进一步扩充航空货运网络。另一方面，近年，日本对航空运输的需求呈现减少的趋势。今后，航班数的削减、飞机的小型化等现象将会导致航空物流便利程度的降低，这成为日本物流将面临的潜在缺陷。因此，今后必须扩充同经济快速发展的亚洲等地区之间的航空网络，推进进出口手

续的畅通化，提高航空物流的便利性，增强日本产业的国际竞争力。

（三）支撑日本实现国内外一体化无缝式物流服务的基础设施现状

为了提高占货物运输量80%以上的卡车运输的效率和便利性，增强日本产业竞争力和促进经济增长，日本政府除了对以大城市圈环路为代表的高等级干线公路等公路网络进行建设以外，还使用ETC来消除拥堵、让民众更便利地使用公路，推进智能交通系统（Intelligent Transport System，ITS）建立与完善。此外，还在为提高铁路货运能力而陆续开展基础设施建设方面的工作。

包括日本在内的亚洲各国中，以企业为主体的供应链国际化趋势在日益深入，在这样的背景下，在日本国内的生产基地和邻国之间进行高效、及时的产品联合运输就成为当下的一大需求。此外，为缩短日本国内外一体化物流的前置时间，还需要进一步充分利用连接生产基地和枢纽港口之间的高速公路。例如，采取措施，改善装载国际海上集装箱的车辆高速公路使用率低的问题等。此外，还要推进日本国内外海陆一体的多式联运，包括促成和邻国之间列车车厢的相互通用等内容。

在日本主要港口附近，运载国际海上集装箱车辆经常发生拥堵现象，这个问题也需要及早采取措施应对。

有观点认为，日本物流基础设施的使用成本与其他国家相比普遍较高；但也有观点认为，不应只从降低成本的角度看待物流问题，而应综合考虑包括收益和承担之间的关系在内的其他要素，将这个问题作为影响整个日本社会经济的问题来对待。

目前，日本沿海地区物流设施的老旧化现象较严重，亟须更新换代或加强功能。此外，承担着80%的产业基础物资运输量的内海航运也存在船舶严重老化的问题。为确保一个高效、稳定的海上运输机制，必须加紧替代船舶的制造。

对于四面环海的日本来说，确保海上运输就是确保日本的生命线，因此，必须依照海洋基本计划（1988年4月26日内阁会议通过）来采取对策。

（四）日本社会经济结构变化和物流事业现状

随着日本经济中制造业和建筑业所占比例的降低，日本运输的主要货物种类发生了变化，再加上网购的普及等消费者物流领域发生的变化，导致货物运输单位在不断变小，使日本国内形成以"吨"为单位的货运量在不断减少，以"吨公里"为单位的货运量基本不变的局面。

日本社会需要比其他国家更为发达的物流服务，然而整个日本社会对于物流的认识水平十分低。并且，由于日本物流企业多为中小企业，因此就更加需要完善环境，促进其发挥自身的作用。一些调查表明，物流企业负担不断增加的主要原因是物流等待时间和合同外的附加作业等无法在运费及其他费用中反映出来，对此，需要尽快采取措施。而接收和发送订单过程中库存管理的不到位，以及纳期过短、打包规格不统一等问题，也是一个从半个世纪前持续到现在的课题。此外，物流业在业务相关基础数据收集分析、KPI（关键绩效指标法）设定、QC（质量控制）小组活动等方面，和制造业相比仍处于停滞不前的状态。

要从根本上提高物流效率，就需要构成供应链的生产商、批发商、零售商，以及物流企业的合作，从生产、采购到库存管理，提高整个物流的效率。

随着国民生活水平的提高，能够意识到消费者多样化需求的物流和能够应对企业活动的高质量物流在不断发展。另一方面，在面向零售店的送货时间限制、商业惯例引起的退货和废弃等导致物流效率低下的情况应当如何改善，也成为一大课题。此外，免运费送货的商品增多，使得消费者无法正确认识到物流成本的问题。

在城市地区，需设置可供货物分拣的空间，以适应多功能大厦等货物进出量，改善大厦物流效率偏低的问题。

随着日本人口减少、少子高龄化、地域结构发生变化，使日本不仅要对人口过于稀疏的地区，也要对城市地区采取措施，来帮助在购买食品等日常购物方面存在困难的人群。此外，维持山区、离岛等条件困难地区的运输网也是一大课题。为此，在一些日本老年人较多的地区，当地政府为维持和增强地区活力，和物流企业合作开展了一些如购物援助、对老年人的看护等工作。这一案例表明，促进物流企业利用地区网络来开展一些活动在未来将成为解决以上课题的一项有效措施。

目前，世界各国都致力于培养物流（通过对包含采购、生产、销售等整个物流活动进行综合管理来达到整体最优化的效果）高端人才，而日本在这方面做的还十分不足，这有可能影响到未来日本的国际竞争力。特别是，日本面临年轻卡车司机数量急剧减少、内海航行的船员老龄化问题。要培养和留住人才，不但要面向国民进行物流相关知识的普及和启蒙，还需要物流企业通过开发新业务等方式来提高物流业的吸引力，如何通过这样的举措来确立物流作为一个重要的社会基础设施的地位，并实现物流业面向未来、可持续地发展，成为当下的一个课题。

二、环境问题现状

在《京都议定书》目标完成计划（2005年4月28日内阁会议决议通过）下，日本在物流领域采取了一系列措施，包括机动车单体对策、公路交通流对策、交通方式转换、提高卡车运输效率等，在2011年实现了大幅度降低二氧化碳排放量（较基准年1990年降低了17.1%）。

伴随着亚洲等世界各国经济的增长，预计今后能源的消费量将进一步增加。在这样的情况下，在世界范围内大幅度削减二氧化碳排放量依然是一个非常重要的课题。再加上自东日本大地震后，日本的能源供给变得更为紧迫，对化石燃料的依存度出现上升趋势。因此，减少物流领域的能源使用量，无论从减少二氧化碳排放的观点上看，还是从能源安全的观点上看，都变得越来越重要。

当前，在医药品、冷冻食品等货物的运输和保管过程中，对恒温、低温环境的需求在不断增加，然而制冷剂方面，根据《关于消耗臭氧层物质的蒙特利尔议定书》，日本原则上要在2020年前全面终止冷藏、冷冻用制冷剂HCFC（含氢氯氟烃）的生产和进口，同时HFC（氢氟烃）也作为一种高度的温室气体而在《京都议定书》中被划为减少排放的对象物质。因此，找到能够代替它们的、少引发温室效应的制冷剂迫在眉睫。

在国际上，由多个团体投资人和企业参与制定的CDP（碳信息披露项目），意图将减轻环境负担纳入企业评价要素中的趋势越来越明显，日本企业要参与到国际竞争中去，就必须重视包括供应链低碳化在内的环境问题对策。

今后，需要通过货主和物流企业的合作来进一步加强低碳化工作的开展，其中包括运输方式向铁道、内海航运等大量运输模式的转变。

此外，至今为止已经采取了许多措施应对如NOx（氮氧化物）、PM（悬浮颗粒物）等由于物流活动产生的气体，今后仍需要进一步开展工作以减轻环境的负担。

如果能将日本高品质的物流系统普及到整个亚洲圈，不仅能够提高经济显著增长中的亚洲地区的物流效率，还能够从物流领域减轻环境负担。

三、关于安全、安心物流的现状

（一）面对大规模自然灾害时应急物流的现状

在东日本大地震中，日本迅速地保证了主要公路的畅通。根据当时的经验,日本现在正在制订关于可能受周边海域地震波及区域的公路畅通事前计划。此外,在港口地区,尽管保障了公路畅通,仍然存在着岸壁受灾、埠头用地受灾、货棚倒塌、货物输送机的流出等恢复港口功能时面临的问题。为此,日本现在正在制订一个震后行动计划,以保证在灾害发生时,相关人员能够相互合作、采取正确的对策。

通过东日本大地震,日本深刻意识到当资源、能源、原材料、食品等生产生活必需的物资停止供应、变更交易对象、停止交易时,自然灾害导致的物流网断裂对于国际化供应链和地区经济的显著影响。此外,在东日本大地震的震后援助物资流通方面,还出现了一些阻碍因素,包括因计划作为物资存储点的公共设施受灾而导致的存储节点不足,以及相关人员物流知识欠缺导致的物流效率低下,还有由于缺乏广泛的协作体制而使得操作错综复杂等情况。为了妥善应对这些问题,事先制订一个计划就变得尤为重要了。

(二) 安全、安心物流的现状

在今后 20 年内,社会公共设施的老化现象将加速发展,建造使用时间超过 50 年的岸壁量将达到总体的一半以上,50 年以上的桥梁也将超过总体的 70%,因此必须采取相关对策。

吸取高速旅游客车事故的教训,将保障公共交通运输安全作为一项亟待解决的课题,同时也需要采取对策以确保物流领域的运输安全。

放眼世界,现在日本已经开始实施高等级出入境管理,如对赴美旅客行李的 100% 审查、在国外主要港口进行活体认证等,通过这些管理措施来加强安全措施,应对国际恐怖活动。为了进一步保证国际物流的安全和顺利进行,日本还在引进基于国际标准的 AEO(经认证的经营者)概念。

面对海盗、国际恐怖势力的威胁,物流领域仍需继续采取对策。此外,为防备索马里海域的海盗袭击,各主要海洋运输国家都在本国国籍的船舶上配备了民间武装警备员,以加强安全对策,日本也急需加强这方面的对策。

此外,从保障经济安全的角度也需要继续采取措施,以确保日本船舶在国际海上运输中的核心地位,并扩充有关马六甲海峡航行安全和保护环境的对策。

第二部分 2013 年大纲的方向和措施

根据上述现状和课题,要应对包括供应链国际化进程的不断深入、全球变暖之类的环境问题，以及确保物流的安全和放心等在内的当下各类课题，就需要政府和民间相互合作，共同为日本产业竞争力的强化提供支持。

基于以上内容，2013年大纲的目标方向为"构建支撑经济强有力复苏和发展的物流系统，在日本国内外实现无不合理、无浪费、无不均匀的整体最优的物流"。

为此，需要相关政府部门之间合作，综合地、整体地实施各项政策，同时还需要促进货主和物流企业在明确各自分工的前提下相互协助，共同推进各项措施的实施。

根据上述目标，以2017年为目标年度，研究实施如下措施。

一、为建立支撑产业活动和国民生活的高效物流而采取措施

（一）促进日本物流系统在国际上的拓展

通过将日本的高效率物流系统推广到整个亚洲地区，来维持并增强走出国门的日本产业的国际竞争力，并提高整个亚洲物流圈的物流水平，为亚洲经济增长做出贡献。

第一，通过与亚洲各国开展政府级对话，促使各国改善其物流制度、进行托盘等物流器材的标准化、引进日本物流系统等，以此为日本物流系统向国外拓展提供环境条件。

第二，对日益增加的港口、公路等物流基础设施的对外出口，日本物流企业通过RORO船等参与的亚洲海上运输网的构筑和港口设施运营，以及建设能够应对低温管理和危险品的高品质物流节点等活动进行援助，以支持日本物流系统向海外拓展。

第三，通过将日、中、韩三国正在构筑中的以物流信息为核心的NEAL—NET（东北亚物流信息服务网络）推广到整个亚洲，来推进货物状态的可视化，以及提高亚洲等区域物流的效率。

第四，通过向亚洲各国海关提供技术方面的援助，促进发展中国家海关贸易相关制度和环境的现代化、高级化，并将日本的进出口、港口相关信息处理系统（NACCS）向海外推广。

（二）为提高日本区位竞争力的基础设施建设和有效利用

为加强承担着供应链国际化一部分的日本物流网络的国际竞争力，除了要建设物流基础设施、提高运营效率以外，还必须建设和扩充国际物流所必

需的物流基础设施和物流系统。

第一，加大国际集装箱战略港口中集装箱码头的水深，以应对船舶的大型化，促进港口功能的提升，同时，通过内海航行船舶连接国际集装箱战略港口和日本国内各港口形成的"国际支线航道"，以及在内地仓库通过集装箱的循环使用来实现大范围集货，还有通过特殊港口运营公司的统一运营等方式，促进港口的高效率、一体化运营。此外，通过将流通加工功能向港口腹地集中布局、提高港口物流相关的各项服务的满意程度等措施，提高港口基础设施利用效率、增强国际竞争力。并且，还要继续加强如伊势湾等对日本支柱性产业必不可少的港口物流功能。

第二，通过进行集装箱码头扩容和提高其处理能力，以及使用 IT 技术，综合地采取消除集装箱码头附近的拥堵现象的对策。同时，对于延长集装箱码头开门时间的需求，要结合商业惯例和供应链的情况进行探讨。

第三，实现稳定、廉价的资源能源进口，通过保障日本产业在国际上能够拥有一个对等的竞争环境，来支持产业国际竞争力的提升。为此，完善高效调度船舶的枢纽港口的设施，以应对上述船只的大型化现象，并推进对完善岸壁和货物输送机等方面的援助。还要促进关于通过利用潮位差增加进出港弹性和消除夜间入港制约因素等方面的研究讨论。

第四，集装箱物流信息服务（Colins）功能在 NACCS 上的反映，以及扩充和利用具备这些功能的货物信息，将 NACCS 建成国际物流信息基础的核心。

第五，完善以三大城市圈环路为中心的高等级干线公路网络的同时，消除运载国际海上集装箱车辆通行的障碍区间、建设通往港口的公路、推进 ITS 以促进交通流畅通、完善智能收费站，进一步有效利用现存高速公路网络。

第六，强化主要机场功能、战略性地推进开放领空协定、促进能够灵活应对各种需求的包机服务发展等，提高航空物流的便利性。

第七，通过推进与韩国和中国之间的列车车厢相互通用、推进国际集装箱铁路运输、研究讨论特殊车辆通行许可手续的畅通化等，实现高效的日本国内国际联合运输。

第八，为提高亚洲海上运输效率，从软硬件两方面强化海陆联合运输网络、集装箱运输网络以及其运输节点。

第九，为促进铁路和内海航运的利用，提高运输能力，加快基础建设。

第十，为有效利用资源，完善逆向物流节点和相关制度。

第十一，从促进贸易畅通进行的角度出发，促进包括贸易相关的政府手续、民间贸易往来手续在内的海关相关文件的电子化、无纸化。

(三) 通过货主与物流企业联合,提高物流系统效率并改善产业结构

通过增强货主之间、货主和物流企业之间的合作,改善商业惯例等综合措施,推进日本物流系统整体的高效化,并进行包括重修法律等在内的物流产业结构改革。

第一,为改善接收、发送订单过程中库存管理不当的问题,以及纳期过短、打包规格不统一等导致物流在现场效率低下的问题,除了要促进生产商、批发商、零售商、物流企业之间的协议协商,还要通过将运输合同书面化,将以往比较模糊的业务范围、责任、运输条件、等待费用等责任和成本问题明确化、准确化,并推进多工种共同进行联合运输。

第二,在行政上,进一步消除影响物流效率的惯例,例如,《加强机动车货物运输事业法》(1989年第83号法律)中有关对货运委托方的劝告制度的运用,《禁止个人垄断、保障公平交易相关法律》(1947年第54号法律)中有关物流的特殊规定,以及防止拖延承包费用支付的相关法律。

第三,加强提高物流效率的工作,推进结构完善,如收集货运输送率(货物的处理次数)等基础性数据,在这些数据的基础上进行物流相关的改善以提高效率,通过QC小组活动等改善物流从业人员在现场的业务程度,明确运输成本原价和对原价进行彻底的管理来强化经营基础、改善经营效率,促进运用地理空间信息和ICT等新型物流服务的创新,援助火车、货车的更新换代,促进内河航运船只的替代品制造,利用船舶管理公司促进集团化进程。

第四,促进铁路运输服务的改善,如提高铁路货运质量、加强出现运输障碍时的应对机制等,通过引进31ft集装箱促进铁路货运方式的使用。

第五,进一步促进代替货主来推进供应链整体高效化的3PL (third-part logistics,第三方物流) 从业者的培养和振兴,同时鼓励3PL关于提高物流效率积极建言献策、促进货主层面上的物流高效化。

第六,促进沿海地区物流设施的更新换代和功能强化,通过制定促进物流业务的综合化和高效化的法律、土地规划整理事业等内容,促进在高速公路和港口周边地区物流设施的布局,强化货车中转站的功能,通过这些措施从硬件角度促进物流设施的建设和完善。同时,从软件角度促进能够灵活适应设施的使用方式。

第七,为发挥大型船只运输原材料稳定、廉价的优势,推进多个货主间

共同运输散货。

第八，为应对车辆大型化发展趋势，改善相应物流环境，推进人们获取安全运输企业资质（G标志）。

(四) 建立保障和提高国民生活水平的物流系统

保障并发展能够应对消费者多种多样需求的高品质物流服务，不断改善其中影响效率的因素，并致力于解决人口减少、少子高龄化、地区结构变化带来的国民生活物流的课题。

第一，在消费者对食品安全越来越关注的背景下，要对批发市场的品质进行严格管理，促进冷链系统的建设。

第二，呼吁消费者"节约意识"，同时对食品流通"三分之一规则"进行调查研究，并就包括导致物流效率低下的商业惯例在内的物流现状和课题对策，在取得消费者理解和合作后开展相关工作。

第三，对于城市中综合大厦等建筑，在馆内以及周边建设物流设施以促进物流发展。

第四，关于"购物弱势群体"对策，通过利用食品供应链、多工种之间的协作等，支持致力于改善购物环境的地方政府和民间企业家等的计划，并面向问题构筑信息交流网。

第五，在维持、确保离岛航线的同时，还需要地方政府和物流企业合作，通过运用物流企业所有的技术和网络，确保并维持条件艰苦地区的运输网，并为此，促进地方政府和物流企业之间的合作。

(五) 支柱型物流人才的确保和培养

在确保各类物流现场所需人才的同时，还要培养能够支撑高等级物流系统的人才，以强化日本物流竞争力。

第一，建设和改善工作环境，确保作为物流现场支柱的卡车驾驶员的供应数量。此外，为确保稳定的海上运输，还需要确保并培养年轻的优秀船员。

第二，改善和扩充资格制度，对物流现场所需要的各类技术和技能熟练度进行认定。

第三，推进人才培养，使中小物流企业的从业人员能够提供高等级的服务。

第四，对于货主，也要进一步培养精通物流的人才。

第五，为加深各阶层国民对物流的了解，开展物流知识的普及和启蒙。

二、为进一步减轻环境负担所做的工作

为减少物流引起的环境负担，需要推进物流的高效化，并引入环境性能好的机动车。

第一，进一步推进《关于合理使用能源的法律》（1979年第49号法律。以下简称为《节能法》）实施的措施，并研究讨论如何在更大程度上使用《节能法》。

第二，进一步开展公路网建设，以促进交通畅通，同时，还要充分利用ITS，并研究讨论政府和民间合作管理货车交通的问题。此外，关于提供便于货车通行的公路环境，要参考欧洲等地的情况，确保恰当的公路结构，在此基础上，重新制定车辆在公路上通行时重量上的限制规定，研究讨论如何进一步建设提高货车运输效率的公路。

第三，为进一步推进交通方式转换，要将推进交通方式转换等官民协商会中所总结出来的对策落到实处。并且还要增强铁路、内海航运等大规模运输模式的运输能力，促进运输业从业者能获得更多的货主。

第四，通过货主间、物流企业间以及货主和物流企业之间的合作，及地方政府的援助，促进运输和配送的联合化。

第五，以物流领域主要二氧化碳排放源卡车为首，促进船舶、铁道等各类运输模式的节能化、低公害化，并促进燃料的天然气化，推进仓库等物流设施和港口、机场等物流节点的低碳化。此外，还要促进货主实施节能措施、抑制少量多次运输、促进自营转换（即将家用卡车转换为营业用卡车，以减少有害物质排放）等，通过进一步增强货主和物流企业之间的合作关系，进一步减少环境负担。

第六，在仓库等物流设施中，使用天然制冷剂，并促进节能性能良好的冷冻、冷藏、空调设备的引进，以削减二氧化碳排放量，促进制冷剂脱氟。

三、为确保安全所做的工作

（一）物流系统中的灾害对策

构建能够保证在灾害发生时，将援助物资送达受灾人手中的物流体制和系统，同时在受灾后能够尽快恢复物流功能，还需要强化物流设施、推进计划制订和事前准备。此外还需要采取措施，将受灾地区以外的地区在流通等方面的障碍减至最小。

第一，进一步加强公路、港口、机场、铁路、批发市场应对地震和海

啸的策略，同时研究讨论公路开启、航路开启等技术、有关应急恢复计划的事前准备，以及在紧急时期，尽早恢复交通基础设施功能的措施。此外，对于灾害发生时有必要确保其畅通的路段，对其两旁的建筑实施耐震改造。

第二，今后要将建立一个广泛合作体制作为目标，确立一个能够抵抗灾害发生的运输网络，使得当太平洋沿岸港口受灾时，能够保障日本海沿岸港口的使用。此外，还要完善环境条件，使地方公共团体和企业能够联合起来，将船舶运用在紧急运输活动当中。

第三，搜索灾害发生时援助物资的位置信息，并将及时恰当的物资供给作为目标。此外，需要建设能够广泛接收救灾物资、可使用物流企业设施的应急物流节点，以备国家和地方公共团体在进行运输、分装、储存等操作时使用。同时，还要促进地方公共团体和物流企业之间的明确分工，以及制定关于灾害发生时的体制等问题的合作协定。

第四，为提高物流企业的危机处理能力，除了帮助它们制定 BCP（业务延续计划）以外，还要促进实践性训练的开展。

第五，建立一个能够维持紧急情况下物流功能的能源供给体系。

第六，为保证在大规模地震灾害发生时，港口依然能够维持其功能，除了制定航路功能保障等对策以外，还要促使物流、制造业、能源供给等重要设施集中布局在联合港湾中，并加强相关人员之间的合作。

第七，构筑一个企业之间的合作体制，以维持并尽快恢复灾民的食品物流，使灾民顺利获得食物。

第八，为了能让受灾民众都能顺利地获得食物，对于那些耐震性能不好的批发市场在耐震改造方面进行援助。此外，考虑到在灾害发生时，批发市场具有集中堆积和供给救灾物资的作用，以及在重建过程中保障生鲜供应的作用，还要推进批发市场设施建设。

（二）社会资源的妥善维护和使用

为确保社会资源的安全和放心使用，在进行恰当管理的同时，还要采取手段促进它们的妥善使用。

第一，在高速公路上划定供运载 40 英尺集装箱和 45 英尺集装箱车辆通行的路径，将货车诱导至理想的通行路段，并推进公路的合理利用。

第二，需要对特殊车辆附加的通行条件进行研究讨论，再对其设置通行许可范围。

(三) 保障安全和提高物流效率并行

近年,在国际物流方面,对于反恐的要求越来越多,物流业既要确保物流的效率,又要为提高安全性采取措施。

第一,促进 AEO 相关人员进出口手续的简化。

第二,在引进既能保持顺畅的物流,又有益于加强安全性的新 KS/RA (特定货主/特定航空货物使用和运输从业者等)制度时,要对货主和物流企业因此产生的负担进行评估,力求建立一种高效的检查制度。

(四) 确保运输系统的安全

确保物流运输过程中的货物及交通工具的安全,构筑安全放心、可信的物流系统。

第一,为预防卡车运输过程中发生事故,在使用先进安全汽车(ASV)等技术来加强大型卡车安全对策的同时,还要紧抓行驶安全管理、扩充检查措施,以及采取安全措施保障国际海上集装箱的运输安全,通过这些措施来保障货物全程的运输安全。

第二,为实现安全放心的公路交通环境,建立完善交通安全设施。

第三,通过实施以吨数为标准的税收制度,保障日本商船队的国际海上运输。

第四,通过对重要海域进一步加强海盗对策、扩充航行安全措施,促进国际物流的安全。

第五,通过加强港口设施的出入管理推进港口安保工作,通过加强设施建设保证国际性的安保水平,进而保障高效的国际海上物流。

第六,从强化国际物流安全性的角度来看,对于预计在 2014 年 3 月实施的海上集装箱货物相关的出港前报告,要结合日本实际情况有选择性地引进和妥善运用。

第七,为实现安全放心、高效的海上交通,要推进海上交通中心的功能升级。

第三部分 今后的推进体制

在依照本大纲采取措施时,要由政府相关部门设置召开推进会议,并且为了能够综合地、整体地推进政策实施,还要进一步增强各部门之间的合作和协助。

此外,要整合物流政策和其他与物流相关的政策,在上述推进会议中,将今后需要推进的物流措施整理为具体的工作内容及目标实现进度表,致力于将其落实。

在此基础上,通过官民合作的方式监督这些措施的实施情况,并公布结果,同时根据需要进行修订。诸如此类,通过 PDCA 方式妥善管理政策实施的进度。

特别是,当日本经济社会以及物流状况发生重大改变时,要根据需求对本大纲进行修改。

自 2005 年大纲（2005 年 11 月 15 日内阁会议决定）制定以来,通过由国家在地方的支部和分局、地方公共团体、货主、物流企业等根据当地实际情况组成的联络体制下,开展了一系列综合性的措施。此外,在主要港口和机场所在地区,由从事实务工作的人员组成探讨日本国际国内物流一体化、高效化方案的"国际物流战略小组",根据各地的实际情况开展了各项措施。今后,将就物流现场出现的问题进行收集和制定方案,并为这些方案能够有所成效而进一步推进合作。

附件6 第六次《综合物流施策大纲》（2017—2020年）

2017年7月28日 内阁会议决定

第一部分 制定《综合物流施策大纲》的意义

一、物流作为社会基础设施的作用

日本生产活动和消费者生活，通过在必要的场所和必要的时间运输大量货物得以维持。例如，通过从国外运输原油、驾驶汽车、提供电力、制造商品；负责流通加工的物流设施与配送网共同发挥作用，使日本消费者可以在商店买到加工过的生鲜食材，如切好的蔬菜等。

物流是一项普通消费者难以看到的活动，但实际上，从产业基础设施到机械制品、建筑材料、服装、医药品、生鲜食材、日用品、废弃物等，各类货物通过路运、海运、空运、铁运等方式运输，运输到各地物流设施中，进行保管、流通加工后，最后送到消费者。

物流已成为强化日本产业竞争力，支撑日本丰富消费者生活，创造地方活力的社会基础设施。因此，日本绝不能使物流中断。

物流作为"社会基础设施"，须借助以下功能。

第一，运输功能（运输、保管、流通加工等功能），即发挥"软件基础设施"的作用。

第二，公路、港口这两大"硬件基础设施"的支撑而形成，同时二者融为一体共同发挥着作用。

二、关于5次《综合物流施策大纲》

至今为止，日本政府已经制定了五次《综合物流施策大纲》（以下简称

"大纲"），并不断推进各种政策的制定与实施。通过现行大纲，日本为"实现国内外无蛮干、无浪费、无不均的物流整体优化"，以应对全球供应链的深化，基于《有关促进硬件基础设施的建设及利用、流通业务综合化及高效化以将日本物流系统扩展到亚洲、加强交通竞争力的法律》（2005年第85号法律，以下简称"物流综合高效化法"）的修订，通过货主、物流企业等主体的合作，不断推动物流高效化，并取得了一定的成果。

三、围绕物流的社会结构变化、生活方式变化

自2011年以来，日本人口开始减少，且预计今后会加剧老龄化，育龄人口也将进一步减少。卡车司机老龄化和劳动力不足的情况日益严重，今后可能会给现场劳动力带来更大的影响。另外，人口稀疏等需求较少的地区，因为货量的减少，可能会给当地或该地区的配送带来不利影响。

并且，消费者的生活方式也已发生了巨大的变化。例如，邮购普遍化、快递量剧增等，对物流的需求也日益增大。今后，这一趋势会更加明显。同时，出现运输的小宗化、高频化可能会带来运输效率低下的问题。

再者，如何迅速应对南海海槽地震、首都直下型地震等大规模自然灾害带来的高风险，如何应对今后加速老化的硬件基础设施，已成为必须解决的问题。

另一方面，东盟成员国等亚洲各国正在持续高速的经济发展。日本在为亚洲各国的生产活动以及物流做贡献的同时，将各国发展带到日本也非常重要。

四、物流进入与以往不同的环境条件

其中包括发生无法满足运输需求的情况、需要应对社会人口减少等。

伴随着邮购增长、快递量剧增，出现了年末高峰期配送延迟、企业间运输需求集中于特定时期等无法满足运输需求的情况。再者，时间限制越来越严格，指定时间、收取钱款、在收货点进行附带作业等物流增值服务的范围正在扩大。今后，对物流的需求将发生变化，变得更加复杂。如果保持现状，有可能无法确切地满足物流的需求。出于这一观点，出现未来是否有可能会爆发物流危机的问题。

五、应对今后社会结构变化和需求变化的物流系统

日本邮购利用率比欧美低，今后邮购利用率上升、个人运输需求增加

时,高峰时期的应对恐怕将难上加难。而且,今后可能有必要就如何有效应对老龄化等人口的购物需求问题进行探讨。再者,还有开展大规模活动时的深度温度管理、应对安全问题等需求,消费者对深度功能的需求可能将越来越大。

另一方面,日本是世界上第一批进入人口减少时代的国家,今后育龄人口将持续减少,物流所处的环境也将变得与以往不同。

在这种情况下,物流如何在充分确保安全性的同时,不中断地发挥其功能,准确地应对各种需求以支撑经济活动和消费者生活,已成为一个国家级的课题。

六、实现"强大的物流"

在一如既往确保安全的大前提下,为了确切地应对人口进一步减少等上述变化,需要通过大幅度提高物流生产率、准确应对需求等,战略性地实现高效、持续、稳定发挥作用的"强大的物流"。

为此,开展以下六项工作将起到重要的作用。其中,要使用要素5、要素6来开展要素1~4的工作。

(一)连接

变革物流以帮助供应链实现整体的高效化及价值创造,同时使物流本身也可以创造出高附加值,即从竞争到共创。

(二)可视化

物流的透明化、高效化与借此实现工作方式的改革。

(三)支持

通过强化基础设施功能(如发掘设施提供效果等实现物流高效化),增强物流作为硬件软件一体化的社会基础设施的功能。

(四)风险防范

构建能应对灾害风险、地球环境问题的可持续发展的物流。

(五)革命性变化

利用新技术(IoT,BD,AI),引发"物流革命"。

（六）人才培养

开展消费者启蒙活动，以确保培养人才，加深消费者对物流的理解。

七、相关人员互相合作的必要性与大纲的作用

每个经营者各自采取措施实现高效化，各自去钻研应对，有一定限度。今后为了实现"强大的物流"，需要包括普通消费者在内的每个与物流相关的人员，互相理解其他相关人员所受到的制约和所面临的难题，携手合作，共同解决问题。

日本需要制定新大纲，从中长期的视角出发，明确物流问题的方向性，借此实现官民合作，共同构建支撑未来日本发展和消费者生活的物流。同时，相关政府机构应进行合作，一体化综合推进政策的实施。

新大纲的制定，对全体相关人员就物流相关课题达成共识、提高交流密度、互相合作解决问题等有着非常重要的作用。

第二部分 现状与课题

一、社会结构变化对物流功能要求的变化

自 2011 年以来，日本人口开始减少，老龄化进一步加剧，双职工家庭和单亲家庭增加，社会结构正在发生变化。

并且，邮购规模的迅速扩大及利用互联网进行个人买卖的增加使得快递量剧增，便利店及城市型小型超市等也在增加，消费者的购物方式正在发生变化。

再者，不仅库存量减少、运输小宗高频化、时间指定化，而且将分散在多个地点的保管功能集中化、增加一体化实施流通加工的物流设施，以及业务复合化、高度化、设施大型化取得进一步发展。另外，每年 38 亿件快递当中有 20% 需要二次配送，导致劳动力层面及环境层面的社会成本增加。加之对时效的要求越来越严格，在业务日益复杂的环境下，发生意外事态时将难以轻松应对。

考虑到今后日本社会结构将进一步变化，仅靠个别经营者来应对这些问题是有限的，如果全体相关人员不携手合作、共同参与，将很难持续地发挥物流的功能。

例如，目前正在发生的整体效率降低的情况。如果每个经营者的单据、电子数据的形式各不相同，难以顺利地接收对方的信息。因为手工装卸与自动装卸并存，各个经营者的包装外形不同，难以统一处理货物等。

并且，进入第四次产业革命时代，消费者有望通过利用数据等手段大幅度提高生产率。同时，也有望跨越制造、物流、销售等边界综合利用数据，进一步发挥出协同效应，从而提高供应链整体的效率、生产率。

此外，对物流的需求因月份、星期、时间要求而大不相同。如果按照高峰期的需求来配置设备和人员，就会导致非高峰期运转率低下，影响生产效率。虽然生产活动存在波动，无法避免需求高峰与非高峰的变化，但是，要提高效率，最大程度地缩小物流高峰期与非高峰期的差距是一个行之有效的办法。另外，需要提高装载效率，但靠个别经营者的努力是有一定限度的。

另外，还需要准确应对2020年东京奥运会、残奥会等活动的举办带来的与以往不同的需求。

今后，除了个别经营者的努力之外，还需要各个经营者之间互相合作，实现运输配送的高效化和峰值平均化，减少不均、浪费的情况。变革物流，可以帮助供应链实现整体的高效化及价值创造。同时，使物流本身也可以创造出高附加值。

二、深化与东盟成员等亚洲各国的关系

从2010年起，东盟地区总生产5年内增长了1.2倍（年均增长率8%），亚洲整体年均增长率7%，亚洲各国的经济发展趋势持续上涨。并且亚洲地区的贸易额占全球总贸易量的比例从16.8%上升到18.2%，亚洲的存在感正在稳步上升。

日本产业一直积极推进生产基地向廉价劳动力丰富的亚洲各国转移，当地法人数量也持续大幅度增长。伴随着亚洲地区生产基地数量的增加，日本产业的供应链正在加速全球化，这要求进一步推进全球供应链的运转顺畅化、高效化。预计到2030年，东盟6个主要成员国的中产阶级将大幅度扩大到1.3亿户（2014年为0.8亿户），今后伴随着经济发展的同时，亚洲各国消费市场也会得到迅速的发展。

随着收入水平的上升，电子商务（EC）得以普及，消费形态进一步升级。可以预计，今后亚洲各国对快递服务、冷链物流等高附加值的物流需求将会增加，日本农林渔、食品等出口产业将进一步扩大。这要求日本物流业发挥自身优势，准确把握上述亚洲各国的需求，从而实现自身的发展。

为了与亚洲各国共同发展，日本今后需要使以亚洲地区为中心的物流网进一步实现顺畅化、高效化，积极向亚洲地区拓展日本物流业，促进日本特色农林渔产品、食品等出口和海外市场的拓展，为与亚洲各国共享发展成果不断努力。

三、商业习惯改革与创造易于工作的环境

卡车运输业与其他产业相比，其劳动时间长、收入低的特征更明显。首先，和货主相比，卡车运输企业社会地位较低，"货主让卡车运输企业长时间地等货"，社会对此习以为常。其次，二者交易多为电话或口头委托，书面化协议未得到落实。此外，在层次结构复杂导致协议内容难以传达到末端等背景下，还有现场的司机难以拒绝协议中未提及的附加业务、货主难以掌握物流现场的具体情况等商业习惯引起的问题。

商品定价中包含运费，但运输成本实际上是由发货方承担的，这一点已被商业习惯化，使得收货方对运费成本缺乏一个准确的认识。

商品运输，大多是由总承包商委托给分包商。这种情况下，实际上运输是由分包的运输业者负责的。首先，由于收货方尚未做好准备，导致卡车司机在收货方的仓库待机。其次，为了提前开始卸货，卡车司机在协议规定时间之前到达收货方的仓库，导致卡车司机长时间等待。并且，还出现了分包的运输业者被收货方要求在现场进行附加作业等情况。

因为协议上没有明确规定如何处理附带作业的成本问题，或所商定的协议规定尽量不给收货方增添负担，所以收货方对成本难以形成准确的认识。

这种情况下，要改善真正负责运输的经营者长时间劳动问题，并改善协议条件，面临着缺乏总承包商或发货方主动进行交涉的诱因、难以推进改善工作等问题。

今后，为了让物流继续发挥其作用，在扮演重要角色的卡车运输方面，改善劳动条件、确保骨干分子到位是一个非常重要的课题。为此，需要取得货主和消费者的理解。同时，包括收货方在内的相关人员，一同推进长时间劳动等问题的改善工作；明确区分运输和运输之外的服务，签署协议时以书面的方式确认与各种服务相符的价格；改善多级承包结构、与相关府省合作，进一步推动公平交易，缩短等货时间。

并且，为了吸收女性和年轻人等广阔的人才群体，需要采取措施减轻司机的负担，包括重新评估运行形式、分离装卸作业等，创造易于工作的环境。

再者，经营者也需要基于时间成本、服务成本等因素合理定价，为实现

高效运输创造条件。

四、硬件基础设施建设与提供设施效果最大化

(一) 物流硬件基础设施建设进展

卡车运输，在日本国内货物运输中扮演着相当重要的角色。为了实现卡车运输的高效化，日本建设了包括三大城市圈环状道路在内的高规格干线公路网和通往机场、港口的连接公路。除此之外，日本还不断稳步建设支撑物流的硬件基础设施，包括完善硬件基础设施以增强货运铁路的运输能力、完善港口以应对大型化集装箱船、推进日本门户机场的货物中枢化等。

(二) 提供物流设施效果的最大化

2015年9月，日本内阁会议通过了以实现社会资本（包括支撑物流的硬件基础设施）的提供效果最大化为基本理念的《第四次社会资本整备重点计划》，决定在严格的财政制度下，向为"灵活投资、灵活利用"的基础设施管理战略转换，设法最大限度地利用既有社会资本。

今后，日本需要在追求既有硬件基础设施提供效果最大化的同时，通过最大限度地利用潜在的运输能力，确保货物顺畅流动，可以被运输到各个角落。为了进一步提高物流生产率，要强化公路、港口等硬件基础设施的功能。除此之外，强化连接基础设施之间运输方式的衔接也非常重要，还应调和物流与城市建设的平衡等。

(三) 物流设施老化程度加深

日本在经济高速发展时期集中建设的基础设施今后将在同一时期内老化，未来20年内，已经建成50年的设施比率将加速上升。

并且，今后伴随着人口减少和老龄化，财政情况预计将日益严峻。2013年度，设施的维护管理及更新费用为3.6万亿日元，预计20年后将达到4.6万亿~5.5万亿日元，比目前高出3~5成。

日本国土交通省将2013年定为"（基础设施）维护元年"，开始开展防老化对策。同年11月，制定了《技术设施长寿化基本计划》，以2014年5月制定的《国土上基础设施长寿化计划（行动计划）》为起点，相关政府机构开始制订具体的行动计划。为了通过实施这些计划，达到确保既有社会资本安全性和维护相关总成本的缩减和平均化的目的，日本需要进行战略性的维护

和更新。

五、确保运输功能的稳定

(一) 确保各种运输模式的稳定方式

日本物流通过利用卡车、铁路、内航海运、航空等多种运输模式各自的特性,发挥着重要的作用。要想解决卡车司机短缺的问题,提高运输效率、减少环境负担,利用卡车、铁路、内航海运、航空各自的特性,合理分配各自的作用,活用铁路和内航海运推进运输方式转换,借此强化各种运输方式之间的相互合作非常重要。

1. 外航海运

对于四面临海的日本而言,外航海运是支撑经济活动与消费者生活的重要基础,确保外航海运的稳定运输是必不可少的工作。尤其是考虑到今年日本周边海域的局势变化,为了尽早确立经济安全保障,确保以(拥有排他性管辖权)日本船舶为中心的日本商船船队国际海上运输的稳定非常重要。

2. 内航海运

内航海运在日本国内货物运输,尤其是产业基础货物运输方面发挥着重要的作用,是支撑日本经济活动和消费者生活的骨干型运输基础设施,在接纳运输方式转换方面也扮演着重要的角色。一方面,长期以来运输需求呈下降趋势。目前,日本行业结构中99.6%为经营基础脆弱的中小企业,成为被垄断化的货主企业的专属服务公司、被集团化的趋势渐渐被固定下来,因此,仅凭自身努力难以增加运输需求。另一方面,在结构方面还面临着船舶和船员的"两个老龄化"问题,即法定使用年限(14年)以上的船舶占整体的70%,50岁以上的船员占比超过50%。

3. 航空运输

受2008年后全球经济不景气的影响,国际货物运输量大幅减少。但是,近年呈现缓慢回升的趋势,这一方面要求日本强化门户机场的物流功能,另一方面也不禁让人担忧利用小型飞机来增加廉价航空公司(Low Cost Carrier)的航班会导致客机货物运输空间(腹舱空间)减少。

4. 铁路运输

虽然,集装箱列车维持着高水平的准点运行率,但是,货主依旧担心其运输能力、运行班次,出现运输障碍时的应对方式等问题。

5. 物流设施

伴随着业务复合化、高度化、设施大型化,物流不动产建设的设施正在增加。

为了确保各种运输模式可以持续地提供安全、优质的服务,以继续支撑日本的社会经济,需要解决上述问题,确保运输的稳定、实现生产率的提高。

(二) 支撑地区发展的物流系统

日本正式进入了人口减少时代,如何维持人口稀疏等地区的物流系统,与维持公共交通一样已成问题。并且,干线运输方面,多存在同一区间内不同方向货量不均的问题,今后这一现象还会继续增加。这种不平衡的程度虽然各个区间有所不同,但在探讨如何确保干线物流的功能和高效化的问题时,有必要从跨区域的角度来看待这个问题。

六、应对地震等自然灾害

今后30年,日本发生首都直下型地震及南部海域海槽地震的概率为70%。从2015年9月日本关东、东北地区暴雨及2016年8月的暴雨引发广岛水土灾害可以看出,降雨呈现出局部化、集中化、激烈化的特征,水灾、滑坡频发。鉴于日本灾害发生风险之高,物流方面也必须具备能应对灾害等风险的韧性。

从东日本大地震当中可以看到,资源、原材料、食物等生产活动和消费者生活必需货物停止供应、发生自然灾害时物流网络中断给供应链和地区经济带来的影响较大。对于受灾后的早日修复及复兴,物流承担着必不可少的重要作用,包括向受灾地输送救援货物等。这需要物流网整体在面对灾害时依旧具备韧性,同时需要利用硬件基础设施强化防灾、减灾对策并强化硬件基础设施的防灾、减灾功能。

并且,基于东日本大地震等震灾和水灾的经验,在受灾地所需的应急货物的输送和保管方面,采取了促使地方各级政府与物流企业签署运输协议及保管协议等措施。2016年,日本熊本地震(以下简称"熊本地震")时,首次真正实施"推动式支援"的货物输送,通过利用民间经营者管理的两处物流设施,再次认识到发生灾害时利用民间物流设施对货物输送的有用性及民间经营者合作的必要性。

一方面,国家、物流企业、地方各级政府、NPO等各种相关人员在负责支援货物输送时分工不明确、货物输送情况方面的信息分享不充分、从运输基地到避难所的最后一公里输送混乱等问题显露,需要构建一个发生灾害时仍能受管制的物流系统。

并且需要保证在公路等的使用被限制、交通堵塞等情况下，顺利地将食品、日用品等配送至受灾地及周边可以营业的超市、便利店等，这也是应急货物运输的需要。

再者，发生灾害时，受灾地以外的地区的购储行为，可能会对为受灾地提供必要的货物产生影响。再加上，供应链可能会因受灾而中断，需要在把握恢复情况的基础上最大程度地降低对经济活动的影响。为此，尽管恢复情况在随时变化，集中提供恢复情况预测等信息非常重要，平时与相关人员保持合作也是很重要的。

七、应对安全问题

按金额来算，日本 84 万亿日元的货物有赖于进口。在连接欧亚的索马里海面、亚丁湾等广阔范围的航路上，海盗劫船事件时有发生。虽然，至今为止日本与国际社会合作采取了相应的措施，但威胁依然存在。

并且，日本 80% 进口原油需经过马六甲海峡、新加坡海峡，船舶交通汇集于该段海域，海峡本身狭窄，再加上散布着浅滩、岩礁、沉船等，有必要与国际社会和沿岸国家合作确保航行安全。

此外，按金额来算，日本出口航空货物达 20 万亿日元。航空货物运输的对象主要是对速达性要求高的高附加值货物，在国际社会强化反恐措施的背景下，需要努力兼顾安全性与运输的速达性、高效性。

八、应对地球环境问题

关于 2020 年后削减温室气体排放问题的新国际框架《巴黎协定》，于 2016 年 11 月正式生效。2015 年 7 月，日本向联合国提出了到 2030 年度为止（与 2013 年度相比）削减 26% 温室气体的目标，并为实现该目标不断努力。运输领域占日本整体的二氧化碳排放量（电热分配后）的比例接近 20%，其中卡车占日本全国整体 6%（营业用与自家用合计）。

《蒙特利尔议定书》规定，于 2020 年原则上全面废止冷藏、冷冻仓库等所使用的制冷剂 HCFC 的生产、进口。到 2036 年，阶段性地削减 85% 的 HFC，因此将现有制冷剂更换为低温室效应的自然制冷剂已成当务之急。

要在遵守国际协定的同时维持日本的经济发展，这要求支撑日本经济发展的基础——物流，在环境方面也必须可持续。同时，确实地推进防止全球气候变暖对策也很重要。为此，持续提高机动车、船舶等节能性，推动运行、航运高效化的同时，由卡车运输向每单位运输的二氧化碳排放量更少的运输方式转换也非常重要。

预计今后，国际海运领域的二氧化碳排放量将大幅增加。在国际海事组织讨论制定温室气体削减战略、油耗控制的阶段性强化等气候变暖防治对策的过程中，日本应把握住讨论主动权，这一点很关键。

此外，预计从 2020 年开始，全世界将强化对船舶燃油中所含硫磺浓度的限制，日本需要采取措施以顺利应对该限制。

再者，废弃的清洁替代燃料——LNG 的供应和使用方面，日本应发挥全球最大的 LNG 进口国的优势，在推动 LNG 燃料补给（船舶燃料添加）基地建设的同时，采取措施推广 LNG 燃料船。

九、IoT、BD、AI 等新技术出现

在 IoT，BD，AI 使用方面，通过提高计算机处理能力、推广利用无线通信连接互联网的方式，可以以更低的成本进行深度的信息处理。利用 IoT，BD，AI 等在物流领域收集并解析大量数据，可以实现飞跃性的物流高效化和供应链的整体最优化，给物流领域带来革命性的变化。

例如，卡车运输、海上运输、物流设施内的作业等人手不足问题日益严峻，在这种情况下，解决上述问题，需要利用新技术推进卡车的结队行驶、自动驾驶、无人机配送、船舶自动航运及远程集中监视、物流设施自动化及机械化。

另外，在物流领域，活用这些技术对创造出具备国际竞争力的新事业可能也会有所受益。

十、培养物流人才，提高物流作用认知度

（一）强化物流人才

物流领域既需要在物流现场工作的人才，也需要物流及供应链的管理人才。通过对各自岗位上所需技能进行检定测试，促使有关人员习得相关技能，并利用一些与物流的合理管理相关的民间资格职称等，不断致力于人才培养事业。

物流现场的人才方面，面临着缺乏包括大型卡车在内的卡车司机、物流设施作业员的问题。并且与其他产业的工作人员相比，卡车司机、内航船员的老龄化问题更加严重。虽然未来有望通过利用新技术在更多的领域实现自动化、省力化，但目前仍需要继续采取措施，以应对大量熟练司机退休、育

龄人口减少等导致人才短缺的问题。

另外,物流管理人才方面,在供应链全球化不断加深的背景下,需要能够活用 IoT,BD,AI 等新技术,从全局出发,为实现物流高效化与高附加值化提供方案、推动与相关人员合作的人才,进军海外的物流企业则需要培养在当地的管理人才。

(二) 提高消费者对物流作用的认知度

物流是支撑日本生产活动与消费者生活的重要社会基础设施,是通过众多民间经营者提供复合性的服务而实现的。物流业的营业收入规模达 25 万亿日元,就业人数占全产业的 4%。但是,消费者很少有机会看到物流的中间过程,即便是像快递这种面向消费者的服务,其中间过程也鲜为人知。此外,许多商品在销售时会打出免运费的招牌,这使得消费者难以正确认识物流成本。

综上所述,物流所处的环境和要求物流所具备的功能正在发生巨大的变化,今后老龄化不断加剧的过程中,在正确应对剧烈变化的同时,为了持续地发挥出物流作为支撑日本生产活动与消费者生活的重要社会基础设施的功能,需要在确保其大前提——安全的基础上,进一步追求高效化与高附加值化。但是,仅靠个人的努力和应对有一定限度。

今后,不仅是物流企业,包括消费者、货主、地方各级政府、国家等在内的广大相关人员,应该加深对物流功能、特性、制度等的理解,携手合作,应对今后对物流的新需求。同时,构筑出能够持续支撑日本经济发展与消费者生活的"强大的物流"。

第三部分 2017 年大纲的方向和措施

今后,在老龄化加剧、社会结构进一步变化的背景下,为了加强日本的竞争力、实现持续性的发展,要求作为支撑日本生产活动与消费者生活重要社会基础设施的物流充分发挥其功能。

为此,需要提高物流生产率。物流方面,在准确应对变化、满足需求的同时,通过零浪费地利用人才、设备等资源,实现高效化,通过创造价值实现高附加值化;为了无中断地发挥物流的功能,建设可以持续、稳定地提供服务的环境;为了确保货物能够顺畅地流动,被运到日本全国各地,需增强硬件基础设施和软件基础设施(运输功能等)的社会基础设施功能;确保具备能够应对各种风险的韧性和环境方面的可持续性。此外,要实现上述事项,新技术的利用和人才培养将会是关键。

要解决上述的各个课题,实现能够应对未来需求的"强大的物流",需要在上述目标方向的指导下,从以下六个视角出发采取措施。

一、物流变革

在协助供应链实现整体的高效化及价值创造的同时,使物流本身也可以创造出高附加值:从竞争到共创。

为了构筑今后支撑日本生产活动与消费者生活的"强大的物流",有必要变革物流以协助供应链实现整体的高效化及价值创造,同时使物流本身也可以创造出高附加值。即,需要准确应对今后的社会构造的变化及需求变化的同时,建立最大限度地利用人才和设备等资源的无浪费的结构,变革为"能产生高附加值的物流"。同时,也可以解释为对第四次产业革命的应对措施。

"能产生高附加值的物流",是除基础的运输功能之外,还能提供温度管理、时间管理等附加价值,并且能为流通加工等功能的消费者提供更多方便功能的物流。要实现这一变革,需要提高供应链整体包括物流的附加价值。但是,仅靠相关的单独个体采取优化措施,会产生将低效性转移给其他有关人员的不良影响,从全局来看不能称之为最优化的物流。因此,货主、物流企业等全部物流相关工作者应互相理解、携手合作,促进采购物流的改善,实现生产、配送、销售整体的高效化,并提高包括物流和生产一体化等在内的附加价值。此外,因为数据和包装外形等因经营者而各不相同,除导致无法统一进行处理、难以享受规模效益、造成高成本的问题之外,还会给互相合作带来障碍。因此,需要在经营者之间制定共通的规则,推进整体的标准化。

另外,利用射频识别(RFID),通过 IoT、BD、AI 等新技术活用数据,可以从准确把握物流需求、实现更准确更高效的物流,构筑能产生生产、销售领域的协同效应的价值创造型物流(Connected Logistics)两方面给物流领域带来革命性的变化,是实现供应链整体最优化的有效手段。有利于价值创造的同时,帮助提高物流本身所含的附加价值,应积极加以利用。

(一)合作与协作带来物流高效化

1. 消除物流不均匀性

通过货主与物流企业之间的合作,分析物流量变化的原因及缓和其变化的有效手法等，为推进本项事业创造环境。

2. 消除物流浪费现象

第一，通过货主与物流企业之间的合作，事先接受包装外形、包装量等货物相关信息，提前做好准备，实现收货方的作业高效化。

第二，通过货主与物流企业之间的合作，提前调整仓库等的卸货时间以减少等待时间。

第三，通过货主与物流企业之间的合作，分享需求预测等数据，减少供应链整体的浪费现象，通过信息的分享和利用等促进相关人员之间的合作与协作。

3. 高效运输

通过共同物流、各种运输方式之间的合作与协作（运输方式转换），消除装载时的浪费现象。通过多个经营者之间进行合作与协作，提高装载率、仓库和车辆的运转率、削减成本；推进物流高效化的同时，加大与公路网的合作力度，促进对具有高运输效率的铁路、船舶运输的利用，从而最大限度地发挥司机等人才、车辆设备等的能力，提高物流整体的生产率。

为此，需要在多个经营者之间适当地分享、利用运输配送所需的信息，以促进有效合作。

（二）为合作与协作的便利化创造环境

创造有利于构建智慧供应链的环境。

1. 标准化

为实现货主、物流企业等经营者之间合作与协作的便利化，实施数据、系统规格的标准化。

因为货物管理系统的数据形式和规格不同，难以以电子形式使用互相的运输配送信息、库存信息及进出口信息，从而影响了物流效率。因为合作的便利化及数据的使用等有利于构建具有高附加值无浪费且最优化的供应链，因此应在官民共商框架下探讨在经营者之间实施数据标准化及共享化、系统规格标准化、删除重复输入的项目等以促进数据交接便利化及迅速化，减少数据交接的成本。要注意的是，这种情况下需要确保信息的绝对安全。

2. 高效化

通过托盘等成组装运的标准化，实现装卸高效化、提高卡车运转率。

减少装卸时间有利于提高卡车运转率等，从而有助于实现物流高效化。在推进托盘化以实现机械装卸的同时，应在官民共商框架内，从物流设计的角度出发，就搬运容器的形状、印字位置等的标准化问题进行探讨。

3. 信息化

为了供应链整体高效化，要推广射频识别（RFID）技术。射频识别（RFID）不仅可以一次性读取、处理多种商品，还具有可以积蓄、改写大容量的信息、进行个体识别的特性。通过利用射频识别技术可以大幅削减装卸时间，实现物流追踪。今后射频识别技术将会得到进一步的推广，借此得到的信息如果可以在整体供应链进行共享，可以实现生产、配送、销售整体的飞跃性的高效化。如上所述，射频识别在物流领域，在实现全局高效化、最优化、提高附加价值方面具有巨大的潜力。要推广射频识别，需要克服成本和电波使用的问题，需要能够承担安装成本的机制，需要克服防止金属和水影响信息读取等问题。目前各个行业正致力于射频识别技术的引进，如《便利店电子标签1 000亿枚宣言》等。再者，为了跨越个别企业的界限、在构成供应链的各个主体之间便利地使用信息，应通过标准的、统一的方法来构筑一个有关射频识别技术信息及其读取的共同平台，借此减少物流及流通整体过程中无用的运输，从而为消费者提供高附加值的服务。

（三）以亚洲为中心的供应链无缝化、高附加值化

1. 推进亚洲各国的物流无缝化

构筑日本产业的高效供应链需要无缝化的物流，要求其能够支撑位于亚洲各国的日本产业生产基地及物流业事业活动顺利进行。为此，应积极地采取行动以实现物流的便利化，如通过基础设施建设加强东盟地区的联结性、在国外使用电子通关信息处理系统（NACCS）实现进出口手续的现代化及高效化、促进跨境通行、在国际社会上推广托盘等可回收再利用的物流资材器材等。

2. 支持日本优质物流系统在海外拓展事业

最大限度地利用日本的"优势技术知识"积极应对亚洲巨大的物流需求，实现日本物流业的强劲发展的同时，为亚洲各国的社会及经济发展做出贡献。为此，在推动日本的优质冷链物流服务等国际标准化，在亚洲各国进行推广的同时，通过放宽外资限制、利用官民基金等，支持日本的优质物流系统的软件面和硬件面的海外拓展。

3. 以农林渔产品及食品的物流高效化促进日本出口物流

农林渔产品及食品的物流方面，通过生产、出货、流通、销售的相关工作人员与物流工作者的紧密合作，由各位相关人员共同承担费用、分享收益

的同时，借由托盘化、共同运输、运输方式转换等达到合理化、高效化，从而实现可持续的物流。为此，相关政府机构携手合作以支持各个行业的工作。此外，为了促进出口，根据《农林渔产业的出口力强化战略》（2016年5月19日农林渔产业及地区活力创造本部汇总）及《农林渔产品出口基础设施建设项目》（2017年11月29日农林渔产业及地区活力创造本部通过），相关政府机构开展合作，在维持品质的同时，为了能够更多更便宜地进行运输，应在建设物流基地，推进物流的高度化、优化及成本削减等方面做出努力。

二、可视化

这具体包括物流的透明化、高效化与借此实现工作方式的改革。

为了保证物流不中断地发挥其作为社会基础设施的功能，在创造确保物流行业能稳定地提供服务的合理竞争环境的同时，为了提供高附加值的服务，必须继续培养人才。

因此，应在遵守法律的前提下，重新评价至今为止的交易惯例，使服务内容可视化及与各项对价的关系明确化，建设健全的市场机制能有效发挥作用的环境，同时创造有利于配置、保留、培养人才的易于工作的环境。

再者，为了进一步推进工作，就物流作为社会基础设施稳定、持续地发挥其作用的重要性，以及如果一直保持以往的状态，物流有可能将不能发挥出其作用这两方面在有关人员之间达成共识。同时，引导并改变消费者的观念，使消费者认识到有关人员之间（包括使用者在内）进行合作与协作非常重要。

（一）明确服务与对价的关系

在物流行业，为了基于等货、装货、卸货及附加业务等成本合理规定服务内容及其价格，根据货主的需求提供各种服务，需要让健全的市场机制有效发挥其作用。因此，需要官民一同采取措施使等货、装货及卸货、附加业务等成本合理地反映到交易价格当中。提供服务时，努力推进必要的成本"可视化"、收费时区分与运输相应的对价（运费）和运输以外的部分（等货、装货及卸货、附带业务等）相应的对价（费用）。

（二）提高透明度创造环境

通过推进协议书面化（含电子方式）、整改多级承包结构，提高物流服务相关交易的透明度，建设环境，确保交易能在《禁止私人垄断及确保公正交易法》（1947年第54号法律）及《防止拖延支付转包费法》（1956年第120

号法律）下合理进行。借此，在创造有利于"明确服务与对价关系"的环境的同时，致力于提供方便所有物流从业者工作的环境。

（三） 向高附加值物流业务集中

提高能产生附加价值的业务的比重，提高人才保留率，创造能让各种人才大展身手的环境。

1. **减少等货时间、装卸时间，提高运转率**

让司机专门从事运输业务的同时，提高运输周转率，从而提高每一时间单位的生产率和收益性。为此，通过引进利用卡车预约系统和ETC2.0等运行管理系统，促进输送业务和装卸业务分离，实现装卸迅速化、缩短等货时间及装卸时间。此外，将通过制作汇总现有事例的指南书，做技术知识的普及。

2. **减少快递二次配送**

在应对邮购增加引起的快递需求增加的问题方面，二次配送导致劳动力层面及环境层面的社会成本增加已成为一个重大课题。快递服务是支撑日常生活的社会基础设施，为了可以持续地对其进行使用，提高其生产率，将努力创造环境加强包括消费者在内的相关人员之间的交流，利用各地区的投递箱实现收货方法多样化，促使消费者积极行动减少快递的二次配送。

3. **创造物流劳动环境**

创造包括女性及年轻人在内都可以发挥作用的劳动环境。

为了让女性及年轻人等各类人才，能在物流领域发挥作用，将通过机械化装卸等减轻劳动负担，实现非熟练工的操作简易化，抑制长时间劳动。通过在干线运输中引进转运，实现当日往返等创造易于工作的环境。另外，可以借助这些工作提升物流领域作为一项就业选择的魅力。

三、支持

通过强化基础设施功能（如发掘设施提供效果等实现物流高效化），增强物流作为软硬件一体化社会基础设施的功能。

要实现兼具方便性、迅速性、安全性、高效性的物流，从全局出发，理解物流基础设施是集硬件基础设施和软件基础设施（运输功能等）于一体、谋求物流基础设施的高效化与高度化非常重要。为此，除了从软硬件两方面推进公路、水路、航空、铁路运输相关的基础设施和物流基地的建设以外，还要采取措施实现这些运输方式之间的连接及枢纽运转高效化。再者，为了在卡车、铁路、船舶等各种运输方式之中做出最佳选择，避免阻碍运输方式的转换,确保船舶等运输能力是很重要的。另外,城市内物流和地区物流方面,应考虑各自的特性,从全局出发进行物流管理。

(一) 通过加强运输方式衔接提高运输效率

为了降低环境负荷、应对卡车司机不足的问题,从卡车向可以大量运输且二氧化碳排放低的铁路、船舶转换(运输方式转换)非常重要。近年,在日本根据距离选择使用卡车、铁路、船舶,或组合使用多种运输方式的案例越来越多。另外,出于发生灾害和遇到运输问题时确保有可替代的运输方式的考虑,确保多种运输手段可行的重要性日益彰显。为此,在加强机场、港口、铁路站等与基地及高速公路的连接、促进高速公路和物流设施的直接连接的同时,还应推进基础设施建设以实现港口地区的卡车运输及铁路运输的顺利合作,此外还应促进信息的相互利用等。通过这些工作,有望强化各种运输方式之间的合作即"运输方式衔接",使硬件基础设施与软件基础设施融为一体,共同发挥其功能,顺畅地移动货物。

(二) 强化陆运、海运、空运、铁运的功能

为实现国内外的无缝化运输、增强日本物流网的国际竞争力,应使硬件基础设施与软件基础设施融为一体,强化物流作为社会基础设施的功能。

1. 强化公路的运输功能

考虑到在公路上移动时间中40%是因为交通拥堵而损失,应充分利用ETC2.0、多种传感器和AI。在强化目标地点交通拥堵问题的有效对策的同时,根据拥堵情况探讨建设战略性收费体系的问题,灵活使用公路。

推动包括三大城市圈环状道路在内的高规格干线公路网的建设,及暂定2车道区间的4车道化。

基于熊本地震发生时应急运输公路的受灾情况,对广泛且复杂的现有网络及基地进行锁定,指定包括计划路线在内的、无论正常情况还是受灾时都能保证人与货物稳定运输的基础网络,针对指定的网络,强化其稳定支撑经济与生活的功能,并开展重点支援和投资工作。基础网络的功能强化方面,应在受灾时迅速启用、修复替代公路,允许大型车辆通行。同时,还应对人流、物流基地的最后一公里利用及沿途设施的使用进行控制,使公路构造适应大型化卡车。

为了帮助实现节省人力的效果,推进引入能以1辆车承载2辆装载量的双车厢铰接式卡车并在干线物流上加以推广。同时,通过利用服务区、休息

区进行转运、直接连接物流设施等，强化高速公路作为干线物流平台的功能。

另外，还应重新评估特殊车辆通行许可标准，实现审查迅速化，加强运输的机动性。

2. 强化海上的运输功能

（1）建设港口物流设施

在建设国际集装箱战略港口方面，为了维持并增加开往日本的基础航线，应通过从国内各地及亚洲广大地区汇集货物或港口带来的产业聚集效果促进货物产出。同时，促进国家参与出资的港口运营公司的一体化、高效的港口运营，促进大型深水集装箱码头的建设。

在建设国际散货战略港口方面，为了确保运输资源、能源、粮食等散装货物的大型船舶可以顺利入港，建设基地式港口，推动构筑稳定且高效的全国海上运输网。

其他港口的建设方面，除了港口功能的充实，渡轮、滚装船开航，国际海上航线的选择多样化之外，还应推动腹地的流通加工功能集化，加强国际竞争力。

此外，为了满足运输方式转换的需求，内航船舶实现了大型化，渡轮及滚装船等航线变得更加充实。在应对上述变化的同时，为了帮助实现内航海运运输的高效化和构筑逆向物流网，应通过完善码头等设施、渡轮作业场的高度信息化、下船后确保车辆待机空间等基础建设来推动形成高规格的成组装运码头。

（2）港口物流的高效化

除了扩大集装箱码头的容量、提高其处理能力之外，还应利用IoT，AI，提高集装箱码头运营整体的生产率，灵活运用内路站，促进集装箱的循环利用，从而缓解集装箱码头周边的拥堵，推动港口物流的高效化。同时，基于供应链的情况，探讨根据需求延长集装箱码头开放时间的问题。

（3）外航海运

基于近年日本周边海域的局势变化，为了尽早确立经济安全保障，应通过实施吨位税制等行动，确保以日本船舶为中心的日本商船船队国际海上运输的稳定。

另外，随着北冰洋海冰面积减少，北冰洋航线受到关注。基于运输途径多样化，应创造环境，方便海运经营者利用北冰洋航线。

（4）内航海运

为了确保内航海运的稳定并提高其生产率，应基于《内航未来创造计划：

坚定地助力日本谋求发展》（2017年6月由内航海运活性化未来方向性探讨会制定）推进政策的实施。其中，强化内航海运经营者的事业基础（创立"国土交通大臣登记船舶管理事业者"等级制度，以促进利用船舶管理公司实现集化、高效化，设置"稳定高效的运输协议会"以加强货主与海运经营者之间的合作）；开发、推广先进的船舶（开发、推广活用IoT技术的船舶，如有助于省力化并提高安全性的自动航行船，利用独立行政法人铁路建设及运输设施建设支援机构的船舶共享建造制度，促进船舶的委托建造的顺利进行）；稳定、有效地配置、培养船员（船员教育体制的根本性改革，宣传职场的优质劳动环境、创造富有魅力的职场，从而促进船员的上岗留岗、探讨船员的航班分配方式、改革工作方式）。

（三）强化物流设施的功能

仓库等物流设施主要是由民间经营者建立的。虽然具有增加就业的效果，但由于需要应对邮购的剧增和功能集化，为了实现高效化和复合化扩大设施规模导致物流设施人才需求增加、建于超出人才供给能力范围的郊外的物流设施增加，包括库内作业员在内的人才供不应求，难以确保人才到位。鉴于此，需采取行动促进库内作业的省力化、提高库内作业生产率。

另外，利用《物流综合效率化法》框架，借助高速自动车国道的出入口周围等物流节点的优良选址条件吸引物流设施在该地建设。同时，通过引进卡车系统、合并卡车营业所等促进物流企业之间的合作，实现物流顺畅化。此外，针对老化的物流设施，需通过推进设施的更新和高功能化完善物流设备，使其有利于提高物流业务的生产率。

再者，在强化物流设施的功能时，物流企业所实施的物流设施复合化、多功能化，为满足货主多样化的需求引入设备，基于旨在实现不动产价值最大化的企业，不动产（CRE）战略活用资产均是十分有效的措施，因此需促进以上措施的实施。

（四）城市建设考虑物流发展

物流，是支撑城市功能和地区生活所必不可缺的。为了兼顾居民便利性、公路交通的安全性、景观等与物流的高效性，从有效利用既有设施的角度，也需要推进将物流考虑在内的地区建设。

1. 将物流作为城市内部功能之一

确保在城市建设的设计阶段，就对物流要素加以考虑。例如，在中心市区、大规模建筑物中设置货物处理场所。同时，通过共同配运送等实现集配高效化，抑制货物流入市中心地区或住宅区，从而实现城市功能和物流的实用性及高效性。基于安全性和景观等环境层面的观点也需如此。大规模建筑物的物流顺畅化方面，则需要在宣贯汇总了相关设计参考事项的指南书的同时，推动消费者充分利用该指南书。

此外，为了抑制物流活动给周边交通及环境带来的影响，基于物流需求和物流企业的负担，在取得相关人员理解的基础上，促进地区货物处理规定的制定及货物处理场所和停车场的建设。

再者，在促进货物处理场所的建设时，应探讨是否有效利用企业及地方各级政府所持不动产等方面的可能性。

2. 应对地区人口减少、老龄化

人口减少导致地区物流量减少时，最令人担忧的是配送小批量化可能会导致物流盈利性降低的问题。并且，超老龄化加剧的中间农业地区与山间农业地区、离岛等地要确保日常生活所需物品的配送到位也是一个问题。针对这些问题，为了可持续地提供物流，在促进包括客货混装在内的共同配送的同时，以公路上的车站等小基地为核心构筑新的运输系统，包括提供自动驾驶服务等。

四、防范

构建能应对灾害风险、地球环境问题的可持续发展的物流。

为了在发生灾害时，能通过输送应急货物等支撑消费者生活、保证生产活动得以继续，需具备能应对时刻变化的情况的能力和韧性。此外，还需恰当地应对硬件基础设施的老化、反恐对策等各种风险以及活动举行期间发生的意外情况。

再者，为了应对地球环境相关的国际承诺，在达到日本的温室气体减排目标的同时支撑经济发展和消费者生活，需要确切地采取应对措施解决地球环境问题。

（一）防范灾害风险

为了确保发生灾害时，救援货物可以切实地被送到受灾者处，需要事先在有关人员之间为实现运输的顺畅化做体制上的调整，制订业务持续性计划（BCP）等，做好事前准备的同时，强化基础设施的功能，保证即使受灾也可以尽早修复。

1. 构筑抗灾物流系统

基于东日本大地震、熊本地震等以往的灾害教训,发生灾害时在抑制物流混乱的同时,推动官民合作,改善救援货物的输送情况。

(1) 为实现顺畅的救援货物输送应做的工作

鉴于发生灾害时,需要运输救援货物,需要在物流设施内进行货物分拣;促进地方各级政府和物流企业之间签署运输协议和保管协议,当发生大规模灾害时,实施救援货物运输的整体优化,使得最后一公里运输的稳步进行,确保救援货物顺利地被输送到避难所。

再加上为了确保灾害发生后,地方各级政府和经营者等可以迅速应对时刻变化的情况,需要有效地探讨合适的替代运输路径等,迅速且集中地提供公路、港口、机场、铁路的修复情况及可通行路线的相关信息。另外,还需推动发生灾害时应急运输所需燃料等,以确保机制的建设。

(2) 制定社会基础设施功能的防灾、减灾对策

第一,公路防灾减灾对策

增强应急运输公路等抗震性能,解决缺环以确保可替代性,推进公路开通计划的深化和展开。

另外,构建可迅速且确切地收集、提供可否通行的信息,共享所持资材机械信息的机制,发生灾害后可确保迅速通行,同时需事先设定好替代路径,使灾害发生时能够迅速实现基础网络的开通和修复。

第二,港口防灾减灾对策

为了在发生大规模地震时能维持港口的功能,在推进码头抗震化、加巩防护堤、确保航行正常等对策的同时,针对物流、产业、能源供给基地等重要设施临近的联合港口,强化地震及海啸时的应对对策,加强与相关人员的合作。

此外,还需适当地重新评估港口的业务持续性计划(BCP),通过广大区域内港口之间的合作制订广域业务持续性计划,包括开展广域合作在内,在尽早恢复港口功能的同时,强化与航路疏通及修复相关的设施管理者和民间经营者等之间的信息共享和合作体制。

第三,海上交通防灾减灾对策

发生海啸等大规模灾害时,为了最大程度地降低给海上交通功能带来的打击,需要将东京湾的多个海上交通管制措施统一起来,从整体上把握港内的船舶交通,迅速、确实地向各船舶传达警报、提供避难海域的信息等。

另外,为了实现安全放心的海上交通,在其他海域也推进航线标识等功

能强化工作。

第四，为维持供应链所需做的工作

为了发生灾害时能够维持物流功能，需要物流企业等制订业务持续性计划、开展培训，促进特定流通业务设施的建设、强化民间物流设施等的灾害应对能力。

再者，便利店等既有流通渠道在灾害发生后仍能发挥其功能时，应利用该功能确保包括水和食品等应急性较高的物品在内的货物的运输和供给顺利进行。此外，还应尽力维持其功能以向受灾地及其周边地区的消费者供应商品。

为了受灾后能尽早地恢复其功能，在进行平时所做的工作的同时，事先构建经营者之间的合作、协作体制，探讨在恢复到平日的产品供给、商品供给体制之前如何抑制流通混乱的对策。

另外，在发生大规模灾害时，为了确保货物优先被输送到受灾地，在受灾地以外的地区，呼吁消费者配合采取行动，尽量不要增加物流负担。

2. 制定设施老化对策，确保物流基础设施功能

为了保证受灾时基础设施的功能不受影响，确保物流安全、让人放心，需要进行适当的维护管理，采取对策确保基础设施被合理使用。

（1）公路设施的老化对策

有计划地实施以预防保护为前提的维修事业，引进新技术等实现长寿化、削减成本，利用有限的财政资源，对未来将迅速老化的硬件基础设施，应加强应对措施。

为了消除公路劣化的主要原因——超载车辆，利用车辆动态称重系统（WIM）加强自动管制，探讨建设将责任和成本等适当地分担给货主的机制。

再者，今后的维修修缮、设施更新方面，应参考外国事例，广泛听取意见，并就未来的负担进行探讨，如收费公路债务偿还完毕后继续收费，及引进大型车辆按距离收费的规定等。

（2）港口设施的老化对策

对今后预计将迅速老化的港口设施，为使其今后仍能发挥功能，对其进行预防保护型的维护管理，推进有计划的综合防老化对策的实施。

其中，应根据维护管理计划，有计划地进行检查、实施有效改良工程，以延长各个设施的寿命，有计划地推进功能下降的设施合并或废除及规格的重新评估，重新建设更高效的码头，通过战略性的设施库存管理强化防老化对策。

（3）物流设施的老化对策

近年，包括营业仓库在内老化的物流设施不断增加。物流设施由民间经营者运营，其老化有可能会引起受灾时货物崩塌、设施受损、系统故障等功能问题，导致流通混乱。因此，要推动设施更新，使其成为高性能、考虑环境因素、抗灾能力强的设施。

3. 应对安全问题

要确保物流领域设施及运输的安全性，再加上近年国际物流反恐对策的要求增高，为了兼顾物流的高效化和对安全问题的应对，应考虑协调多个安全合规项目，在取得相关人员的理解和配合的基础上采取措施。

（1）KS/RA制度的高效实施

在考虑到货主和物流企业负担的基础上，就检查制度进行探讨，包括KS/RA（特定货主/特定航空货物运输经营者）制度与优质企业认证资格（AEO）制度的调和等。

（2）海上运输的安保对策

为了确保海上运输的整体安全，在发生海盗事件的海域实施海盗防治对策，在马六甲及新加坡海峡等海域实施船舶交通安全对策，强化与国际物流相关的安全应对措施。

在确保港口设施的国际安保水平的同时确保高效的国际海上物流，应推进港口设施出入管理高度化等港口安保对策的实施。

4. 开展大规模活动的应对措施

举办大规模活动时，可能会因为一些与往日不同的需求导致运输的波动增大，要求加以不同以往的应对，例如，实施交通管制。在这种情况下，为了确保运输活动可以确切地应对不同以往的需求，极力减轻物流负担，需要全体相关人员共同探讨应对措施以达到整体最优化。

（二）防范地球环境问题

为了实现日本温室气体减排目标，从减轻物流领域供应链整体的环境负担的观点出发，减少二次配送等低效的部分，推进物流的高效化及运输方式转化，促进机动车单体对策的实施及铁路、船舶、航空、物流设施的低碳化。

1. 减轻供应链整体给环境带来的负担

货主与物流企业合作，通过物流高效化和运输节点等物流基地的低碳化减轻供应链整体给环境带来的负担。

（1）促进货主采取措施

为了让货主采取行动促进节能对策的实施、抑制少量多频的运输，在促进基于《关于合理使用能源的法律》（1979年第49号法律，以下简称《节能法》）所采取的措施的同时，就《节能法》的进一步利用问题进行探讨。

（2）促进货主与物流企业等相关人员之间的合作

通过进一步加强货主与物流企业之间的关系，促进运输方式转换与共同物流的实施，进一步减轻环境负担。

在物流领域，相关人员应利用《物流综合效率化法》的框架进行合作，实施运输方式转换与共同物流等有利于减轻环境负担的措施。

其次，在海运领域，成立"海运运输方式转换推进协议会"以加强货主与物流企业、海运从业者的合作。在推进具体工作的同时，对于先进的运输方式转换事例，应设立新的表彰制度，向全国表彰、推广优良事例。再者，为了方便货主等转换运输方式，应构筑一个系统，汇集有助于运输方式转换的渡轮、滚装船等的航运信息，方便货主使用。

（3）减轻物流基地给环境带来的负担

在推进仓库等物流设施，港口、机场等物流基地低碳化的同时，促使仓库等物流设施使用自然制冷剂。

2. 运输方式的节能化、低公害化

通过防拥堵对策促进卡车运输的低公害化。此外，推进各种运输方式的节能化、低公害化，包括船舶、航空、铁路及物流领域主要的二氧化碳排放源——卡车，促进能源使用向天然气及氢气等转换。

（1）防拥堵对策

在推进环状公路和辅路建设的同时，利用ICT，AI等加强交通管理，探讨引进优化交通流的收费对策，利用大型商业设施等强化防拥堵对策，加强与卡车运营者等公路使用者之间的合作，推进有助于提高生产率的防拥堵对策的实施。

（2）船舶的节能对策

为了推进内航海运的节能对策，在考虑与货主开展合作的同时，对节能船舶的推广予以支持。此外，推进内航海运经营者的节能评价制度（内航船舶"节能评级"制度）的建设及推广，鼓励踊跃投资节能船舶。

此外，制定外航海运的二氧化碳减排对策，包括制定国际海事组织温室气体减排战略，阶段性强化油耗管制，由日本主导国际海运领域的气候变暖防制对策的相关讨论。

(3) 对船舶的硫氧化物排放管制

使用替代燃料 LNG 有利于减少氮氧化物和二氧化碳的排放，面对 2020 年开始强化的船舶燃料中的硫磺浓度管制，应发挥日本作为全球最大 LNG 进口国的优势，在推进日本港口建设 LNG 补给基地的同时，采取措施推广 LNG 燃料船。

再者，应探讨低硫磺燃料油的低廉化及削减供给成本的具体对策，实施适当的措施，使相关行业能够顺利地应对。

五、物流革命

利用新技术（IoT，BD，AI），引发"革命性变化"。

通过 IoT，BD，AI，充分利用数据将彻底颠覆目前的物流形态，带来革命性的变化。日本有必要积极利用新技术来引发"物流革命"。

物流领域因为收货方、货量、品目、包装外形每次都不同，需要根据情况进行准确的应对而非单纯的重复作业。因此，机械化、自动化的难度较大。但是，今后人才不足的问题将愈发严峻，通过 IoT，BD，AI 等新技术充分利用数据，能够显著地提升效率、优化供应链，对创造新的高附加价值而言非常重要。

另外，通过 IoT，BD，AI 等新技术充分利用数据能有效促进实施。为此，也有必要有效利用这些新技术。同时，需要引进必要的机制，从基础设施层面营造事业环境。

再者，利用 IoT，BD，AI 等新技术创造、发展物流领域的新系统、新机器等新产业，对增强日本产业的国际竞争力也非常重要，且新产业有望拓展海外市场。

（一）利用 IoT，BD，AI 实现供应链整体优化

物流环境正处于危机状态当中，例如，严重的人才不足等。要实现以上目标，包括促进多个经营者之间的合作和共同物流，需要通过跨领域使用 IoT，BD，AI 等新技术，收集并解析物流领域的大量数据，才能实现效率的飞跃性提升和供应链的整体优化。

例如，通过生产、配送与销售的合作，零售商与厂商、批发商共享所持有的大量销售数据，用 AI 对气象数据等进行解析，预测需求并在生产、配送、销售三方之间共享；使用射频识别技术，实现供应链整体优化和高效化，减少在库天数、缺货件数和运输成本。另外，通过活用物联网技术，在货主

与物流企业之间，货主之间，物流企业之间共享货物数据和卡车位置数据等，谋求供给与需求更加精准的对接，从而有望实现峰值的平均化、减少等货时间，提高装载率。通过在港口利用物联网和人工智能谋求码头运营的高效化。

再者，在共享数据时，要确保相关人员的可信度、诚信度。

通过跨领域有效地使用 IoT、BD、AI 等新技术，提高物流生产率的同时，抑制二氧化碳的排放，构建高效且可持续的供应链。

（二）通过结队行驶及自动驾驶实现运输的高效化

为了实现干线、最后一公里的运输显著高效化、高附加值化，利用新技术的可能性是非常大的。要在确保安全性的同时以少量司机有效运输货物，就需要在市场上推动领先世界的自动驾驶系统的安装。

尤其是对于有望解决司机短缺问题的后续车辆无人结队行驶技术，要以其商业化为目标，在高速公路上实现后续车辆的无人结队行驶。为此，应就能保证安全的车间距等相关事项进行探讨，争取实施后续车辆有人系统及后续车辆无人系统的公路实证实验，制订带有具体地点和行驶方法的行驶计划。再基于双车厢铰接卡车的实验情况，根据结队行驶技术、实证结果和运用规则等就基础设施方面等事业环境进行探讨。

再者，推进高速公路的收费政策等能让使用者真实地感受到 ETC2.0 的优点的措施，通过安装 ETC2.0 等尽早推广联网卡车，促进能够提高运行稳定性和效率的先进汽车技术。

（三）通过无人机实现物流业的空中产业革命

通过使用无人机，推进物流的高效化和省人化。其中，为了实现山谷地区等地的货物配送的规范化，通过利用实证调查，制定机体的性能评价标准，推动能保障多个机体同时运作的运行管理系统和防撞技术的开发，推动国际标准化。此外，对于基于航空法的许可、批准制度，应在确保安全性的同时，探讨建立以实现无须辅助者的视线外飞行所需的机制。在推进这些工作时，应考虑到安全保障、保护隐私等风险问题。

（四）提高物流设施生产率的创新并实现省力化

通过利用 IoT、BD、AI，对物流设施进行最佳配置以帮助实现物流整体高效化。同时，通过引进自动搬运机器人、拣货机器人等机器促进流通加工、产品检查等库内作业的省人化。做好推进工作，使用机器人实现进出货处

(卡车到仓库的装卸货作业的现场）的运输，与车闸连接处的作业及配送管理连贯的自动化。另外，当因为货物的形状等因素导致难以实现自动化时，可以增强动力辅助的性能，如轻量化等来减轻现场作业的负担。通过在物流现场将人的灵活性和机械的高效性有机结合，使物流设施的多种功能可以持续发挥作用，为此应利用 IoT, BD, AI 等实现物流设施内的自动化与机械化，从而提高生产率、达到省力化的效果。

（五）船舶 IoT 化、自动航行船

通过利用物联网技术和大数据及从陆地实时监视船舶的机器，当发生故障时迅速提供支持；利用天气预测等信息，设置高效的路径和航行速度；对船舶汇集的航线施行交通管制等，从而实现船舶的高效航行。另外，为了将自动航行船引进市场，需通过研发、制定标准及规定等推动海上交通的发展。

六、培养

开展消费者启蒙活动以确保人才到位、培养人才、加深消费者对物流的理解。

为了确保物流能发挥其功能，需要支撑物流活动的多种人才。不仅要确保、培养支撑现场作业的人才，还要确保并培养能够促进有关人员之间的协作、能够帮助实现物流高效化和高附加值化的具有提案能力的人才。

另外，为了能够提供持续且高效的物流，需要对既是货主又是消费者的消费者开展启蒙活动，确保物流的作用及特性能被理解并加以利用。

（一）培养高度化物流系统管理人才

通过开展工作方式改革，确保国内物流现场的各种人才到位，改善就业环境。

卡车运输业方面，通过支持货主与卡车经营者合作、协作改善长时间劳动。除推进工作方式改革，改善劳动条件之外，还应重视更新评估运行形态、实施装卸分离，减轻司机负担，建设一个能让包括女性和年轻人在内的各种人才大展身手的环境。

内航船员方面，为了确保稳定的海上运输，继续致力于优秀的年轻船员的保障及培养工作，物流人才主要供给源——独立行政法人海技教育机构与相关教育机构和相关团体等开展合作，培养优质的、符合经营者需求的船员，实施教育内容高度化。并且，通过改善舱内居住环境和劳动环境，促进年轻

船员就业以改善船员的年龄结构,通过工作方式改革提高生产率。

另外,还需在亚洲各国培养有利于日本企业海外拓展的人才。

在培养负责高度化物流系统管理的计划、设计、管理的人才方面,从欧美企业专门设置负责管理供应链及物流的董事 CSCO〔(Chief Supply Chain Officer)及 CLO(Chief Logistics Officer)〕可以看出,产业界对人才重要性的认识加深。同时,相关人员在努力充实有关物流的大学专业教育的同时,经营者也在进行员工的培养、宣贯物流相关的资格制度。为了利用 IoT,BD,AI 等新技术实现高效化,还需要培养必不可少的信息技术领域的人才。

(二) 开展消费者启蒙活动,加深消费者对物流的理解

1. 加强理解

为了让每一个身为物流体验者的消费者,可以在考虑物流全局的情况下做出行为选择,应加强其对物流的社会作用及物流所面临的课题的理解。

2. 加深认识

为了使物流业的作用得到相符的评价,应加深消费者对物流服务所提供的附加价值的认识。

3. 创造环境

为了使物流能够持续地发挥其功能,应创造一个能得到各界协助的环境。

要以上述 3 点为目标开展启蒙活动。例如,与民间团体合作开展参观物流工作现场,利用宣传内容的制作、教育等机会加深对物流的作用及其对面临的课题的理解。通过上述努力,让消费者对物流抱有亲近感,扩大物流人才的来源。

此外还应开展启蒙活动让经济界及货主理解供应链整体高效化和提高物流生产率的必要性。

为了让支撑日本经济活动和消费者生活的社会基础设施——物流能充分发挥其功能,应通过上述视角推进工作,构筑"强大的物流"。

第四部分 今后的推进体制

鉴于社会对物流的需求正在不断变化、复杂化,另一方面 IoT,BD,AI 等新技术伴随着第 4 次产业革命出现,现在物流所处的环境正发生巨大的变化。此外,考虑到本大纲与《交通政策基本计划》(2015 年 2 月 13 日内阁会议通过)等其他政府计划的相容性,现将计划执行期间定到 2020 年度为止。

并且，当日本经济社会和物流所处环境在计划期间内发生巨大变化时，需根据需要修改本大纲。

为了确保日本政府能团结起来有计划地实施基于本大纲所指示的方向性而制定的具体政策，需制定综合物流施策推进项目，以 PDCA（Plan-Do-Check-Act）的方式管理项目进度的同时，通过检验政策的实施情况做出必要的修改，以实现预定的效果。

再者，为了能够顺利地推进物流政策的实施，与民间如相关政府机构、货主、物流企业等进行合作非常重要性，加强与各政府机构的地方分部分局、各级地方政府等公共主体的合作也非常重要。